珍藏本
纪念版

汉译世界学术名著丛书

资本主义发展论

——马克思主义政治经济学原理

〔美〕保罗·斯威齐 著

陈观烈 秦亚男 译

商务印书馆
SINCE 1897 The Commercial Press

2017年·北京

Paul M. Sweezy
THE THEORY OF CAPITALIST DEVELOPMENT
Monthly Review Press, New York, 1970
本书根据美国纽约每月评论出版社 1970 年版译出

汉译世界学术名著丛书
（120年纪念版·珍藏本）
出 版 说 明

2017年2月11日，商务印书馆迎来120岁的生日。120年前，商务印书馆前贤怀揣文化救国的理想，抱持“昌明教育，开启民智”的使命，立足本土，放眼寰宇，以出版为津梁，沟通中西，为中国、为世界提供最富智慧的思想文化成果。无论世事白云苍狗，潮流左右激荡，甚至战火硝烟弥漫，始终践行学术报国之志，无改初心。

迻译世界各国学术名著，即其一端。早在20世纪初年便出版《原富》《天演论》等影响至今的代表性著作，1950年代后更致力于外国哲学和社会科学经典的译介，及至1980年代，辑为“汉译世界学术名著丛书”，汇涓为流，蔚为大观。丛书自1981年开始出版，历时三十余年，迄今已推出七百种，是我国现代出版史上规模最大、最为重要的学术翻译工程。

丛书所选之书，立场观点不囿于一派，学科领域不限于一门，皆为文明开启以来，各时代、各国家、各民族的思想与文化精粹，代表着人类已经到达过的精神境界。丛书系统译介世界学术经典，引领时代思想，为本土原创学术的发展提供丰富的文化滋养，为推动中国现代学术和现代化进程做出了突出的贡献。

为纪念商务印书馆成立120周年，我们整体推出“汉译世界学术名著丛书”120年纪念版的珍藏本，寄望既利于文化积累，又便于研读查考，同时向长期支持丛书出版的译者、编者和读者致以敬意。

两甲子后的今天，商务印书馆又站在了一个新的历史时间节点上。我们不仅要铭记先辈的身影和足迹，更须让我们的步伐充满新的时代精神。这是商务人代代相传的事业，更是与国家和民族的命运始终紧密相连的事业。我们责无旁贷，必须做好我们这代人的传承与创造，让我们的努力和成果不仅凝聚成民族文化的记忆，还能成为后来人可以接续的事业。唯此，才能不负前贤，无愧来者。

商务印书馆编辑部

2017年10月

中译本前言

现在要介绍给读者的这本书——《资本主义发展论》，是美国当代著名左翼经济学家保罗·斯威齐的代表作。

斯威齐1910年生于纽约市，在哈佛大学受完高等教育，1937年获得经济学博士学位。他曾去英国伦敦经济政治学院进修（1932—1933年），自此认识到，西方的主流派经济学，无助于理解20世纪的重大事变和社会发展趋势。然而，能够解释这些问题的马克思主义，在英、美又受到忽视和浅薄对待，这方面的英文出版物也极少。这就燃起了斯威齐要建立"严肃的和真正的北美牌马克思主义"的愿望。1942年出版的《资本主义发展论》，正是由这个愿望所结出的一个硕果。此书奠定了他作为一位马克思主义经济学家的地位，也结束了他在哈佛大学的多年教学生涯。虽然此后他也曾应康奈尔、耶鲁、斯坦福、曼彻斯特等大学和社会研究新学院之聘为客座教授，但他一生中最重要的事业是1949年创办左翼杂志《每月评论》，任该刊主编至今。

在《每月评论》杂志社，他同几位志同道合者共事，发表了大量揭露和批判现代资本主义的文章和专著，其中最著名的有《作为历史的现在》（1953年）、《垄断资本》（与保罗·巴兰合著，1966年）、《繁荣的终结》（与哈里·麦格道夫合著，1981年）、《革命后社会》

(1982 年)、《马克思主义四讲》(1982 年)。这些论著有非常广泛的影响。鉴此,日本现代经济研究会曾把斯威齐列为自魁奈以来 30 位大经济学家之一。

在长逾半个世纪的学术研究活动中,斯威齐的兴趣始终集中在两个方面:分析以垄断、帝国主义和世界性为特征的现代资本主义经济的运行和探索资本主义向社会主义的过渡。《资本主义发展论》作为这两个主题的初期研究结晶,对斯威齐的研究方法、立论基础和独创见解,已有相当鲜明的反映。

就方法论来说,此书继承马克思的科学抽象法和看待社会问题的历史(变革)眼光。因此,既遵循《资本论》第 1 卷所实践的由具体到抽象的步骤,以把握资本主义的本质——剩余价值的生产和资本家的积累冲动,又学习《资本论》第 2、3 卷所更多运用的由抽象再上升到具体的方法,在分析中纳入先前有意识舍象的某些因素,以解释现实中存在的事物。斯威齐认为,通过这方法,可以对马克思来不及分析或语焉不详的问题作出自己的答案。

关于立论的基础,斯威齐在这本书里,确是以马克思主义的基本观点为圭臬,如劳动价值论、剩余价值学说、利润率下降趋势、积累与劳动后备军理论、国家学说、资本积聚与集中学说以及资本主义过渡性学说等等。但同时,他也很注意历史上在马克思主义者内外部的论争以及当代西方学者对垄断资本主义运行的种种观察。书中有相当多的篇幅用于介绍、鉴别和评论各种相关的和相悖的学说,并有所扬弃和综合,其中特别受人注意的有:肯定和补充博尔特凯维奇在价值转化为生产价格问题上对马克思的修正(第七章)、介绍第二国际理论家在“实现危机”和“崩溃”问题上的争论(第十、十一章)、重申罗莎·卢森堡对修正主义的阶级调和论和“议会道路”论的批判(第十三章)以及吸收希法亭关于帝国主义意识形态的观点(第十七章第2节)。书中附有日本经济学家都留重人的《论再生产表式》一文,这对读者理解魁奈、马克思和凯恩斯在再生产理论上的相通和相异之处,也有所帮助。可以说,斯威齐是在比较和鉴别中弘扬马克思主义的基本观点的。

正是因为斯威齐遵循马克思的方法和基本思路,所以他处身于垄断资本主义大有发展的20世纪,便能联系实际而有相当出色的理论创新。

在《资本主义发展论》中展开得较为深入的是提出一个以资本积累为动因的消费不足危机理论,意谓永不满足的剩余价值贪欲,驱使资本家阶级不断地提高积累率和资本有机构成;于是,在消费方面就呈现为:一方面资本家阶级的消费增长落后于全部剩余价值的增长,同时新增积累中工资支付的部分在减退;另一方面,消费品的产量却至少是同生产资料投入量同比例增长,结果就有消费量增长落后于消费品产量增长的趋势,迟早便有物价下跌和产量削减的经济危机,或是生产能力长期得不到充分利用的停滞;即使存在着抵消消费不足的因素,也未能从根本上将这趋势扭转。这个危机和停滞理论,既不同于对资本主义基本矛盾讳莫如深的资产阶级的(凯恩斯)有效需求不足论或小资产阶级的(如西斯蒙第)消费不足论,也不同于(多布和普利赛尔等所误解的)单纯利润率下降危机论,更不同于把生产同消费截然分开的杜冈-巴拉诺夫斯基的比例失调论。然而,与资本积累相联系的消费不足,又包容了利润率下降的因素,也体现了一种比例失调,所以,在斯威齐看来，这个危机理论既可以把散见于《资本论》各卷而看似不同的马克思的种种言论统一起来，又可以避免马克思主义者们各执经典一词而产生的混乱。

对于资本积累过程的矛盾分析，又使斯威齐得以在本书中对垄断资本主义经济的运行作出创造性的和细致的描述。他指出，积累是垄断的正常伴侣，因为积累扩大了生产单位的规模，而规模经济效益正是促使竞争走向集中和垄断的基本动因；反过来，垄断把剩余价值从较小块的资本转向较大块的资本，这就提高了积累在一定量剩余价值中的比重。对价格高于均衡值、产量低于均衡值的垄断资本来说，高额利润本已有了保证，现在垄断提高了积累率，有招致利润率下降的可能，垄断组织更不愿意在自己的禁脔内使用其积累，而宁可将新资本投于行业之外或国外的竞争性领域，并且更注意采用节约劳动力的新技术，这就加剧了竞争性领域中利润率下降和消费不足的趋势，即增添了危机和萧条的诱因。斯威齐对于垄断资本主义经济的运行，有着比马克思和列宁更具体的分析。

由此，斯威齐又为列宁在 1916 年提出的著名命题“帝国主义是资本主义的垄断阶段”注入了新的内容。例如，他指出：保护贸易的政策，有时不是自卫，而是进攻，即便利本国垄断资本对外国倾销；资本输出诚然是在国内投资机会不多且民众贫困的条件下进行，但国内投资机会减少和民众贫困又恰恰是由垄断资本的对外投资决策（追求较高边际利润率和减轻国内劳动力市场压力）所造成；帝国主义固有其经济、政治根源，也有垄断资本所歪曲和煽动的民族主义意识在作祟。斯威齐对帝国主义一个特殊形式法西斯主义的剖析(第十八章),无疑地是马克思主义经典作家前所未言的;对帝国主义极限(第十七章第6节)的界定,也应该说颇有新意。至于他在书中所展望的资本主义的末日,虽然曾受到很多非议,也未为事实所证明,但总还是一种创见。

由上可见,斯威齐的《资本主义发展论》,虽然是以“马克思主义政治经济学原理”为副题,却不仅是一本在英语国家中普及马克思主义政治经济学的教材,也是用马克思的方法与基本原理解释当代资本主义运行的专著。所以,该书一出版,就受到全世界学者的注意,不但多次重印,且被译成多国文字。随之而来的,当然是纷纷的批评和讨论。抑扬中明辨了许多问题,也留下了未解的纽结。例如,博尔特凯维奇在“转形问题”上的修正,经此书介绍和补充之后,引起了长达20年的论战(有人说这是经济学中一阵“空忙”)①;书中提出的消费不足危机理论,在马克思主义者和资产阶级学者中更有多方面的广泛反响,连英国著名马克思主义者莫里斯·多布在为本书英国版(1946年)作序时仍表示对此论有怀疑;书中有谓,由于垄断组织有日益充裕的内部融资,新证券发行将日趋萎缩,产业资本家对银行信贷的依赖将降低,故“金融资本”这个词可以废弃(第十四章末段),对此也有尚未了结的笔墨官司;②还有,对资本主义未来的展望,尽管斯威齐在本书第二次印刷时(1946年)已经改变了初版的一些提法,但基本的观点依然是英美

① 参阅朱绍文:《战后西方在“转形问题”上的论争》,《马克思主义研究参考资料》总第157期。

② 参阅 Gary P. Green, 1987. “Finance Capital and Uneven Development”, Ch. 2, Westview Press, Colorado, USA。

的“和平过渡”，这在马克思主义者中也不易取得共识。

限于“前言”的篇幅和译者的水平，我们不能在这里详尽介绍更多的书评。不过，联系1990年以来世界上一些社会主义国家的经历，不妨再提出两点“马后炮”式的质疑：一是书中所十分强调的社会主义国家在使用价值的计划生产和境内生活水平的提高上所显示的优越性和吸引力（第十九章第2节），是否自这个制度建立之日起就是如此，而无须经过体制的调整与改革来保持这种优势？二是调整与改革，如果包含有价值规律的利用和某种市场经济的实行，那么，斯威齐在本书中所表述的一个命题——“价值和计划相对立的程度，也同资本主义与社会主义的对立一样”（第三章第4节）是否还能成立？

尽管这本书有这样那样需待商榷的问题，但就其在资本主义堡垒中中肯而透彻地阐述马克思主义政治经济学原理的历史功绩来说，和就其努力运用马克思主义的方法与基本观点来解释当代资本主义经济运行的成就来说，它都不失为经济学领域中一本值得研读和于人有益的好书。我们正因为这个缘故而乐于接受翻译的邀约，但我们的拙陋译笔可能不足以表达书的精意。不当之处，还望读者高明批评指正。

陈观烈

1993年2月

目　录

序…………………………………………………………………… 1
第二次印刷本序………………………………………………… 4
导言 ………………………………………………………………… 20

第一篇　价值与剩余价值

第一章　马克思的方法 ………………………………………… 29
　一、抽象法的应用 ……………………………………………… 29
　二、马克思思想的历史性质 …………………………………… 40
第二章　价值质问题 …………………………………………… 44
　一、引言 ………………………………………………………… 44
　二、使用价值 …………………………………………………… 47
　三、交换价值 …………………………………………………… 48
　四、劳动与价值 ………………………………………………… 50
　五、抽象劳动 …………………………………………………… 52
　六、价值理论中量的方面与质的方面的关系 ………………… 56
　七、商品的拜物教性质 ………………………………………… 58
第三章　价值量问题…………………………………………… 66
　一、第一步 ……………………………………………………… 66

二、竞争的作用 …… 71
三、需求的作用 …… 74
四、"价值规律"与"计划原理" …… 80
五、价值与生产价格 …… 82
六、垄断价格 …… 83
第四章 剩余价值与资本主义 …… 85
一、资本主义 …… 85
二、剩余价值的来源 …… 88
三、价值的构成 …… 92
四、剩余价值率 …… 94
五、资本的有机构成 …… 97
六、利润率 …… 98

第二篇 积累过程

第五章 积累与后备军 …… 107
一、简单再生产 …… 107
二、积累的源泉 …… 111
三、积累与劳动力的价值——问题的提出 …… 116
四、马克思的解答——劳动后备军 …… 120
五、资本主义进程的性质 …… 126
第六章 利润率的下降趋势 …… 130
一、马克思关于这个规律的系统表述 …… 130
二、起反作用的各种因素 …… 132
三、对本规律的一个批评 …… 135

第七章　价值转化为价格…………………………………… 145
一、问题的提出 ……………………………………………… 145
二、马克思的解答 …………………………………………… 148
三、另一个解答 ……………………………………………… 152
四、博尔特凯维奇方法的一个推论 ……………………… 161
五、价格计算的重要意义 …………………………………… 164
六、为什么不从价格计算开始？ ………………………… 167

第三篇　危机与萧条

第八章　资本主义危机的性质…………………………… 173
一、简单商品生产与危机 ………………………………… 175
二、萨伊定律 ………………………………………………… 177
三、资本主义与危机 ……………………………………… 179
四、危机的两种类型 ……………………………………… 187
第九章　与利润率下降趋势相联系的危机……………… 190
第十章　实现的危机……………………………………… 201
一、比例失调引起的危机 ………………………………… 201
二、消费不足引起的危机 ………………………………… 208
附录………………………………………………………… 237
第十一章　崩溃问题的争论……………………………… 241
一、引言 ……………………………………………………… 241
二、爱德华·伯恩施坦 …………………………………… 244
三、正统派的反击 ………………………………………… 246
四、杜冈-巴拉诺夫斯基　……………………………… 247

五、康拉德·施密特 …… 248
六、考茨基在1902年的见解 …… 251
七、路易·B.鲍丁 …… 255
八、罗莎·卢森堡 …… 257
九、战后的各种态度 …… 263
十、亨利克·格罗斯曼 …… 266
第十二章　长期萧条? …… 271
一、引言 …… 271
二、资本主义扩张的条件 …… 274
三、抵消消费不足趋势的各种力量 …… 275
四、一定是消费不足占优势吗? …… 292

第四篇　帝国主义

第十三章　国家 …… 299
一、经济理论中的国家 …… 299
二、国家的首要职能 …… 301
三、作为一个经济工具的国家 …… 305
四、政体问题 …… 312
五、国家作用的评价 …… 315
第十四章　垄断资本的发展 …… 317
一、资本的积聚 …… 317
二、资本的集中 …… 318
三、股份公司 …… 320
四、卡特尔、托拉斯与合并 …… 326

五、银行的作用 …… 330
第十五章　垄断与资本主义运动规律 …… 336
一、垄断与价格 …… 336
二、垄断与利润率 …… 338
三、垄断与积累 …… 341
四、垄断与流通费用的提高 …… 345
五、结论 …… 353
第十六章　世界经济 …… 355
一、总的考察 …… 355
二、竞争时期的经济政策 …… 363
三、经济政策的转变 …… 368
第十七章　帝国主义 …… 377
一、引言 …… 377
二、民族主义、军国主义与种族主义 …… 378
三、帝国主义与各阶级 …… 382
四、帝国主义与国家 …… 389
五、重新分割世界的战争 …… 392
六、帝国主义的极限 …… 397
第十八章　法西斯主义 …… 402
一、法西斯主义的条件 …… 402
二、法西斯主义的得势 …… 405
三、法西斯的“革命” …… 408
四、法西斯主义下的统治阶级 …… 410
五、法西斯主义能排除资本主义的矛盾吗？ …… 418

六、法西斯主义是不可避免的吗？ …………………………… 422
第十九章　未来的展望……………………………………………… 424
一、自由资本主义改良的前景 ……………………………… 424
二、世界资本主义的没落 …………………………………… 429

附录一　关于再生产表式问题………………………………… 442
附录二　帝国主义的意识形态………………………………… 453
译名对照表………………………………………………………… 457

序

关于马克思主义政治经济学，现在还没有相当全面而且有分析性的英文论著。本书试图填补这个空白。不过，它既不完整，也不详尽；许多重要的论题完全省去，其他的也不过是略微一提。虽然如此，我还是希望它能够帮助人们对一个在已往常遭忽视和浅薄对待的重要社会思想体系有更好的理解。我并未打算在难点上打马虎眼，但是，有些复杂的理论问题，若非看上去和手头的任务直接有关，我也不会特意细加论述。

在全书中，我经常广泛地引用马克思和他的信徒的著作。这无疑是一种笨拙的表述形式，但似乎是不可避免的。不能设想人们都熟悉马克思主义的文献；许多极重要的著作，甚至马克思本人的著作，也迄今未译成英文，同时，许多有关的书籍和期刊，也只有在较大的图书馆中才能找到。此外，对马克思理论的解释，有很大的分歧，而我又殷切地希望，不管有些读者对我自己的解释有多大的异议，我这些解释总不要给人以胡说八道的印象。引用《资本论》的地方，系取材于芝加哥市的查理士·克尔公司出版的三卷本。我想在所引用的段落中自行简化一些标点，并在几处有脚注标明的地方，改动了译文，以便更精确地表达德文原文的意思。

除了介绍和分析其他作者的观点以外，我还试图解决一些久有争议的理论问题，并把一些在我看来至今尚未得到充分剖析的问题，也纳入马克思主义理论的体系之内。关于后者，请读者特别注意第十章（实现的危机）、第十二章（长期萧条?）、第十四章（垄断资本的发展）、第十五章（垄断和资本主义的运动规律）和第十八章（法西斯主义）。主题的编排，遵循一定的程式，即从政治经济学的最抽象问题——价值论——开始，依次讲到当前人类社会的一些迫切问题。

在此稿成书的各个阶段上，承我们的朋友和同事厚意，阅读了全部或部分的手稿，并提出了宝贵的批评和建议。其中，我想特别提起的有：厄里希・罗尔、路易斯・富尔、弗朗兹・纽曼、阿兰・R. 斯威齐、罗伯特・K. 麦尔登、斯文德・劳尔森、斯丹莱・摩尔等几位博士以及保罗・巴兰先生。我妻马克辛・雅波尔・斯威齐的批评，特别有益，不过她可以理直气壮地责怪我没有自始至终地接受她的批评。我最为感谢的是都留重人博士，我有幸在多年期间内，不仅同他就本书所包含的论题以及范围更为广泛的一些有关问题进行过多次的讨论。都留博士阅读了全部手稿，并在许多地方帮助我在形式和内容上加以改进。我很高兴，能够在附录中列入他对魁奈、马克思和凯恩斯的再生产表式的解释和比较。我想，这个附录对经济学家们应是极为有益的。

不用说，对于我所表述的论点，或者分析中可能存在的一些错误，上述各人，谁也不负任何责任。

我把鲁道夫・希法亭的《金融资本论》（1910 年第一版）一书的几页译文，用“帝国主义的意识形态”为题，列为第二附录。在英语国家中，现在流行着这么一种说法，说马克思主义不能理解和预见那些在今日法西斯国家中登峰造极的意识形态倾向。对于这种毫无根据的印象，人们哪怕只从这本在第一次世界大战前的名著中摘录一点点，便可加以廓清。

下列出版社，允许自下述各书中引用原文，对此，谨表衷心的谢意：

芝加哥，查理士·克尔公司：卡尔·马克思著《资本论》3卷集；卡尔·马克思著《政治经济学批判》；路易斯·B. 鲍丁著《卡尔·马克思的理论体系》。

纽约，麦克米伦公司：莱昂内尔·罗宾斯著《经济科学的性质和意义》；乔安·罗宾逊著《不完全竞争经济学》。纽约，麦克劳-希尔图书公司：J. A. 熊彼特著《经济周期》，第1卷。

伦敦，麦吐温有限公司：亚当·斯密著《国富论》，第1卷。

纽约，国际出版社：卡尔·马克思著《法兰西阶级斗争》；卡尔·马克思和弗里德里希·恩格斯著《1846—1895年，通讯集——选辑与注释》；弗·伊·列宁著《帝国主义论》、《共产主义运动中的“左派”幼稚病》；约瑟夫·斯大林著《列宁主义问题》；莫里斯·多布著《政治经济学和资本主义》。

保罗·M. 斯威齐

1942年8月1日于马萨诸塞州

剑桥市邓斯特斋

第二次印刷本序

这不是本书的第二版；就原文本身而论，除了更正一些细小的缺漏和印刷上的错误以外，没有作过什么变动。不过，自从本书在1942年初次出版以来，已经有那么多的事件发生，因此，如果对当时所写的世界资本主义的局面与前景不加注释，就不大适宜重印。所以，我愿意通过这个新增的序言，参照战争期间和战后的发展情况，对最后一章（"未来的展望"）的一些见解和假定，重新加以审查。

为了把这个工作做得合乎逻辑和前后一贯，应当从头把该章的理论尽可能简要地概述一下。

本书的主体，是专门用来分析资本主义及其病害的。它表明，这些毛病，如果得不到治疗和纠正，一定是越来越有削弱作用，并且一定会导致资本主义世界体系的没落和最后崩溃。在经济学中，有一派越来越有影响的经济学家，他们虽然承认，本分析总的说来是正确的，但是他们认为，国家可以采取适当的措施，来克服资本主义的弱点，并通过这个办法，无限期地延长其生命。本书最末一章，一开始就对这一派的学说作扼要的考察。

这些当今的改良主义者，他们的理论是没有根据的。这主要的不是因为它缺乏逻辑上的理由，而是因为它不能领会国家在资本主义社会中的地位与作用。资本家们自身就是同这些人所建议的改良根本相对立的;而资本家们的努力,又终究是、必然是支配一切的势力,单是这一点,就足以注定这种纲领的失败了。

这样,问题就来了。世界资本主义的没落,会采取什么形式呢?有一个时候,马克思主义的理论家们惯于用这样的说法来考虑问题,即认为,所有比较发达的国家将同时发生革命,一举就把资本主义推翻,并代之以一个新的世界社会主义体系;第一次世界大战以后,也确实有过一个时期,看起来这种希望不是没有可能实现的。但是到了20年代,就出现了一个全新的情况。革命已经在俄国取得成功,但在所有其他的主要国家中,资本主义还留存下来,并且在这十年的中期,变得比较稳定了。

这个新的局面,启发了这么一种理论——这是斯大林早在1924年就阐明了的——即,世界资本主义的没落,将以零敲碎打的方式进行:在条件好转的时候,时而是这个国家,时而是那个国家,就会挣脱资本主义的轨道,并和苏联结成联盟。这样,起先不过是"帝国主义汪洋大海中的孤岛"的东西,就会渐渐地壮大起来,成为一个向资本主义的统治挑战并最后威胁其生存的敌对世界体系。当时斯大林的观点是,这个过程最终将导致两个世界体系的冲突,而这场冲突将使社会主义得以获胜,使资本主义最后归于失败和消亡。

本书却认为,资本主义和社会主义之间的这种决斗——鉴于作战技术的最新进步,这种决斗很可能使它们同归于尽——并不是不可避免的。有一件事情,看来至少是同样有可能发生的,那就是,在现在开始的这个时期中,社会主义,作为一种方法,它在按整个社会的利益来利用现代技术的生产力方面,其所固有的优越性将得到清楚的证明，以致在资本主义世界舆论中将引起重大的变化。假定在资本主义的主要中心，即英国和美国，民主制度仍旧有它的活力，那么这种舆论的转变，就应当是这样：它使反对社会主义的十字军越来越难以组成，使这种组织成为不划算的冒险。同时，还可以预期，随着一个国家接一个国家地发现它们的基本问题不可能在资本主义的统治越来越紧的情况下获得解决，社会主义的核心一定会稳步地增长。最后，摊牌的时间就会被搁置起来：在国际范围内，社会主义将赢得胜利。一旦发生了这种情况，那么，即使在资本主义的营垒深处，一种比较平静的过渡，也会初次成为可能的事情。

为了把这一套理论改用当代世界政治舞台所熟知的单位和概念来说，该章的结尾，对未来可能发生的事变进程，画了一个粗略的轮廓。这个事变进程，大体上符合于所提出的理论模式，并且证实它基本上是精确的。我们并不是想拿这个概述当作对未来实际发生的事情的一种具体的预测；而是想拿它当作一种手段，来把注意力集中到某些现在正在起作用并将对未来的面貌发生重大影响——虽然不是唯一的影响——的力量上来。

头一个前提，当然是胜利地粉碎德国法西斯主义。假定，跟着而来的——没有讲明多快——是社会主义扩展到几乎整个欧洲大陆。英国和美国要阻止这个成就的企图，会为英国工人阶级的反对所挫败。这时候，社会主义正从一个由大西洋延伸到太平洋的坚实基地上发生作用，它会同亚洲的殖民地和半殖民地国家结成联盟，这个联盟会确保它们沿着社会主义的方向逐渐进化，并加速地排除外国帝国主义的势力。英国可能步西欧的后尘；也可能落到美国的势力范围之内。不论在哪一种情况下，美国届时都会成为大大缩小和削弱了的世界资本主义的中心和指挥力量。社会主义的无限的扩展力和资本主义的重重矛盾，届时就有可能并排出现。经济问题的逐步解决，会在社会主义体系内部和外部，促成政治支柱的稳步增长。最后，资本主义统治的基础就会遭到无法治愈的伤害；再假定在剩下的资本主义国家中民主还能存留下来，那么，旧秩序的和平更替，即使是在美国，也会变成切合实际的和可能发生的事情。

现在，让我们参照过去四年的事态对以上的分析重新加以审查。

关于通过改良办法来医治资本主义虚症的前景，或者——从政治观点看来差不多就是一回事——在现存的国际条件下逐步引进社会主义的希望，这都无需作什么补充。事实确是这样，在美国和英国，有越来越多的人相信，或者试图使自己明确地相信，这一类纲领有实现的可能。去年七月英国工党在大选中的胜利，这甚至可能引起一种想法，以为一场影响深远的改良主义实验已经在进行。但是，没有很多的迹象，使人觉得事实确是如此。即使果然有此事，更看不出这样一种实验会胜利地进行到底。工党的领袖们，既不是十分激进的、也不是十分有力的集团，而且看来他们要把行政职务——直到最高的一级——仍旧留在那些对原状忠信无疑的人的手里。在这些情况下，即使是几种重要工业的国有化（它是不是能完成还未可定），也不会严重地损害英国资本主义的机能。英国工党的胜利，其真正重大的意义，是在另一个方面。它标志着英国政治历史中一个时代的结束，那就是，英国工人阶级可以在争取议会多数的目标下团结起来的时代。而其结果,必然要打破英国左派人士中根深蒂固的、至少可以远溯到大宪章运动的一种幻想,即形式上的政治权力和社会权力是一个东西。完全可以预期,在未来的一个时期里,英国的工人运动,很可能随着新领袖的产生和具有深远重要性的阶级队伍的重新组合,而出现一个热闹的沸腾局面。

现在,来谈谈世界资本主义会以什么形式没落的问题。显而易见,过去的四年是十分重要的一个时期,从这个时期中可以学到很多东西。社会主义将以积小成大的方式成长起来,而资本主义则依此而论将在这个过程中萎缩下去。这个理论,在今天比在1942年更加站得住脚了。在1942年,(至少在许多人看来)甚至连苏联是否能留存下去也很成问题。现在,丝毫不容置疑,苏联在战时所取得的军事上和经济上的成就,以及两个最富侵略性的资本主义帝国溃败,已经大大地加强了社会主义在世界范围内的相对的物质力量和政治力量。不但如此,在原来的核心之外又加上了东欧和东南欧的几个新的社会主义国家,这件事也可以看作是一个实际的既成事实。在本文写作的时候,看来只有南斯拉夫和阿尔巴尼亚是社会主义者牢固地掌握了政权的国家,但其邻近各国的事态演变趋势也是很明显的,而且看来是不大会逆转的。当然,这不是说,在这个区域的任何一个地方,社会主义制度都已经占了优势;新的生产关系的引进,需要一段时期,在一个以农业为主的经济中,尤其是这样。此外,在东欧,最重要的一个国际因素是苏联,这个事实意味着,这些国家可以小心谨慎地前进,而用不着赶时间,以便预先遏止一个有国际支持的恢复旧秩序的运动。

因此，以农业集体化为例，它就很可以逐渐地“推销”给农民，办法就是通过教育和用实际事例来显示其优越于落后的、低效率的小土地所有制——后者在过渡时期的第一阶段，由于打碎大地产而实际上有所发展。

在中欧和西欧——捷克斯洛伐克是一个重要的例外——事态的演变趋势就远不是那么明显了；事实上，甚至可以说至今还未形成什么清晰的趋势。我们在以前的分析中曾经预期，战争结束之后，在几乎整个大陆上，社会主义制度就会普遍地建立起来。这个预期至今未曾实现，也不能断言它显然是在实现的过程中。如果我们要对这个十分重要的——也许还可以说是决定性的——区域中起作用的力量有一个正确的估计，那么，显然有必要重新检讨这个问题。

我们以前对这个问题的探讨，是在这样一个暗含的而不是明说的假定的基础上作出的，那就是，中欧和西欧的发展，其关键在于德国。在以往半个多世纪中，情况确是这样，因此，太容易作出这样假定，以为这种情况起码还要延续几年。但是，这个假定要站得住，有一个条件也许是必不可少的：在战争结束之前，反对纳粹政权的起义，必须取得成功——正如 1918 年一次胜利的政变就把德皇推翻一样。凭事后的见识，说这样一种起义绝不可能发生，那是不正确的。7 月 20 日的事件，也许可以获得成功。要是那样的话，它肯定不会停留在发难者所策划的地步：这场战争的政治面貌，就会在几乎一夜之间，整个地变了样。但是，现在来推测当时也许能发生的事情，那是没有什么用处的；事实是，纳粹派得胜了，而欧洲的战事又延续了 10 个月。重要的是认识到，这最后 10 个月,是战争中破坏性大得无比的十个月。德国不但在物质方面,而且在政治、社会方面都被打倒了;战争结束时,她躺着爬不起来了,全部领土为三支入侵的军队所占领,她在政治上,与其说是一个主动起作用的因素,毋宁说是一个受人支配的对象了。

1944 年 7 月 20 日以后,在我们所考察的这个区域内,政治重心便转移到法国。这是自俾斯麦以来,法国头一回变成最强的纯欧洲国家。但是真正的力量暂时还落在英国和美国手里,它们联合起来,在地中海到北海这整个区域中,拥有压倒一切的陆海军优势。除了外表上较为次要的一次——比利时 1944 年 11 月的危机——以外,这支武装力量没有被用来干涉西欧各国的内政;虽然如此,也还是不能低估它的实际重要性。它站在幕后,俯视着各个政党的打算;在紧急的关头,人们可能以什么方式来利用它,对此如果谁还有所不明的话,那么,在比利时事件以后,就可能没有什么疑问了,在希腊 12 月事件之后,更可以说没有什么疑问了。在这个秘而不宣的英美保护罩之下,旧的统治阶级就有办法重新上台。像南斯拉夫那样的武装抵抗运动,乃是真正社会主义革命的前卫,但这种抵抗运动此时却被解除了武装。国家机器的打碎和更换——如马克思在很久以前所教导的——必须是每次革命的首要目标,但国家机器在此时却得到撑持与复辟。因此,原来指望纳粹崩溃后会继之以社会主义在西欧的建立,这预期也变成错误的了。从更远大的历史眼光看来,这是英美资本主义的胜利。

必须稍稍离开本题来问一问:作为我们以前的分析的一个部分,我们虽推断,英美如果进行干涉,英国工人阶级会把它挫败;这个推断何以出了错呢?基本的理由,在于这次战争的进程所特有的一种军事事变顺序。英国和美国,是为着一个受英国工人所绝对支持的目的而驻兵在西欧的;但是,部队一驻扎在那里,就必然变成了英美政策的工具。此外,如上面所指出,军事力量不是公开使用的;除了在比利时事件的那一段短暂的时期里以外,许多问题都没有戏剧化;进行有效抗议的时机,也始终没有出现。这个情况,同第一次世界大战后普遍存在的局势,成了明显的对照。那时候,英国的工人们,撇开了他们的正式领袖,而且对利害攸关的问题有清楚的认识,因而,在挫败政府为维护俄国反革命而进行的干涉方面,起了决定性的作用。这个情况甚至同他们在希腊危机中的态度与行动也是截然不同的。希腊的危机,是和前面已经复述过的几次西欧事变同时发展起来的。英国政府为反对 1944 年 12 月左翼希腊人的抵抗运动而采取的猛然行动,使工党的基层大为震动。因为在这个事件中,英国在希腊的部队,显然同对德国战争毫无关系。要不是当时明摆着,任何一场英国政府的危机——不论其原因是什么——都会对战争的指挥产生严重的反响,那么,工党一般党员的压力,很可能迫使党的领袖退出联合政府。所以,似乎可以这么讲,在西欧的几次事变中,使英国工人阶级未能发挥其作用的,宁可说是那种可以适当地称为历史偶发事变的东西,而不是 1919 年激发他们起来援助俄国阶级弟兄的那种抱负与同情心有所废弃。

现在让我回到中欧和西欧的发展问题上来。法国显然仍旧是一个关键国家。只要法国依然是资本主义的,那么,德国以西的所有国家(包括意大利)也一定依然是资本主义的。此外,德国可能继续地作为社会主义苏联同西方三大资本主义强国之间的缓冲地区和实验性较量场所。但是,一个社会主义的法国,会从根本上改变这种局势。较弱小的邻国会在这一个方向上受到强有力的吸引;但是,更重要的还是,德国的地位和作用会因此而变了样。这时候,德国就不是两种社会制度之间的一种无人区,它实际上会为社会主义国家所包围。毋庸置疑,从这个时候起,苏联和法国联合起来,会对德国的发展产生决定性的影响。像战后初期那种规模的美国在德国的势力,现在是——也许人们已经可以更恰当地说“过去是”——基本上一种暂时的现象,而光是一个英国,肯定是不能够左右大陆的事变进程的。德国这时候就会朝社会主义的方向前进,再过一个时候,她就会在欧洲社会主义国家的礼让中就座——虽然,鉴于法西斯主义战争给德国社会组织所造成的广泛的伤害,不能指望这个局面会很快地发生。

因此,我们看到,许多问题都是取决于即将到来的这个时期里法国所要发生的事情。在本文写作的时候,各种对立的力量,看来简直是势均力敌的。如前所述,旧的统治阶级已经在工业、政府和军队的关键性地位上重新站定。另一方面,法国的广大公众,则已经显著地向左转,工人阶级也已经很好地组织起来并有了社会主义觉悟。在各种对立的势力之间,绝对不可能有什么长期的妥协,由各种不可调和的力量所组成的联合政府,也必然是暂时性的和过渡性的。展望将来,我们一定会看到,法国有一系列的政府危机,其中任何一次都可以酿成更加广泛的政治和社会危机。偶尔也会发生这样事件:在某一个阶段,右派在假左派的支持之下,将试图发动一次拿破仑主义式的新冒险,其表面的目的是要“恢复法律与秩序”。这样一种企图会有什么结局,这当然是不能预料的。

它也许能成功,也许就为社会主义制度打开大门。无论如何,记住这一点就够了:国际的影响,特别是那些来自英国和美国的影响,是最重要的决定因素之一。在这种情况下,英国的工人阶级还是可能起到我们在前面分析中所归与它的那种决定性作用的。

当我们从欧洲转到远东时,我们发现,1942 年所申述的总的长远前景,至今还没有哪一个重要的方面经受过决定性的考验。我们当时假定:在殖民地国家中,对帝国主义的抵抗逐步增强,这些国家内的民族独立运动同苏联与欧洲的社会主义国家结成联盟,外国统治渐渐地被赶出去,而这些国家则向社会主义方面进化。(并不是故意作这样概括的申述,以暗示这些发展的出现,在将来想必是或可以是毫无痛苦的和不流血的。不过,也没有理由假定,它们一定会引起一场涉及几个主要强国的大战。)虽然,对帝国主义的抵抗的继续增强,这是人人都看得清楚的,但是,要说出事变的进程是否同这个样本相一致,还为时过早。就目前的情况看来,发展的趋势,似乎是倾向于西方帝国主义统治的复辟。美国在整个太平洋地区的力量大大增强,因此,可以说它正成为这伙帝国主义的魁首;而英国、荷兰和法国则打败了当地的独立运动,而恢复她们的旧帝国。与此同时,美国正在大力进行活动,要在中国和日本建立一个尽可能由它独占的势力范围——毫无疑问,这最后就是一个投资和贸易的范围。所有这一切的后果,好像和我们以前的推断恰恰相反。

不过,形成这个局势的各种根本力量和趋势,是必然要受到战争时期的种种大动荡所掩蔽和歪曲的。根据这样一个局势来下结论,如果走过了头,那就会犯错误。西方统治和西方势力正在返回远东，但是和以前有所不同。许多让步现在正在作出，将来还必须有更多的让步要作出，这些让步会增强独立运动，并为它们提供各种成功的杠杆。同时，帝国主义和以往一样，现在还是缺乏意愿和能力来解决日益严重的经济和社会问题，而这些问题，是以这样或那样的方式支配这个区域内所有各阶级的思想和行动的(关于这一点，请阅下文第 397—401 页的分析)。如果能有办法教育人们或诱导人们相信，这样一些问题天生是无法解决的，他们必须在今生受苦，而在来世得到报应，那么，这件事情本身，也许就没有决定性的意义。毫无疑问，正是在这一点上，社会主义在苏联的成就，对全世界殖民地的人民具有最重大的意义。中亚细亚、西伯利亚和苏联的远东地区，提供了生动的证据，表明落后国家的人民，在其更先进的弟兄的帮助之下——而不是在其剥削之下——是可以找到通向进步与更高生活水平的道路的。随着人们对这个事实的认识的扩大和加深，帝国主义的统治就会渐渐地遭到破坏，而社会主义前途的根基则将牢固地奠定。今天，对这个理论到头来的正确性，如果还有所怀疑，那似乎比在 1942 年要少一些了。

不论是战争期间，或是战后，都未曾发生过什么事情可以帮助我们判断这样一个问题——这个问题的重要性是无须强调的——那就是，资本主义和社会主义作为敌对的世界体系，它们之间的冲突是否最终一定要发生。因此，当然也未发生过什么事情，要求我们改变自己的分析，这个分析的大意是：这样一个冲突，非但不是势所难免的，而且是不大会发生的。不过，可能有人觉得，这个分析本身是错误的。关于这一点，奥斯卡·兰格博士所提的一个批评，似乎十分重要，非加以考虑不可。①

我们的推论是建立在这样一个假设上面的——下文第 395—397 页对这假设有所发挥——那就是，除了在特殊的情况下和在比较短的时期里以外，工人阶级的利益是同帝国主义相对立的，因而不言而喻，是同帝国主义的一个必要方面，即军国主义的、侵略性的政策相对立的。在政治民主的条件下，这种反对是有办法反映出来的，而且是可以对资本主义国家在国内和国外的行动发挥极为重要的——即使大部分是否定的——影响的。围绕一个侵略纲领来组织社会生活，这一看就知道是解决资本主义经济矛盾的一个办法，但现在是行不通了。同时这些矛盾越来越尖锐；政治斗争越来越专注在这些矛盾上。工人阶级背着最沉重的负担，他们被迫要寻求一条新的"出路"。我们以前的理论，归结到它的最朴素的本质来说，那就是，一个扩大了的社会主义社会既不受任何资本主义社会矛盾之害，又可以按照群众的利益来扩大和控制生产与消费，这样的例子，定会对至今仍然生活在资本主义制度下的工人发挥日益强烈的吸引力。最后，外部和内部的变化加在一起，定将为向一个有秩序的、非暴力的社会主义社会过渡，铺平了道路。

兰格博士在讨论法西斯主义的性质时，提出了一个理论，它从根本上打击这一套说法：

> "大量的失业使社会的各阶级，包括工人阶级都可以从帝国主义的扩张中得到一部分好处。对工人阶级来说，这个好处……就是就业机会一类的东西……这便引起了一个法西斯

① 见他在 1943 年 7 月 8 日《哲学杂志》上的书评，载该刊第 378—384 页。

> 的帝国主义理论，它和希法亭—列宁的帝国主义理论完全不同。后者是用资本输出的词句来表述的，而且是描绘法西斯主义以前的资本帝国主义的。根据所提出的理论，法西斯主义具有**人民帝国主义**的性质，这种帝国主义把所有阶级都结合在一起，并且使每个阶级的成员，都能在帝国主义扩张中得到一份好处。这一点就说明，德国法西斯主义在和工人阶级打交道中，是怎样取得意识形态上的成功的；它也说明，要推翻法西斯主义，为什么不能通过国内阶级冲突的办法，而只能通过其他国家在军事搏斗中战而胜之的办法。"

这个理论的基本假定是，在大量失业的条件下——注意，这种条件在发达的资本主义国家中有成为常态的趋势——所有阶级对帝国主义的扩张有共同的利害关系。果真如此，那么，它的含义就会比兰格博士所提出的更为深长。任何一个资本主义国家，只要它支配着必要的武装力量，并享有对敌对势力采取行动的充分自由，那它就会觉得，要动员人民来支持一个帝国主义的扩张纲领，是轻而易举的事情。一个"人民帝国主义"，可以做到既是民主的又是法西斯的。按照这个解释，我们就应该同意一些纳粹理论家的见解，这些纳粹理论家公然声称，德国法西斯主义是一个纯粹的国民运动，其目的是在打破凡尔赛条约的束缚并收复德国在国际范围内采取行动的大部分自由权。另外，从我们现在的观点说来，还有更重要的一层，那就是，我们势必要预言，在军备不受外来限制而又可以轻易地向六个不同方面扩张的美国，它的下一次的严重萧条，一定会引起一场侵略性的而且是受到人民支持的帝国主义进军。不必把这个看法的种种含义穷追到底就可以证明，要是接受这个看法，那就会迫使我们彻底地改变对资本主义可能出现的前途的估计，同样，也会迫使我们重新估计资本主义世界和社会主义世界发生战争的可能性。

不过，事实上，兰格博士的批评所根据的基本假定，似乎是站不住的。诚然，在大量失业的情况下，工人们对就业的增加是感兴趣的，而帝国主义扩张，也的确能增加就业。但是，不能由此推论，说工人们对帝国主义扩张感兴趣。在工人们看来，增加就业，还有许多别的办法，这些办法是不致引起帝国主义扩张的各种负担和沉重牺牲的。正是因为这个缘故，自由职工会和工人阶级政党，也就是说工人阶级利益的真正代表，始终是反对帝国主义扩张而赞成改良或推翻资本主义制度的。[①]（要注意，改良主义者和革命者都是典型的反帝国主义者。）这种态度是从资本主义社会里工人所处的地位上自然而然地流露出来的。他看到，要创造一些足以提高自己的生活水平的就业机会，是完全有可能的，他根本就没有资本家的那种动机，他要反对沿着这些途径解决问题。此外，他也看到，他和他的孩子们要为战争付出血、汗和泪的代价，而别人却享受荣誉。对工人来说，不需要什么特殊的政治训练，也不需要有进行长串推理的本领，他就可以看到，哪里是他的利益之所在。

德国的经验，绝没有推翻这个看法，而是肯定地证实了它。有一个事实，常常为人们所忘记或忽视，那就是，希特勒政权的第一个行动，实际上是摧毁德国工人阶级的组织。德国帝国主义当时不仅必须从凡尔赛条约的束缚中重新获得行动的自由，而且必须

① 19世纪英国的例外情况，在下文第386—387页讨论。

从德国工人阶级所施加的束缚中重新获得行动自由，而后者不论在时间上和纳粹头子的意向上都是首先来到的。当然，随后消除了失业，这的确加强了那个政权，并且确是吸引了工人阶级的一部分支持。这种支持，主要来自一些过去未有组织的工人以及那些初次进入劳动力市场、对自身利益的看法已经被纳粹的教育手法所歪曲了的人。但是，关于工人阶级的拥护程度，是容易言过其实的。有关这个问题的证据，差不多完全带有反证的性质：德国工人主要从事军备的生产，当他被征召入伍时，在军队中是善战的，而且从未叛变。但是，这些事实可以从不同的角度来解释，部分地可以用德国历史发展的特殊环境来解释。德国历史发展的特殊的环境当然是在工人阶级和其他阶级身上留下痕迹的。不过，最重要的因素，无疑的是纳粹政权的肆无忌惮且有组织的恐怖手段。这个政权是以全力来打击工人阶级中的反对分子的。①

鉴于现在对德国法西斯主义所知的一切，至少可以这么说，像兰格博士那样，把它说成是一种“人民帝国主义”，“这种帝国主义把所有阶级都结合在一起，并且使每个阶级的成员都能在帝国主义扩张中得到一份好处”，这看来是不真实的。

这一切同美国的情况有什么联系——世界资本主义的命运毕竟是要在美国最后决定的——这是相当清楚的。只要在这个国家内民主还存在，而且工人阶级还能保持组织上的自由，那么，美国

① 关于纳粹恐怖的各个时期里德国工人被杀害、被监禁或被投入集中营的人数统计，大概是永远找不到了，但 1945 年夏天我自己在德国的观察——根据我在该国的许多遥隔的地区中同工会干部、社会民主党人和共产党员的私人会谈——使我相信，全部数字可能达到几百万人。

帝国主义的手脚就将受到有效的钳制。毫无疑问,美国将在海外扩张其势力,也将有种种以国防为口实的军事调动,但是不会有征服战争,也不会有什么十字军来使世界免于危险的社会试验。其间,美国工人将继续摸索一条出路来摆脱老朽的资本主义的种种矛盾;借鉴欧、亚社会主义社会成功地发挥其机能的事例,他也定会把这条道路寻找出来的。

"只要民主还存在"——这是关键性的但书。今天,国内一些最有势力的集团,他们有一些利益和目的,是同美国工人阶级相背驰的,而且也的确是和中层阶级绝大多数人相违反的。他们将大力地和明智地追求这些利益和目的;而当他们认识到,民主是他们前进路程中的障碍时,他们就会试图破坏它。他们能否成功,谁也说不出来。但无论如何,这是一个有决定性历史意义的重大问题。

保罗·M. 斯威齐

威尔顿,纽罕什尔,1946 年 1 月 18 日

导　言

社会不只是一群个体的人。它是有某些明确的、或多或少稳定的关系存在于其中的一群个人。社会的形式，取决于这些关系的性质和形式。构成社会科学的，便是所有旨在研究和了解这些关系及其在时间进程中的变化的学科。

有人会说，这一切明显到可以说是平庸无奇的程度。事情确是这样。但也必须记住，最明显的东西往往就是最重要的东西。忽视明显事物的人，他是在自冒风险。让我们拿现代经济科学作为一个例子来说明。

经济学是公认的社会科学；人们只要找一份大学课程一览表来看一看，就可以确信无疑。经济学的题材，取自人们所需物品与劳务的生产和分配领域。从这两个前提出发，似乎就可以得出这样一个合理的结论：经济学研究生产和分配的社会（人与人间的）关系。这些关系是什么，它们是怎样起变化的，它们在社会关系总体中的地位如何，这些，看来就是上面所指的研究课题。

但是，经济学家们是不是这样看问题的呢？让我们约略地看一看莱昂内尔·罗宾斯教授的著作《经济科学的性质和意义》（1932 年第一版），以资启发。我们选择罗宾斯教授的书，不是把它当作一个极端的例子，而是因为它适当地概括了现代经济学家们所广泛主张的那些观点。罗宾斯教授是不是从经济学主要研究人与人关系这个意义，来把该学科看作是一门社会科学呢？

他告诉我们："把经济学同研究物质福利的原因联系起来，这样的定义……大概可以博得大多数人的同意。"这当然不是一个很像样的定义，因为它使人想起了各种很难指望经济学家加以掌握的自然科学和应用科学。所以，谢天谢地，罗宾斯教授决定放弃这条思路。他为了抓住问题的实质，接着就开始考察"一个与世隔绝的人是怎样在创造实际收入和享受闲暇之间分配其时间的"。这个人就是我们的好朋友鲁滨逊，而罗宾斯却看出这个人的行为很有教益。罗宾斯教授也不回到本土上来，就提出了一个经济学的定义："经济学是这样的一门科学，它把人类的行为当作是目的与既有多用又是稀缺的手段之间的一种关系来加以研究。"

这个定义，很不像一门社会关系科学的定义。它所指的，毋宁说是一门笼统的人类行为学的定义。所以，无怪有这么一种论调出现，说这门科学的成果，普遍适用于所有的社会形式，也就是说，在社会成员间的关系性质迥然不同的种种情况下，皆能适用。"价值理论的通则，"据罗宾斯教授说，"既适用于一个与世隔绝的人或一个共产主义社会行政当局的行为，也适用于交换经济中人的行为。"这同一道理，无疑地也适用于生理学的通则。罗宾斯教授倒也没有走到否定经济学是一门社会科学的地步，但他对于肯定经济学是社会科学的观点，则有明显的反感。他说，如果人们接受古典经济学家的论点，"那就可能把经济学的主题，看作是某种社会性的或集体性的东西。"但是，由于最近以来对个人选择的重要性有所认识，"这种看法变得越来越不合宜了。"而且，他还告诉我们，要研究的不是社会总产品及其分割——即社会生产关系的成果，“我们把〔经济制度〕看作是人与经济物品之间一系列互相依存而在概念上又各自独立的关系。”[①]换言之，他不是首先以人与人的关系（社会关系），而是以人与物的关系来考察经济制度的。

如果就此得出结论，说这位现代经济学家完全不管社会生产关系，那就错了。正相反，他经常从事的研究，就带有明显的社会性质。他也许会指着这些研究，以证明人们在这个问题上对他的责难是无稽的。但是，这没有切中我们所试图提出的基本论点。诚然，在应用或使用经济理论的概念工具时，确实免不了要碰到社会关系，并且不能不加以讨论。但我们打算强调的一点是，这种概念工具是有人着意构想出来，使其超越于任何特定的社会关系形式的。因此，可以说，社会关系形式只有偶然地、而且只是在应用的水平上才出现在他们的视野中。我们说“偶然地”，是因为它们根本就非进入那些人的视野不可。把经济理论设想成既适用于鲁滨逊、又适用于各种社会经济形态的事实。就足以证明这一点。换句话说，经济理论工作，被主要地看作是概念的构想和联结过程，而这些概念的特定社会内容，则已被他们抽掉了。在实际应用时，社会的因素，可能是（而且由于在立论的初步阶段，鲁滨逊总是很派用场和引人入胜，所以它又常常是）通过特定的假设以指明其应用的范围而后才被引进来的。

“工资”这个独特概念，在所有现代经济理论中，都占有一席之地。让我们就拿它来考察一下，借以清楚地表明我们的意思。这

① 着重点是引者加的。

个名词,本是从日常用语中借用得来的,它指的是雇主每隔一个短时期所付与雇佣工人的货币总额。但是,经济理论已经把这一社会内容抽掉,并且重新给这个词下了一个定义,说它是以价值形式或实物形式表现的产品,起源于一般生产过程的人类活动。这样,鲁滨逊,独立手工业者,小自耕农,都和工厂劳动者一样,挣得这个意义上的工资,然而,在通常言谈中,当然只有最后一种人才是工资收入者。换言之,"工资"变成经济生活(克服匮乏的斗争)中一个通用的范畴,而不是一个与某一特定社会历史形式有关的范畴。

在研究现行经济制度时,经济学家们为着说明工资何以采取雇主对雇佣工人付钱的形式,就或明或暗地在制度方面和社会方面引进一些对他们此举说来是必要的假设。但是隐藏在这个形式后面的,却是一种从生产率定理推导出来的东西,它是全无社会内容的。从这一点出发,就可以轻易地和自然而然地把工资看成是"真正的"或"实质上的"边际劳动生产率,并且把表现在现实的工资支付上的雇主和工人的关系,看成是偶然的、本身没有什么特殊意义的东西。所以,罗宾斯教授说:"交换关系〔在本例中就是雇主与工人的关系〕是一种技术性的偶然……从属于匮乏这个主要的事实。"

事情也没有就此了结。上述的观点一旦成立,就是最谨慎小心的人,也难免坠入积习,把生产率"工资"看成是某种意义上的正当工资,也就是工人在一种公正的经济秩序上所能得到的收入。老一辈经济学家是惯于用生产率理论来为现行经济制度作种种辩护的,但这种辩护过分张扬,过分明显,早已不时兴了,我们不去谈它。我们现在要提到的是,生产率理论被一些对现状不满的人更巧妙地用作合理性的标尺。例如:庇古教授和罗宾逊夫人,他们二人都认为，如果工人所得的工资少于其劳动的边际产品的价值，那他就是受到剥削。[①] 因此，现行经济制度所受的批评，无形中只限于这个制度落后于某种模式的程度，而这个模式则是从毫无社会意义的概念中构想出来的。这样一来，某些同18世纪时人们用来评价社会的自然法则态度极为相像的东西，就被那些小心避免从前院公开将它带入的人由后门偷运进来了。

如果我们对经济理论的其他中心概念，如地租、利息、利润、资本等，也加以考察，那么，也可以作类似的分析，并得出大体相同的结果。但至此，论点似乎已经是相当清楚了。在每种情况下，概念都是从日常用语中借用得来的，社会内容则被抽去，而由此得出的一般范畴，则无差别地适用于各种经济制度。因此，就经济学家来说，这些制度大体上只在一些非本质的形式问题上有区别。抑有甚者，如我们所知，就在评价各种制度时，也不使用社会性的词语，而用来作为根据的，只是一些据认为有重大逻辑意义的抽象模式。

看来，经济学家显然要用这个方法来避开对社会关系的系统探索，而这些社会关系是人们普遍地认为与经济问题有关，因而是深嵌在工商界的日常言谈之中的。更为明显的是，现代经济学所采用的基本观点，使它不能承担一个更重大的任务，即说明经济因素在那些构成我们所谓社会的各种人与人关系的复杂总体中究竟起着什么样的作用。

人们似乎有理由这么设想，前面几段所概述的情况，同那种可

① A. C. 庇古：《福利经济学》（第三版，1929年），第556页；琼·罗宾逊：《不完全竞争经济学》（1933年），商务印书馆1961年版，第234页及以后各页。

以公正地称为对经济学家及其著作的广泛不满情绪大有关系。既是这样，那么，从现代经济学未能成为一门有关人与人关系的真正社会科学这一点着眼，对它中心教义和信条展开一番细致的研究，似乎就是一个最有成果的行动了。但是，这一类的批判性分析，做得再好，也是徒劳，一般地还会招致应得的责难，说它不能提出建设性的东西，以代替它所摈弃的东西。所以，我们现已确信，在公认的学说中没有可以藏身之处，因而也就决定抛开这块地盘，而另辟一条研究经济问题的途径，这就是一条和卡尔·马克思的名字相联系的途径。

因此，我们在后面涉及的，大部分是马克思主义经济学。这当然不是意味着，我们有任何打算，要想揭示“马克思所意指的什么东西”。在这一点上，我们作了这么一个简单化的——虽然也许不是显见的——假定：马克思所想的就是他所说的；同时，我们只给自己规定一个比较平凡的任务，即看看有什么东西是可以向马克思学习的。

第一篇

价值与剩余价值

第一章 马克思的方法

在经济学中，也如同在其他科学中一样，方法论的讨论，似乎是令人生厌和吃力不讨好的。但完全避开这个问题，却有招致严重误解的危险。所以，在这一章里，我们将力图尽可能概括地陈述马克思研究经济学的方法要点。就马克思来说，这个工作尤为重要，因为在他所首创的重要贡献中，有许多恰好是带有方法论的性质。卢卡奇是当代最透彻的马克思主义者之一，他甚至作出这样的断语："马克思主义问题的正宗是纯粹讲方法的。"①

一、抽象法的应用

从形式上看，马克思的经济学方法论，好像和先行的古典学派及后继的新古典学派极为相似。他是抽象演绎法的有力拥护者，这个方法正是李嘉图学派的一个显著的特色。"分析经济形式，"他在《资本论》的序言中写道，"既不能用显微镜，也不能用化学试剂。二者都必须用抽象力来代替。"此外，马克思还相信并实行现

① 乔治·卢卡奇:《历史与阶级觉悟》(1923年版)，第13页。

代理论家们称之为“连续渐进”的方法，这个方法的含义是，由比较抽象的东西，一步步地推向比较具体的东西，即在研究的连续阶段上，逐步舍弃简单化的假定，从而使理论有可能对越来越大的现实领域加以考虑和作出解释。

但是，当我们作进一步的研究时，我们就发现，在马克思和古典学派及新古典学派的代表人物之间，存在着惊人的差异。抽象的原则，本身是没有能力提供什么知识的；困难的问题在于如何应用。换句话说，人们必须设法决定，什么是要舍象的，什么是不要舍象的。在这里，至少出现两个问题。第一，所研究的是什么问题？第二，这个问题的本质要素是什么？如果我们在这些问题上有了答案，那么，我们就会确知，什么是我们所不能加以舍象的，并且，也就能够在这个范围之内，按照方便与简单的标准，作出我们的假设。现在，单是在头一个问题上，我们就可以确信，经济学家们对他们的任务并不是一向就有一致的看法的。几个著名经济学家所致力研究的问题，可以引述如下：“国民财富的性质和原因”（亚当・斯密）；“支配土地产品的分配规律”（李嘉图）；“在寻常生活事务中人的活动”（马歇尔）；“价格及其成因与推理”（达文波特）；“人类的行为，即目的同可以变换用途的稀缺手段之间的关系”（罗宾斯）。当然，这里面有重叠之处，但恐怕没有任何两个人可以看作是完全一样的。由此可见，没有两个研究者会以完全一样的方式来处理他们的材料——包括他们运用抽象法武器的方法。一个人可以把另一个人试图阐释的某个特异之点加以舍象，但从各人所研究的问题看来，彼此可能都有道理。这一点是马克思研究者所必须特别注意的，因为他的任务——“揭示现代社会的经济运动规律”[1]是迥然不同于非马克思主义思潮的。

可是，就是在研究者的任务已经确定之后，也还没有灵效的公式来指引他的步伐。正如黑格尔在他的《历史哲学》的绪论中所正确指出的：在“科学的悟性过程中，最要紧的是应该把本质的东西划分出来，使它和所谓非本质的东西成为明显的对照。但是要使这桩事情成为可能，我们必须知道什么是本质的东西……”[2]把本质的东西显示出来，并使它的分析成为可能，这就是抽象法的特殊任务。但是，从哪里入手？如何使本质的东西有别于非本质的东西？方法论可以指出这些问题，但不幸它不能提供现成的答案。如果它能够的话，那么，“科学的悟性过程”，就会比它的实在情况刻板得多。实际上，必须就什么是实质的东西作出假设，把这些假设使用到底，并把结论同经验的材料相核对。所以，如果我们要了解一个特定的科学家的成就，我们就必须试行鉴定他的基本假设，并在可能的条件下，看看他是从哪里得到这些假设和如何发挥它们的含义的。几乎无须指出，这未必是一件容易的事情，但是，说到马克思，由于我们对他的才智的发展有足够的认识，却可以作此尝试。

马克思在当大学生的时候，专攻法律和哲学，并打算投身学术界。他的“激进”倾向——虽然在当时他甚至还不是一个社会主义者——使他得不到一个教席，于是在 1842 年他应新创刊的《莱茵报》之聘，担任编辑。在这个职位上，他第一次接触到现实的社会

① “资本论第一版序言”，《马克思恩格斯全集》第 23 卷，人民出版社 1972 年版，中文版(下同)第 11 页。

② G. W. F. 黑格尔：《历史哲学》，三联书店 1956 年版，第 105—106 页。

问题，同时也接触到新的社会思想，特别是19世纪三四十年代从法国大量传播的社会主义和共产主义思想。在一次和《奥格斯堡报》的争论中，马克思发现自己不知道应该怎么设想社会主义，他颇以此为苦，深信这个问题值得研究，因而，决定一有机会，就要对它作一番认真的探讨。机会不久就来了；几个月后《莱茵报》被当局查封，马克思一无拘束，他立即埋头从事社会主义和共产主义、法国历史以及英国政治经济学等的紧张研究。以后几年，他大部分时间是在巴黎和布鲁塞尔度过的，就在这个时期里，他中止了哲学的研究，而为以后的经济学著述形成了成熟的观点。总之，远在他决定把经济学研究当作主业之前，他的研究经济学的方法，就已经形成和确定了。

在《政治经济学批判》的那篇名至实归的序言里，我们找到了马克思对这几个关键年份里他的才智的发展的一段自述。虽然许多读者会熟悉这篇序言，但在这里抄录其中一部分，也许不无是处（着重点是我加的）。

> “我的研究得出这样一个结果：法的关系正像国家的形式一样，既不能从它们本身来理解，也不能从所谓人类精神的一般发展来理解，相反，它们根源于物质的生活关系，这种物质的生活关系的总和，黑格尔按照18世纪的英国人和法国人的先例，称之为‘市民社会’，而对市民社会的解剖应该到政治经济学中去寻求。我在巴黎开始研究政治经济学，后来……在那里[①]继续进行研究。我所得到的、并且一经得到就用于指

① 指布鲁塞尔。——译者

导我的研究工作的总的结果，可以简要地表述如下：人们在自己生活的社会生产中发生一定的、必然的、不以他们的意志为转移的关系，即同他们的物质生产力的一定发展阶段相适合的生产关系。这些生产关系的总和构成社会的经济结构，即有法律的和政治的上层建筑竖立其上并有一定的社会意识形式与之相适应的现实基础。物质生活的生产方式制约着整个社会生活、政治生活和精神生活的过程。不是人们的意识决定人们的存在，相反，是人们的社会存在决定人们的意识。社会的物质生产力发展到一定阶段，便同它们一直在其中活动的现存生产关系或财产关系(这只是生产关系的法律用语)发生矛盾。于是这些关系便由生产力的发展形式变成生产力的桎梏。那时社会革命的时代就到来了。随着经济基础的变更，全部庞大的上层建筑也或慢或快地发生变革。”①

由此可见，马克思的主要兴趣是整个社会，特别是社会变革的过程。政治经济学——社会的“解剖”——所以重要，不但有其本身的缘由，而且因为社会发展的动力，要在这个领域中来寻找。马克思不是试图把什么事情都归结到经济的字眼上来，这一点是必须强调指出的，因为常常有人作出与此相反的论断。说得更正确一点，他是试图从社会存在的总体中，揭示出经济因素和非经济因素的相互关系。

马克思一经得出这样的结论，即社会变革的关键必须在生产

① 《政治经济学批判——序言》，《马克思恩格斯全集》第13卷，第8—9页。——译者

方式的运动中寻找，他于是就从支配生产方式变革的规律着眼，专心致志于政治经济学的彻底研究。于是，“揭示现代社会的经济运动规律”，就成为他终生以赴的科学目标。

目标有了，怎么才能认识问题的实质方面呢？马克思继承了黑格尔思想的一些要素，因为这些要素在历史发展实况的钻研中似乎是经得起考验的，那就是，强调过程，强调发展要通过对立物或矛盾力量的斗争。不过，和黑格尔不一样，马克思追溯决定性的历史斗争，找到其根源是在于生产方式；也就是说，他发现历史上的斗争就是他所说的阶级斗争。所以，在《共产党宣言》(1847 年)中，小引之后开头的话是：“到目前为止的一切社会的历史都是阶级斗争的历史。”在资本主义制度下，也如同在其他社会形式下一样，经济势力是在阶级斗争中显现其作用的。因此，基本的经济关系，就是那种构成阶级斗争形式的基础和以阶级斗争形式表现的经济关系。这些就是必须通过抽象法加以隔离和分析的本质要素。

但是，就是这个假设，也可以导致各种各样的处理问题的步骤。古典派经济学家对阶级斗争的经济根源也是极感兴趣的——在一定意义上这正是李嘉图所指的“土地产品的分配”——但是他们在理智上和感情上最为关注的社会对抗，是工业资本家和地主的冲突。因此，他们把显著的、有时甚至是首要的重点放在土地和土地所有权的派生收入上。李嘉图确是这样断言，没有关于“正确的地租学说的知识”，“就不可能理解财富的增进对利润与工资的影响，也不能令人满意地探索赋税对社会不同阶级的影响……”①马克思

① 大卫·李嘉图：《政治经济学及赋税原理》，商务印书馆 1962 年版，第 3 页。

看出这种首先强调土地和地租的趋势，但他认为那是搞错了。他写道："从地租开始，从土地所有制开始，似乎是再自然不过的了，因为它是同土地结合着的，而土地是一切生产和一切存在的源泉，并且它又是同农业结合着的，而农业是一切多少固定的社会的最初的生产方式。"①但是，他立即加上一句，"这是最错误不过的了。"他采取这个态度的理由，就是他随后所取步骤的关键。

在资本主义社会中，

> "农业越来越变成仅仅是一个工业部门，完全由资本支配……**资本是资产阶级社会的支配一切的经济权力**。它必须成为起点又成为终点，必须放在土地所有制之前来说明。……
>
> "因此，把经济范畴按它们在历史上起决定作用的先后次序来安排是不行的，错误的。它们的次序倒是由它们在现代资产阶级社会中的相互关系决定的，这种关系同看来是它们的合乎自然的次序或者同符合历史发展次序的东西恰好相反。问题不在于各种经济关系在不同社会形式的相继更替的序列中在历史上占有什么地位……而在于它们在现代资产阶级社会内部的结构。"②

上面重点标出的一句，特别重要。"资本是资产阶级社会的支配一切的经济权力"，这句话在马克思看来，正如一个古典派经济学家原本也会看到的一样，就是意味着，首要的经济关系是资本家

---

①　《导言（摘自1857—1858年经济学手稿）》，《马克思恩格斯全集》第12卷，第757页。

②　同上书，第758页（重点是引者加的）。

和工人之间的关系。就像他在另一个地方对这一点所作的表述那样:“……资本和雇佣劳动的关系……决定着这种生产方式的全部性质。”①甚至在他开始研究《政治经济学批判》和《资本论》之前,他在《共产党宣言》中就表明了同样的论断:“整个社会日益分裂为两大敌对的阵营,分裂为两大相互直接对立的阶级:资产阶级和无产阶级。”这个关系必须构成研究的中心;抽象力应该用来使它和别的东西相隔离,使它还原为最纯粹的形式,使它摆脱一切无关的干扰而置于最艰苦的分析之下。

采取这个见解,就得有一番程序,至少包括两个颇不相同的步骤。

第一,除劳资关系外,所有其他的社会关系都要暂时地假定其不存在,只能在往后的某个分析阶段上,将它们逐个地重新引进来。

第二,劳资关系本身,必须还原为它的最有意义的一种形式或几种形式。这不是一个数量上的问题;不是意味着那种最频繁或最流行的关系形式,就应该挑出来分析。在这一点上,所谓意义重大也者,就是有关整个社会的结构特点与趋向的问题。如所周知,马克思把工业生产领域中发生的劳资关系形式挑选出来,作为现代资本主义社会的最有意义的关系形式。资本家和工人都被还原为某种标准的型式,一切与考察中的关系无干的特点,都从这些型式中拿掉。“这里涉及到的人,”他在《资本论》的序言中写道,“只是**经济范畴的人格化**,是**一定的阶级关系和利益的承担者**。”

① 《马克思恩格斯全集》第25卷,第995页。

这种劳资关系的性质是什么？形式上它是一种交换关系。资本家向工人购买劳动力；工人从资本家那里领取货币，用货币获得生活必需品。作为一种交换关系，这在一大堆具有共同形式与共同结构的关系中，无疑地是一种特殊情况。所以，研究劳资关系，显然又必须从分析一般的交换现象开始。

这样，我们就到达了马克思的政治经济学的实际起点。《资本论》第一卷第一篇，把前此发表的《政治经济学批判》作了一个概述，题为"商品"。任何一种东西，只要它素来是人们有意拿来交换的，而不是供直接使用的，就都是商品；所以，对商品的分析，就包括对交换关系及其量的方面（交换价值）的分析；此外，它还包括一个对货币的分析。我们在后面就要看到，马克思的一些最有趣的成果，就是在商品的论述中产生的。

马克思既以商品分析奠立了必要的基础，于是就着手进行他的主要任务。《资本论》第一卷的其余部分，几乎全是用来研究以"孤立的"、"纯粹的"形式出现的劳资关系的。换句话说，第一卷自始至终都保持着高度的抽象水平。

不懂得马克思的方法的人，很难相信，这个论述可以含有极其重要的意义。他们指出第一卷的一个突出特点，即丰富的事实和历史资料。这不就是说，马克思在事实上正是反抽象之道而行吗？这个论证没有切中要义。在社会科学中，抽象的本意，绝不是脱离现实世界，而宁可说是把现实世界的某些方面加以隔离，以便进行深入的研究。所以，当我们说我们是在高度的抽象水平上工作的时候，我们所指的是，我们在处理着为数较少的几个现实方面的问题；我们绝对不是说，我们所处理的那些方面，不能作历史的研究和事实的例证。稍微对照一下，就足以表明，马克思在第一卷中所引用的大量事实材料，是和劳资关系直接有关的，并且带有例证或史实的性质。所以，与其说它和第一卷始终保持高度抽象水平的说法相矛盾，毋宁说它是对后者的肯定。

确定了这个事实，我们就可以作一个重要的推论，那就是，第一卷所取得的成果，带有假定的性质。在很多的——虽然未必是所有的——情况之下，它们在较低的抽象水平上经受范围大小不等的修正，也就是说，这时候人们要考虑到现实的更多方面。[①] 因此，不能把第一卷所表明的趋势或规律，解释为对未来的直接预言。它们的正确性，同它们是在什么抽象水平上被推导出来的有关，而且同分析进到更具体水平时所必须经受的修正程度有关。认识这个事实，可以省却许多无益的争论。我们可以举出那个被马克思称之谓“资本主义积累的绝对的、一般的规律”[②]的“无产阶级贫困化规律”作为例子。反马克思主义者总是坚持说这个规律是错误的，并由此推断，马克思对资本主义的分析也是不正确的。[③] 另一方面，有些马克思主义者同样地念念不忘，要想证明这个规律是正确的，[④]因此一场叫骂得很凶而没有说明什么问题的

① 关于马克思的方法的这一方面，在亨利克·格罗斯曼所著《积累与资本主义体系的崩溃》一书（1929年）的导言中，有很好的论述。

② 《马克思恩格斯全集》第23卷，第707页。

③ 格罗斯曼列举了大量的例子，见《积累与资本主义体系的崩溃》，第23页及其后各页。

④ 最近的例子，也许就是阿历士·比特尔曼和V. J. 耶鲁姆合著的小册子《列宁主义——当代唯一的马克思主义》（1934年）。这本小册子是对路易斯·科里的《美国资本主义的没落》（1934年）一书的批评。

争论吵了半个世纪。双方的过错都在于不了解马克思的方法。这个规律是在一个高度的抽象水平上推导出来的；在描述这个规律时所用的“绝对”一词，是按照黑格尔的“抽象”意义使用的；它绝不能成为对未来的具体预测。况且，在这个特定的问题上，马克思也以十分清楚的词句说了很多话，因此更不容有什么误解。在表述了这个规律之后，马克思跟着就作了补充：“像其他一切规律一样，这个规律在实现中也会由于各种各样的情况而有所变化，不过这些情况的分析不属于这里的范围。”这也许是再清楚不过的警告，要人不把这个规律解释为具体的预言。适当地考虑到方法上的问题，就会使诸如此类的误解化为多余的东西。

我们用不着讨论《资本论》的全部梗概。眼前只需指出，卷二和卷三的意图，是要把卷一有意撇开的因素予以考虑，这就是说，要把分析逐步地推向较低的抽象水平。可是，也有一种含有似是而非味道的事，卷二和卷三比卷一包含更少的实际资料。这是因为它们处于未完成的状态。在恩格斯根据马克思的手稿编纂卷二和卷三的时候，他发现了大量的例证材料，但是，“几乎没有分类，更谈不上加工整理了。”[①]相反地，卷一是马克思亲手准备出版的，因此，他能够把他的实际资料和理论资料统一起来，而这个办法，对于以后各卷，是恩格斯在编者的职掌内所不可能做到的，是他英明地加以谢绝的。

我们已经用一般的说法讨论了马克思的抽象法的应用，而没有打算在这个阶段上卷入到某些特定的问题中去。但是，注意下

① 《资本论第二卷序言》，《马克思恩格斯全集》第 24 卷，第 3 页。

面这一点是有好处的：对马克思经济学的许多批评，有意无意地是基于对他据以立论的假设的否定。我们的讨论，应该有助于确立一些标准，借以判断这些批评的是非。在各种情况下，应该对引起批评的简单化假定（或抽象），提出三个问题：1. 它们的设计，有没有正确地照顾到所研究的问题？2. 它们是不是剔除了问题的非本质要素？3. 它们是不是保留着问题的本质要素？如果这三个问题的答案都是肯定的，那么，我们就可以说，适当抽象的原则已经得到遵守。许多人对马克思的批评是否贴切和妥当，用这个原则来检验是很有帮助的。

二、马克思思想的历史性质

卢卡奇说，马克思的方法，"就它的最深层本质来说，是历史的方法。"[①]这话当然是正确的，对这个问题的讨论，如果忽视这一点，就不能认为是满意的。[②]

在马克思看来，社会现实不大像是一个特定的关系体系，更不是许多事物的堆积。说得更正确一点，它宁是一个特定关系体系所固有的变革过程。换言之，社会现实是历史的进程，是一个在原则上既无止境、也不停歇的进程。[③] 社会制度和个

---

① 乔治·卢卡奇：《历史与阶级觉悟》第 7 页。

② 关于马克思思想的这一方面，而且说真的，关于本章所谈到的一切问题，在英文中最好的讨论，见卡尔·柯尔希的《卡尔·马克思》（1938 年）。

③ "生产力的增长、社会关系的破坏、思想的产生都是不断变动的，只有运动的抽象即'不死的死'才是停滞不动的。"——马克思：《哲学的贫困》，《马克思恩格斯全集》第 4 卷，第 144 页。

人一样，要经历一个生命的周期，而且要经过这么一幕，“从生产力发展的形式”，“转变为它们的桎梏。”但是，社会变革的过程，不是纯粹的机械过程；它宁可说是人类行动的产物，而这种行为又是明确地受它所固有的社会的性质所限定的。“人们自己创造自己的历史”，马克思写道，“但是他们并不是随心所欲地创造，并不是在他们自己选定的条件下创造，而是在直接碰到的、既定的、从过去承继下来的条件下创造。”①社会既是在变革之中，社会在一定的范围内也是可以加以变革的。

一贯坚持这个立场，就导致对社会科学的一贯的历史的看法。此外——这其实也是同一事物的另一方面——它导致对每个社会形式，包括对现存社会形式的批判性看法。对这一点的重要性，无论如何强调，都不为过。非马克思主义思想的一个特点就是，它可以理解以前各种社会秩序的过渡性，而在涉及资本主义制度本身的暂时性时，这种批判的才能就消失了。当然，这一点在一定程度上也适用于一切的历史时代，但是，正如我们在往后会要看到的一样，有一些特殊的理由，说明它何以特别适用于我们自己这个时代。② 正如马克思所表述的那样，在一个典型的现代思想家眼中，“以前是有历史的，现在再也没有历史了。”③卢卡奇在这一点上的言论，值得注意：

> “在我们把现在的问题看成一个历史的问题的时候，资产阶级思想的这种非历史的和反历史的核心，就以非常显眼的

① 《路易·波拿巴的雾月十八日》，《马克思恩格斯全集》第 8 卷，第 121 页。

② 见下文第 58—65 页。

③ 《哲学的贫困》，《马克思恩格斯全集》第 4 卷，第 154 页。

形式呈现出来……一切资产阶级思想家和历史学家完全无力把当前世界的历史性事变理解为世界历史，这一点，自从这次世界大战和这次世界革命以来，必定在一切头脑清楚的人民中留下不愉快的记忆。”①

1922年以来发生的事情，没有一件能使人改变上述的论断；相反的倒是有。另一方面，马克思主义者一贯地从世界的、历史的角度来解释当代的事变。这种差别显然不是才智上的问题；而是方法和思路上的问题。

许多人把资本主义视为当然，恰如他们把太阳系视为当然一样。资本主义终将消亡，这在今天是经常为人所承认的，但有人却把这事想得和太阳终将冷却一般，也就是说，否定了它和当代事变的相关性。从这个观点出发，人们可以对这个制度的结构内所发生的事情加以理解和批判，却既不能理解也不能评价这个制度本身所碰上的问题。后者还经常地表现为，轻率地否定人们可以有意义地谈论社会制度。但是，重大的历史事变通常是影响着整个社会制度的。结果是，在典型的现代人心目中，这些事变就呈现出灾变的性质，由此引起了情绪上的震动和理智上的混乱。

相反，在马克思主义者看来，资本主义的特定历史性（即过渡性）是一个大前提。基于这个事实，马克思主义者便有可能——比方说——站在制度之外，把它作为一个整体加以批判。不但如此，既然这个制度在当今和未来所经受的变革，乃是人类的行动本身

① 乔治·卢卡奇：《历史与阶级觉悟》第173页。

所造成的，那么，持一种批判的态度，不仅在理智上是可能的，在道义上也是很有意义的——这一层恰好是对太阳系之类的批判态度（不论它的缺点是什么）所无的——而且，末了还有非同小可的一点，它是有重要的实际意义的。

第二章 价值质问题

一、引言

《资本论》第一章以“商品”为题。前已指出，凡是为交换而生产，而不是为自用而生产的东西，就是商品；所以，研究商品，就是研究交换的经济关系。马克思是从分析“简单商品生产”开始的，这就是说，在一个社会里，每个生产者都拥有自己的生产资料，并通过与处境相似的其他生产者相交换，以满足自己的多方面需要。在这里，我们碰到以最清晰、最简单形式出现的交换问题。

马克思以简单商品生产为起点，他这样做是遵守经济理论的老规矩的，但是，不能由此而模糊了他和古典学派在分析上的鸿沟。例如，在亚当·斯密的立场上，交换是和经济生活的主要技术性事实，即分工紧紧相连的。据斯密说，分工是一切劳动生产率增长的基础，它甚至是人类经济的基础，是使人类经济有别于兽类生活的东西。但是，斯密不能离开交换来想象分工，事实上，交换是先于分工并作用于分工的。下面这一段，可以概括斯密关于分工与交换的关系的理论：

> “引出上述许多利益的分工，原不是人类智慧的结果。尽管人类智慧预见到分工会产生普遍富裕并想利用它来实现普

> 遍富裕。它是不以这广大效用为目标的一种人类倾向所缓慢而逐渐造成的结果,这种倾向就是互通有无,物物交换,互相交易。”[①]

不但如此,这种“互通有无,物物交换和互相交易的倾向”,还是人类所特有的。“我们从未见过甲乙两犬公平审慎地交换骨头”。[②] 交换和分工,就这样难解难分地被拴在一起,并被指做是共同支撑着文明社会的梁柱。这个见解的含义是清楚的:商品生产既是人性所固有,它就是经济生活的普遍的、必然的形式;经济科学就是商品生产的科学。从这一点看来,经济学问题具有独特的数量性;它们从交换价值开始,交换价值就是商品之间通过交换过程所建立的基本数量关系。

现在,回头来看看马克思。我们在一开始的时候,就看到思路上的不同,这个不同,使马克思的政治经济学有别于亚当·斯密的政治经济学。马克思并不否认,在商品生产和分工之间,有某种关系存在,但这绝不是斯密所描绘的固定不变的关系。下面这段话,明白地道出了两种观点的差异:

> “这种分工是商品生产存在的条件,虽然不能反过来说商品生产是社会分工存在的条件。在古代印度公社中就有社会分工,但产品并不成为商品。或者拿一个较近的例子来说,每个工厂内都有系统的分工,但是这种分工不是通过工人交换他们个人的产品来实现的。只有独立的互不依赖的私人劳动

① 亚当·斯密:《国富论》,商务印书馆 1981 年版,上卷,第 12 页。
② 同上书,第 13 页。

的产品，才作为商品互相对立。”①

斯密所认定的分工的重要性，丝毫未损，但分工和交换的必然联系，则被断然否定了。换句话说，商品生产并不是普遍的、必然的经济生活形式。它毋宁说是一种可能存在的经济生活形式，这种形式诚然已经有好几百年为人所熟知，并且仍旧支配着现代，但它依然是一种历史条件所决定的形式，而绝对不配称做人性的直接表现。这个观点的含义是很明显的。商品生产本身，从自然现象领域中被撤了出来，而变成社会历史研究的恰当题目。经济学家再也不能把他的注意力局限于商品生产所引起的数量关系；他必须同时注意构成商品生产的基础的社会关系性质。我们可以把这一点表述如下：经济学的任务，不仅有量方面的，而且还有质方面的。更具体地说，在交换价值问题上，既有如亚当·斯密所见到的产品数量关系；又有马克思首先发现的另一种关系，即隐藏在数量关系背后的一种特定的，由历史条件决定的生产者之间的关系。照比德里的说法，我们可以称前一种分析为价值量问题，称后一种分析为价值质问题。②

马克思的价值理论的伟大创见，在于它认识到本问题的这两个方面，并试图在一个单独的概念体系中同时加以探讨。但这个道理，在很大程度上也说明，为什么那些受经济思想主要传统所熏

① 《马克思恩格斯全集》第23卷，第55页（重点是引者加的）。

② 参阅弗朗兹·比德里：《马克思价值理论的社会含义》（1916年）。这本小书的作者在第一次世界大战中阵亡，年仅26岁；该书是他所发表的唯一著作，它应该得到比以往更大得多的注意。阿尔弗雷德·娄厄在一篇关于价值理论的卓越短文《多布先生和马克思的价值理论》（见英文版《现代季刊》，1938年7月号）中，也作过类似的区分。

陶的人，却几乎是普遍地感到很难理解这个理论。基于这个缘故，似乎应该把马克思的价值理论分为两个组成部分，并逐一地试作探讨。因此，在本章中，我们将讨论价值质的问题，而把人们比较熟悉的数量问题，留在下面一章中考察。

二、使用价值

马克思写道："每个商品表现出使用价值和交换价值两个方面。"①

一个商品的特征，绝不在于它有使用价值。在每一个时代和每一个社会形式里，人类消费的对象，都是有使用价值的。使用价值是消费者和消费对象之间某种关系的一个表现。另一方面，政治经济学是一门关于人与人关系的社会科学。因此，"作为使用价值的使用价值，不属于政治经济学的研究范围。"②

马克思把使用价值（或按现在的称呼："效用"）排除在政治经济学的研究领域之外，理由是，它并不直接体现一种社会关系。他坚持一个严格的要求，即经济学范畴必须是社会范畴，也就是代表人与人关系的范畴。看出这一点同现代经济理论的态度针锋相对，是有其重要意义的。如前所述，莱昂内尔·罗宾斯说道——在这一点上他不过是把一切非马克思主义学派的惯例作个系统的表述而已——"我们把[经济制度]看作是一系列互相依存而在概念

① 《政治经济学批判》，《马克思恩格斯全集》第 13 卷，第 15 页。

② 同上书，第 16 页。

上又是各自独立的人与经济物品的关系。”[①]由此当然可以推知，使用价值或效用，在经济学范畴中居于中心地位。但在拿马克思主义经济学和正统派经济学作任何比较时，不应该忽视，在这方面，它们各自的出发点是完全相反的。人们也不应该拿这一点来责备马克思，说他未能发展一个主观价值论，因为他有意地、审慎地拒绝从事任何这一类的尝试。[②]

这并不是说使用价值不应该在经济学中充当一个角色。相反，正如土地一样，它本身虽不是一个经济范畴，却是生产所必不可少的，所以使用价值也是消费的一个先决条件，并且如比德里所正确指出的，它绝没有被马克思排除在经济现象的因果联系之外。[③]

三、交换价值

商品的唯一特征，表现为彼此互有交换价值。一个社会如果以交换作为实现社会生产目的的正规方法，那么在这个社会中，生产物只有当作商品，才有交换价值。骤然看来，在这里，似乎比在使用价值中更少涉及社会关系。交换价值表面上是物与物之间，即商品与商品之间的数量关系。既是如此，它为什么被看作是一

① 莱昂内尔·罗宾斯：《经济科学的性质与意义》1932 年版，第 69 页（重点是引者加的）。

② 根据马克思主义观点对主观价值论所作的最好批评，同时也是对理解马克思价值论的一个极有价值的贡献，是鲁道夫·希法亭的《庞巴维克的马克思批判》，载《马克思研究》第一集（1904 年）。

③ 弗朗兹·比德里：《马克思价值理论的社会含义》，1916 年版，第 17 页。

种社会关系，并由此被当作经济学家研究的正题呢？马克思对这个问题的回答，是他的价值论的关键。我们称之为交换价值的这个物与物间的数量关系，在实质上，不过是商品所有者之间的社会关系的外观，在简单商品生产条件下，这也就是生产者之间的社会关系的外观。撇开有关的数量问题不谈，交换关系本身表明一个事实，即各个生产者虽然是在孤立的状态下进行工作，实际上却在相互效劳。不管他们是怎么看待这件事的，他们的劳动有一种社会的性质，这种性质是交换行为印记在它上面的。换句话说，商品的交换，就是各个生产者的劳动产物的一种交换。所以，表现在交换价值形式上的，是这样一个事实，即有关的商品都是人类劳动的产物，而这些人所处的社会，则是一个以分工为基础、生产者各自独立进行劳动的社会。

严格地说，交换价值这个概念，“只是存在于有许多商品，有不同种商品的地方”①才是适用的，因为它表明商品之间的一种关系。但是，单个商品就拥有一种社会属性，这种属性以数量的方式，在交换价值中显现出来。在我们全神贯注于此种社会属性的限度内，一个商品，就被马克思简单地称为一个“价值”。在《资本论》第一章的末尾，他说：“在本章的开头，我们曾经依照通常的说法，说商品是使用价值和交换价值，严格说来，这是不对的。商品是使用价值或使用物品和‘价值’。”②

作为使用价值，商品是人类生活的普遍现象，它存在于每种社

① 《评阿·瓦格纳的“政治经济学教科书”》，《马克思恩格斯全集》第19卷，第420页。

② 《马克思恩格斯全集》第23卷，第75页。

会形式和所有社会形式之中。作为价值，商品是某种特定的、历史的社会形式的一个特征，这个社会形式具备两个突出的标志：(1)发达的分工，(2)私人的生产。在这种情况下——而不是在任何其他情况下——生产者的劳动才会最终变成商品，或者说，不管商品的普遍性（效用）一面如何，生产者劳动才会最终变成价值。

必须认识，正是这个对商品生产的社会性质的分析，而不是什么主观成见或伦理原则，使马克思把劳动看作是价值的实体。①现在，我们必须更周密地来考察这个问题。

四、劳动与价值

一切经济范畴都必须表现社会关系，这个要求直接地把马克思引到劳动，即引到“隐藏在其中②的商品价值”③上来。“只有商品的一个属性”如比德里所说，“能使我们把商品看作是社会关系的承担者或表现形式，这就是它作为劳动产品的属性，因为，这样我们就不再是从消费的观点来看它，而是从生产的观点来看它，把它当作人类活动的体现……”④那么，我们是按照什么意义来使用

---

① 在前引的对瓦格纳的评论里，马克思把他的论证过程部分地描述如下：“我的出发点是劳动产品在现代社会所表现的最简单的社会形式，这就是‘商品’，我分析商品，并且最先是在它所表现的形式上加以分析。在这里我发现，一方面，商品按其自然形式是使用物或使用价值，另一方面，是交换价值的承担者，……对后者的进一步分析向我表明，交换价值只是包含在商品中的价值的‘表现形式’，独立的表达形式，而后我就来分析价值……”（《马克思恩格斯全集》，第19卷，第412页。）

② 交换价值。——译者

③ 《马克思恩格斯全集》第23卷，第61页。

④ 弗朗兹·比德里：《马克思价值理论的社会含义》，第19页。

“劳动”这一概念的呢?

劳动也有两个方面,一个与它所生产的商品的使用价值相对应,另一个与该商品的价值相对应。和作为使用价值的商品相对应的,是作为有用劳动的劳动。

> “上衣是满足一种特殊需要的使用价值。要生产上衣,就需要进行特定种类的生产活动。这种生产活动是由它的目的、操作方式、对象、手段和结果决定的。由自己产品的使用价值或者由自己产品是使用价值来表示自己的有用性的劳动,我们简称为有用劳动。”①

所以,裁缝创造上衣,纺绩创造棉纱,编织创造布匹,木工创造桌子,如此等等。这些都是不同种类的有用劳动。但是,如果把有用劳动看作是使用价值的唯一源泉,那就错了;在使用价值的生产过程中,自然界是主动地和被动地参与其事的。“正像威廉·配第所说,劳动是财富之父,土地是财富之母。”②

现在,如果我们把商品的使用价值加以舍象,那它就只是作为一个价值存在。接下去以同样的方式,把劳动的有用性质加以舍象,那剩下的是什么呢?

> “如果把生产活动的特定性质撇开,从而把劳动的有用性质撇开,生产活动就只剩下一点:它是人类劳动力的耗费。尽管缝和织是不同质的生产活动,但二者都是人的脑、肌肉、神经、手等等的生产耗费,从这个意义上说,二者都是人类劳动。

① 《马克思恩格斯全集》第23卷,第55页。

② 同上书,第57页。

> 这只是耗费人类劳动力的两种不同的形式。当然，人类劳动力本身必须已有一定的发展，才能以这种或那种形式耗费。但是，商品价值体现的是人类劳动本身，是一般人类劳动的耗费。"①

因此，商品中使用价值之于价值，就是生产活动中有用劳动之于抽象劳动。所以，当马克思说劳动是价值的实体时，他所指的，总是作抽象劳动解释的劳动。我们可以用下面这段话来概括价值和劳动的质的关系：

> "一切劳动，从一方面看，是人类劳动力在生理学意义上的耗费；作为相同的或抽象的人类劳动，它形成商品价值。一切劳动，从另一方面看，是人类劳动力在特殊的有一定目的的形式上的耗费；作为具体的有用劳动，它生产使用价值。"②

五、抽象劳动

体现在商品价值中的抽象劳动，是一个在马克思思想中占有重要地位的概念。但是，必须承认，这是一个不容易理解的概念；正因为这样，似乎应该对此作一番过细的考察。

要是马上能把纯属字义性质的任何误解都加以扫除，那就好了。"抽象劳动"这个词，使许多人联想起某种有点儿神秘、或许还是很形而上学和不真实的东西。但是，从上面一节中应该看得清

① 《马克思恩格斯全集》第23卷，第57页。

② 同上书，第60页。

楚，这些根本不是马克思的原意。抽象劳动之所以抽象，只有这么一个直截了当的意义，即一切使这种劳动有别于那种劳动的特点都撇开了。简言之，就像马克思本人的用语所清楚表明的那样，抽象劳动等于"劳动一般"；它就是一切人类生产活动所共有的东西。

马克思并没有把自己看作是第一个将劳动一般这个概念引进政治经济学的人。例如，他把本杰明·富兰克林看作是"威廉·配第之后对价值性质有深刻理解的先进经济学家之一"，在谈到这个人的时候，他说过下面一段话：

> "富兰克林没有意识到，既然他'用劳动'来估计一切物的价值，也就抽掉了各种互相交换的劳动的差别，这样就把这些劳动化为相同的人类劳动。他虽然没有意识到这一点，却把它说了出来。他先说'一种劳动'，然后说'另一种劳动'，最后说的是没有任何限定的'劳动'，也就是作为一切物的价值实体的劳动。"①

在另一个地方，马克思又指出，"亚当·斯密大大地前进了一步，他抛开了创造财富的活动的一切规定性，——干脆就是劳动，既不是工业劳动、又不是商业劳动、也不是农业劳动，而既是这种劳动，又是那种劳动。"②李嘉图也像马克思所深知的一样，采取了同一的观点，而且比斯密更一贯地信守不渝。在这一点上，也正如在许多别的问题上一样，马克思是以古典学派的一个基本概念为起点的，但他给以准确而明白的表述，加以发挥，并以他自己的独

① 《马克思恩格斯全集》第 23 卷，第 65 页，注 17。

② 《导言(摘自 1857—1858 年经济学手稿)》，《马克思恩格斯全集》第 12 卷，第 754 页。

创的、精辟的风格，用它来分析社会关系。

认识下面这一点是重要的：把一切劳动归结一个同名数，从而使各个劳动单位可以相互比较、相互替代、相加相减并最后汇总为社会总额的形式，这并不是研究者心血来潮，随意作出的武断抽象。它倒是像卢卡奇所正确看到的一样，是“从属于资本主义实质”①的一种抽象。让我们把这一点更细致地考察一下。

资本主义社会的特点是，劳动力的流动程度，远远大于以往任何社会形式。不但工人们比较经常地变更他们的职业，而且，流入劳动力市场的新工人，迅速地由没落的职业转移到新兴的职业。如马克思所说，“一看就知道，在我们资本主义社会里，随着劳动需求方向的改变，总有一定部分的人类劳动时而采取缝的形式，时而采取织的形式。劳动形式发生这种变换时不可能没有摩擦，但这种变换是必定要发生的。”②在这种情况下，任何一个既定时间上存在的各个特定种类的劳动力，以及每种劳动力的相对数量，在综观经济制度的时候，都成了次要的事情。比它重要得多的，是社会劳动力的总量及其一般的发展水平。社会的生产潜力，不论是以消费品的生产来表示，或是以武器的生产来表示，都是取决于它们。在现在世界中，这是一个普遍地为人所接受的结论；它来自众所体验的事实。没有人会想到要加以否认。但是，要紧的是，要看到在作出这个结论时，我们势必要从各个特定的劳动形式的差别中进行抽象，这个抽象，不可避免地暗含在可供社会利用的劳动力

① 乔治·卢卡奇：《历史与阶级觉悟》，第18页。

② 《马克思恩格斯全集》第23卷，第57页。

总量这个概念之中。我们很可能忘记或忽视这一点，这只是因为，这些差别在实际上是次要的。

在一次有关方法论的讨论过程中，马克思是用下面的措词来强调这一点的：

"劳动一般这个抽象，不仅仅是具体的劳动总体的精神结果。对任何种类劳动的同样看待，适合于这样一种社会形式，在这种社会形式中，个人很容易从一种劳动转到另一种劳动，一定种类的劳动对他们说来是偶然的，因而是无差别的。这里，劳动不仅在范畴上，而且在现实中都是创造财富一般的手段，它不再是在一种特殊性上同个人结合在一起的规定了。在资产阶级社会的最现代的存在形式——美国，这种情况最为发达。所以，在这里，'劳动'、'劳动一般'、Sans phrase［直截了当的］劳动这个范畴的抽象，这个现代经济学的起点，才成为实际真实的东西。"①

总之，我们可以这么说，把所有劳动都还原为抽象劳动，这就使我们能够清楚地看到，在一定时间上劳动所可能采取的特殊形态背后，有一个总的社会劳动力，它可以按照社会的需要，从一种用途转变为另一种用途，它的大小和发展，还最终地决定着社会的财富生产能力。况且，采取这个观点，也是资本主义生产的本性所规定的，因为后者把劳动力的流动程度，提高到以往各种社会形式从未达到的水平。

① 《导言(摘自1857—1858年经济学手稿)》，《马克思恩格斯全集》第12卷，第755页。

六、价值理论中量的方面与质的方面的关系

现在，我们可以来确切地看一看，抽象劳动是价值的实体，这个命题的含义究竟是什么。骤然看来，一个商品，只不过是一件有用的东西，它是由一个从事私人劳动且与世隔离的特定种类工人所生产出来的。仅此而论，这个说法是不错的。但是，再一研究，就可以看出，这个商品和其他的一切商品有一个共同之处（即它们都是价值），这就是说，它吸收了社会可用劳动力总量的一部分（即它们都是抽象劳动的体现）。正是商品的这个特点（它以使用价值为先决条件而自身又呈现为交换价值）使“商品”成为近代政治经济学的起点和中心范畴。

我们是通过一种纯粹的质的分析来得出这些结论的。看起来，这些结论可能与数量问题无关。然而不然。事实是这样，价值量理论的基本意义和主要任务，都是取决于质的分析。这里，我们只打算指出它的理由所在，而把更详细的论述，留到下面一章。

从形式上看，似乎价值量理论所关注的，只是揭示那个制约各种商品相互交换的相对比例的规律。这确是正统理论看待问题的态度；它不过是一个交换价值问题。[①] 但是，如我们已知，在马克

① 例如参看琼·罗宾逊在她的《不完全竞争经济学》一书的导言中所作的下面一段论述：“本书的主题是价值分析。……要解释什么是价值分析是不容易的。要点可以说明如下：你看见两个人，其中一个人给了另一个人一只香蕉，并从他取得一个便士，你会问，为何一只香蕉值一便士，而不是值任何其他数额呢？”（商务印书馆 1961 年版，第 6 页）

思看来，交换价值只不过是“现象形式”，在它的背后隐藏着价值本身。所以，问题就发生了：除了单纯决定交换比例之外，价值量理论还有什么呢？前述分析，给我们提供了一个答案。

一个商品就是一个价值，这个事实意味着，它是抽象劳动的体现，或者，换句话说，它吸收了社会财富生产活动总量的一部分。如果我们回头细想一下，抽象劳动是可以用时间单位来衡量的，那么，作为量的范畴，价值有别于交换价值的意义，就显而易见了。如马克思所说：“商品的价值量表现着……商品形成过程内在的同社会劳动时间的关系。”①

价值量理论的主要任务，就是来自这个作为一种量值的价值的定义。它无非是要研究，在一个商品生产者的社会中，究竟有什么规律制约着劳动力在各个不同生产领域间的配置。马克思主义是怎样彻底地完成这个任务的，这将在下面一章中加以论述。

在回到马克思的质的分析的深一层含义之前，指出下面这一点是有好处的：“社会必要劳动”和“简单劳动”这两个概念，几乎在每一次对马克思经济学的攻击中，都是首当其冲，这二者都同价值理论的量的方面有关系，因而要在随后的考察中提出。批评马克思的人之所以把他们的注意力集中在这个理论的这一方面，并且是片面的集中在这一方面，不是偶然的；他们看待价值问题的态度，使他们有偏重交换比例的倾向，而忽视那隐藏在表象后面的社会关系的性质。所以，对社会必要劳动的批评，连篇累牍，而难得有一个字谈到抽象劳动。

① 《马克思恩格斯全集》第 23 卷，第 120 页。

七、商品的拜物教性质

我们对商品的分析，已经使我们从交换价值身上看出这就是在一定的分工制度下生产者之间的关系，从特殊的个人劳动身上看出这就是社会总劳动力的一个组成部分。换句话说，我们已经观察了社会组织形式的底细，以发现社会关系的实质。但是，我们能够这样做，这丝毫也不是意味着，形式就无关紧要了。正相反，形式还是最重要的。实体是要根据形式来加以掌握的。不论在什么地方，就像在这里一样，只要在形式和实质之间，有一个只有用精密的分析才能加以弥合的距离，那么理解力就玩起奇妙的把戏来。错误和幻想，容易被人当作明显的常识来接受，甚且给想象中的科学解释提供根据。理解力的缺乏，即错误的感受，就在不同程度上渗入到思想体系中来。这个原理特别适用于商品和商品生产。这种社会组织形式所引起的想法，同该社会组织形式所依据的社会关系，二者之间常常只有一种模糊的和颠倒的关系。马克思在他的商品拜物教学说中，第一次察觉到这个事实，并看出它对于近代意识形态的决定性重要意义。

在商品生产中，人与人间的基本关系，“但它在人们面前采取了物与物的关系的虚幻形式。”①这种社会关系的物体化，就是马克思的商品拜物教学说的核心。

① 《商品》，《马克思恩格斯全集》第 23 卷，第 89 页。“虚幻”一词当然是按它的字面意义来解释的。

“……宗教世界的幻境中……人脑的产物表现为赋有生命的、彼此发生关系并同人发生关系的独立存在的东西。在商品世界里，人手的产物也是这样。我把这叫做拜物教。劳动产品一旦作为商品来生产，就带上拜物教性质，因此拜物教是同商品生产分不开的。

“商品世界的这种拜物教性质，……是来源于生产商品的劳动所特有的社会性质。

“使用物品成为商品，只是因为它们是彼此独立进行的私人劳动的产品。这种私人劳动的总和形成社会总劳动。生产者们彼此不发生社会接触，①因此，他们的私人劳动的特殊的社会性质也只有在这种交换中才表现出来。换句话说，私人劳动在事实上证实为社会总劳动的一部分，只是由于交换使劳动产品之间、从而使生产者之间发生了关系。因此，在生产者面前，他们的私人劳动的社会关系就表现为现在这个样子，就是说，不是表现为人们在自己劳动中的直接的社会关系，而是表现为人们之间的物的关系和物之间的社会关系。”②

在以前各个历史时期里，当生产关系具有直接的私人性质的时候，这种社会关系的物体化，显然是不可能的。即使在商品生产

① 引者在本书中多处改动《资本论》英文本（查理克尔公司1933年版原文），这一句是根据改动后文字译成汉文的，在《马克思恩格斯全集》第23卷中是，“由于生产者只有通过交换他们的劳动产品才发生社会接触”。——译者

② 《马克思恩格斯全集》第23卷，第89—90页。英译本中有一处严重错误，有几处稍有疏忽，现已纠正。——引者

本身的最初阶段,"这种神秘化还是很简单的,"①因而,也是容易看穿的。事实上,只有当商品生产变得那么高度发达和广泛存在,以致支配了社会生活时,社会关系物体化的现象,才具有决定性的重要意义。在17、18世纪出现于西欧的那种相当发达的资本主义条件下,就发生这种事情。② 在那里,生产关系的非人格化,发展到登峰造极的地步。一个个的生产者,都是只通过"市场"来和他的对手打交道的,而在市场上,价格和销售量是实实在在存在的事物,人不过是它们的工具。"价值量不以交换者的意志、设想和活动为转移而不断地变动着。在交换者看来,他们本身的社会运动具有物的运动形式。不是他们控制这一运动,而是他们受这一运动控制。"③这真是"生产过程支配人而人还没有支配生产过程的那种社会形态",④所以,在这个社会里,连生产者之间的关系的真正属性,也被人所曲解和弄得模糊难辨了。

商品世界一经——比方说——取得了它的独立性,并把生产者置于它的支配之下,那么,后者终将把它看成是事物的本性,很像看待自己所必须学着适应的另一个外在世界一样。现存的社会

① 《政治经济学批判》,《马克思恩格斯全集》第13卷,第23页;又见《马克思恩格斯全集》第23卷,第99页。

② 参看卢卡奇在这一点上的议论,见卢卡奇的前引书,第96—97页。卢卡奇和任何一个马克思主义著作家一样,巧妙地、成功地发挥和应用了拜物教学说。

③ 《马克思恩格斯全集》第23卷,第91页。译文作了一处更正(指引用者对英译本的更正,它与汉译本正相同。——译者)。发达的商品生产的这一特点,在现代纯粹竞争理论中有了精确的系统性陈述。这个理论假定,在纯粹竞争状态下,每个生产者都把所有价格看作已知数;生产者作为一经济的主体,他的作用就是尽其所能使自己适应于价格的变动。

④ 《马克思恩格斯全集》第23卷,第98页。

秩序，就变成了卢卡奇所贴切表述的“第二天性”，它站在社会成员之外并与他们相对立。①

对思想体系的影响，是广泛而深远的。在这里。我们只能点一点，借以显示拜物教学说为批判性解释所提供的可能性。

把自然科学的观念和方法应用到社会方面，这是资本主义时代一个最显著的特点。对此，自然科学本身的发展，肯定地起了一部分的作用，但是，这个现象的根源，应该在人们对社会的新态度中寻找，而这种对待社会的新态度，则是商品生产成熟的反映。在政治经济学领域中，这种转变的结果，在18世纪法国的重农主义和英国的古典学派中，可以最清楚地看得出来。重农主义的《自然法则》(loi naturelle)，亚当·斯密的《看不见的手》，以及他们对作为经济政策的自由放任(laissez-faire)格言的共同信仰，这一切都表明，他们对经济秩序的非人格性和自动性深信不疑。这种不主张在经济事务中采取有意识社会行动的偏见，在18世纪就已滋长，直至最近依旧是资本主义意识形态的一个显著特征。② 它在商品生产的特点中所特有的根源，以及它同自然规律和社会自动论等出自一辙学说的联系，被马克思的拜物教理论明白地揭露了出来。

社会关系的物体化，至少还在两个重要方面深深地影响着传

① 乔治·卢卡奇:《历史与阶级觉悟》，第97页。

② 自由放任在近代的式微，基本上是由于垄断和帝国主义的发展，这个问题，我们显然不打算在这个分析阶段加以讨论。后面第四篇将阐明垄断和帝国主义的原因与其有关的问题。关于这个进程的特定意识形态方面，则在本书附录二所引的鲁道夫·希法亭一段话中，有简明而深刻的分析。

统的经济思想。第一,把资本主义经济的一些范畴——价值、地租、工资、利润、利息,等等——看作仿佛是一般经济生活所不可避免的范畴。先前的种种经济制度,被看作是现代资本主义的不完全的或胚胎的形态,并据此加以论断。只要稍微思考一下,就可以看出,这种手法掩盖了各种社会形式之间的重大差别,助长了一种非历史的和无益的分类法,并且还导致使人误解的、有时甚至是荒唐的判断。所以,经济学家们异口同声地指责中世纪禁止高利贷,说它是不合理的和搞错了的,因为(在现代资本主义状态下)利息在调节生产机制方面起着重要作用。或者,再举一例,我们看到凯恩斯使用着适于20世纪英国公共工程项目的言词,来评价古埃及的金字塔建筑和中世纪欧洲的大教堂建筑。① 当然,毋庸否认,某些形象是所有社会经济形式所共有的,但如果用单独一套范畴来理解它们,从而忽视它们的特定差别,那就是道道地地的否定历史。近代经济学一贯走这条路子,这就是它屈从于商品生产所固有的拜物教的最好证明。

第二,赋予物体以独立力量的说法,最清楚的莫过于把"生产要素"分为土地、劳力和资本的传统分类法,它认为这三者均可以为它的主人"生产"一笔收入。在这一点上,正如马克思所说:

> "……资本主义生产方式的神秘化,社会关系的物化,物质生产关系和它的历史社会规定性直接融合在一起的现象已经完成:这是一个着了魔的、颠倒的、倒立着的世界。在这个世界里,资本先生和土地太太,作为社会的人物,同时又直接

① J. M. 凯恩斯:《就业、利息和货币通论》,三联书店1957年版,第111页。

作为单纯的物，在兴妖作怪。"①

诚然，在古典政治经济学的巅峰标志——李嘉图的价值和分配理论中，对资本主义生产关系的一个理性的观点，已经奠立。但是，李嘉图本人始终未能使自己超出狭隘的有限视野；②而他的信徒，则被所揭示的前景吓住了，很快地就退回到他几乎已为他们留了逃路的幻想世界中去。此后，只有像马克思这样对现存社会秩序进行批判的人，才敢于在李嘉图止步的地方接踵而起，暴露商品生产形式下的真正社会关系。在19世纪最后30多年中，由于主观价值论的兴起，连李嘉图学派的后人所愿意接触的社会关系问题，实际上也被取消了。③

把话题从狭义政治经济学折回来，那么，显而易见，商品生产形式可以成为最灵验的帷幕，以掩盖资本主义社会的真实阶级性质。每个人首先是作为一个拥有某种东西可以出售的单纯商品所有者出现——地主、资本家和劳动者都是如此。作为商品所有者，他们都站在一个完全平等的地位上；他们彼此间的关系，不是人格身份制度里的主仆关系，而是自由平等的人与人间的契约关系。对工人来说，看来不是由于他自己无权支配生产资料，以致被迫按照生产资料垄断者所指定的条件从事劳动；因此，他似乎不是为了

① 《马克思恩格斯全集》第25卷，第938页。关于这一点，应该读这段引文出处的"三位一体的公式"全节。

② 马克思对李嘉图，作了这样一个正确的评价，"看来，除了资产阶级社会形式以外，'欧文先生的平行四边形'是他所知道的唯一的社会形式。"《政治经济学批判》，《马克思恩格斯全集》第13卷，第50—51页。

③ 参阅莫里斯·多布的卓越论文《现代经济学的趋势》，载于其所著的《政治经济学与资本主义》(1937年)。

让别人发财致富而受到剥削，不是像农奴那样为了替自己换得耕种一小块土地的权利而不得不在领主土地上劳动一些时日。正相反，商品世界仿佛是一个平等的世界。工人的劳动力，是工人让与人家的，它和任何商品一样，与它的主人相对立。他出卖它，并且只要别人付出实价，交易就具备公平的条件。

这是外观。那些把资本主义方式视为天然和永恒的人——一般说来，这也包括生活在资本主义方式下的大多数人——就是把外观当作社会关系的真正表现来接受。在这个基础上，就有一整套伦理的和法理的庞大上层建筑被建立了起来，以便为现存的秩序辩护，同时规定人们处世的方法。只有通过某种对商品生产的批判性分析，即透过表象而分析它下面的人与人关系，我们才能看清资本主义的正义和资本主义的法律的历史相对性，正如我们只有通过这种分析才能看出资本主义本身的历史性质一样。这个解说，在这里虽不能进一步谈下去，但已显示出，拜物教学说的含义远超过经济学和经济思想的寻常界限。

商品生产虽然已经为自身造成了永久性的幻觉，并掩盖了它所体现的社会关系的真实性质，它同时倒也产生了现代的经济理性；没有这种经济理性，社会生产力的充分发展就是不能设想的。所谓理性，在某种意义上就是，在经济领域中有意识地使手段适应于目的，前提则是，有一个受某些相当稳定的客观规律所制约的经济制度。有了这个条件，各人就可以对自己的事务进行一番计划，以达到从自身立场看来和从流行标准的立场看来，都是最佳的效果。

说商品生产具备这个条件，这当然不是意味着要把这个制度看作是一个计划化的或合理的整体。相反，在资本主义条件下，商品生产的发展，一方面表现为它的局部过程的日益合理化；而同时，整个制度的活动，却是越来越不合理。显然，我们在这里接触到资本主义体系的一个最广泛的矛盾。一个支配着人的社会制度，把人教到可以掌握自己命运的地步，但同时它又使人瞎用自己手中的力量，而把他的精力越来越多地耗费在纯粹破坏性的门道上。对这个过程的研究，在本书后面几章中将受到我们的注意；这里只需指出，价值质的理论及其商品拜物教的推理，是马克思主义对资本主义分析的基本初步。谁要是不懂得这一点，谁就是不大懂得马克思的批判方法。

第三章　价值量问题

一、第一步

把劳动用于生产，把物品在社会成员中进行分配，这在每个社会中——从最原始的社会到最发达的社会——都是必不可少的。在历史的进程中，发生变化的，是这些生产和分配活动的组织和贯彻执行方式。如马克思所说：

> “任何一个民族，如果停止劳动，不用说一年，就是几个星期，也要灭亡，这是每一个小孩都知道的。人人都同样知道，要想得到和各种不同的需要量相适应的产品量，就要付出各种不同的和一定数量的社会总劳动量。这种按一定比例**分配**社会劳动的**必要性**，绝不可能被社会生产的**一定形式**所取消，而可能改变的只是**它的表现形式**，这是不言而喻的。自然规律是根本不能取消的。在不同的历史条件下能够发生变化的，只是这些规律借以实现的**形式**。而在社会劳动的联系体现为个人劳动产品的**私人交换**的社会制度下，这种劳动按比例的分配所借以实现的形式，正是这些产品的**交换价值**。”①

① 《马克思致路德维希·库格曼》(1868 年 7 月 11 日)，《马克思恩格斯全集》第 32 卷，第 541 页。

因此，交换价值是商品生产社会中制约着生产活动配置的规律的一个方面。用社会关系和社会意识的措辞，来显示这种生产方式的含义，这是前面一章所讨论的价值质理论的任务。用量的说法来显示这些规律的性质，则是价值量理论的任务；也正是在这个意义上，价值理论构成近代政治经济学的传统起点。如果我们把这一点记在心头，我们就会意识到，对交换价值本身的研究，仅仅是经济科学的开端，而不是某些作者所主张的经济科学的最终目的。

商品在市场上按一定的比例相互交换；它们又从社会上可资利用的总劳动力吸收了某个定量（以时间单位衡量）。这两个事实之间有什么关系呢？作为初次近似，马克思假定，在交换比率和劳动时间比率之间有一种精确的对应关系，或者说，凡是需要以等量时间来生产的商品，它们必须在一对一的基础上进行交换。这是一个最简单的公式，因而也是一个好的起点。实践中发生的背离，可以在随后向现实接近的过程中加以处理。

有两个明显的保留，需要立即加以提出。第一，不能认为"既然商品的价值由生产商品所耗费的劳动量来决定，那么一个人越懒，越不熟练，他的商品就越有价值，因为他制造商品需要花费的时间越多"。[①] 在价值的决定中，作数的仅仅是"社会必要"的劳动，那就是在现存社会条件下必要的劳动。"社会必要劳动时间是在现有的社会正常的生产条件下，在社会平均的劳动熟练程度和

① 《马克思恩格斯全集》第 23 卷，第 52 页。

劳动强度下制造某种使用价值所需要的劳动时间。"[①]应该注意的是,"社会必要劳动"这个概念,仅仅是同所完成的劳动数量有关,而丝毫不涉及使用价值或效用。

第二,比平均的(或"简单的")劳动更为熟练的劳动,应该具有相应的较大的价值生产能力。"比较复杂的劳动只是自乘的或不如说多倍的简单劳动,因此,少量的复杂劳动等于多量的简单劳动。"[②]一个小时的简单劳动和一个小时的任何一种复杂劳动,它们之间的数量关系,可以从它们在一个小时内所生产的商品的比较价值中看得出来。当然,这并不是说两种类型的劳动其关系就是取决于其产品的比较价值。如果这样来说理,那就会是循环论证。这两种类型的劳动,它们之间的关系,在理论上,是可以脱离其产品的市场价值而加以衡量的。这里有两种可能的情况:或是复杂劳动者由于有优越的天赋才能而更为熟练;或是复杂劳动者因为有优越的训练而更为熟练。让我们依次加以考察。

如果两个工人之间的差异,是一个天赋才能的问题,那么,一般地说,不论复杂劳动者从事哪一类的生产,他的优越性都会表现出来。因此,为了在这两个劳动者之间建立起对等的数量关系,只需把他们放到同一个生产行业中去,在那里,他们的比较效率,就可以用纯粹的实物单位轻易地衡量出来。一旦按这个办法把所需要的比率建立起来之后,人们就可以利用它把两

① 《马克思恩格斯全集》第 23 卷,第 52 页。

② 同上书,第 58 页。

种劳动化到一个以价值创造的概念来表现的公分母上来，而不论有关的工人是怎样在产业与产业之间自由移动的。在劳动力的高度流动是一个既定事实的社会中，这样解答问题，没有什么不自然之处。

反之，如果两个工人之间的差异是训练的问题，那么，显然，较优的工人，他在生产上不仅花了他自己的劳动（我们可以假定，在缺乏训练条件下，它具有简单劳动的性质），而且间接地花费了他的师傅为造就他的高超生产率而付出的那一部分劳动。假定一个工人一生可以做工 10 万小时，又假定在他的训练中投下了相当于 5 万小时的简单劳动（包括他自己在训练期间的努力在内），那么，他每一小时的劳动，就要作一个半小时的简单劳动计算。所以，这个情况没有比第一个情况呈现更多的困难。

实际上，劳动复杂性的差别，大抵是才能差别和训练差别相结合的产物。这些更复杂的情况，没有引起新的原理问题，也可以按照上面所概述的对待两种基本情况的方法加以处理。

才能和训练所造成的影响，只能是缓慢地和不完全地为人察觉，而且经常是以不明显的方式为人察觉。因为这个缘故，马克思说："各种劳动化为当作它们的计量单位的简单劳动的不同比例，是在生产者背后由社会过程决定的，因而在他们看来，似乎是由习惯确定的。"①

马克思的（还有李嘉图的）价值论的批评家们，总是认为，把复

① 《马克思恩格斯全集》第 23 卷，第 58 页。

杂劳动换算为简单劳动就是卷入循环论证。仿佛所说的是：从事较复杂劳动的工人，他的较大的价值创造力，是从他的产品的较大价值推导出来的。果真如此，那么，这个批评无疑是适当的，但我们的分析已经表明，不须依靠这种荒谬的论证。对这个理论的一个更强有力的抨击，则是专注在这样一个假定上，即纵使工人从一个生产行业转移到另一个生产行业，天赋才能的差异还是大体如旧。显然不难想出一些违反这个假定的事例；有些人在某种专门行业上有优异的才能，但他的一般生产能力却没有什么过人之处——例如歌剧演员、垒球明星、数学家，等等。但这些都是例外的情况，不应该拿来曲解我们对整个劳动力的看法。就大多数的生产工人而论，专门的天才是无关紧要的；一个好工人所必备的品质——气力、技巧和智能——并不是因行业的不同而有很大的差异的。为了建立简单劳动和复杂劳动的基本的同度量性，不需要在此之外再作更多的假定。

我们既已证明，复杂劳动在理论上可以换算为简单劳动，那就可以追随马克思之后，把现实世界里为进行这种换算所必需的那些条件加以舍象。“为了简便起见，我们以后把各种劳动力直接当作简单劳动力，这样就省去了简化的麻烦。”①从他自己所极想研究的问题看来，复杂劳动和简单劳动的差别是无关紧要的。因此，把这些差别撇开，乃是一种适当的抽象，其意义在前面第一章中已作了解释。这不是意味着，这样一种抽象永远都是适当的。例如，倘若马克思的兴趣是在解释工资的差别，那么它显然就是不恰当

① 《马克思恩格斯全集》第 23 卷，第 58 页。

的了。①

如果认为马克思的价值量理论全都包含在《资本论》第一卷中，那是一个严重的错误——虽然这是人们所常犯的错误。回想那一章的标题就是“商品”，而它所大力强调的，也是我们称为价值质的问题。就价值量问题来说，它所谋求的，不过是一种初次近似，这种初次近似就包含在商品各按其所体现的社会必要劳动量比例相互交换的命题之中。况且，就是关于这个初次近似，它所绝对适用的各种情况，也未予以研究。可见，我们在《资本论》第一章中所看到的，只是价值量理论的第一步。其后的各个步骤，按照资本论的写作计划，是留待该书的后一阶段解决的。我们打算在这里把马克思关于价值问题的基本思想环视一下。所以必须这样做，倒不是为了紧随其后的各章——这几章是以《资本论》第一卷为基础的——而是因为，不如此就会发生种种误解，而这个做法看来正是避免误解的最好途径。

二、竞争的作用

让我们首先查考一下，交换比率在什么条件下才会精确地同劳动时间比率相对应。亚当·斯密的著名的鹿与海狸的例子——这个例子李嘉图也曾经用过——提供了一个方便的起点。

① 在这一点上，马克思的实践和现代经济学家没有什么重大的差别。正如希克斯所说：“如果不考虑相对的工资的变动，也不妨假定所有劳工都是同类的。”见 J. R. 希克斯：《价值与资本》(1939 年)，商务印书馆 1962 年版，第 30 页。

> “无资本蓄积亦无土地私有制度的初期野蛮社会，获取各种物品所必要的各种劳动量间的比例，就是这各种物品相互交换的唯一标准。例如，狩猎民族杀海狸一头，所需劳动，若二倍于杀野鹿一头所需，海狸一头，当然换鹿二头。通例，二日劳动生产物的价值，当然二倍于一日劳动的劳动生产物；两点钟劳动生产物的价值，当然二倍于一点钟劳动生产物。”①

亚当·斯密的猎人，就是马克思所谓简单商品生产者，他们各以自有的比较简陋的武器，在对谁都开放的森林中进行狩猎，并把他的剩余猎物和其他猎人的产物相交换，以满足自己的需要。在这种情况下，为什么鹿和海狸会按照捕杀时所需的时间数量比例相交换呢？亚当·斯密视为当然的事情，是容易补做证明的。

一个猎人花上自己的两个钟头时间，可以得到一头海狸或是二头鹿。现在，让我们设想一下，在市面上，一头海狸换一头鹿。在这种情况下，谁去捕猎海狸，就是傻瓜。因为，在一个钟头内，可以猎取一头鹿，然后通过交换，就可以得到一头海狸；而直接搞一头海狸，却需要二个钟头。所以，这种局面是不稳定的，也是不能持久的。鹿的供应会扩大，而海狸的供应则会缩减，直到除鹿以外没有别的东西上市，且也找不到鹿的买主。照此推理，用排他法就可以证明，只有一个交换率，即一头海狸换二头鹿可以构成稳定的局面。当市场上保持着这个比率的时候，捕猎海狸的人既无意于改行捕鹿，而猎鹿的人也无意于改行捕捉海狸。所以，这是均衡的交换比率。一头海狸的价值就是两头鹿，反之亦然。这就证明，亚

---

① 亚当·斯密：《国富论》上卷，第55页。

当·斯密的命题是正确的。

要得到这个结果，必须有两个暗含的假定，这就是，猎人有随意由捕鹿转变为捕海狸的准备，只要这样做可以改善他自己的处境的话；同时，没有什么东西阻碍这种转变。换句话说，猎人们必须是既愿意而又可能把他们的劳动从这一行转到那一行，借以自由地争得交换过程中可能出现的任何好处。假定这就是简单商品生产社会里的竞争，那么，只有当每个商品的价格同该商品生产时所必需的劳动时间成比例时，供给与需求才会达到平衡。掉个头来说，只有在供求的竞争力量得以自由地发生作用时，和劳动时间成比例的价格才会成立。所以，关于价格决定的竞争性供求理论，不但同劳动理论没有分歧，它反倒成为劳动理论的一个主要的——即使有时候是未被人承认的——组成部分。

马克思在《资本论》第一章中没有接触到这一点；和古典学派一样，他总有把它视为当然的倾向。但是，在他的经济学著作的其他各部分中，他谈到了"供给与需求"——这措词不过是用来概括市场上起作用的竞争力量——并且总是带有这种意思，即把它看作是消除市场价格与价值的背离的一种机构，或奥斯卡·兰格适当地称之为"均衡机构"的那种东西。① 所以，在《资本论》第三卷中，有好几页是专门用来谈这个问题的，在那里我们读到，"因此，供求关系一方面只是说明市场价格同市场价值的偏离，另一方面是说明抵消这种偏离的趋势，也就是抵消供求关系的影响的趋

① 在他（奥斯卡·兰格。——译者）一篇有启发性的论文《马克思主义经济学和现代经济理论》中，载《经济研究评论》，1935 年 6 月号。

势。”[①]这一点，在《工资、价格与利润》一书中，甚至谈得更加清楚，如下文所说：“当供给和需求相互平衡而停止发生作用的时候，商品的市场价格就会同它的实在价值一致。”[②]

三、需求的作用

常常有人指责马克思，说他忽视了需求——意即消费者的需要和欲望——在决定价值量关系上的作用。只要讨论是限于简单商品生产社会里的交换比例——如像亚当·斯密的猎人——这个问题是无关紧要的，因为在这些条件下，消费者的欲望是什么样子，在均衡价值的决定中是不起作用的。如果海狸和鹿都有用处——“没有一个物可以是价值而不是使用物品。”[③]——它们就必须按各自的劳动时间的比例来交换，而不管每一方的相对欲求强度如何。

但是，我们已经表明了这样的看法：价值量问题比单纯的交换率问题更广泛，它所研究的，包括社会劳动力在一个商品生产者社会的各种不同生产领域之间如何进行数量配置。当这个问题被想得如此广泛的时候，对消费者的需求就不能再加以忽视了。例如，假定海狸仅用来制作皮帽，而鹿却是社会的基本食物，那么用在猎鹿方面的劳动就要比捕猎海狸的劳动多得多。因此，如果要想既知交换的比率又知劳动的分配，那就必须有两种信息：第一，关于

① 《马克思恩格斯全集》第 25 卷，第 212 页。

② 同上书，第 16 卷，第 131 页。

③ 同上书，第 23 卷，第 54 页。

海狸和鹿的比较劳动成本的信息；第二，关于海狸和鹿的比较需求强度的信息。已知这两种信息，那就有可能决定，在该社会中，可以称之为一般经济均衡的东西究竟是什么。它是一种“均衡”，因为它规定，在基本条件不起任何变化的情况下，什么事态将会继续存在下去；它又是“一般”，因为不仅海狸和鹿的比较价值定了下来，而且海狸和鹿的产量以及社会劳动力的分配也定了下来。

当价值量理论的任务是按照这个广泛的意义来考虑的时候，消费者的欲望格局，就不能置之不顾了。但是，正是在这一点上，以忽视需求为由来责难马克思，就站不住脚了。相反的印象，看来是如此普遍，所以从《资本论》第三卷中引上一大段，可能是恰当的。

> “如果这种分工是按比例进行的，那么，不同类产品就按照它们的价值……出售，或按照这样一种价格出售，这种价格是由一般规律决定的这些价值……的变形。事实上价值规律所影响的不是个别商品或物品，而总是各个特殊的因分工而互相独立的社会生产领域的总产品；因此，不仅在每个商品上只使用必要的劳动时间，而且在社会总劳动时间中，也只把必要的比例量使用在不同类的商品上。这是因为条件仍然是使用价值。但是，如果说个别商品的使用价值取决于该商品是否满足一种需要，那么，社会产品总量的使用价值就取决于这个总量是否适合于社会对每种特殊产品的特定数量的需要，从而劳动是否根据这种特定数量的社会需要按比例地分配在不同的生产领域。……在这里，社会需要，即社会规模的使用价值，对于社会总劳动时间分别用在各个特殊生产领域的份额来说，是有决定意义的。……例如，棉织品按比例来说生产过多了，虽然

在这个棉织品总产品中只体现了一定条件下为生产这个总产品所必要的劳动时间，但是，总的来说，这个特殊部门消耗的社会劳动已经过多；就是说，产品的一部分已经没有用处。因此，只有当全部产品是按必要的比例进行生产时，它们才能卖出去。社会劳动时间可分别用在各个特殊生产领域的份额的这个数量界限，不过是整个价值规律进一步发展的表现，虽然必要劳动时间在这里包含着另一种意义。为了满足社会需要，只有这样多的劳动时间才是必要的。在这里界限是通过使用价值表现出来的。社会在一定生产条件下，只能把它的总劳动时间中这样多的劳动时间用在这样一种产品上。"①

如果马克思是这么清楚地认识到需求在决定社会劳动配置方面所起的作用，那么，人们大可以发问，为什么就他的整个理论体系而言，他是这么简单地、甚至可以说是偶然地看待这个因素呢？为什么他不沿着他的同时代人如杰文斯、瓦尔拉斯和门格尔等的路子，发展一个关于消费者选择的理论呢？马克思所以明显地抛开这个问题，有两个基本原因。

第一，在资本主义制度下，有效需求仅仅是部分地属于消费者的欲望问题。更重要的是收入分配的基本问题，而这个问题又是生产关系的反映，或者说，是马克思所谓社会阶级结构的反映。马克思十分强调这一点：

"在这里顺便指出，'社会需要'，也就是说，调节需求原则的东西，本质上是由不同阶级的互相关系和它们各自的经济

① 《马克思恩格斯全集》第 25 卷，第 716—717 页。又见第 198、215 页。

地位决定的，因而也就是，首先是由全部剩余价值对工资的比率，其次是由剩余价值在它的各个组成部分（利润、利息、地租、赋税等等）之间的分割决定的。[①] 这里再一次表明，在供求关系借以发生作用的基础得到说明以前，供求关系绝对不能说明什么问题。”[②]

还有：

“……在需求方面，看来存在着某种数量的一定社会需要，要满足这种需要，就要求市场上有一定量的某种物品。但是，从量的规定性来说，这种需要具有很大伸缩性和变动性。它的固定性是一种假象。如果生活资料便宜了或者货币工资提高了，工人就会购买更多的生活资料，对这些商品就会产生更大的‘社会需要’。……市场上出现的对商品的需要，即需求，和实际的社会需要之间存在着数量上的差别，这种差别的界限，对不同的商品说来当然是极不相同的；我说的是下面二者之间的差额：一方面是实际需要的商品量；另一方面是商品的货币价格发生变化时所需要的商品量，或者说，买者的货币条件或生活条件发生变化时所需要的商品量。”[③]

市场需求受收入分配所支配——这至少就现代资本主义来说是难以否认的——这个命题如果为人们接受，那么，在这范围之

① 引者改动了《资本论》英译本（查理-克尔公司 1933 年版）这一句的原文。《马克思恩格斯全集》第 25 卷中译本是：“第一是由全部剩余价值和工资的比率决定的，第二是由剩余价值所分成的不同部分（利润、利息、地租、赋税等等）的比率决定的。”——译者

② 《马克思恩格斯全集》第 25 卷，第 203 页。引者在这里对英译本稍有改动。

③ 同上书，第 210—211 页。

内，似乎我们就不大能够逃出这样的结论，即与其通过消费者的主观评价，倒不如通过生产关系的思路来认识价值问题。就像我们在前面一章所已经看到的，劳动理论的创立，是为了充分解释简单商品生产所特有的生产关系。在下面一章中，我们还要看一看，剩余价值理论是怎样把这条思路推而广之，来认识资本主义、即更高一级的商品生产形式的。

不过，单是这个理由，还不足以解释马克思对消费者欲望的轻视程度。因为，即使它们的重要性有限，但它们在决定社会生产力的配置方面，无疑的是发生作用的。这就应该对第二个因素加以考虑了。在《资本论》第一章中，马克思强调指出，他主要是对社会变革发生兴趣；更明确地说，他在《资本论》中研究“现代社会的经济运动规律”。从这个观点看来，任何东西，只要它本身相当稳定，并且仅仅是对别处的变动起反作用，那就不仅可能而且必须把它放在分析方案的次要地位上。显然，马克思认为，消费者欲望属于社会生活中反作用因素的范畴。只要欲望不是出于基本生理需要，那么，就此而论，它们便是社会的技术发展和组织发展的反映，而不是相反。“物质生活的生产方式制约着整个社会生活、政治生活和精神生活的过程。不是人们的意识决定人们的存在，相反，是人们的社会存在决定人们的意识。”①

---

① 《政治经济学批判》，《马克思恩格斯全集》，第 13 卷，第 8 页。再参看下文：“因此，生产生产着消费：(1)是由于生产为消费创造材料，(2)是由于生产决定消费的方式，(3)是由于生产靠它起初当作对象生产出来的产品在消费者身上引起需要。因而，它生产出消费的对象、消费的方式和消费的动力。”《导言(摘自 1857—1858 年经济学手稿)》，《马克思恩格斯全集》第 12 卷，第 742—743 页。

如果人们对社会经济变革有兴趣，并且承认主观因素在这个变革过程中基本上起着被动的作用，那就很难否认，马克思轻视消费者欲望的做法是正确的了。

正统的经济学家，虽然大都是通过某种消费者选择理论来认识价值问题的，但在实践中，每当他们处理经济进化问题时，一般也不得不承认，生产和收入分配居于首要地位。不妨拿熊彼特做一个例子。他在其近著《经济周期》中写道：

> "我们将始终按照这样的假定行事，即消费者在改变他的爱好——即改变一般理论中以'效用函数'或'无差别品类'等概念来包容的那一套论据——上的主动性是微不足道的，同时，消费者爱好的一切变化都是从属于生产者的行动，并且是由后者所引起的。"①

稍后，熊彼特又说，即使是消费者爱好的自发变化，也未必有什么重要性，除非这些变化影响实际收入的改变。熊彼特实际上是承认，消费者的选择理论，跟他所感兴趣的问题——经济周期以及资本主义制度的发展趋势——是很少关联，甚至是毫无关联的。

近代所有的经济周期分析者，几乎都循着上面这一条途径，虽然很少有人像熊彼特这样自觉。例如"凯恩斯主义者"②就很少注意主观价值问题，只有当他们由于职业的关系（ex professo）

---

① J. A. 熊彼特：《经济周期》(1939 年版)第 1 卷，第 73 页。

② 指那些同意 J. M. 凯恩斯的基本学说的人。后者的《就业、利息和货币通论》，无疑地是自从李嘉图的《政治经济学及赋税原理》以来出自一个英国经济学家的最重要著作。凯恩斯和他的信徒的著作，标志着英美经济学已从大约一个世纪的相对贫困中冒出头来。不言而喻，这个现象是资本主义发展的最新阶段的直接产物。

而谈起“纯理论”时才是例外，而那种“纯理论”，因远离现实问题，自然就成为陈腐思想的最后堡垒。在他们的分析中，需求扮演着重要的角色，但是他们在需求问题上所必须谈到的东西，则是受收入分配，即受现存生产关系所制约。也许可以毫不夸张地说，凯恩斯主义者这个贡献的重要性，主要地来自这样一个事实，即这是继李嘉图的正统经济学之后，第一次在对资本主义过程的分析中给现实的资本主义生产关系以适当重视。如果能够使凯恩斯主义者认识到这就是他们正在做的事情，那或许就是前进了一步。①

可见，马克思对消费者的选择问题的相对的轻视态度，在近来的经济思潮中，是得到充分支持的。

四、“价值规律”与“计划原理”

现在我们就可以看出，马克思所谓“价值规律”者，概括了那些在商品生产社会中起作用的种种力量，它们制约着(1)商品的交换比率，(2)每种商品的产量，以及(3)劳动力在各个生产部门的配置。价值规律存在的基本条件，是一个私人生产者的社会，这些生产者是通过互相交换来满足他们的需要的。起作用的力量，一方面，包括各个生产领域中的劳动生产率和受收入分配制约的社会需求格局；另一方面，则有市场上起均衡作用的竞争性供求力量。

① 有人指出，甚至马歇尔也觉察到生产对于欲望形成的首要意义。参阅塔尔各脱·帕森斯《马歇尔理论中的欲望与活动》，《经济学季刊》，1931 年 11 月份。不过，马歇尔理论的结构，似乎没有受到这种感觉的影响。

用现代的话来说，价值规律基本上就是关于一般均衡的一种理论，它最先是参照简单商品生产提出来的，其后也适用于资本主义。

这就意味着，价值规律的主要作用之一，是要表明，在一个商品生产的社会里，尽管没有集中的和协调的决策，也还是有秩序的，而绝不是一片混乱。虽然没有一个人来决定生产力如何配置或各种商品应该生产多少，但问题还是得到解决，而且不是以一种纯属武断、莫名其妙的方式得到解决。价值规律的作用，就是要解释这一切的由来及其结果。马克思在《资本论》临末的一段重要的文字中，提出了这一点：

> "因为这些人①不过作为商品所有者互相对立，每个人都企图尽可能以高价出售商品（甚至生产本身似乎也只是由他们任意调节的），所以，内在规律只有通过他们之间的竞争，他们互相施加的压力来实现，正是通过这种竞争和压力，各种偏离得以互相抵消。在这里，价值规律不过作为内在规律，对单个当事人作为盲目的自然规律起作用，并且是在生产的各种偶然变动中，维持着生产的社会平衡。"②

由此可知，生产活动的部署是在何等程度上被置于人们的自觉控制之下，价值规律也就是在何等程度上失去它的适切性和重要性；它的地位就为计划原理所代替。③ 在社会主义社会的经济

---

① 指资本家。——译者

② 《马克思恩格斯全集》第25卷，第995页。

③ 这个对比是从前一位苏联经济学家普列奥布拉任斯基所正确作出的："在我国，无产阶级的集中化计划经济已经建立，价值规律已经为计划原理所限制或代替，同资本主义经济相比，预见和知识起着非凡的作用。"E. 普列奥布拉任斯基，《新经济学》（1926年俄文版），第11页。我要感谢保罗·巴兰先生唤起我对这一段话的注意。

学中，计划理论应当占有价值理论在资本主义社会的经济学中所占有的那种基础地位。同理，价值和计划相对立的程度，也同资本主义和社会主义的对立一样。

五、价值与生产价格

按照马克思在《资本论》第一卷中对价格一词的用法，价格只是价值的货币表现。因此，对它的分析属于货币理论的范围，这不是我们在本书中打算加以介绍的。不过，在《资本论》第三卷中，有一个完全不同的概念，叫做“生产价格”。生产价格是价值的修正。但是，由于生产价格和价值的差异起因于资本主义的某些特点，而这些特点我们尚未加以考虑，因此，我们将把这个问题的讨论延到论证的后一个阶段（见下文第七章）。

关于这个问题，只有一点需要在这里提出。就像我们将要看到的一样，生产价格是根据某些通则从价值中派生出来的；两者的背离，既不是任意规定的，也不是无法解释的。因此，那个自庞巴维克①以来就支配着英美两国批评马克思者的观点，即生产价格理论和价值理论相矛盾的观点，是完全不符事实的。生产价格理论非但没有和价值理论相矛盾，它正是直接地建立在价值理论的基础之上，并且，除了作为价值理论的发展以外，不会有什么意义。

① 庞巴维克：《卡尔·马克思及其体系的终结》（德文原版 1896 年，英译本 1898 年），特别是第三章“矛盾问题”。

六、垄断价格

把垄断因素引到经济中来，当然要妨碍价值规律作为生产和交换的数量关系调节者的作用。“当我们说垄断价格时，”马克思指出，“一般是指这样一种价格，这种价格只由购买者的购买欲和支付能力决定，而与一般生产价格或产品价值所决定的价格无关。”①换句话说，垄断者对供应的控制，使他得以从需求的状况中捞到好处。所以，在这种情况下，需求就有了特别重要的意义，而价格与产量（因而还有劳动的配置）也就不是他们在竞争制度下的那种样子。不但如此，从分析的观点看来，垄断的最严重的一面是，垄断价格和价值的差异，不是像生产价格和价值的差异那样服从于什么一般的规则。不过，在后面，当我们研究到资本主义社会的垄断趋势时，我们就会看出，在垄断条件下，这种价格决定的随意性因素，也不是像原先设想的那么难办。就整个制度的作用而论，我们将发现，垄断所引起的变化，纵然在程度方面还很难说，其性质是可以很好地加以分析和解释的。②

在我们撂下垄断价格这个问题以前，有一点特别需要加以强调。价值量关系受垄断所干扰；价值质关系却不然。换句话说，垄断的存在，本身并没有改变商品生产的基本社会关系，即通过个人劳动产物的私自交换来组织生产。它也没有改变商品的基本同度

① 《马克思恩格斯全集》第 25 卷，第 873 页。

② 见下文第十五章。

量性，那就是，事实上每个商品各自代表社会总劳动力的某一部分时间，或者用马克思的术语来说，每个商品是一定量抽象劳动的凝结物。这是一个重要的论点，因为它意味着，即使是在垄断条件下，尽管事实上价值规律所暗含的准确的数量关系不复适用，我们仍然可以用劳动时间单位来衡量和比较各种商品以及商品的总额。

第四章　剩余价值与资本主义

不要把一般的商品生产和资本主义混为一谈，这一点是重要的。的确，只有在资本主义状态下面，“全部产品或至少大部分产品采取商品的形式，”①所以，可以肯定地说，资本主义意味着商品生产。但是，反过来说就不对了；商品生产不一定意味着资本主义。事实上，商品生产的高度发展，是资本主义产生的一个必要前提。所以，为了把我们的价值理论应用到资本主义的分析上，首先就必须仔细查明，是什么特点使这个生产方式有别于商品生产的一般概念的。

一、资本主义

迄今，我们所注意的，大体上只限于简单商品生产。在简单商品生产之下，每个生产者拥有自己的生产资料，并且用它们来干活；在资本主义状态下面，生产资料所有权属于一批个人，而工作则由另一批人来做。不但如此，生产资料和劳动力都是商品；这就是说，两者都是交换的对象，因而都是交换价值的承担者。因此，

---

① 《马克思恩格斯全集》第23卷，第192页。

不但有产者之间的关系具有交换关系的性质，就连所有者和无产者之间的关系也是这样。前者是一般商品生产的特点，后者则是资本主义所仅有。所以，我们可以说，劳动力的买卖，是资本主义的特征。如马克思所说：

> “有了商品流通和货币流通，绝不是就具备了资本存在的历史条件。只有当生产资料和生活资料的所有者在市场上找到出卖自己劳动力的自由工人的时候，资本才产生；而单是这一历史条件就包含着一部世界史。因此，资本一出现，就标志着社会生产过程的一个新时代。”①②

在简单商品生产中，生产者出卖他的产品，为的是要购买别的产品，以满足他的特殊的欲望。他从商品开始，把它们变为货币，然后又一次回到商品。商品构成了交易的起点和终结，而交易的理由则在于这样一个事实，即所得的商品在质上不同于所失的商品。马克思用符号把这个巡回叫做$C—M—C$。反之，在资本主义状态下，资本家则按照他作为资本家的资格行事，他带着货币走入

① 这一点通常是以这样的说法来表述的：资本主义和以前的种种经济制度不同，它是建立在自由劳动的基础上的。读者可能发生疑问，照此标准，现代法西斯经济是不是资本主义经济。答案当然是肯定的。有一本至今还是对国社党德国的研究最为透彻的著作。是用下述的方式回答这个问题的：“劳动缔约的自由，意味着……首先，在劳动和闲暇时间之间有明显的界限，这种界限把计算的可能性和预见的可能性等因素都带到劳动关系中来。它意味着，工人只是就一定时间——协议的或立法规定的——来出卖他的劳动力……这种劳动缔约的自由，在德国仍然存在……在德国，虽然政权力图控制工人的闲暇时间，但劳动和闲暇的界限，一如它在任何民主国家中那么明显。……国社党的法律家们企图用另一种法律手段（如公社关系）来代替劳动契约，但每次都遭到失败，而……雇主和佣工的一切关系，仍然是契约性的。”弗朗兹·纽曼：《巨兽》（1942年），第277—278页。

② 《马克思恩格斯全集》第23卷，第193页。

市场，购买商品（劳动力和生产资料），然后，在生产过程完成之后，又带着产品回到市场，再把产品变成货币。这个过程称为 $M—C—M$。货币是起点和终结；$C—M—C$的理由在这里不存在，因为货币是同质的，而且不能满足什么欲望。的确，如果开始的 M 和终了的 M 数量是相等的，那么，显而易见，整个过程是无意义的。因此，从资本家的观点看来，唯一有意义的是$M—C—M'$，这里 M' 大于 M。作为生产的目的，使用价值的质的转化，在这里就为交换价值的量的扩大所代替。换句话说，只有当资本家能够从中得到一笔数目更大的钱时，他才有理由投资于劳动力和生产资料。所增加的货币，即 M' 和 M 的差额，就是马克思称之为剩余价值[①]的东西；它构成资本家作为资本家的收入，也提供了“生产的直接目的和决定动机”[②]。

最为重要的是，不要忽视这个分析的含义。在马克思看来，剩余价值的决定性重要意义，来自资本主义生产的特定历史形式。下面这段话鲜明地表达了这个观点：

> “简单商品流通——为买而卖——是达到流通以外的最终目的，占有使用价值，满足需要的手段。相反，作为资本的货币的流通本身就是目的，因为只是在这个不断更新的运动中才有价值的增殖。因此，资本的运动是没有限度的。
>
> “作为这一运动的有意识的承担者，货币所有者变成了资本家。他这个人，或不如说他的钱袋，是货币的出发点和复归

① 德文为 Mehrwert，字义是“更多的价值”。

② 《马克思恩格斯全集》第 25 卷，第 996 页。

点。这种流通的客观内容——价值增殖——是他的主观目的；只有在越来越多地占有抽象财富成为他的活动的唯一动机时，他才作为资本家或作为人格化的、有意志和意识的资本执行职能。因此，绝不能把使用价值看作资本家的直接目的。他的目的也不是取得一次利润，而只是谋取利润的无休止的运动。"①②

正统派经济学家们几乎普遍地认为，作为生产的一种动机，剩余价值的取得，是人类本性（所谓"利润动机"）的固有特点所引起的；人们只需拿上述这段话和这个观点相对照，就可以看出，使马克思主义政治经济学和正统派政治经济学相隔离的鸿沟是多么的深。在后面的几章中，我们经常有必要回过头来讲这一点；要不是彻底地掌握了它，就说不上对马克思有真正的了解。

二、剩余价值的来源

为了找出剩余价值的来源，首先必须分析劳动力这个商品的价值。当我们说劳动力是一种商品的时候，我们并不是意味着劳动本身也是商品。这是一个重要的界限，必须谨记在心；后面可能还要加以阐明。资本家雇用工人，要后者在某一天到他的工厂里来，并准备执行所交付给他的任何工作。这么一来，资本家就购买了劳动者的工作能力，即他的劳动力；但到此为止还没有脑力和体

① 《马克思恩格斯全集》第 23 卷，第 173—175 页。

② 重点号是引者加的。——译者

力的耗用问题，而这种耗用构成实际的劳动。只有当工人动手进行一种特定的工作时，后者方才出现。换句话说，劳动就是劳动力的使用，用马克思的比喻来说，就像消化是消化能力的使用一样。

按照最严格的意义来说，劳动力就是劳动者本身。在奴隶社会中，这是显而易见的，因为买主所买的，是奴隶而不是奴隶的劳动。但在资本主义制度下，劳动契约是有法定的界限或期限的——或两者都有——这个事实掩盖着另一个事实，即劳动者实际上是在某一个订明的期间内出卖了自己。无论如何，这是事情的真相；而一天劳动力这个概念，也很可能理解为，这只是供一天役使的劳动者。

现在，既然劳动力是一种商品，那就必须和任何别的商品一样，也有一个价值。但“这种特殊商品”的价值是怎样决定的呢？马克思是用下面的方式来回答这个问题的：

> “同任何其他商品的价值一样，劳动力的价值也是由生产从而再生产这种特殊物品所必需的劳动时间决定的。……假设个体已经存在，劳动力的生产就是这个个体本身的再生产或维持。① 因此，生产劳动力所需要的劳动时间，可化为生产这些生活资料所需要的劳动时间，或者说，劳动力的价值，就是维持劳动力所有者所需要的生活资料的价值。……生活资料的总和应当足以使劳动者个体能够在正常生活状况下维持自己。由于一个国家的气候和其他自然特点不同，食物、衣

① 引者在这里少引了下列一句话：“活的个体要维持自己，需要有一定量的生活资料。”——译者

服、取暖、居住等等自然需要也就不同。另一方面，所谓必不可少的需要的范围，……本身是历史的产物，因此多半取决于一个国家的文化水平，……”①

往后我们还要回到这个问题上来。② 目前，对下面这个论点要特别加以注意：劳动力的价值还原为或多或少有个定量的普通商品的价值。

现在我们就要进行剩余价值的分析了。资本家带着货币进入市场，购买机器、原料和劳动力。然后，他在生产过程中把这些东西结合起来，由此产生一定量的商品，商品又被抛到市场上来。马克思假定，资本家按各种商品的均衡价值买进他所买的东西，又按商品的均衡价值卖出他所卖的东西。尽管这样，他在结束时还是比开始时拥有更多的货币。在这条路线的某个地方，有更多的价值——或剩余价值——被人创造了出来。这怎么可能呢？

显然，剩余价值不能从单纯的商品流通中产生。如果人人都企图通过抬高自己的价格——就说10%吧——来捞取利润，那么，各人都是以卖者的身份获利，而以买者的身份赔钱，唯一的结果是到处涨价，没有一个人从中得到好处。看来同样明显的是，投入生产过程的原料，不能成为剩余价值的源泉。原料在开始时所具有的价值，到结束时就被转移到产品中去，绝无理由假定它们有扩大其价值的魔力。同理也适用于生产过程中使用的建筑物和机器，虽然在这上头比较不那么明显。建筑物和机器不同于原料的

① 《马克思恩格斯全集》第23卷，第193—194页。

② 参见本书第120—121页。

地方，在于前者较慢地转移其价值到最终产品中去，也就是说，它是在一连串的生产过程中转移过去的，而不是像原料那样一次就转移完毕。当然，用原料和机器来劳动，比不用原料和机器的劳动可以生产更多的产品，就这个意义来说，原料和机器可以说在**物质上**是有生产力的，但是这种意义上的物质生产力，在任何情况下都不应该和价值生产力混为一谈。从价值的观点看来，没有理由假定原料和机器竟能把超过自身所包含的价值转移到产品中去。这样，就只剩下一个可能性，即劳动力一定是剩余价值的源泉。让我们更细致地考察这个问题。

就像我们所已经看到的一样，资本家是按照劳动力的价值来购买它的，这就是说，他把一笔钱付给工人，作为工资，数目相当于工人的生活资料的价值。让我们假定，这个价值是六个小时劳动的产物。这便意味着，在生产已进行了 6 个小时之后，工人便已经在所耗用的原料和机器的价值——我们知道这是在产品身上再现的价值——之上追加了一个足以补偿他自己的生活资料的新增价值。如果这个进程到此中断，资本家就有可能按照刚够抵偿开销的价钱来出售产品。但是工人已经把自己的一天卖给资本家。而且照理也没有什么东西来强使一个工作日限定为 6 个小时。让我们假定，一个工作日是 12 个小时。那么，在最后的 6 个小时里，工人继续追加价值，但这时候的价值是超过补偿工人的生活资料所必需的价值；简言之，它是剩余价值，资本家可以把它装入自己的腰包。

> “问题的一切条件都履行了，商品交换的各个规律也丝毫没有违反。……作为买者，资本家对每一种商品——棉花、纱

锭和劳动力——都按其价值支付。……他卖棉纱……既不比它的价值贵，也不比它的价值贱。然而他从流通中取得的货币比原先投入流通的货币多……”①

这个论证的朴素逻辑，可以用更简单的方式来表述。在一天的劳动中，劳动者生产出比一天的生活资料更多的东西。因此，工作日可以分成两个部分，即必要劳动和剩余劳动。在资本主义生产条件下，必要劳动的产品，以工资的形式归工人所得；而剩余劳动的产品，则以剩余价值的形式为资本家所侵吞。必须注意，像这样的必要劳动和剩余劳动，在人类劳动生产率超过某一个极低的最低限的一切社会中，也就是说，在最原始社会以外的一切社会中，都是存在的。而且，在许多非资本主义社会（例如奴隶社会和封建社会）中，剩余劳动的产物，也是被一个以这种或那种方式维持其对生产资料的控制的特殊阶级所侵吞的。因此，资本主义所特有的，不是一部分人被另一部分人剥削的事实，而是这种剥削所采取的形式，即剩余价值的生产。

三、价值的构成

根据以上的分析，可见资本主义条件下生产的任何商品，其价值都可以分成三个组成部分。第一部分仅仅代表已耗用的原料和机器的价值，“在生产过程中并不改变自己的价值量。”②因此被称

① 《马克思恩格斯全集》第23卷，第220页。
② 同上书，第235页。

为“不变资本”。它是以字母 c 为符号来表示的。第二部分就是补偿劳动力价值的那一部分，它在一定意义上要经历一个价值的变化过程，因为“它再生产自身的等价物和一个超过这个等价物而形成的余额，剩余价值。这个剩余价值本身是可以变化的，是可大可小的”①。这个第二部分，因此称为“可变资本”，以字母 v 来表示。第三部分就是剩余价值本身，以 s 表示。一个商品的价值，可以按这个标志写成下列公式：

$$c+v+s=\text{总价值}$$

此外，这个公式的应用范围，不只限于单个商品的价值分析，而且可以直接地加以引申，以包括一个企业或任何一群企业，乃至于包括整个经济社会在一定时期内——比方说一年——的产量。

关于这一点，可以作两个注释。第一，必须注意，上列公式实际上是现代股份公司的收益表的简式。总价值等于销售总收入，不变资本等于原料开支加折旧，可变资本等于工资和薪金的支出，而剩余价值则等于可以当作利息和红利来分配或用于企业再投资的收入。因此，马克思的价值理论有一个最大的优点，它和资本主义工商企业的实际会计范畴相吻合，这是它不同于其他价值理论的地方。

第二，如果把这个公式引申到包括整个经济社会，那么，它就为我们提供了一个概念的体系，以便处理通常所谓国民收入的东西。虽然如此，对马克思的收入概念同大多数现代研究者所用的收入概念之间的差异，也绝不能予以忽视。假如我们用字母来表

① 《马克思恩格斯全集》第23卷，第235页。

示总量，那我们可以说，当现代理论家谈到国民总收入(gross national income)时，他们通常是包括 $v+s$，以及 c 里面代表固定资本折旧的那一部分，而把 c 的其余部分剔除在外。他们所谓国民纯收入，则仅指 $v+s$，包括所有对个人的支付，再加上工商业的公积金。拿马克思的用语和古典学派的用语相对比，我们可以看出另一种差异，例如，李嘉图把现代理论家所谓纯收入(net income)——即 $v+s$——称为"总收益"(gross revenue)，而李嘉图的"净收益"(net revenue)，则仅指剩余价值，即利润和地租的总和。①

四、剩余价值率

$c+v+s$ 这个公式，可以说是马克思经济理论的分析中枢。在本章的下余部分中，我们将对它所派生的某些比率加以解释和讨论。

在这些比率中，头一个叫做剩余价值率，它可以解释为剩余价值对可变资本的比率，以 s' 表示：

$$\frac{s}{v} = s' = \text{剩余价值率}$$

剩余价值率就是马克思所谓剥削率——即剩余劳动对必要劳动的比率——的资本主义形式。因此，假定工作日是 12 个小时，6 个小时是必要的劳动，6 个小时是剩余劳动，那么，在剩余劳动产

① 关于价值公式和收入概念之间的关系，进一步的讨论见后面附录一。

品为一个剥削阶级所侵吞的任何一种社会中，我们都可以看到以下列比率表示的剥削率：

$$\frac{6\text{ 小时}}{6\text{ 小时}}=100\%$$

在资本主义制度下，劳动产品采取价值的形式。如果我们假定工人在一个小时内生产 1 美元的价值，那么，剩余价值率就可以用下式求出：

$$\frac{6\text{ 美元}}{6\text{ 美元}}=100\%$$

当然，这个剩余价值率和剥削率，数值完全相同。剥削率和剩余价值率这两个概念经常可替换使用，但要紧的是要记住，前者是更一般的概念，适用于一切剥削社会，而后者只适用于资本主义。

剩余价值率的大小，直接取决于三个因素：工作日的长度，计入实际工资的商品量，以及劳动生产率。第一个因素确定了要分成必要劳动和剩余劳动的总时间；第二和第三因素合起来，决定在这个时间中有多少要算做必要劳动。这三个因素，又各自成为种种力量所交织的焦点，它们必须在这个理论的进一步发挥中加以分析。剩余价值率可能通过延长工作日、降低实际工资或提高劳动生产率，或者最后通过三者的某种结合来加以提高。如果是延长工作日的长度，马克思称之为绝对剩余价值的生产；而降低实际工资或提高劳动生产率，则导致必要劳动时间的减少，这便成为相对剩余价值的生产。

马克思几乎始终是根据一个简单化的假定来处理问题的，那就是，剩余价值率在一切产业部门和每个产业部门的一切企业中都是相等的。这个假定暗含某些条件，而实际上，这些条件顶多只有一部分是成立的。第一，必须有一支同质的、可以转移的和流动的劳动力。这个条件，在谈到抽象劳动这个概念时，已经作了相当长的讨论；[①]只有具备这个条件，我们才可以说"……工人之间的竞争，并以工人不断地由一个生产部门转移到另一个生产部门而达到平衡……"[②]第二，每个产业和每个产业内的一切企业，它所使用的劳动量必须刚好是现有条件下社会必要的劳动量，换句话说，就是假定，没有一个生产者是以过分高或过分低的技术水平来经营的。只要这个条件没满足，那么，有些生产者就会依这个未满足的程度而得到比社会平均数更高（或更低）的剩余价值率，而且这些差异也不会为劳工在行业之间和企业之间的转移与流动所消除。

剩余价值率均等的假定，最终分析起来，是建立在资本主义生产的某些极现实的趋势上面的；对这一点的理解，实属重要。工人确是从低工资的地方转入高工资的地方，而生产者也确是力图利用最先进的技术方法。因此，可以说，这个假定不过是实际情况的一种理想化。如马克思所说：

> "这样一个一般的剩余价值率，——像一切经济规律一样，要当作一种趋势来看，——是我们为了理论上的简便而假定的；但是实际上，它也确实是资本主义生产方式的前提，尽管它由于实际的阻力会多少受到阻碍，因而会引起一些相当显著的地方差别，例如，定居法对于英国的农业短工来说就是

---

① 见前文第 52 页及其后各页。

② 《马克思恩格斯全集》第 25 卷，第 195 页。

如此。但是我们在理论上假定,资本主义生产方式的规律是以纯粹的形式展开的。实际上始终只存在着近似的情况;但是,资本主义生产方式越是发展,它同以前的经济状态的残余混杂不清的情况越是被消除,这种近似的程度也就越大。”①

五、资本的有机构成

从 $c+v+s$ 的公式派生的第二个比率,是衡量生产上所使用的总资本中不变资本对可变资本的关系的一个尺度。马克思称这种关系为资本的有机构成。有几个比率可以用来表示这种关系,但看来最方便的一个,就是不变资本对总资本的比率,让我们以字母 q 来表示它。这样我们就得出:

$$\frac{c}{c+v}=q=\text{资本的有机构成}$$

用非技术性的用语来说,资本的有机构成,就是关于生产过程中劳动者配备多少原料、工具和机器的一种尺度。

和剩余价值率的情况一样,决定资本有机构成的种种因素,在任何时候,又是受一系列的因素所影响的。这个问题的某些重要方面,以后将陆续加以讨论。目前,只需注意,实际工资率、劳动生产率、一般的技术水平(它和劳动生产率有密切的关系)以及过去的资本积累,这一切都参与资本有机构成的决定。

马克思关于资本有机构成所作的假定,将在下一节中联系利

① 《马克思恩格斯全集》第 25 卷,第 195—196 页。

润率问题加以考察。

六、利润率

对资本家来说，有决定性意义的比率是利润率，换句话说，就是剩余价值对全部资本支出的比率。如果我们把它叫做 p，即得：

$$\frac{s}{c+v}=p=\text{利润率}$$

关于这个比率，有几件事需要指出。第一，当我们把剩余价值直接地等同于利润时，我们是假定，无须把一部分剩余价值以地租的形式付给地主。马克思在《资本论》第三卷第四篇，头一次提出地租问题，在这以前，他一直是这样假定的。马克思在致恩格斯的一封陈述《资本论》初步轮廓的信中，解释了这个做法。"在整个这一篇（当时名为'资本一般'——引者注）里，……假定：地产＝0，就是说，地产这一特殊的经济关系在这里还不加以考察。只有这样，才能在研究每一个别关系时不致老是牵涉到一切问题。"[①]因为讨论地租理论的尝试，超出了本书颇为有限的范围，所以我们将始终地坚持上述的假定。

第二，$s/(c+v)$这个公式，它所表示的，严格地说，是按生产一定商品所实际耗用的资本来计算的利润率。实际上，资本家通常是根据他在一定时期——比方说一年——内的全部投资来计算利润率的。但是，全部投资通常不等于一年内用掉的资本，因为全部

① 《马克思致恩格斯》，《马克思恩格斯全集》第29卷，第300页。

投资的各个不同要素，其周转时间是大不相同的。因此，举例来说，一座厂房建筑物可用 50 年，一台机器可用 10 年，而工资的支出则是每三个月就归还资本家一次。为了简化理论的说明，并且使利润率公式和年利润率这个常用概念相一致，马克思就假定，所有资本都是以一年(或为了分析起见而选定任何一个时间单位)为周转期。这就是意味着生产过程需要一年，意味着年初买来的原料、机器和劳动力到年末就用完，同时也意味着产品即时卖出，并收回一切开支，外加剩余价值。这不是说马克思忽视了有关周转期差异的问题，正如他没有忽视地租问题一样；相反，在《资本论》第二卷中，有很大一部分篇幅是专门用来处理因资本各要素的周转期有别而引起的复杂问题的。但在这里，为了限制我们的讨论范围并把注意力集中在这个理论的基本要素方面，我们还是要在此书中，始终保留上述的假定。

说到决定利润率的要素，要证明它们等同于决定剩余价值率与资本有机构成的要素，这是不难的。用数学术语来说，利润率是剩余价值率和资本有机构成的一个函数。忆及公式 $s' = s/v$，$q = c/(c+v)$ 和 $p = s/(c+v)$，由简单运算即得：

$$p = s'(1-q)①$$

因此，尽管在事实上从资本家的行为看来利润率是决定性的变数，但为理论分析起见，必须把它看作是依存于两个更根本的变

① 证明如下：$p = \frac{s}{c+v} = \frac{sv}{v(c+v)} = \frac{sc+sv-sc}{v(c+v)} = \frac{s(c+v)-sc}{v(c+v)}$

$= \frac{s(c+v)}{v(c+v)} - \frac{sc}{v(c+v)} = \frac{s}{v} - \frac{s}{v} \cdot \frac{c}{c+v} = s'(1-q).$

数，即剩余价值率和资本有机构成。这是马克思所实际采取的步骤，它将在我们随后的研究中加以遵循。[①]

正如在剩余价值率问题上一样，在利润率问题上，也是假定各行业之间和各企业之间有普遍的均等性。在这两种情况下，必要的条件是完全平行的。和劳动从低工资地方向高工资地方流动相对应的，是资本从低利润地方向高利润地方流动；同时，在这两种情况下，技术水平的普遍均等，也是必要的。任何一个资本家，只要他能够在技术方法上保持优势，他就可以比他的同行享有更高的剩余价值率，因而也享有更高的利润率。所以，这两个假定的证明，实际上是一样的，虽然在实践中，在没有垄断的情况下，也许资本确是比劳动更为均质和更易流动。

在这一点上，我们头一次遇到一个有趣的理论问题。倘若剩余价值率和利润率到处都是均等的，那么，跟着来的就是，如果商品的交换依照价值规律进行，资本的有机构成也必须到处均等。这个问题，可以用下面的办法轻易地加以证明：假定二个商品的价值相等，剩余价值率也相等，但资本有机构成却不相同。例如，商品A的价值由$10c+20v+20s=50$组成，商品B的价值由$30c+10v+10s=50$组成。在这两种情况下，剩余价值率都是百分之一百，它们各自的价值也完全相等；可以推想，它们应该在一对一的基础上互相交换。但是，要是发生这种事情，那么显然，生产A的资本家将得到$66\frac{2}{3}\%$的利润率，而生产B的资本家则只会得到25%的利润率。

① 详见下面第六章。

这不可能是一种均衡状态。

回想起来，剩余价值率的均等性和利润率的均等性，是以资本主义生产中实际起作用的种种趋势，即竞争力量所引发的种种趋势为根据的。我们能否断言，在资本有机构成上，也有一个均等的实际趋势，以便用类似的假定来克服这个困难呢？答曰，否。在某一个产业内的各个企业之间，资本的有机构成无疑有均等的趋势。但是，在使用着极不相同的方法，生产着完全不同的产品的各个产业之间，则没有这种趋势存在。例如，显然无法使钢铁业和衣着业的不变资本对可变资本的比例趋于一致。

所以，不免要得出这样的结论：在现实的资本主义生产世界中，价值规律不是直接起制约作用的。但是，如果像批评马克思的人所千篇一律做的那样，由这个事实便断言价值理论必须抛弃，并另觅新的基础来分析资本主义制度的运转，①那是完全不正确的。假设一个资本主义制度，其中资本有机构成到处均等，从而价值规律也的确在起作用，然后对这样一个制度的运行加以考察；这种做法完全是合理的。但这样处理问题的程序是否能说明问题，那就不能由纯理演绎加以决定；它必须用下述的方法来验证，即撇开资本有机构成均等的假定，再看看早先得出的结果需要作何种程度的修正。如果这个修正被证明是微不足道的，那就表明，根据价值规律所作的分析是正确的；反之，如果修正的幅度很大，以致改变

① 迄今，关于这种观点的最好论述，就是庞巴维克的《卡尔·马克思及其体系的终结》。可以毫不夸张地说，在它以后对马克思主义经济学的种种批评，都不外是复述庞的论调。一个伟大的例外是拉迪斯劳斯·博尔特凯维奇的批评，对此，我们将陆续地在几个地方加以考察。

了结果的根本性质，那么，我们就真的应该放弃价值规律，并寻求一个新的起点。

马克思的处理方法，和上面概述的程序相符。在《资本论》头两卷中，他始终不考虑有机构成的差别，这也就是说，他假定这些差别不存在。然后，在第三卷中，他抛弃这个假定，并试图证明，由此而引起的修正，从他当时想要解决的问题看来，仅有次要的性质。毫无疑问，马克思对后面这个命题所作的证明，在某些方面是不能令人满意的，但如果换一个充分的证明，那么，我们就要指出，他的方法和结论都是正确的。①

在对马克思的理论体系进行批评的人中，只有博尔特凯维奇一人，把握住价值规律的全部意义及其用法。此外，我们又将看到，正是博尔特凯维奇，他为从逻辑上无可置辩地证明马克思方法的正确性奠定了基础。这个事实使他有资格博得这样的尊称：既是一个马克思理论的批判家，又是一个对马克思理论有重要贡献的人。博尔特凯维奇在这个有争议的问题上的说法，值得在这个分析阶段上加以引述：

> “价值规律不适用于资本主义经济体系这个事实，按照马克思的看法，是由一个或一系列的因素所决定的，而这因素不但不构成资本主义的实质，它反而掩盖了资本主义的实质。假定资本有机构成在一切生产领域中都是一样的，那么，价值规律就会直接地制约着商品的交换，而无碍于资本家对工人的剥削，也不必在决定生产的规模、方向和技术等问题上，用

① 见下面第七章。

任何别的动机来代替资本家对利润的追求。”①

在这里，我们找到了假定资本有机构成均等的简明理由。但这个假定不能同剩余价值率均等的假定及利润率均等的假定相混淆。后二者的正确性，是以在竞争性资本主义经济中起作用的实际趋势来证明的；而前者则涉及对现实世界里确实存在的一些情况的审慎舍象问题。所以，它的正确性只有到下一阶段才能得到充分的证明，那时候，我们要把放弃这个假定的结果加以考察。

① L. V. 博尔特凯维奇：《马克思理论体系中的价值计算与价格计算》，载《社会科学与社会政策文献》，1906年，7月号，第30页。

第二篇

积累过程

第五章　积累与后备军

一、简单再生产

为了达到理论上的目的，设想一个年复一年地按照同一途径运转而不起任何变化的资本主义制度，这样做是有好处的，甚至是必要的。这种设想，使我们能够按照各种关系的最清楚和最简单的形式，来理解流行于整个制度中的关系结构。不过，遵循这个程序，并不是意味着过去曾经有过这样一个年年如故的现实资本主义制度，或者将来会要出现这样一个制度。不错，当我们对这样一个假定是毫无变化的事例进行考察时，外观上，现实存在的资本主义的某些最基本要素，已经被人们有意地撇开。

重农学派的领袖弗朗斯瓦·魁奈，是第一个试图对资本主义生产中存在的关系结构加以系统表述的经济学家。单是因为这个缘故，他的著名的《经济表》(1758 年)，就是经济思想发展中的一个里程碑——马克思说："这是一个极有天才的思想，毫无疑问是政治经济学至今所提出的一切思想中最有天才的思想。"[①]马克思深受魁奈的影响，并把自己用来分析资本主义结构的表式——其

① 《马克思恩格斯全集》第 26 卷，第 1 册，人民出版社 1972 年版，第 366 页。

最基本形式被他称为“简单再生产”——看作是《经济表》的更完善的说法。①

简单再生产所涉及的，是这样一个资本主义制度：它无限期地保持着同样的规模，并保持各部分之间的比例不变。为了满足这些条件，资本家们必须逐年更新所有磨损的或用掉的资本，并把他们的剩余价值全部用在消费上；而工人们则必须把他们的全部工资用于消费。如果这些条件不具备，就会出现积累或生产资料储备的减损，这是为假定所不容许的。如果我们用上面一章所介绍的符号术语来表述简单再生产，我们就可以更容易地看出这些说法的理由。

假定全部产业分为两大部类：第一部类生产生产资料，第二部类生产消费品。为了某种目的，又不妨再把消费品部类一分为二：一个生产工人的消费品，或工资物品；一个生产资本家的消费品，或者可以称之为奢侈品。② 虽然我们在下文第七章中还想搞一个三部类的再生产表式，但二部类的表式更为简单，也完全足以满足我们现在的目的。

设 c_1 和 c_2 是分别投入第一部类和第二部类的不变资本；同样地以 v_1 和 v_2 作为可变资本，s_1 和 s_2 作为剩余价值，并以 w_1 和 w_2

① 马克思在 1863 年 7 月 6 日给恩格斯的一封信，就是这样开头的：“附上一份‘经济表’，这是我用来代替魁奈的表的。天气很热，但是你如果有可能，就仔细看一看，如有意见就告诉我。这个表包括全部再生产过程。”——《马克思恩格斯全集》第 30 卷，第 358 页。在《资本论》中，马克思放弃了这封信所附的表式图解，但意在其中，而且大大地加以阐发了。详阅《马克思恩格斯全集》第 23 卷第 23 章和第 24 卷第 20 章。关于魁奈《经济表》和马克思再生产表式的关系的论述，见后面附录一。

② 马克思是以“必要生活资料”和“奢侈品”来划分这个界限的。见《马克思恩格斯全集》第 24 卷，第 20 章第 4 节。

分别作为以价值计量的两大部类的产品。

于是，我们就有下表，它代表全部生产：

$$\text{Ⅰ}.\ c_1 + v_1 + s_1 = w_1$$

$$\text{Ⅱ}.\ c_2 + v_2 + s_2 = w_2$$

为了满足简单再生产的各种条件，用掉的不变资本必须等于生产资料部类的产量，而资本家和工人的消费的总和，则必须等于消费品部类的产量。这就是说，

$$c_1 + c_2 = c_1 + v_1 + s_1$$

$$v_1 + s_1 + v_2 + s_2 = c_2 + v_2 + s_2$$

从第一个等式的双方各消去 c_1，又从第二个等式双方各消去 $v_2 + s_2$，那就会看出，两个等式可以化为下面一个等式：

$$c_2 = v_1 + s_1$$

因此，这个式子可以称为简单再生产的基本条件。它仅仅是说明，消费品部类用掉的不变资本，其价值必须等于生产资料部门中资本家和工人所消费的商品的价值。如果这个条件得到满足，生产规模就从上年到下年保持不变。

在继续讲下去之前，让我们对再生产的表式作稍微详尽一些的考察。这个表式的最大重要性，也许在于这样一个事实，即它为分析产量和收入的相互联系提供了一个统一的框架，这是古典学派经济学家从未系统地、充分地加以研究的一个问题。生产被分为两大部类：生产资料的生产和消费资料的生产。这二者加起来，构成商品的社会供给总量。另一方面，收入可以说被分成三类：资本家为了保持自己作为资本家的地位而必须用于生产资料的那一部分收入，资本家收入中可以由本人任意用于消费的那一部分（剩

余价值),以及工人的收入(工资)。但是,既然二大生产部类中均有资本家和工人,所以,也许更好的说法是,收入被分成六类,每个部类各有三类。这几类总加起来,构成商品总需求。现在,显而易见的是,在均衡状态下总供给必须和总需求相均衡;而不那么明显的则是,在两个总额的各个要素之间,应该有什么样的相互关系,才刚好能创造这样一种平衡呢?再生产表式的重要作用之一,就是弄明白这个问题。顺便可以提请大家注意,再生产表式在发挥这个作用时,还为分析总供给和总需求的差异打下了基础,而这种差异,在再生产过程的普遍失调时是当然要发生的。①

再生产表式的每一项都有二重性,即既代表一个需求要素,同时又代表一个供给要素。请看 c_1:它构成生产资料产量的一部分价值,又构成第一部类资本家从生产资料的销售中所得到的一部分收入,而这一部分收入通常是预定要用在新的生产资料上面的。因此,c_1 代表生产资料的供求双方。这个必要的交换,总是在第一部类的资本家之间发生,数目相当于 c_1 的价值。好比是从生产资料部类的一头出发,绕了一个圈子,又在下一个生产周期的开始时回到本部类中来。其次一项是 v_1,它代表生产资料产量中补偿工资的那一部分价值;因此它是生产资料的供给。另一方面,v_1 又是从事生产资料生产的工人的工资,就这个意义来说,它显然构成对消费资料的需求。在这个部类里,就没有供求两个要素的匹配。在简单再生产的假定下,同理也适用于 s_1,恰如它适用于 v_1 一样,只不过在这里我们所要处理的是第一部类中资本家的剩余价值罢了。

① 见下文第十章。

我们对第一部类的分析,到头来,就是数量等于 v_1+s_1 的生产资料供给未曾卖掉,并有同量的消费资料需求未获满足。现在,让我们转到第二部类,即消费资料的生产上来。产量等于 c_2 的一部分消费品,代表在消费品生产过程中用掉的生产资料的价值,它和第二部类的资本家们对新的生产资料的需求相对应。这里,供给与需求又是不能直接配对。v_2 和 s_2 就不是这样;它们都是代表消费品供求双方。和 c_1 的情况一样,必要的交换可以全部在一个部类——这回是第二部类——内进行。这样,第二部类尚有数量等于 c_2 的消费品供应"没有卖出去",又有对生产资料的同量需求没有得到满足。

现在来说两个部类的关系。我们注意到,第一部类有一笔生产资料的供给,又有一笔对消费资料的需求,数额都是等于 v_1+s_1;而第二部类则有一笔对生产资料的需求和一笔消费资料的供给,数额皆等于 c_2。显而易见,这两个部类可以——比方说——彼此做买卖;并且,只要 v_1+s_1 恰好等于 c_2,他们的互相交换,就会出清市场上的生产资料和消费资料,而使总供给和总需求归于均衡。

这个论证,以一种有助于展现再生产表式的固有逻辑的方式,把我们再次引到简单再生产的均衡条件上来。再生产表式实质上是一种工具,它的用途是按照所产商品的种类和收入者的职能,揭示资本主义经济中供求的结构。不过,应该加上一句,从这个表式本身,不能推断出什么因果联系;表式为进一步研究提供了一个框架,而不能代替进一步的研究。

二、积累的源泉

读者也许会这么想,生活在这个假想的简单再生产世界里的资本家，并没有表现出我们在前面一章中所认定的资本家的特点。在那一章里，我们指出，“绝对不能把使用价值看作是资本家的真正目的”；但是，我们却构想了一个制度，在这里面，资本家们老是得到同样的收入，并且总是把它花光了事。显然，在这样的情况下面，使用价值就会被人看作是资本家的目的了。

无可回避的结论是：既是简单再生产，自然就得抽象掉资本家的最重要属性，即他对扩大自己资本的关注。他是通过把一部分——经常是较大的一部分——剩余价值转化为追加资本的方法，来实现这个意图的。因此，他的扩大了的资本，使他得以获取更多的剩余价值，接着他又把这个剩余价值转化为追加资本，如此等等。这就是众所周知的资本积累过程；它构成资本主义发展的推动力。

马克思看到，资本家“……同货币贮藏者一样，具有绝对的致富欲。但是，在货币贮藏者那里，这表现为个人的狂热，在资本家那里，这却表现为社会机构的作用，而资本家不过是这个社会机构中的一个主动轮罢了”①。把握住这一点至关重要。资本家在其中占有关键地位的 $M—C—M'$ 流通形式，**客观上**就是一个价值扩大的过程。这个事实，在资本家的**主观**目的上得到反映，这完全不是人类的固有倾向或本能问题；资本家要扩大他所控制的价值（要积累资本），这种欲望是从他在一个特定社会生产组织形式里的特殊地位产生的。稍一思索就看得出，这不可能是别个样子。资本家之所以是资本家，之所以是社会中的一个重要人物，仅仅在于他是资本的所有者和代表。剥夺他的资本，他就什么也不是了。但

① 《马克思恩格斯全集》第 23 卷，第 649 页。

是资本只有一个特质，那就是具有量值；也因为这样，一个资本家只是以他所代表的资本量的大小而有别于另一个资本家。大量资本的所有者，比小量资本的所有者在社会等第上站得更高；地位、名望、权力都被化成元和分的数量标尺。所以，在资本主义社会中，一个人的成功，在于他的资本的增殖。如马克思所说："积累是对社会财富世界的征服。它在扩大被剥削的人身材料的数量的同时，也扩大了资本家直接和间接的统治。"①

有了积累的冲动，在资本家的动机中，便来了又一个同等重要的补充因素。最大的剩余价值额，因而也是最大的积累力量，归属于使用最进步、最有效率的技术方法的资本家；因此，他们普遍地致力于技术改革。但是，新的、更好的生产方法，需要增加资本支出，并使现存的生产资料变成废物，从而失去价值。用马克思的话来说：

> "资本主义生产的发展，使投入工业企业的资本有不断增长的必要，而竞争使资本主义生产方式的内在规律作为外在的强制规律支配着每一个资本家。竞争迫使资本家不断扩大自己的资本来维持自己的资本，而他扩大资本只能靠累进的积累。"②

我们知道，马克思的分析，是把资本积累同资本主义生产的特定历史形式联系在一起的。取得成功和提高社会地位的途径，在于通过积累；拒不参加这种竞争的人，则有破产的危险。

和这个积累的分析相对应，马克思概括地提出了一个资本家

① 《马克思恩格斯全集》第 23 卷，第 650 页。

② 同上书，第 649—650 页。

消费的理论：

> “在资本主义生产方式的历史初期——而每个资本主义的暴发户都个别的经过这个历史阶段——致富欲和贪欲作为绝对的欲望占统治地位。但资本主义生产的进步不仅创立了一个享乐世界；随着投机和信用事业的发展，它还开辟了千百个突然致富的源泉。在一定的发展阶段上，已经习以为常的挥霍，作为炫耀富有从而取得信贷的手段，甚至成了‘不幸的’资本家营业上的一种必要。奢侈被列入资本的交际费用。……因此，虽然资本家的挥霍从来不像放荡的封建主的挥霍那样是直截了当的，相反地，在它的背后总是隐藏着最肮脏的贪欲和最小心的盘算；但是资本家的挥霍仍然和积累一同增加，一方绝不会妨害另一方。因此，在资本家个人的崇高的心胸中同时展开了积累欲和享受欲之间的浮士德式的冲突。”①

所以，虽然积累的动力始终都是主要的，但这并不排除一种平行的、甚至有几分派生性的扩大消费的愿望。

拿马克思关于资本家的积累动机和消费动机的思想同当代正统派强调“节欲”和“等待”的理论相对比，是件有趣的事。照节欲说看来，为了积累而“节约”消费，对资本家来说是一件苦事，因此应该把付给资本的利息看作是此种节欲的必要报酬。与此相反，马克思采取的立场是，积累资本——也就是说，增加一个人的财富——乃是一种积极的目的，而且和消费一模一样，内中自有“乐

① 《马克思恩格斯全集》第 23 卷，第 651 页。“奢侈被列入资本的交际费用”，这个想法包含一种有趣的先见之明，预示索尔斯坦·凡勃伦在《有闲阶级论》中所阐明的“明显消费”学说。

趣”。他提出，把消费看作是积累的节制，就如同反过来说积累是消费的节制，都是合乎逻辑的：

> “庸俗经济学家从来也不会作这种简单的思考：人的一切行动都可以看作他的相反行动的‘节欲’。吃饭是绝食的节欲，行走是站立的节欲，劳动是闲逸的节欲，闲逸是劳动的节欲等等。这些先生们应当想一想斯宾诺莎的话：规定即否定。”①

总之，资本家既要积累，也要消费，当他们择一而为时，都可以看作是另一事的节制；但这样看问题，什么也解释不了。

说到“等待”理论——阿尔弗雷德·马歇尔是这个学说的首要代表人——如果把它当一回事，那只能是更糟。这个想法是，资本家们到头来总是想把他所拥有的任何东西都消费掉的。他们现在所以不这么做，是因为，如果他们等待一下，他就可以在将来连利息也一道消费。这是归谬法(*reductio ad absurdam*)，是由于死扣住这么一个假定，说一切经济行为都是指向消费欲望的满足。节欲说只是掩盖资本家积累财富的动机，而等待说则干脆把它否定。

不能忽视，节欲说是纳索·W.西尼尔在19世纪30年代提出的，比他更早的经济学家们，一般是把独立的积累动机视为当然。因此，李嘉图有一次写信给马尔萨斯说：“我认为人类的欲望和嗜好是无穷的。我们都想增进我们的享受或是我们的权力。消费增

① 《马克思恩格斯全集》第23卷，第654页，注41。

进我们的享受，积累增进我们的权力，而二者都同样地促进需求。"①和往常一样，李嘉图把资本主义生产的一个特点普遍化，把它运用到一般的"人类"上来，但是没有节欲观点的形迹。对于政治经济学家方面这种颇为奇突的论调转变，我们怎样才能加以解释呢？答案似乎在于这样的事实，即节欲说同其后的等待说和时间偏好说一样，是当作剩余价值的一个护符、因而也是当作现状的护符起作用的。约在1830年以前——马克思提示，法国七月革命是这个转折点的标志——一般地说，资本主义还是对现状的某些方面——虽然肯定地不是一切方面——进行抨击的一种进取性力量。但是，当胜利已经赢得时，就必须由进攻转为防守。只有在人们记得这个事实时，才能理解古典学派经济学家及其后人在学说上的许多分歧；其中有一个非同小可的分歧，就是以积累节欲说的出现为标志的。

三、积累与劳动力的价值——问题的提出

现在，也许可以来介绍另一个再生产表式了。这个表式，马克思称之为扩大再生产，以别于简单再生产。它表明当积累在考虑之中的时候，供给与需求的相互关系，也就是说，剩余价值不再是全部为资本家所消费，而是分成三部分，一部分为资本家所消费，另一部分追加到不变资本上去，第三部分追加到可变资本上去。

① 大卫·李嘉图：《致马尔萨斯书信集》(1810—1823年)，波纳编，第45页(重点是引者加的)。

但是，看来更明智的是，把扩大再生产的介绍推迟到下文第十章，那时候，我们随即可进一步探讨它所牵连的危机问题。我们暂时感兴趣的，是研究积累过程中不言而喻的新增可变资本量的影响，或者换句话说新增劳动力需求的影响。为了这个目的，我们可以简单地假定，在供给与需求之间，有着为维持扩大再生产均衡所必需的数量关系，而无须涉及表式的外形结构。

因此，我们就从这样一个毫无疑义的事实说起：积累难免要引起劳动力需求的增加。既然当某种商品的需求增加时，它的价格就提高，而这又引起了价格与价值的背离。那么，我们知道，就一种普通商品——比方说棉布——来说，定会有某些力量发生作用，把价格拉回到和价值相一致的地步：棉布制造商定会得到非常高的利润，局外的资本家定会被引诱到这个产业中来，棉布的供给定会扩大，价格定会下落，一直到它再次等于价值而且利润也归于正常时为止。用这个方式说明了一般的原理之后，我们立刻就会为一个明显的事实所打动：劳动力不是普通商品！当劳动力的价格上涨时，没有一个资本家能够转过来生产它；棉布产业是有的，但这种意义上的"劳动力产业"事实上根本不存在。只有在奴隶社会里——如南北战争以前的南方，那里蓄奴是为了赚取利润——人们才可以适当地说起一种劳动力产业。就劳动力而言，在一般的资本主义社会里，没有调节供给和需求的均衡机制。

只要我们讨论的是简单再生产，那就可以假定劳动力按价值出卖。这个假定不含有矛盾，因为没有种种力量来造成劳动力价格和劳动力价值的背离。但是，一旦考虑到积累，情况就不再是这样了。积累提高对劳动力的需求，而且再也不宜简单地假设工资和劳动力价值均等。况且,像我们现在已经看到的一样,对一切为利润而生产的商品而言,在重新确立价格与价值的一致性时,是有一种机制可以依靠的,而这种机制对劳动力来说却不起作用。看来,要把价值规律应用到劳动力这个商品上来,是有一定困难的。①

这个问题所牵连的,不仅是单纯的名词之争。确实可以毫不夸张地说,连马克思的整个理论体系的正确性也成了问题。要知道为何如此,只需回想一下,剩余价值是资本主义的存在所不可或缺的东西,它所依托的,是劳动力价值和劳动者所产商品价值之间有一种差异存在。如果没有什么力量在起作用,以保持工资和劳动力价值的均等,那有什么理由可以假定,在工资和产品价值之间有这种重要的差距存在呢?难道我们不是大可以这么假定,说在积累的刺激下,工资要涨到把整个差距都消灭掉吗?在我们考虑马克思对这些问题的答案之前,必须简单地分析李嘉图对工资和劳动力价值的关系问题的解答。因为在这一点上,也正如在其他

① 马克思主义者普遍地忽视了把价值规律应用于劳动力这个商品时所碰到的逻辑上的困难。奇怪的是,对马克思批评的人,也几乎是一致地忽视了这个要点。博尔特凯维奇在这一点上,也正如他在其他问题上一样,代表一个特例。他十分清楚地看出了这个困难,如下面这一段话所示:"不能像马克思所做的那样,把工资置于一般的价值规律之下,因为这个规律在它可以视为有效的范围内,是以生产者之间的竞争为根据的,而说到劳动力这个商品,就完全没有这种竞争的余地。"《马克思理论体系中的价值计算与价格计算》,《社会科学与社会政策文献》,1907 年 9 月份,第 483 页。不过,博尔特凯维奇认为,只要抛弃这种想法,即劳动力也是同其他各种商品一样的一个商品,而且只要单纯地假定实际工资是固定的,那就可以避免这个困难。显然,他从未想到,当积累一插进来,这样一个假定就毫无道理了。

奥斯卡·兰格最近曾强调把价值规律应用到劳动力商品时所碰到的困难,并且指出了——这就我所觉察到的来说还是第一次——这个问题牵涉到马克思的理论结构。《马克思主义经济学和现代经济理论》,《经济研究评论》,1935 年 7 月。

经济理论问题上一样，拿李嘉图来做一个对比，就可以很好地理解马克思。

除了用语上的问题以外，李嘉图关于价值和利润的数量学说，同马克思的学说极为相像。这种类似，似乎也可以引申到工资理论上去。“劳动，”李嘉图说，“正像其他一切可以买卖并且可以在数量上增加或减少的物品一样，具有自然价格和市场价格。劳动的自然价格是让劳动者大体上能够生活下去并不增不减地延续其后裔所必需的价格。”①李嘉图对各种使市场价格和自然价格保持一致的力量，谈得十分明确。

> “劳动的市场价格不论能和其自然价格有多大的背离，它也还是和其他商品一样，具有符合自然价格的倾向。
>
> “当劳动的市场价格超过其自然价格时，劳动者的景况是繁荣而幸福的，能够得到更多生活必需品和享受品，……但当高额工资刺激人口增加，使劳动者的人数增加时，工资又会降到自然价格上去，有时的确还会由于一种反作用而降到这一价格以下。”②

总之，在李嘉图看来，要保证工资停留在惯常的活命水平上下，必要的机制得由一套人口理论来提供。不但如此，他心目中的人口理论，显然是著名的马尔萨斯理论的一个特例，这种理论在

① 《政治经济学及赋税原理》商务印书馆 1962 年版，第 77 页。李嘉图所谓“自然价格”者，相当于马克思主义的“劳动力价值”概念。古典学派，以及马克思最早的经济论著之一《雇佣劳动与资本》(1847 年)，都没有区分劳动和劳动力；说得更恰切一点，他们是按照这两种意思来使用劳动这个词的。劳动这个词的双重用法，常常造成混乱。

② 大卫·李嘉图：《政治经济学及赋税原理》第 78 页(重点是引者加的)。

19世纪上半叶的英国甚为流行。所以，在古典学派的表式中，一切普通商品的供给，都是通过资本家之间的竞争，以价格向价值看齐的方式来调节的；说到劳动的供给，上述的这个功能，正好由人口论来执行。正是在这个意义上，人口论构成古典学派政治经济学理论体系的一个主要部分。

马克思从未在人口数量的决定因素方面多费笔墨，但有一点是肯定的：他一点也不喜欢马尔萨斯的理论及其任何变种。他把这个人口论叫做"经济学的教条"，①对它，他除了加以贬损之外，从来很少提及。他称马尔萨斯的《人口论》为"诋毁人类的诽谤书"，②称它所包含的学说为"马尔萨斯的人口的狂想"。③《人口论》所以名噪一时，完全不是因为它有什么创造性或科学趣味（两者它都没有），而"完全是由党派利益引起的"。④ 在马克思的一切著作中，大概不可能引证出有利于古典学派人口论的话来。显然，他没有打算采用这种方法来使价值理论切合于劳动力这个商品的特质。

四、马克思的解答——劳动后备军

当然，马克思是完全察觉到工资在资本积累冲击下的上涨趋势的。

① 《马克思恩格斯全集》第23卷，第699页。在这个问题上，这整个一页都是重要的。

② 《马克思致约·巴·施韦泽》（1865年1月24日），《马克思恩格斯书信选集》，人民出版社1962年版，第159页。

③ 《马克思致路德维希·库格曼》（1870年6月27日），《马克思恩格斯全集》第32卷，第672页。

④ 《马克思恩格斯全集》第23卷，第676页注。

> “资本的积累需要，能够超过劳动力或工人人数的增加，对工人的需求，能够超过工人的供给，这样一来，工资就会提高。只要上述假定一直不变，这种情况最终一定会发生。因为雇用的工人一年比一年多，所以迟早必定会出现这样的时候：积累的需要开始超过通常的劳动供给，于是工资提高。”①

但是，他很确信，这样一种工资上涨，“绝不会涨到威胁这个制度本身的地步。”所以，他势必要问：什么东西使工资受到抑制，而使剩余价值和积累可以继续成为资本主义生产的特点和本质特征呢？这个问题是上面所提出的那个问题的另一面——什么东西使工资等于劳动力的价值？——因此，回答一个问题，同时就是回答另一个问题。

马克思对这个问题的解答，是围绕他的著名的概念“劳动后备军”或他另称为“相对过剩人口”的概念而展开的。这个后备军，是由失业工人组成的，他们通过自身在劳动市场上的积极竞争，对工资水平施加一种压力，使其不断下降。

> “产业后备军在停滞和中等繁荣时期加压力于现役劳动军，在生产过剩和亢进时期又抑制现役劳动军的要求。所以，相对过剩人口是劳动供求规律借以运动的背景。它把这个规律的作用范围限制在绝对符合资本的剥削欲和统治欲的界限之内。”②

这支后备军，主要是从那些被机器所替换的人中得到补充的。“不管这种产生采取排斥就业工人这个较明显的形式，还是采取使追加的工人人口难于被吸入它的通常水道这个不大明显但作用相

① 《马克思恩格斯全集》第 23 卷，第 673 页。

② 同上书，第 701 页（重点是引者加的）。

同的形式。"[①]马克思认为，采用节省劳动的机器，是资本家方面对工资上涨趋势的一种颇为直接的反应；他的这个想法清楚地表现在下面这段话中：

> "1849年至1859年间，……英国农业地区出现了……工资提高。……这是农业过剩人口空前外流的结果，而人口外流是由战争的需要和铁路工程、工厂、矿山等部门的大规模扩展引起的。……租地农场主大喊大叫起来，甚至伦敦《经济学家》在谈到这些饥饿工资时，也郑重其事地胡诌什么有了'普遍的和重大的提高'。租地农场主该怎么办呢？难道他们会像教条的经济学的头脑所设想的那样，等待这种优厚的报酬促使农业工人繁殖，直到他们的工资不得不重新下降吗？不，租地农场主采用了更多的机器，工人转瞬间又'过剩'了，过剩的比例连租地农场主也感到满意了。同以前相比，现在投入农业的'资本更多了'，并且采取了生产效率更高的形式。这样一来，对劳动的需求不仅相对地下降，而且绝对地下降了。"[②]

就单个的资本家而论，他们每人都是把工资水平看作是既定的，并力图尽其所能为自己谋利益。所以，在采用机器时，他只是试图节省自己的工资开销。但是，所有的资本家都这样行事，其实际结果就是造成失业，而失业跟着又影响工资水平本身。因此，工资上涨的趋势越强，后备军的反作用压力也一定是越强，反之亦然。

从社会总资本的运动看来，机械化就是意味着资本有机构成

① 《马克思恩格斯全集》第23卷，第691页。

② 同上书，第699—700页。

的提高，即资本家以减少劳动开销的办法来增加机器和原料上的支出。它可以是意味着对劳动需求的绝对降低；或者，也可以是单纯地意味着，对劳动的需求落后于资本总额的增长。在后面这种情况下，如果人口正在增长——不管原因是什么——那么，就算后备军是劳动力总量中一个颇为固定的比例，它的稳步扩大，在逻辑上也是完全可能的。看来马克思经常想的就是这一类的事情；的确，这种情况所依据的种种假定，也许就是19世纪中叶自然地浮现在某些作家心中的那种东西。但是后备军的原理同任何特定的人口假定无关；在人口固定或甚至下降的情况下，它照样起作用。在这个事实上，我们看到了马克思和他的古典学派先行者的决定性分歧之一，这是我们马上就要回头加以研究的问题。

在这个问题上，最好请注意，马克思不是第一个发现机器有可能代替劳动的人，他甚至也不是第一个揭露补偿论的错误的人，而补偿论，在当时也和现在一样，在正统派经济学家和政论家中是很流行的。顶顶重要的理论工作，李嘉图（也同其他作家一样）已在《政治经济学及赋税原理》第三版首次披露的著名一章“论机器”中做过了。在那里，李嘉图用一种稍许粗糙的、但逻辑谨严的论证，创立了这样的见解：节省劳动的机器，“释放”了工人，而没有释放让他们在别处就业的可变资本，因此，他们的再度就业就是首先取决于追加积累。虽然李嘉图没有这么说，但下面的假定，是和他的论证相一致的，即替换率超过吸回率是新积累的一个结果。马克思的最大成就，就是把这个原理融合在资本积累的一般理论之中，这就使后者免得依存于马尔萨斯的人口教条，否则这种依存是不可避免的。

当然，如果假定积累率或省工机械的采用是以平稳的步调进行，以致保住了工资和剩余价值的巧妙均衡，那就错了。相反，“随着积累和伴随积累而来的劳动生产力的发展，资本的突然扩张力也增长了。”①资本积累的迅速突破，可能是一个新市场或新产业的开辟所造成的。在这种情况下，后备军缩减了，工资上涨的限制也消除了；剩余价值的确可能大为削减。“但是，一旦这种减少达到一定点，滋养资本的剩余劳动不再有正常数量的供应时，反作用就会发生：收入中资本化的部分减少，积累削弱，工资的上升运动受到反击。”②马克思正是在这里描绘着危机的基本原因之一。和机器代替劳动一道出现的，是危机和萧条，它们是作为特殊的资本主义机制，在后备军削减到一个严重的微小比例时，起着补充后备军的作用。这个论题留待以后推敲。③ 这里，我们只需注意，危机的问题，通过和后备军的关系，而在马克思的理论体系中占据一个中心位置。对古典学派理论家来说，问题与其说是解释危机，倒不如说是解释没有危机；但在马克思看来，没有危机的资本主义，最后分析起来，是不可思议的。④

这个后备军理论，可以用一个简单的图解来说明。图一表示产业过程。顶端是大群的产业就业工人。它一方面是由滚滚而来的、头一次在资本主义产业中找工作的新工人（A）所补充，另一方面又由后备军中被吸入产业的失业者（D）所补充。从产业就业人

---

① 《马克思恩格斯全集》第23卷，第693页。

② 同上书，第681页。

③ 下文第九章。

④ 在法西斯主义情况下，这个原理受到一定的修正，见下文第十八章第五节。

员中撤离出去的，首先是结束生产职业的退休工人(F)，其次是那些在产业中被替换出去、因而进入后备军的人(C)。为了完整起见，还有两个人流要插进去，即由于找不到工作而立即参加后备军队伍的新工人(B)，以及那些在失业一个时期以后就放弃寻找工作念头而参加退休工人队伍的人(E)。

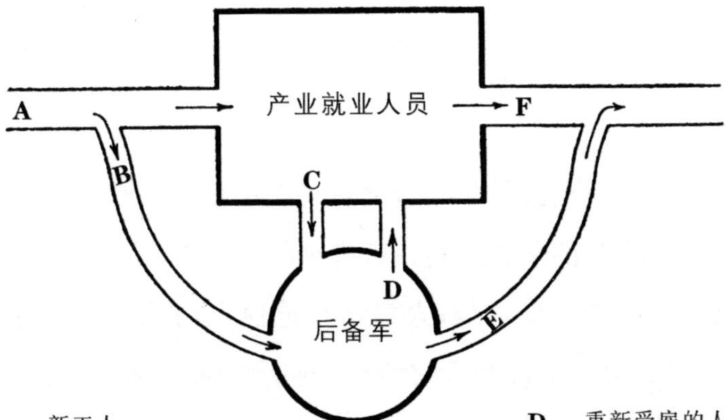

A　新工人
B　找不到工作的人
C　被替换的人
D　重新受雇的人
E　正在退休的人
F　正在退休的人

图一　产业过程

在经济周期的繁荣阶段，产业就业人员因后备军减少而有所扩大；反之，危机和萧条则表明产业就业人员收缩而后备军充斥。

如果用类似的图解来表述古典学派对产业过程的见解，那只需用新工人的流入和退休工人的流出来表现产业雇佣军。照这种见解，工资水平主要取决于新工人的流量，这个流量则是人口增长的函数。因此，如果我们把生产制度看得和产业就业领域一样广阔，那么，古典学派的见解就是，工资最终是由制度外的因素(人口)来调节的。

但是，在马克思的理论中，生产制度既包括产业就业人员，也包括后备军。不管我们愿意对制度外的因素(人口)作什么假定，事实依然是，在制度本身的内部，包含着一个调节工资水平、从而维持利润的机制。[①]

再者，由于图一的所有人流都被设想成是继续不断的流量，所以，根据技术性失业不过是一种过渡性现象，因而不能构成生产制度理论一个主要组成部分的说法而提出批评，就是毫无道理的了。

五、资本主义进程的性质

古典学派政治经济学十分倚重马尔萨斯的人口论，它总是有意要指出经济进步的危急结局。其推理的朴素形式是堂皇而有力的：积累间接地刺激人口增长；人口增长迫使人们求助于劣等土地；因此，生活必需品只能以按人时计算而递增的成本来生产。这个推理暗示劳动力价值的提高，因而工资在总产品中所占比重也提高了；[②]因而又有利润在总产品中所占比重的降低。结局似乎一定是，连利润绝对额也会开始下降。最后，“当利润低落到不足以补偿其用于生产的资本所必然碰到的麻烦和风险时”，资本家的积累——整个过程的动力——“就会全然终止”。[③] 这个冷酷无情的进化过程，可能因技术和科学的发明使必需品的生产更便宜，从而使过程暂时受到抑制，但它终究必须发展到它的逻辑的结论，即静止状态。经济进步最终必然要受两个睥睨一切的和不变的自然规律所阻止：人口

① 这不是要否定人口增长率的实际意义和理论意义。这个问题在一个稍微低一点的抽象水平上具有巨大的重要性。见下文第 245 页及其后各页。

② 当然，它不是意味着实际工资率的任何增长。

③ 大卫·李嘉图：《政治经济学及赋税原理》，第 103 页。

规律和报酬递减规律。关于这一点，约翰·斯图亚特·穆勒说："不可能最终地避免静止状态——这是不可抗拒的必然性，人类产业的细流终须伸展到一个显然停滞的大海中去。"①

这是从少数几个明确的初步前提出发，用逻辑的谨严性所演绎出来的一种经济进化论。作为古典学派经济学关于资本主义制度的基本趋势的最后一言，它具有一种确实不容否认的才智勇气。但是约莫在19世纪的末年，许多事实就像白蚂蚁在啃掉一座堂皇大厦的基础似的把这个理论整个地打得粉碎。19世纪30年代里，在一些最发达的西方国家中，出生率开始有显著的下降趋势，此后，马尔萨斯的人口论就站不住脚了。经济学家们被迫渐渐地、勉强地放弃这个人口理论，连整个古典学派的经济进化论也不要了。

在那种情况下，这是不可避免的。但是经济学家们不必要地放弃了过多的东西。他们不是寻求一个令人满意的经济进化论来代替已破产的古典学派理论，而是着手把进化过程问题排除在系统的理论工作领域之外。从理论家们现在所专注的"静态和动态"观点看来，甚至连经济循环也好像是一种气象事件，或者顶多像是立法者天生无力掌握正确的货币与银行原理的一种副产物。

这就是古典学派理论垮了台的可悲结果。

但是，马克思经济理论的发展不会导致这种结果。因为马克思自始就摈斥了马尔萨斯主义的废话，从而使自己免受马尔萨斯主义崩溃的恶果所伤害。此外，由于他在理论体系中插入后备军的原理以代替人口规律，他不仅断然地与古典学派的传统决裂，而且奠定了一个基

① 约翰·S. 穆勒：《政治经济学原理》，W. J. 艾希利编，1926年版，第746页。

础，以便用一种新的和强有力的方式来着手处理经济进化问题。

古典学派的理论认为，生产方法的变革，取决于一些重大的、偶然性的发明或发现；但在马克思的理论中，生产方法的变革，则成了资本主义生产的继续存在的必要条件。因为后备军的补充，主要是借助于节省劳动的技术革新；而剩余价值及其所供养的阶级之所以能保全下去，也只是由于后备军的继续存在。但这还不是事情的终结。甚至不一定要接受马克思的历史唯物主义，也可以接受这样一个命题：生产技术的变革对社会的制度结构和意识形态结构发生深远的影响。在《共产党宣言》中，马克思说："资产阶级除非使生产工具，从而使生产关系，从而使全部社会关系不断地革命化，否则就不能生存下去。"在《资本论》中，他使这种见识在经济理论的土壤中扎下了根，就这样，他发现了资本主义的一个最重要的"运动规律"。《资本论》的公开意图，就是要阐明这个规律。

当然，我们还没有阐明马克思的经济进化理论的所有枝节，但是，我们已经做到了为这样一个理论提供一个基础，即一个基本的观点——把资本主义进程看作是一个在原则上包含有积累不已并带有生产方法变革的过程。立刻就可以看出，这个观点和古典学派经济进化理论所依据的观点是根本不同的。后者，在原则上是不涉及生产方法的变革的；它完全是根据人口、资本、工资、利润和地租等的数量变化（渐变）来观察经济发展。社会关系始终不变；最终的结果，仅仅是所有这些变化的速率都等于零的一种事态。由于马克思主义的观点主要是强调生产方法的变革，所以，它既意味着社会组织和社会关系的质变，也意味着上述那些经济变数的量变。这样，就便于把"最终结果"看作是社会的革命性改组，而不是看作一种单纯的休止状态。①

① 现代的正统派经济学家，都不打算把进化过程包括在他们的系统性理论工作之内。对于这个本是恰当的概括，必须注意一个重要的例外，那就是J. A. 熊彼特。他的《经济发展理论》(德文第一版1912年，英文译本1936年)在这方面和常规迥然不同。

熊彼特的理论，在有些地方酷似马克思的理论。他一开始就表明，在"环形流程"(*Circular Flow*)中没有利润和利息，这个"环形流程"相当于马克思的简单再生产。看来熊彼特很可能发展到作出这样的主张，那就是：即使没有积累，也有种种力量在起作用，以消除超过成本的收入余额，而这种剩余收入，便是企业主的利润和利息的来源。换句话说，在没有变革的情况，收入会全部归原始的生产要素所得；机器刚可以更新它自身的成本，而没有给它们的物主留下什么剩余。

但是，企业主企图用降低成本、发现新市场、发明或推广新产品，总之用推行"创新"(*Innovations*)的办法，来避免在一个静止的社会状态中等待着他们的贫民命运。成功者就享受一种暂时的垄断地位，这是企业主利润的源泉。由于货币资本提供了必要的资金，使人们把资源从惯常的用途中强行收回，转而投到新的渠道中去——这正是创新的要素——企业主准备付出利息，以取得对资金的控制。一旦利息在这个制度的某一处出现，它就纯粹地作为一个货币现象普及于整个制度。任何一个特定的利润来源，必然是暂时性的——假定对竞争没有永久性的障碍的话——但由于新的创新总是在发生，诸如此类的利润和利息，是绝不会完全消失的。当然，创新的采用，不是顺畅地、继续地发生的，它毋宁说是成串成群地发生的。创新过程的这种若断若续状况，成了众所周知的经济周期现象的基础。

对熊彼特的理论的这一概述，足以指出，在熊彼特看来——就像在马克思看来一样——生产方法的变革，是资本主义的一个基本特征，而不仅是一种以颇为偶然的方式冲击着经济过程的附带现象。

尽管这个观点和马克思主义的观点有某些明显的相似之处——这是熊彼特本人清楚地意识到的——根本的理论分歧还是始终存在的。例如，在熊彼特的理论中，就没有类似后备军这样的东西，而他对劳资关系的处理方法，也和马克思的方法完全不同。此外，熊彼特明确地否认，说他丝毫无意思要从生产方法的变革讲到"经济组织、经济习惯等等的变革"。所以他承认，"我的体系只包容〔马克思的〕论据的一小部分"。

值得注意的是，在正统派圈子中，熊彼特的经济发展理论从未得到什么应有的注意，而且它一直是广泛地被人所误解和歪曲。从来，在它赢得人们承认的范围内，它都是作为一种经济周期理论、而不是作为一个经济进化论的基础而受到人们的认可的。所以，最后分析起来，熊彼特的例子只可以用来强调说明，现代正统派经济学家对马克思所谓资本主义"运动规律"缺乏兴趣。

第六章　利润率的下降趋势

一、马克思关于这个规律的系统表述

在上一章中，我们已经看到，资本积累是和生产过程的日益机械化相伴随的。同量的劳动，在更精巧的和更有效率的设备下进行，可以加工更多的原料并生产出越来越多的成品。从一个观点看来，这件事意味着劳动生产率的继续增长；从另一个观点看来，则意味着资本有机构成（资本家在原料和机器上的开支对全部开支的比率）也呈现一种逐步上升的趋势。从这些不容置辩的趋势中，马克思推演出他的著名的"利润率下降趋势的规律"。

前面已经指出，[①]利润率可以按下列的公式用剩余价值率和资本有机构成等概念来表示：

$$p = s'(1-q)$$

由此可知，如果我们假定剩余价值率（s'）是常数，那么，利润率（p）和资本有机构成（q）之间，便呈相反方向的变化。换句话说，当 q 上涨时，p 一定下降。但是，我们已经确定了一个事实：在资本主义发展过程中，q 呈上升的趋势；因此，就 p 而

---

① 见本书第 99 页。

论，起码必有一个下降的趋势。就像我们马上要看到的一样，这可能不过是一种趋势，因为 s' 的变化可能弥补、甚至是过度弥补 q 的变化的后果。

这一个极简要的表述，就是马克思称为“那个规律的理论”（《资本论》第三卷第十三章）的实质内容。在他看来，它具有重大的意义。它表明，资本主义的生产，对它自身的无限扩大来说，有某些内在的障碍。一方面，资本有机构成的提高，是劳动生产率增长的表现；另一方面，与它相伴随的利润率下降，最后必定要堵塞资本家的发轫途径。马克思在讨论李嘉图关于利润率趋势的立场时，用下面这段话十分清楚地表述了这个想法：

> “利润率是资本主义生产的推动力；那种而且只有那种生产出来能够提供利润的东西才会被生产出来。英国经济学家对利润率下降的担忧就是由此产生的。单是这种可能性就使李嘉图感到不安，这正好表明他对资本主义生产条件的深刻理解。有人责难他，说他在考察资本主义生产时……，只看到生产力的发展，而不管这种发展牺牲了多少人和资本价值。这正好是他的学说中出色的地方。发展社会劳动生产力，是资本的历史任务和存在理由。资本正是以此不自觉地为一个更高级的生产形式创造物质条件。使李嘉图感到不安的是：利润率，资本主义生产的刺激，积累的条件和动力，会受到生产本身发展的威胁。而且在这里，数量关系就是一切。实际上，成为基础的还有某种更为深刻的东西，他只是模糊地意识到了这一点。在这里，以纯粹经济学的方式，就是说，从资产阶级立场出发，在资本主义理解力的界限以内，从资本主义生

产本身的立场出发，表现出资本主义生产的限制，它的相对性，即表现出资本主义生产不是绝对的生产方式，而只是一种历史的、和物质生产条件的某个有限的发展时期相适应的生产方式。”①

二、起反作用的各种因素

马克思列举六种“起反作用的因素”，它们“阻挠和抵消”这个利润率下降的一般规律，“使它只有趋势的性质”。② 其中一个，即第六个，实际上是有关利润率的计算方法问题，这里不予考虑。其他五个，可以按其后果是压低资本有机构成抑或是提高剩余价值率来加以分类。③ 属于第一类的是“不变资本各要素变得便宜”，而在第二类下面，则有“劳动剥削程度的提高”、“工资被压低到劳动力的价值以下”和“相对过剩人口”。有一个因素，即对外贸易，兼属两类。让我们简要地看看这些不同因素是怎样起作用的。

不变资本各要素变得便宜。机器使用的增多，通过提高劳动生产率，降低了单位不变资本的价值。“从而使不变资本的价值不和它的物质量，就是说，不和同量劳动力所推动的生产资料的物质量，按同一比例增加，虽然不变资本的价值会不断增加。在个别情

① 《马克思恩格斯全集》第25卷，第288—289页。

② 同上书，第258页。

③ 牢记公式 $p = s'(1-q)$，我们就可以看出，一切作用于利润率的力量，都可以分别列入这些类别中的某一方，或是同时列入双方。

况下，不变资本各要素的量，甚至会在不变资本的价值保持不变或甚至下降的时候增加。”①换句话说，资本有机构成的某种提高，会通过压低不变资本的价值而在一定程度上作为自己的矫正物。如马克思所指出，这种抵消，数目可能很大，甚至达到把原先的提高一笔勾销的地步。

劳动剥削程度的提高。在这点上，马克思着重谈到工作日的延长和那种在今日可以称之为“开快车”(*speed-up*)和“拉紧弦”(*stretch-out*)的东西。工作日的延长，以增加剩余劳动量而不影响必要劳动量的方式，直接地提高剩余价值率。反之，“开快车”和“拉紧弦”，则是通过把必要劳动压缩到一个较短的时间内，从而在不变的工作日中使剩余劳动占据更大的比例，以提高剩余价值率。两种情况的效果，都是使利润率高于原本可能达到的水平。这些提高利润率的方法，不一定要和提高资本有机构成相联系，但是，如果它们行得通或一旦行得通，那倒是资本家用来抵消利润率下降的手段。

工资被压低到劳动力的价值以下。削减工资的做法，这是资本家们只要有可能就准备动手干的；对此，马克思只是顺便一提，因为他的行文，建立在下述的一般假定上，即所有物价与工资都是由市场决定。而这个假定就排除了资本家方面采取欺人的工资政策的可能性。他认为，这个因素“同资本的一般分析无关，而属于不是本书所要考察的竞争的研究范围”②。

① 《马克思恩格斯全集》第25卷，第262页。

② 同上书。

相对过剩人口。在上面一章中，我们已经看到，机器使用的增加——它本身意味着资本有机构成的提高——是怎样释放工人，从而造成"相对过剩人口"或产业后备军的。马克思着重指出这么一点：失业劳动者的存在，有助于建立一些资本有机构成较低、因而利润率较高的新产业。当这些产业的较高的利润率同旧有产业所得的利润率相平均时，它就把整个利润率抬高了。[①] 不过，看来后备军的更重要后果，还是上一章所讨论过的那一点，那就是，通过在劳动市场上同现役的劳动大军相竞争，以压低工资率并以此提高剩余价值率。因为这个缘故，我们才把相对的过剩人口列为有助于提高剩余价值率的因素之一。

对外贸易。通过对外贸易，常常可以比国内生产取得更便宜的原料和生活必需品。"对外贸易一方面使不变资本的要素变得便宜，一方面使可变资本转化成的必要生活资料变得便宜，它具有提高利润率的作用，因为它使剩余价值率提高，使不变资本价值降低。"[②]所以，在反作用的两类原因中都包含有这一个因素。不过，在这一点上必须再次注意，对外贸易的可能性和资本有机构成的变化，两者之间没有必然的联系，因此，把对外贸易包括在这个问题上，应该看作是一个脚注，而不是分析的主要组成部分。

从这些对主要的反作用因素的简单概述中，立即可以看出，马克思的分析既不系统，也不详尽。和《资本论》第三卷中的其他部

① 一般利润率的形成问题，将在下一章中讨论。

② 《马克思恩格斯全集》第 25 卷，第 264 页。

分一模一样，它尚处于未完成的状态；同时，不妨下这样的结论：如果他能活到亲自准备手稿的付印，那他定会在各个论点上作广泛的引申和修订。所以，不妨按照马克思的整个理论体系的精神，对利润率下降趋势问题作进一步的考虑。由于利润率下降趋势规律已经成了马克思的信徒和马克思的对手的研究对象，所以，更有必要这么做。

三、对本规律的一个批评

我们已经看到，影响利润率的各种力量，可以概括在一个公式中；这个公式包含两个颇为复杂的变数，即剩余价值率和资本有机构成。我们也已经看到，利润率下降的趋势，是马克思根据下面这个假定推论出来的；资本有机构成提高时剩余价值率保持不变。资本有机构成提高的假定，其正确性看来是毋庸置疑的。但是，同时又假定剩余价值率不变，这是否恰当呢？

必须把后一个假定的种种含义弄清楚。资本有机构成的提高是和劳动生产率的增长携手并进的。如果剩余价值率保持不变，这就是意味着实际工资有了提高，其提高程度恰好同劳动生产率的增长成比例。假定劳动生产率增加了一倍，这就是说，在同样时间内，劳动生产出两倍于以前的产品。既然这样，由于剩余价值率不变就是意味着劳动者为自己劳动的时间和为资本家劳动的时间都和以前一样，因此，工资所代表的实物量和剩余价值所代表的实物量也都是增加了一倍。换句话说，劳动者从自己的劳动生产率的提高中所得的好处和资本家一样。虽然在逻辑上不妨作一个假定来引出这个结论，但对这种假定的适当性，有许多理由加以怀疑。

第一，迄今为止，我们的整个分析使我们把剩余价值率的提高视为当然。在资本主义条件下，提高劳动生产率的正常伴侣之一，是制造一批产业后备军。这批产业后备军对工资有抑制的作用，并由此促进剩余价值率的提高。资本主义的显著特点之一，正是物化劳动以不变资本的形式处于和活劳动相竞争的地位，并使后者的要求受到抑制。把不变的剩余价值率同上升的劳动生产率相提并论，这种假定看来是忽视了此种影响。可能有人说，马克思把相对人口过剩包括在利润率下降的反作用因素之内，这就是考虑过这个问题了，因而，从形式的观点看来，这种假定是可以成立的。但是，把劳动生产率提高过程的一个主要组成部分割裂开来，并把它当作一个抵消因素来看待，这似乎是不甚明智的；更好的一种做法是，从开始就承认，劳动生产率的提高会带来更高的剩余价值率。而且，这正是马克思所常做的。从《资本论》第一卷的不同部分中引述两段话，就足以显示他对这个问题的正规看法：

> “像其他一切发展劳动生产力的方法一样，机器是要使商品便宜，是要缩短工人为自己花费的工作日部分，以便延长他无偿地给予资本家的工作日部分。机器是生产剩余价值的手段。”①

另一个地方甚至以更强的语调叙述同一个论点：

① 《马克思恩格斯全集》第23卷，第408页。

"但是我们已经知道，工人之变得便宜，从而剩余价值率的增加，是同劳动生产率的提高携手并进的，即使在实际工资提高的情况下也是如此。实际工资从来不会和劳动生产率按同一比例增加。"①

表明上述一般观点的其他许多段落，还可以轻易地再引一些；的确，也许可以毫不夸张地说，《资本论》第一卷的第四篇（"相对剩余价值的生产"），长达二百页以上，它的大部分就是用来阐明劳动生产率和剩余价值率之间的密切联系的。

所以，即使是按照马克思自己的理论体系，他似乎也没有理由可以假定，在提高资本有机构成的同时，剩余价值率固定不变。资本有机构成的提高，一定是意味着劳动生产率的增长，而我们从马克思自己的话中也看得出，较高的生产率必定和较高的剩余价值率相伴随。所以，在一般的情况下，我们应当假定，提高资本有机构成是和提高剩余价值率同步进行的。

如果资本有机构成和剩余价值率都像我们所设想的那样，被假定为变数，那么，利润率将按什么方向起变化，就变成未定的事情。我们只能说，如果剩余价值率的增长百分数小于可变资本对全部资本比例的下降百分数，②那么，利润率就会下降。（可变资本对全部资本的比例，等于1减资本有机构成。

① 《马克思恩格斯全集》第23卷，第663页（重点是引者加的）。

② 我们已知 $p=s'(1-q)$。设可变资本对全部资本的比率 $1-q$ 以 q' 表示。那么，这个等式就可写成 $p=s'q'$。现在，$dp=s'dq'+q'ds'$。所以，如果 $s'dq'$（它基本上是负的）在数值上大于 $q'ds'$（它基本上是正的），那么，dp 就是负的，也就是说，利润率下降。这个条件也可以写成 $|ds'/s'|<|dq'/q'|$，正文中这个条件就是以这个形式提出的。

当资本有机构成提高时，可变资本对全部资本的比例就下落。）

我们可不可以说，这个条件一般地有可能得到满足呢？换句话说，可不可以假定，资本有机构成的变化通常要比剩余价值率的变化大得多，以致前者将支配利润率的动向呢？如果可以的话，马克思关于剩余价值率不变的假定，就可以看作是一种有用手法，为的是要把注意力集中于问题的最重要方面；而且，把剩余价值率的变化当作一个"起反作用的原因"来处理，也就是恰当的了。

马克思本人可能是照这个说法思索的，而这也许就是他为何要如此这般地表述利润率问题的理由。后来的大多数马克思主义著作家，显然都有此种感觉，因为，人们从文献中所得到的一般印象是，每经过相当长的一段时间以后，资本有机构成的变化，肯定会大到在事实上压倒剩余价值率变动的任何补偿性影响。①

这个观点，在笔者看来，似乎是站不住脚的。从实物意义上来说，至少在过去一个半世纪里，平均每个工人使用的机器和原料数量，诚然有高速度增长的趋势。但是，资本有机构成是一种价值表现；而且，由于劳动生产率的稳步上升，按工人平均计算

① 例如，在奥托·鲍威尔所发挥的扩大再生产表式中（《资本的积累》，《新时代》第 31 年集，第一卷），这个态度就可以很清楚地看得出来。他在这个表式中假定不变资本的增长比可变资本快一倍，而剩余价值率依旧不变。这个表式为亨利克·格罗斯曼所接受（《积累与资本主义体系的崩溃》，1929 年），并构成他的资本主义崩溃论的基础。显然，只要表式把资本有机构成的提高想象得很快很快，那么，在这个限度内，鲍威尔和格罗斯曼都是接受该表式的含义的。

的机器与原料数量的增长，不应该看作是资本有机构成变化的指数。实际上，资本有机构成迅速增长的一般印象，似乎被人们大大地夸张了。

必须注意，我们现在是在充分估计了不变资本要素的降价之后来考虑资本有机构成的变化的，而不变资本要素的降价，又是马克思当作一个“起反作用的因素”来看待的东西。也许，更好的做法是，先对资本有机构成中可以称为“原始”提高的部分加以考察，看看它对利润率的影响，仅在这以后，再来考虑不变资本要素的降价——这降价本身又是起因于与“原始”提高相伴随的劳动生产率的增长。可能有人认为，要是这一点做到了，有机构成的增长率就会显得大得多，而这个事实之所以不能在统计上显示出来，则仅仅是因为受到一个“起反作用的因素”的阻碍。但是，这种力图把马克思在有机构成的“原始”增长同不变资本要素跌价所引起的反作用（但是较小的）下降之间所暗含的界限保留下来，它究竟能派上什么用场，这是值得怀疑的。人们能够看到的，毕竟只是两种力量所造成的有机构成的实在变化。所以，更好的做法似乎是，按照考虑过不变资本要素跌价后的纯净意义来使用“资本有机构成”这个词。这样做，也许就不大会引起人们从实物方面、而不是从价值方面来理解有机构成。

如果这些说法是正确的，那么，就不能笼统地推测，说资本有机构成的变化相对地大于剩余价值率的变化，以致前者将支配利润率的动向。相反，似乎我们应该把这两个变数看作是大体上同等重要的东西。因为这个缘故，所以，马克思对利润率下降趋势规律的系统表述方式是没有很大的说服力的。同时，我们还可以说，曾经有人想证明资本有机构成的提高必然要伴以利润率的提高，这种打算同样也是难以置信的。①

这并不是说，利润率没有下降的趋势。不但马克思，就是古典派的理论家和现代理论家也一致地认为，利润率下降趋势是资本主义的一个基本特点。我要试图表明的不过是，从资本有机构成的提高着手进行分析，是不可能证实利润率的下降趋势的。不过，一旦人们认识到资本有机构成的提高，本身不过是对利润率发生影响的一长串因素中的一环，那么，表面上的窘境就不存在了。在资本有机构成的提高背后，隐藏着资本的积累过程，我们正应该在这里来寻找各种有助于压低利润率的因素。

在前面一章中，我们已经解释过，资本积累本身是怎样影响劳动力需求的增加并进而提高工资的。假定别的事情依旧不变，那么，这种工资的提高，就导致剩余价值率的降低，而剩余价值率的降低又转而表现为利润率的跌落。正如马克思所一再坚持的，“资

① 其中最有趣的就是博尔特凯维奇的尝试(《马克思理论体系中的价值计算与价格计算》,《社会科学与社会政策文献》,1907 年 9 月),他认为:“马克思对他的利润率下降规律所作的证明,首先错在不考虑劳动生产率与剩余价值率的数学关系”;他还试图证明,如果把这个因素考虑进去,那么结果一定是利润率上升,这个证明实质上包含有这样的假定,即采用资本有机构成较高的生产方法,除非其结果会导致利润率的提高,不然,资本家们是不会干的。就个别的资本家来说,这是正确的;但是对整个资本家阶级来说,利润率的变化,是他们大家行动的一个结果,它和每个资本家所打算的大不相同。同样,当资本家们对劳动力竞出高价时,每个人都想到改善自己的处境,而实际的结果却是大家都倒霉。

有兴趣在这个问题上追根究底的读者,可以参阅下列论著:柴田敬(音译)《论利润率下降规律》,《京都大学经济评论》,1934 年 7 月号;《论一般利润率》,同上刊,1939 年 1 月号;还有汉斯·尼赛尔《利润率下降的规律——危机和崩溃的规律》,载《社会》1931 年 1 月号。

本主义生产过程实质上同时就是积累过程”,①因此,单是这个事实,就会引起利润率下降的顽强趋势。但是,在前面一章中我们也注意到资本家们是不甘心听任利润率受其自身的积累所伤害的。他们要拼命地通过采用机器和其他的省工措施,来把利润率维持在原先的水平上,甚至要把它提高到超过原先的水平。提高资本有机构成的问题,正是在这里出现的。如果本节所作的分析是正确的,那么,他们的行动是否能顺利地扳回利润率,或者是否只会加速利润率下降,便是一个无法在一般理论基础上获得解决的问题。不过,有一件事情看来是相当明确的,那就是,资本有机构成的提高,将有助于剩余价值率回升,并由此使剩余价值的总量比在资本有机构成没有提高的情况下更大一些。所以,即使到头来是进一步地压低了利润,但从整个资本家阶级的观点看来,资本家们提高资本有机构成的行动,也不是没有一定的客观理由的。

应该强调指出,本节的议论一直都是就利润率下降趋势的理论基础而言的。我们从来没有想到要否定这个趋势的存在或其根本的重要性,我们也没有打算要否定马克思的“起反作用的各种因素”的正确性。实际上,起反作用的因素之一,即提高剥削强度(“开快车”、“拉紧弦”、“泰罗制”,等等),是特别重要的。这是把更多劳动压缩到一定时间内的一种做法。例如,过去需要 5 个小时的工作,现在由于加快机器的速度,4 个小时就完成了。假定工作日仍为 10 小时,在以往,必要劳动是 5 小时,剩余劳动也是 5 小时,而现在,这个比率就是必要劳动 4 小时和剩余劳动 6 小时。剩

① 这一段话是特别从《马克思恩格斯全集》第 25 卷,第 243 页上引出来的。

余价值率已从100%增加到150%。这些数字纯系举例性质的，但所涉及的量值却不是不现实的，它们显示出工作速度上明显的细小变化，可以带来剩余价值率的较大变化。资本家们总是迷恋着这个门道，企图以此来提高剩余价值率的。同时，似乎也用不着怀疑，这种做法给利润率下降趋势所造成的抵消作用，是经常不断的，有时可能还是很大量的。谁要是忽视这个因素，谁就不能充分理解当今资本主义生产的趋向。

最后，在我们搁下利润率动向这个论题之前，应该指出，在这个问题上，起作用的力量，除了过去所提到的种种以外，还有一些也是重要的。这些力量可以分为：有些有助于压低利润率，有些则有助于提高利润率。在有助于压低利润率的力量中，我们可以举出(1)工会，(2)旨在造福工人的国家活动；在有助于提高利润率的力量中，我们则可以举出(3)雇主的组织，(4)资本输出，(5)垄断的形成，以及(6)旨在造福资本的国家活动。(当然，所列举的远不完备。)让我们极简要地把这些力量逐个考察一下。

1. 工会。资本家们在克服利润率下降的趋势时，他们同样地也在从事压低工资的努力。正如我们已经看到的，在一场工资的斗争中，他们的主要同盟者是产业后备军。如果产业后备军在劳动市场上的竞争得以毫无阻碍地进行，工人的实际收入就可能被压至低下的糊口水平，而资本家则攫取了生产力发展的一切好处，即既得到新增的全部实际收入，又得到产品价值的较大份额。所以，后备军是妨碍工人们从工业发展中分得一部分好处的最重要因素。为了克服这个障碍，工人们团结在工会之中，并通过这个办法尽可能地控制劳动力的供给。工会因此就成为工人们在资本主义生产条件下争取改善生活的最重要工具。但同时，同理，工会对利润率就产生了压抑的影响。

2. 旨在造福工人的国家活动。这是一个极重要的因素，其根源将在以后（第十三章）更详尽地加以讨论。它具有多种多样的形式；例如，工作日的法定界限，失业保险，以及最近在美国实行的、旨在保障集体谈判权利的立法。这些形式中，第一种一般地（虽然不是必然地）会压低剩余价值率，而第二种和第三种则对工人们维持工资标准的努力有极大的帮助。在这个问题上，还可以再举出许多其他国家的活动形式。它们大都有压低利润率的明显倾向。

3. 雇主的组织。只要这些组织有改善资本对劳工的讨价还价地位的作用，那么，在这个范围内，它们显然起着抬高利润率的作用。

4. 资本输出。这是马克思很少加以注意的一个因素，其所以如此，并不是因为它无关紧要，而是因为马克思未能活到完成他的理论体系。资本输出对本国经济的直接影响，在于它减轻对国内劳工市场的压力，并由此阻止积累对利润率充分发挥抑制的作用。关于资本输出的更详尽讨论，属于世界经济的理论范围，我们在第十六章中还要回到这个问题上来。

5. 垄断的形成。显而易见，单独的资本家是抱着增进自身利润率的希望来搞垄断的。而且，其结果也可能是一般利润率的提高。不过，垄断对利润率的影响，是一个复杂的问题，它必须在以后（第十五章）详细加以研究。

6. 旨在造福资本的国家活动。这方面的一个明显例子就是保护关税。和垄断一样，保护关税有提高一般利润率的作用，但在这个问题上，全部后果也是复杂的，因此，必须留待以后（第十五章）研究。

以上列举的影响利润率的因素，虽不完备，倒也可以说明，一大群互不相同而且显然互不相关的力量，它们的共同焦点都集中在对利润率的影响上。马克思认为，利润率的动向，最终地支配着资本主义制度的机能，如果这个观点是正确的，那它就给我们提供了一个头等重要的统一原则。在分析资本主义时，每一件事情都必须根据它对利润率的影响详细地加以审查和检验。能做到这点，政治经济学就成为一种更加连贯的和更加有力的认识武器。

第七章　价值转化为价格

一、问题的提出

现在，可以把1884年恩格斯出版《资本论》第三卷以来在马克思主义经济学的多次讨论中占有中心地位的一个问题提出来，详细加以考察了。

在《资本论》第一卷中，马克思始终是把价值规律当作是对一切商品价格起制约作用，从而展开他的分析的。只要假定各个生产部门的资本有机构成是相同的，那么这样的分析就是恰当的。但是，一旦把这个假定抛开，那么，一个严重的、有人甚至认为是致命的困难就发生了。①

让我们比照前面第五章第一节所用的两分法，把全部产业分成三大部类。第一部类生产生产资料，第二部类生产工人的消费品(工资品)，第三部类生产资本家的消费品(奢侈品)。为了简单起见，我们在后面整个讨论中始终假定在一个部类内所有产业的资本有机构成都是相同的。为了显示价值规律起作用的条件，我们还假定，各个部类之间，资本有机构成也是划一的。假设剩余价

① 参阅上文第99—103页。

值率为 100%，我们便有表 1 所描述的情况。

一切显然是妥帖的。所有商品都按照它们的价值出卖。简单再生产的种种条件均得到满足：不变资本的投入量(400)恰好等于不变资本的产出量(400)；全部工资(200)刚够买下所生产的工资品(200)；而且，所有部类的剩余价值(200)又足以偿付奢侈品部类的产出量(200)。最后，所有资本家都享有同样的利润率(33 1/3%)，因而没有人打算从一个生产行业转移到另一个生产行业。

表 1　价值计算

部类	不变资本 c	可变资本 v	剩余价值 s	价　值 $c+v+s$	剩余价值率 s/v	资本有机构成 $c/(c+v)$	利润率 $s/(c+v)$
Ⅰ	200	100	100	400	100%	66 2/3%	33 1/3%
Ⅱ	100	50	50	200	100%	66 2/3%	33 1/3%
Ⅲ	100	50	50	200	100%	68 2/3%	33 1/3%
总计	400	200	200	800	100%	66 2/3%	33 1/3%

但是，在现实社会里，各个产业的资本有机构成是不一样的。例如，在电力工业中，它就比较高，而在衣着工业中则比较低。为了显示这个事实，我们必须改变自己的假设。在表 2 中，第三部类照旧不变，但第一部类的资本有机构成假定得高一些，而第二部类的资本有机构成则假定得低一些。

表 2　价值计算

部类	不变资本 c	可变资本 v	剩余价值 s	价　值 $c+v+s$	剩余价值率 s/v	资本有机构成 $c/(c+v)$	利润率 $s/(c+v)$
Ⅰ	250	75	75	400	100%	77%	23%
Ⅱ	50	75	75	200	100%	40%	60%
Ⅲ	100	50	50	200	100%	66 2/3%	33 1/3%

续表

部类	不变资本 c	可变资本 v	剩余价值 s	价　值 $c+v+s$	剩余价值率 s/v	资本有机构成 $c/(c+v)$	利润率 $s/(c+v)$
总计	400	200	200	800	100%	66 2/3%	33 1/3%

和前面一样，总产量是800，同时，就这三个部类的产品而论，简单再生产的条件也仍旧得到满足。但是，变更资本有机构成的后果，清楚地显示在新的利润率上。以前，利润率都是33 1/3%，而现在，在这三个部类中，它们分别是23%、60%和33 1/3%。

这显然不可能是一种均衡的局面。资本家们都想插手工资品的生产，以便分享这种生产中可以得到的更高利润率。而资本从某些产业到另一些产业的此种移注，显然会打乱整个表式。均衡的局面，必须以体系内各个产业所得利润率的均等为特征。马克思有力地表明了这一点，他写道："毫无疑问，如果撇开那些非本质的、偶然的、互相抵消的差别不说，对不同产业部门来说，平均利润率的差别实际上并不存在，而且也不可能存在，除非把资本主义生产的整个体系摧毁。"①

显而易见，要想把价值规律应用到各产业的资本有机构成互不相同的情况下，那是办不到的。"在这里，"马克思说，"价值理论好像同生产的实际现象不一致，因此，理解这些现象的任何企图，

① 《马克思恩格斯全集》第25卷，第171—172页。我们在后面就要看到，如果假定经济中包含有某些垄断因素，那么，这点就不复成立。

也好像必须完全放弃。"[1][2]这一段话，到了他的批评者手里，就被——形象化地说——化为更简单的形式："价值理论和现实的生产现象是不相容的。"

不过，马克思本人并未对事情抱如此悲观的看法。他清楚地认识到价值理论所面临的窘境；让我们看看他是怎样力求摆脱的。[3]

二、马克思的解答

为了理解马克思的方法，不妨假定，调整的过程是从表2所描述的那种起点开始的。资本家们将到处运动，以寻求尽可能高的利润率，直到谁也不能从进一步的移动中改善自己的地位时方才罢手，未来的局面，只有当各个产业的利润率都相等时才能达到。

现在，照马克思说来，生产的价值总量，即800，仍旧和以往相

① 《马克思恩格斯全集》第25卷，第172页。

② 马克思说："价值理论好像同现实的运动不一致，同生产的实际现象不一致，……"引者少引了"同现实的运动不一致"这一句。——译者

③ 曾经有很多人这么设想，马克思在《资本论》第一卷出版之前，一直没有察觉到现在所研究的这个问题，这种想法又导致另外一个观点，说第三卷中关于生产价格的讨论，不过是一种笨拙的努力，为的是要掩饰以前所未认识到的错误。例如H. B. 帕克斯的《马克思主义：一个尸体解剖》一书（1939年），以随随便便的形式把许多最广泛流行的歪曲马克思主义的见解，都包含在这本书中，他把上述这个看法表述如下："之所以断言马克思不打算解释价格问题，理由在于，当马克思决定写《资本论》第三卷的时候，他又发现，他在第一卷中所提出来的某些理论是行不通的……"，实际上，第三卷的草稿在第一卷出版时已经完成。参阅恩格斯对第三卷的序言，《马克思恩格斯全集》第25卷第7页。

同，因为所耗费的劳动时间总量未有改变。而且，资本的总额和剩余价值的总额也不受影响。但是，各种商品的价格，以及剩余价值在资本家之间的分割，却是另一个样子。换句话说，资本家们将按照各个人的全部资本数额，而不是像以往那样按照各个人的可变资本数额，来分享剩余价值的总汇。现在，商品的价格（马克思称之为“生产价格”）等于生产中耗用的资本和加上按资本支出一定百分率计算的利润。而这个百分率也无非是平均利润率，它是用社会资本总额除剩余价值总额而得的。

用价值的术语来说，这个体系有如下面所示：

$$\text{I}\quad c_1 + v_1 + s_1 = w_1$$
$$\text{II}\quad c_2 + v_2 + s_2 = w_2$$
$$\text{III}\quad c_3 + v_3 + s_3 = w_3$$

$$\text{总计}\quad C + V + S = W$$

平均利润率 p，则是全部剩余价值除以全部资本，即：

$$p = \frac{S}{C + V}$$

现在改用价格的术语，上述表式就变成：

$$\text{I}\quad c_1 + v_1 + p(c_1 + v_1) = P_1$$
$$\text{II}\quad c_2 + v_2 + p(c_2 + v_2) = P_2$$
$$\text{III}\quad c_3 + v_3 + p(c_3 + v_3) = P_3$$

$$\text{总计}\quad C + V + p(C + V) = P$$

但 $p(C + V) = S$ 是理所当然的，也就是说，剩余价值总额等于利润总额。再进一步看，总价格又等于价值总额。不过，一般地说，各别的价格与价值，却是不相同的。

现在，让我们把这个转化的方法应用到表 2 的材料上来。表 3 的前四栏仍照表 2 的材料列入，转化是在其余各栏中完成的。在本例中，p 是 200/600 或 33 1/3%。

表 3　马克思的价格计算

部类	不变资本 c	可变资本 v	剩余价值 s	价　值 $c+v+s$	利　润 $p(c+v)$	价　格 $c+v+p(c+v)$	价格与价值的背离
Ⅰ	250	75	7S	400	108 1/3	433 1/3	+33 1/3
Ⅱ	50	75	75	200	41 2/3	166 2/3	−33 1/3
Ⅲ	100	50	50	200	50	200	0

拿表 3 同表 2 相对比，我们就看出，第一部类所生产的商品，其价格提高了 33 1/3，第二部类所生产的商品，则以同样的数值降了价，而第三部类所生产商品的价格仍旧不变。当然，第一部类的利润有相应的提高，而第二部类的利润则有所下降。但是，所有部类的利润总额和总价格，还是分别地等于以前的剩余价值总额和价值总额。

这就是马克思所特有的价值转化为价格的方法。在对这些结论作出什么总的评论之前，必须先核验它的内部的一致性。表 1 和表 2 都是建立在简单再生产的假设上，即第一部类的产品被假定为等于用掉的不变资本数量；第二部类的产品被假定为等于工资总额；第三部类的产品又被假定为等于剩余价值总额。如果承认上面所用的价值转化为价格的处理方法是合适的，那就不应该由此得出简单再生产条件遭到破坏的结论。由价值计算变为价格计算，这和整个经济制度是静止的或扩大的问题无关。应该有可能进行这种转变而不使这个问题受到这样或那样的不利影响。

让我们用这个见解来考察表3。表3甲从表3中选择了有关的项目，另外还包括了表3所略去的一些总计数字。

表3甲　马克思的价格计算

部类	不变资本	可变资本	利　润	价　格
Ⅰ	250	75	108 1/3	433 1/3
Ⅱ	50	75	41 2/3	166 2/3
Ⅲ	100	50	50	200
总计	400	200	200	800

把表3甲稍微考察一下，立即就可以看出，马克思的转化方法使简单再生产的均衡受到了破坏。生产中耗用的不变资本总量仍旧等于400，但第一部类生产的不变资本，现在作价是433 1/3。在这两个数字之间有33 1/3的差额。同样，三个部类的工资总额是200，但第二部类的工资品产量则只有166 2/3的价格。这里又有33 1/3的差额。剩余价值总额仍旧抵得上奢侈品产量，这个事实不过是表式的设计方法所造成的偶然现象。通常不能指望有这种巧合。

表3甲所揭示的这些差额，只有在一种情况下才可以成立，那就是，假定工人们从他们的收入中拿出多达33 1/3来积累资本。可是，我们当然没有理由必须作出这样的假定，而通过价值转化为价格的机制把这个假定强加于我们，也是不合理的。可

能的结论只有一个，即马克思的转化方法在逻辑上是不能令人满意的。

三、另一个解答①

马克思的错误的根源，是不难发现的。在他的价格表式中，资本家的不变资本与可变资本的支出，依然同价值表式中的支出一模一样，换句话说，生产中使用的不变资本和可变资本依然是用价值来表示的。另一方面，产量却是用价格来表示的。现在明摆着的是，在一个盛行价格计算的制度里，生产中使用的资本和产品本身，都必须用价格来表示。不幸的是，马克思在变价值为价格的途中只走了一半。无怪这种处理方法要导致自相矛盾的结果。

马克思本人对这个可能发生的错误根源，绝不是无所察觉的，在《资本论》第三卷中讨论转化问题时他写道：

> "因为生产价格可以偏离商品的价值，所以，一个商品的包含另一个商品的这个生产价格在内的成本价格，可以高于或低于它的总价值中由加到它里面的生产资料的价值构成的部分。必须记住成本价格这个修改了的意义，因此，必须记住，如果在一个特殊生产部门把商品的成本价格看作和生产该商品时所消费的生产资料的价值相等，那就总可能有误

① 在这个问题上，基本的著作是博尔特凯维奇的论文《马克思（资本论）第三卷基本理论结构的修正》，载《国民经济与统计年鉴》1907 年 7 月，由于本节基本上不过是博尔特凯维奇理论的缩写，所以把许多专门的参考材料删去。

差。”[①]

但是，到这里他就用一句话把问题搁下：“对于我们现在的研究来说，这一点没有进一步考察的必要。”不过，这个问题显然还是在缠绕着他，因为在《剩余价值学说史》中他又回到这上头来，他在这本书中用了整整两页来表明由“价值到生产价格的转化”，是怎样“从两个方面起作用”的，即通过变更某个产业所得的利润额和通过变更投入生产要素的价格——即他所谓的成本价格。[②] 尽管如此，马克思还是重申他的信念，即生产价格可以从价值引申出来：“费用价格对价值的这种有重要意义的偏离——这种偏离是由资本主义生产决定的——丝毫没有改变费用价格照旧是由价值决定这个事实。”[③]不过，必须说明，他始终未能以一种逻辑上令人信服的形式来证实这个论点，要是他能活到重写《资本论》第三卷的话，那他是很可能在这个问题上留下更美好的说法的。在本节的剩余部分中，我们将概述另一种把价值转化为价格的方法，这个方法避免了马克思方法所招致的非议。

首先，让我们假定，单位不变资本的价格是 x 乘它的价值，单位工资品的价格是 y 乘它的价值，单位奢侈品的价格是 z 乘它的价值。此外，让我们把一般利润率称为 r——r 的定义和马克思给利润率所下的定义不同，理解这点是重要的；因此，不把同一符号用在两个概念上，这看来是一个明智的办法。

现在，用价值来计算，下面三个方程式描绘出简单再生产的条

① 《马克思恩格斯全集》第 25 卷，第 184—185 页。

② 同上书第 26 卷，第 3 册，第 181—182 页。

③ 同上书，第 182 页。

件：

$$\text{Ⅰ}\quad c_1+v_1+s_1=c_1+c_2+c_3$$

$$\text{Ⅱ}\quad c_2+v_2+s_2=v_1+v_2+v_3$$

$$\text{Ⅲ}\quad c_3+v_3+s_3=s_1+s_2+s_3$$

这几个方程式，如果换成价格计算，就变成：

$$\text{Ⅰ}\quad c_1x+v_1y+r(c_1x+v_1y)=(c_1+c_2+c_3)x$$

$$\text{Ⅱ}\quad c_2x+v_2y+r(c_2x+v_2y)=(v_1+v_2+v_3)y$$

$$\text{Ⅲ}\quad c_3x+v_3y+r(c_3x+v_3y)=(s_1+s_2+s_3)z$$

它们又可以改写为：

$$\text{Ⅰ}\quad (1+r)(c_1x+v_1y)=(c_1+c_2+c_3)x$$

$$\text{Ⅱ}\quad (1+r)(c_2x+v_2y)=(v_1+v_2+v_3)y$$

$$\text{Ⅲ}\quad (1+r)(c_3x+v_3y)=(s_1+s_2+s_3)z$$

在这三个方程式中，有四个未知数，即x、y、z和r。为了有一个单一的解答，必须使方程式和未知数有相同的数目，因此，我们就应该增加一个方程式或减少一个未知数，我们可以仿照马克思的做法，使总价值等于总价格，借以把分析进行下去。这就给我们带来了下面的第四个方程式：

$$(c_1+c_2+c_3)x+(v_1+v_2+v_3)y+(s_1+s_2+s_3)z=(c_1+c_2+c_3)+(v_1+v_2+v_3)+(s_1+s_2+s_3)$$

这个方程式的经济意义是显而易见的。到现在为止，在我们的价值表式中，一切都是以劳动时数来计算的。换句话说，一个劳动小时成了计算的单位。因为我们假定，以价值表现的总产量是等于以价格表现的总产量的，所以，我们现在只需在价格表式中简单地保留同样的计算单位。这种处理方法，在逻辑上是无可非议的，但是从数学的观点看来，却另有一个更加简单因而更加吸引人的办法。

我们本来可以不按劳动时间单位来计算价值表式，而以货币单位来计算它。如果是这样，每个商品的价值就不会表现为若干个劳动单位，而是表现为该商品可能换得的货币商品单位的数量。生产一单位货币商品需要的劳动单位数量，会给这两种会计体系提供一个直接的纽带。让我们假定，价值表式已经按照货币单位计算出，而被我们选作货币商品的则是属于奢侈品一类的金子，因此，一个单位（比方说，三十五分之一盎司）的金子，就成了价值的单位。为了简单化起见，我们还要假定，其他奢侈品的单位都是按照和金子一对一的比例来选定的；换句话说，所有奢侈品，包括金子在内，它们的单位都等于1。现在，在把价值表式转化为价格表式时，我们仍旧保留三十五分之一盎司的金子作为计算的单位。所以，在两种表式中，金子的单位都是等于1；同时，在上述假定的条件下，一切奢侈品也莫不皆然。由于我们已经假定，一个单位奢侈品的价格等于z乘它的价值，这就等于说：$z=1$。而这一点，随即又把未知数减为三个。既然我们有三个方程式，所以这个体系现在是完全确立了。

现在，如果我们使$1+r=m$，我们的三个方程式，最后便成了下面的样子：

$$\text{I}\quad m(c_1x+v_1y)=(c_1+c_2+c_3)x$$

$$\text{II}\quad m(c_2x+v_2y)=(v_1+v_2+v_3)y$$

$$\text{III}\quad m(c_3x+v_3y)=s_1+s_2+s_3$$

方程式的实际解法当然是代数学的问题，我们所关心的是结果。为了最方便地表示这个结果，特列出下列六个数式：

$$f_1 = \frac{v_1}{c_1} \qquad g_1 = \frac{v_1 + c_1 + s_1}{c_1}$$

$$f_2 = \frac{v_2}{c_2} \qquad g_2 = \frac{v_2 + c_2 + s_2}{c_2}$$

$$f_3 = \frac{v_3}{c_3} \qquad g_3 = \frac{v_3 + c_3 + s_3}{c_3}$$

忆及：

$$c_1 + c_2 + c_3 = c_1 + v_1 + s_1$$

$$v_1 + v_2 + v_3 = c_2 + v_2 + s_2$$

$$s_1 + s_2 + s_3 = c_3 + v_3 + s_3$$

我们的方程式就可以改写为：

$$\text{I} \quad m(x + f_1 y) = g_1 x$$

$$\text{II} \quad m(x + f_2 y) = g_2 y$$

$$\text{III} \quad m(x + f_3 y) = g_3$$

因此，便出现了下列的解法：①

$$m = \frac{f_2 g_1 + g_2 - \sqrt{(g_2 - f_2 g_1)^2 + 4 f_1 g_1 g_2}}{2(f_2 - f_1)}$$

$$y = \frac{g_3}{g_2 + (f_3 - f_2)m}$$

① 这些方程式是二次的，而且是属于颇不寻常的一类。最便当的处理方法似乎是把前面两个式子重新写成 x 和 y 的一次方程式，这样，如果要解得开，下列的条件就必须得到满足：$\begin{vmatrix} (m - g_1) & mf_1 \\ m & (mf_2 - g_2) \end{vmatrix} = 0$，$m$ 的解立刻就出现，而且从这一点出发，一切都好办了。

$$x = \frac{f_1 ym}{g_1 - m}$$

回想我们给 m 下的定义是等于 $r+1$，因此，r（利润率）可以由下式求得：

$$r = m - 1$$

这些公式看来颇为艰深，其实用起来是不难的。为了举一个例子，以说明价格怎样从价值中推导出来的，让我们根据表 2 所提供的基本材料进行必要的运算。

价值表式如下：

$$\text{I}\quad 250(c_1) + 75(v_1) + 75(s_1) = 400$$

$$\text{II}\quad 50(c_2) + 75(v_2) + 75(s_2) = 200$$

$$\text{III}\quad 100(c_3) + 50(v_3) + 50(s_3) = 200$$

用这些公式来求 x、y 和 m，便得：

$$x = \frac{9}{8} \qquad y = \frac{3}{4} \qquad m = \frac{4}{3}$$

这里就暗示着一个等于 33 1/3% 的利润率（$m-1$）。

现在，剩下来的工作就是把实际数值代入最后一组的价格方程式中，结果如表 3 乙所示。

表 3 乙　正确的价格计算

部类	不变资本	可变资本	利　润	价　格
Ⅰ	281 1/4	56 1/4	112 1/2	450
Ⅱ	56 1/4	56 1/4	37 1/2	150
Ⅲ	112 1/4	37 1/2	50	200
总计	450	150	200	800

显然，按照表 3 乙所示的可以适当地称为博尔特凯维奇方法

的价格计算，不会打乱简单再生产的均衡。第一部类的产量等于耗用的不变资本，第二部类的产量等于付出的工资，而第三部类的产量也足以吸收归资本家所得的全部剩余价值。此外，所有的资本家都在他们的投资上实现了 33 1/3% 的利润。一切又是和表 1 那样妥帖，而后者是按照各产业有机构成均等的假设来显示价值表式的。

迄今，数字的例子都是以表 2 中首次出现的数值为基础编制的，而这些数值，则是为求简单和易于处理而特意挑选出来的，但是这一套特定的数值有某种偶然性的特征，可能引起人们的误解。人们会注意到，在表 3 乙中，总价格等于 800，这正是以前几个表中相同的一个价值总额。人们会受到迷惑而作出结论，说博尔特凯维奇使价值向价格转化的方法，通常是保持总额不变。但事情并不是这样。为了证明这一点，可取的办法似乎是，把博尔特凯维奇自己用来说明其转化方法的表式加以改制。表 4 举了一个价值表式，而表 4 甲则举了相应的价格表式。

表 4 价值计算〔注〕

部 类	不变资本	可变资本	剩余价值	价 值
Ⅰ	225	90	60	375
Ⅱ	100	120	80	300
Ⅲ	50	90	60	200
总计	375	300	200	875

〔注〕:剩余价值率在这里假定为 66 2/3%。

表 4 甲　价格计算

部　类	不变资本	可变资本	利　润	价　格
Ⅰ	288	96	96	480
Ⅱ	128	128	64	320
Ⅲ	64	96	40	200
总计	480	320	200	1000

表 4 甲是从表 4 推导出来的，其办法和表 3 乙从表 2 中推导出来相同。我们又一次看到，通过这个转化方法，简单再生产的一切条件都得到充分满足。但是，在这个例子和以前那个例子之间，有一个差别存在。表 4 甲中的总价格(1000)，和表 4 中的价值总额(875)不相同；而在上一个例子中，这两个总额却是一样的。对这个差别稍作解释就可以说明，前一个例子是特殊情况，而后一个例子则应看作是普遍有效的。

在彻底弄清价值向价格转化这个问题之前，先得把采金工业的资本有机构成和全部社会资本的有机构成作一个比较。这一点是容易证明的。显而易见的是，第一，如果采金工业有较高的资本有机构成，金子的价格就会高于它的价值。这一点是从下述事实引申出来的，即在价格的计算中利润是同全部资本成比例的，而在计算价值时，它只是同可变资本成比例。因此，如果一切商品的价格都是以金子表示，那它们的价格总额就一定低于它们的价值总额。这个说法也可以改述如下：既然由假定(ex hypothesi)，知道单位金子的价格和价值在数目上都是等于 1，那么它的价格“高于”它的价值这个事实，就只能用所有其他商品的平均价格低于它们的平均价值这个事实来表示。再换一个说法，如果采金工业的资本有机构成比较高，那么，价值向价格的转化就会提高金子的购买力。同一个道理，如果作适度的变更（mutatis mutandis），也可以应用于采金工业资本有机构成较低的情况。在这种情况下，价格总额就会大于价值总额。只有在采金工业的资本有机构成恰好等于社会平均资本有机构成的特殊情况下，价格总额才真的会等于价值总额。

这些原理可以参照前述的数字例子来加以验证，在前面表 2 中，奢侈品产业（因而也有采金工业）的资本有机构成是 100/150 或 66 2/3％，而全部资本的有机构成则是 400/600，也即是66 2/3％。所以转化为价格的结果（表 3 乙），价格总额就等于价值总额。但是，在引自博尔特凯维奇的例子中，奢侈品产业部门的资本有机构成原为 50/140 或 33 5/7％，而相比之下，社会资本的有机构成则是 375/675 或 55 5/9％。既然在这个情况下采金工业的资本有机构成比较低，那么由价值向价格转化的结果，就是价格总额大于价值总额了。

因为没有理由假定采金工业的资本有机构成等于社会资本的平均有机构成，所以，一般地说，博尔特凯维奇的方法导致价格总额与价值总额的差异。

要紧的是要认识到，总价格和总价值的此种差异，是不涉及什么重大理论问题的。它仅仅是一个计算单位的问题。如果我们在价值表式和价格表式中都采用劳动时间单位作为计算单位，那么，两个总额是会相等的。[①]既然我们已选择金子（货币）的单位作为计算单位，那么，总额就不同了。但是，在随便哪一种情况

① 以劳动时间单位作为两个表式的计算单位，这是纳塔利·莫斯科夫斯卡所想出来的巧妙的转化方法的基础，见《马克思的体系》（1929 年），特别是其中第 3—19 页。

下，价格表式的种种比率（总利润对总价格的比率，不变资本产量对工资品产量的比率，等等）也还是那样，而重要的也正是这些存在于体系内各个要素之间的比率；而不是它们所借以表现的绝对数值。

借助于博尔特凯维奇的方法，我们已经阐明，一个价格计算体系是可以从一个价值计算体系中推演出来的。这就是马克思所真正感兴趣的问题。他以为用一个从价值量中直接计算出来的平均利润率，就可以解决这个问题，这是一种错误。但是，这个错误同他在正确地提出这个问题时那种深邃的创造性成就比较起来，是大为逊色而微不足道了。因为，由于这个成就，马克思为最终剖明劳动价值理论铺平了道路，而劳动价值理论，乃是他的整个理论体系的坚实基础。[①]

四、博尔特凯维奇方法的一个推论

仔细考察前面推导出来的利润率公式，就显露出一个惊人的事实。回想一下，这个公式如下：

$$r = \frac{f_2 g_1 + g_2 - \sqrt{(g_2 - f_2 g_1)^2 + 4 f_1 g_1 g_2}}{2(f_2 - f_1)}$$

式中包含下列各种关系：

$$f_1 = \frac{v_1}{c_1} \qquad g_1 = \frac{v_1 + c_1 + s_1}{c_1}$$

① 转化问题的重要意义将在本章最后二节中详细讨论。

$$f_2 = \frac{v_2}{c_2} \qquad g_2 = \frac{v_2 + c_2 + s_2}{c_2}$$

$$f_3 = \frac{v_3}{c_3} \qquad g_3 = \frac{v_3 + c_3 + s_3}{c_3}$$

人们会注意到，不论是 f_3 或是 g_3 都没有在公式中出现，换句话说，第三部类（奢侈品）的资本有机构成在利润率的决定中不起直接作用。

这是一个饶有理论兴味的结论。它实质上是意味着，利润率仅仅是取决于那些存在于对实际工资的组成有直接或间接影响的产业内部的生产状况。那些仅仅是为资本家消费服务的产业，它们的状况，只有在影响到工资品生产状况的程度内才和利润率有关。马克思也许会同意，这个命题适用于剩余价值率，但他的价值向价格转化的方法，却使他相信，这个命题不适用于利润率。不过，正如博尔特凯维奇所指出，这个结论是和李嘉图的利润率学说相一致的，马克思在这个问题上对李嘉图的批评是没有道理的。①

博尔特凯维奇从两个方面发挥了这个有关的利润率的理论。第一，他把这看作是对马克思一个观点的明确支持，即利润是从劳动产品中克扣得来的。在这一点上，博尔特凯维奇用“扣除理论”（Abzugstheorie）这个中立的说法来代替马克思的“剥削理论”（Ausbeutungstheorie）说法。照这个理论说来：

> “应该十分清楚，利润，按其本义来说，其起因得从工资关系中去寻找，而不能从资本的生产力中去寻找。如果真的是这

① 博尔特凯维奇煞费苦心地替李嘉图向马克思抗辩。

种生产力的问题，那就无法解释，为什么某些生产部门不能对利润的高度发生任何影响。”①

第二，博尔特凯维奇表明，为什么从这个与利润率有关的理论出发，就可以否定马克思关于利润率下降趋势规律的说法。要证明社会总资本的平均有机构成的变化同平均利润率的变化无必然的联系，那只需假定，当第三部类的资本有机构成提高时，其余的一切依旧不变。平均的资本有机构成必然提高，但利润率仍然不受影响。

这个批评的实际意义并不大。通常没有理由作这样的假定，说奢侈品工业的资本有机构成有比一切产业的平均资本有机构成提高得更快的趋势。况且，在现实世界中，专门为资本家消费服务的工业，无疑地是少数和比较次要，大多数的消费工业兼属于第二部类和第三部类。

有些作者显然作过这样的设想，认为博尔特凯维奇对利润率下降趋势规律的批评，其重点是建立在刚才所解释的理由上。②这一点，就他的《对马克思〈资本论〉第三卷基本理论结构的修正》③一文而论，是正确的；但是，在他的另一些有关马克思经济学的文章，如《马克思理论体系中的价值计算和价格计算》中，④博尔特凯维奇却是主要地强调，马克思对于“劳动生产率与剩余价值率的数

① L. V. 博尔特凯维奇：《马克思理论体系中的价值计算与价格计算》，载《社会科学与社会政策文献》，1907年，9月号，第446—447页。

② 见前文第140页注释中引用的柴田敬的论文。

③ L. V. 博尔特凯维奇：《对马克思〈资本论〉第三卷基本理论结构的修正》，载《国民经济与统计年鉴》，1907年7月号。

④ L. V. 博尔特凯维奇：《马克思理论体系中的价值计算与价格计算》，载《社会科学与社会政策文献》，1906年7月号，1907年7月号，1907年9月号。

学关系的忽视”。[①]对于马克思所表述的利润率下降趋势规律的两种反对意见，当然是以后者更为重要。再者，这个反驳同价值向价格转化的分析程序丝毫无关。

五、价格计算的重要意义

到目前为止，我们已经讨论了价值向价格转化问题的技术性方面。我们在看出马克思的方法的错误以后，就追究他的错误的根源，并进而论证这个问题可以用一个合乎逻辑的适当方法来加以解决。那么，这整个问题的重要意义何在呢？

看来，马克思本人是把价格计算问题看作是一个明显次要的问题。就他本人来说，这个问题只是和经济的两个方面有关：(1)各别商品的价格，(2)各别资本家的相对利润。用现代的术语来说，这些都是属于微观性质的经济问题，它们所涉及的是制度的个别方面，而不是整个制度。而马克思所感兴趣的，却是经济的宏观方面：总收入，总收入在主要阶级间的分配，以及这些总量在资本主义制度发展过程中的运动形式。比起这些更大的问题来，价值计算与价格计算的对立，便只有次要的意义，这是他可以泰然置之不顾的。

如果马克思解决转化问题的方法堪称正确，那么，似乎就没有疑问，上述立场是完全合理的。按照他的方法，总产量，剩余价值总额，工资总额，剩余价值率，以及利润率，这一切都不受价值计算法向价格计算法的转变所影响。不但如此，无论这个体系是价值

① 见前文第 140 页脚注。

计算体系还是价格计算体系，由资本家孳孳为利的行为所推动的各种力量，还是照样强烈地发生作用，并且分毫不差地发生同样广泛的影响。

不过，我们的研究已经表明，马克思的方法是不完善的。可能受价值向价格转化的影响的，不仅有各别的价格和利润，而且还有种种总额以及它们彼此之间的关系。既是如此，这个事实对于前面几章中根据体系内资本有机构成广泛均等的假设而得出的结论，究竟造成了多大的损害呢？

为了回答这个问题，让我在资本有机构成普遍均等的假设下，设想一个价值表式。我称这个表式为 V。在这个情况下，相应的价格表式与之雷同。然后再变更个别资本的有机构成，但保持平均数照旧不动，而称后者的相应价格表式为 P。我们知道，V 和 P 在某些细节上会有所不同。例如，剩余价值总额和利润率这两项，在 P 中可能比在 V 中小一些。但是，撇开这些有关的细节数字不谈，一眼就可以看出，两个表式中暗含的各种关系是相同的。在这两个表式中，资本家们都得到利润，而工人们都得到工资；简单再生产的条件也是一样的。由 V 变为 P，可以说是这个体系经历了一个转化过程，所影响的只是体系的量的一面。拿两种均衡状态作一个比较，这转化的本身就没有什么了不起的重要性了。

现在，假设这两个体系都在积累的影响下发展。它们在趋势上的特点，会不会有什么重大的差异呢？这是本问题的难点。

显而易辨的差异，看来可能从两个方面出现。第一，在 P 中，采金工业的资本有机构成可能沿着一条独特的途径发展，比方说，比所有产业的平均数增长得更加急速；而在 V 中，根据假定，所有产业在这方面的动向则大致相同。在这种情况下，货币的购买力，在两个体系中会有不同的变动。或者从另一个角度看来，价格总额会越来越偏离价值总额。不过，如我们所知，这一点仅仅是计算单位的问题，没有什么更深刻的理论意义。看来，这第一个差异可以略而不谈，不必害怕有什么严重的后果。

在 V 和 P 的趋势之间，可能发生第二个差异，这是因为在 P 内部各个产业之间资本有机构成会有某些相对的变化，而这些变化，根据假定，在 V 中是不存在的。在两个表式中，平均数会同时地以同一幅度增长，但在 P 中，可以假定某些产业的增长率是迅速的，而另一些产业的增长率则是缓慢的或者甚至是没有增长。不过，如果就广泛的趋势找差别，那么在 P 内部的资本有机构成变化，就必须具有某种特定的性质。它对工资品产业的影响，总的说来，必须不同于对奢侈品产业的影响。因为，如果特快增长和无所增长都是以或多或少随意的方式散布在整个产业之内，那就没有理由假定，对于任何一个有关的总量，会产生某种特殊的后果。

对工资品产业有特殊影响的变化，当然不是不可能发生的。而且大体说来，只需这些变化，对于工资品生产中直接、间接显得更为重要的产业，比对于奢侈品产业中较为重要的行业更有强大的影响就可以了。因此，必须承认，在 P 中可能有一些力量是 V 里面所无的。

但是，在这里正好提出一个问题。我们已知，V 显示着某些相当明确的趋势。这些趋势不为向 P 的转化所废止，顶多是有所改变。但是，它们是朝哪个方向改变呢？是得到加强呢，还是受到阻抑？其实，这是没有什么理由可以作为回答的根据的。在这种情况下，只有一个一般性的假定有可取之处，那就是，资本有机构成的不同变化速度，是或多或少地随意散处在各个产业部门之间。这也就是等于假定，各个产业之间资本有机构成的种种变化速度，对我们最感兴趣的各种总量的发展趋势说来是中性的。而这一点最后又等于是，把这些多种多样的变化速度全部加以舍象。从前面一章所解释过的含义看来，[①]这是一种适当的抽象。

一旦作了这种抽象，那就可以推定，从 V 和 P 探索出来的发展形式，只会在次要的细节上有所差别。换句话说，资本主义生产的运动规律，原则上既可以用价值计算来加以发现与分析，也可以用价格计算来加以发现与分析。对价值计算和价格计算相类同的情况进行探讨，这样做的合理性，是显然可以推定的。

所以，看起来，一个关于转化问题的正确概念，并不影响前面几章中所引出的资本主义发展规律。

六、为什么不从价格计算开始？

人们可以振振有词说，有关价值计算和价值向价格转化的这整套问题，都是多余的包袱。现实世界是一个价格计算的世界；为什么不一开头就用价格概念来处理问题呢？

马克思主义者可以坦然地对这个观点做某些让步。如果提出来要求解决的问题，是经济制度中种种互不联系的要素（如各别商品的价格、某些特定资本家的利润、一个企业内生产要素的组合，

---

① 见上文第 39—40 页。

等等)的动态问题，那么，似乎没有疑问，价值计算是没有什么用处的。在过去半个多世纪中，正统经济学家们已经在这一类问题上作了深入的研究。他们已经发挥出一种价格理论，它在本领域内比马克思及其信徒的任何发现更为有用。

人们可能禁不住要进一步承认，从形式上看来，即使在分析整个制度的动态时，也可能把价值计算省去。但是一个强有力的理由使人相信，这是一种错误的观点。全部社会产品都是人类劳动的结晶。在资本主义制度下，这个社会产品的一部分，被社会中拥有生产资料的那一伙人所侵吞。这不是一个伦理的判断，而是对实际存在于各个社会集团之间的基本经济关系的一种描绘方法。它的最清晰的理论表述方式，就是剩余价值理论。只要我们保留价值计算，那么对于利润作为全社会劳动产品的一种扣除的来源与性质，就不会含糊不清了。把货币范畴转化为社会范畴也就大为便利。总之，价值计算使人们可能透过货币和商品的表面现象，看出在它下面的人与人之间和阶级与阶级之间的关系。

反之，价格计算把资本主义生产的这个根本的社会关系神秘化了。因为利润是被当作总资本的一种报酬来计算的，这就难免产生一种想法，认为资本本身在某种意义上也有“生产性”。财物似乎就被人赋予了自我独立的力量。从价值计算的观点看来，不难认出，这是商品拜物教的一种丑恶形式。但从价格计算的观点看来，它却是自然的和不可避免的。[①] 不过，这还不仅是一个掩盖

① 参见前文第 61 页及其后各页。

资本主义生产的基本社会关系的问题。每一种以价格计算为起点而引申出来的利润学说,都是容易受到严重责难的。马克思价值论的主要反对者庞巴维克就有力地摧毁了各种以所谓资本生产力作为理论依据的学说,他自己的时间偏好理论当然也是站不住脚的。[①] 意味深长的也许是,现代理论家们大都已经放弃了对利润来源进行解释的打算,而只限于分析利润水平的变化和利润在企业主与食利者之间的分割。

但是,尽管现代理论家们对利润的来源与性质问题抱着漠然的态度,这些有关的问题还是有深远的重大意义的。它们不但影响到我们对自己生活于其中的经济制度的看法,而且影响到我们选择什么理论工具来理解这个制度。正是由于这种情况的存在,所以,价格计算与价值计算之争,就具有它的实际重要性。如果我们同意马克思及伟大的古典学派经济学家的看法,相信只能把利润理解为社会劳动综合产品的一种扣除,那就没有理由抛弃价值计算及其所依据的劳动价值理论。

① 庞巴维克心想,这个理论把生产力和时间偏好结合起来了,并以为这样就避免了他自己对所谓"幼稚的"生产力理论的责难。但是博尔特凯维奇指出,庞对于利息所提出的唯一独立理由,就是时间偏好。

在批评马克思的人中,显然只有博尔特凯维奇一人,把利润的"扣除"说以及价值计算与价格计算并列的做法看作是马克思对经济理论的压倒一切的、最重要的贡献,他采取这个见解是因为他对本文所述的观点有同感,即其他利润理论都是不完善的。他在一个重要系列的文章里发挥了这个论题,但这些文章没有得到应有的重视,除了前引的文章外,还有下列各文可以注意:《庞巴维克的利息论的主要错误》,载《施穆勒年鉴》(1906 年);《关于利息理论》,同上书(1907 年);《庞巴维克关于资本主义社会的理论巨著》,载《社会主义与工人运动史文献》(1923 年)。

第三篇

危机与萧条

第八章　资本主义危机的性质

马克思从来没有忽视危机的问题。在他的早期著作之一《共产党宣言》中，他就谈起过“周期性的而且愈来愈凶猛地危及整个资产阶级社会生存的商业危机”。在他的有生之年中，最后发表的作品之一是《资本论》第一卷第二版的跋，该文是以类似的一段话做结束的：

> “资本主义社会的矛盾的运动①，是现代工业所经历的周期循环的变动，而这种变动的顶点就是普遍危机。这个危机又要临头了，虽然它还处于预备阶段；由于它的舞台的广阔和它的作用的强烈，它甚至会把辩证法灌进新的神圣普鲁士德意志帝国的暴发户们的头脑里去。”②

此外，在三卷《资本论》和三卷《剩余价值学说史》中，自始至终，危机问题接连不断地一再出现。虽然如此，在马克思的著作中，没有一个地方对这个问题有过近乎完整的或系统的论述。

---

① 引者在这里改动了《资本论》第一卷的英译本（查理—克尔公司 1933 年版），现按改动后形式译出。在《马克思恩格斯全集》第 23 卷中，这一句是“资本主义社会充满矛盾的运动”。——译者

② 《马克思恩格斯全集》第 23 卷，第 24—25 页。已对英译本（查理—克尔公司 1933 年版）作了更正。在英译本中，这个跋被错误地称为“第二版序”。——引者

其所以缺少这种论述，有种种十分充足的理由。危机是非常复杂的现象，它们或多或少地是由一大堆的经济力量所造成的。如马克思所说："现实危机只能从资本主义生产的现实运动、竞争和信用中引出。"①他所谓"竞争"和"信用"，指的就是整个市场与金融机构的组织结构，这个结构使实际经济比《资本论》第一卷中所分析的典型体系更加复杂得多。这一点，换个说法就是，作为一个复杂的具体现象，危机是不可能在《资本论》所限定的抽象水平上来充分地加以分析的。我们所见到的，都是出现在较高抽象水平上的危机问题诸方面。它们在整个分析中不时出现，可是从全面分析危机的观点看来，未必合乎逻辑顺序。也许不妨这么说，要是马克思活到把竞争和信用的分析做完，那么，在危机问题上他就会给我们一个透彻而系统的论述。但是，实际的情况是，危机问题只好仍属未完成事业之列。

在这种情况下，又鉴于这个问题的实际重要性，马克思的信徒们自然要对危机理论予以极大的关注。一方面，他们处处发挥了马克思的分析；另一方面，他们彼此之间，对于马克思在这个问题上的零散创见的意义与相对重要性，却又有争议。所以，如果不考虑后来许多马克思主义者在这个问题上的著作，那就不可能在马克思经济学的一般体系内讨论危机问题。我们不想在下文中作全面的报道，而宁可在有助于在圆满地和明白地说明问题的范围内，以引述一些最重要作家的说法为足。

① 《马克思恩格斯全集》第26卷，第2册，第585页。

一、简单商品生产与危机

一种受人们充分认可而且大体稳定的通货或流通手段，对于一个已经越过偶然物物交换阶段而进到以各个生产者的私人交换来经常满足需要的社会来说，是一种必要的特征。物物交换的形式 $C—C$，即商品换商品；而在发达的商品生产条件下，交换的形式就变成 $C—M—C$，即商品换货币，再以货币换商品。所以，货币的机能与目的，就是要把交换行为拆成两部分，这两个部分按理可能在时间上和空间上相分离。在文明史上，货币的采用，表明前进了一大步。从此，生产者就不必再去寻访，有谁既拥有他所需要的东西而同时又需要他所拥有的东西。货币的使用，使他可以随时出卖自己的产品，并在方便的时候买进他自己所需要的东西。这样，时间就节约下来了，而真正的专业化——这是提高劳动生产率的基础——也就成为可能的事情。

这一切都是常识。但是，有一个事实也许不是那么广泛地为人们所认识，那就是，按照上述方式通过私人交换来组织生产，这就带来了某种危机的可能性，而这种危机，在劳动组织和产品分配都处于一个独一无二的权威指挥下的较简单的经济中（例如在氏族的家庭经济或封建领主的经济中），则是不可想象的。因为，如果生产者 A 在卖出产品之后，由于种种原因而不能向 B 买东西，那么，B 由于不能把东西卖给 A，也就不能向 C 买东西，C 又由于不能把东西卖给 B 也不能向 D 买东西，依此类推。这样，在买与卖相分离的条件下，流通过程的某种中断，就会从它的起点扩散开来，直至影响到整个经济。于是就出现了人们所熟知的危机的结果，即卖不出的商品库存和得不到满足的需求同时存在。每个生产者都已经生产出多于他所能售出的东西。在早期的社会形态里，经济灾难和罕有的荒歉是同义语；但现在，我们却第一次遇到了经济危机的特种文明形式，即生产过剩的危机。当然，在这种情况下，如果说危机的原因是生产过剩，那是荒谬的；显而易见的是，生产过剩反而是危机的结果。在本例中，"原因"应该这样来寻找：是什么情况使生产者 A 打断自己产品和他人产品相交换的过程。如果我们能发现 A 何以卖而不买，那么至少从近似的意义说来，我们就算是揭露了危机的原因。

现在，实在难以想象，为什么在简单商品生产社会里生产者要以这种分裂性的方式来行事。不错，自然灾害、战争或诸如此类的不幸事变，都可能打断简单商品生产的流通，但是，其所造成的经济危机，与其说是属于卖不掉的物资过剩一类，毋宁说是多半属于严重物资匮乏一类。在这方面，简单商品生产和更原始的社会是没有什么大的差别的。因守财奴贪图黄金而发生的货币窖藏，对上述这种危机，也是意想中的一种解释，而大家都知道，为窖藏而窖藏，在类似简单商品生产的条件下，比在更进步的社会中，是更为普遍得多的事情。但是，窖藏通常是逐渐地、在一个长时期中发生的。如果有货币商品供应总量的适当增长来抵消它，那它就不会对经济有什么重大的影响。否则，它就可能对流通、从而对生产发生持续的抑制作用。可是，难以思议的是，何以窖藏能产生我们在现代世界中所熟知的此种带有突然性和急剧性的危机。正确的结论似乎是，在简单商品生产下面，除非有外来的因素如战争、歉收等，危机虽有可能、却不大会发生，顶多也是偶发事件。

这个结论基本上是从简单商品生产的基本条件引申出来的。C—M—C 的流通形式，当然包含有危机的可能性，但它同时又象征着为消费而生产；而消费既然基本上是一个连续不断的过程，那也就没有理由指望这个可能性会变为现实。

二、萨伊定律

古典学派的经济学家们，一向未能区分简单商品生产和资本主义生产，这就表明他们缺乏历史眼光。有些定理，本来是根据简单商品生产的暗含假定作出的，却经常被他们普遍地加以推广和不加批判地应用到资本主义生产中来。最明显的例子之一，见诸一个以“萨伊的市场定律”而闻名于经济学文献的原理，这个定律是因亚当·斯密的法籍信徒、李嘉图的同代人让·巴蒂斯特·萨伊而得名的。[①]

萨伊定律认为，一笔销售之后，必定跟着一笔等额的购买；换句话说 C—M—C 的流通不可能中断，因此，没有危机，也没有生产过剩。我们已经看到，在简单商品生产之下，这种中断似乎是不大会发生的；萨伊定律却把这一点改成无此可能性的教条，危机和生产过剩在简单商品生产下不大可能发生的正确命题，变成了危机和生产过剩在一切情况下都不可能发生的错误命题。由于时而

① 这个创见的可疑荣誉——无论如何，在这个问题上，荣誉是可疑的——恐怕不能归于萨伊，尽管事实上这个原理常常是和他的名字联在一起。就古典学派而论，优先权似乎属于詹姆斯·穆勒，他是约翰·斯图亚特·穆勒的父亲。

直率地、时而缄默地接受萨伊定律，古典学派经济学家们就把危机理论的路子封死了；结果，他们对这个问题的贡献就是残破的、无关痛痒的，而且是没有什么永久性价值的。

没有人比马克思更清楚地认识到这一点，所以，无怪他专心致志于详细地批判萨伊定律（指它的李嘉图说法）。马克思想在商品生产社会中形式上可能存在的危机以及生产过剩的性质问题上，廓清一切有关的怀疑，并以此为日后分析危机原因扫清道路。这个工作是在《剩余价值学说史》关于危机的一节中完成的。①

李嘉图是以下面的词句来否定一般生产过剩的可能性的：

> "任何人从事生产都是为了消费或销售；销售则是为了购买对于他直接有用或是有益于未来生产的某种其他商品。所以一个人从事生产时，他要不是成为自己商品的消费者，就必然会成为他人商品的购买者和消费者……产品总是要用产品或劳务购买的，货币只是实现交换的媒介。"②

马克思对这个推理大加嘲笑："这种幼稚的胡说，出自萨伊之流之口是相称的，出自李嘉图之口是不相称的。"③实际上，人们并不是一有销售就非购买不可。卖和买在时间上和空间上都是分开的，货币不仅是"实现交换的媒介"，它是交换借以分成两笔单独的、不同的交易，即卖和买的媒介，如果一个人卖而不买，结果就是危机和生产过剩。"如果我们说形态变化的简单形式（即 $C—M—C$。——引者注）包含着危机的可能性，那只不过是说，在这种形

① 《马克思恩格斯全集》第 26 卷，第 2 册，第 566—586 页。

② 大卫·李嘉图：《政治经济学及赋税原理》，第 247—248 页。

③ 《马克思恩格斯全集》第 26 卷，第 2 册，第 573 页。

式本身包含着本质上相互补充的因素彼此割裂和分离的可能性。”①李嘉图虽然是明白地表示，他的分析不但适用于简单商品生产，而且也适用于资本主义，但是他甚至连简单商品生产的条件也说错了。在我们回头对前面一点加以研究的时候，我们就会看出李嘉图这个错误的全部含义。

三、资本主义与危机

$C—M—C$ 的流通形式是简单商品生产的特点，它在资本主义下面就变为 $M—C—M'$。从流通的观点看来，这是两种制度的根本差别。② 试就这一点作进一步的考察。

$C—M—C$ 的理论基础是了然的。就交换价值而言，开头的 C 和末了的 C，两者是一样的。但是，从使用价值观点看来，第一个 C 对他的生产者毫无用处，或者说，顶多是有微小的使用价值，而第二个 C 则是他所想要的东西，因为它有较大的使用价值。所以，交换的目的是取得使用价值，而不是提高交换价值。人们说简单商品生产是为消费而生产，其意义就在这里。也正是这一点，说明在简单商品生产下危机和生产过剩是不大可能发生的。

$M—C—M'$ 是资本主义流通的主要形式，它和前者完全不同。作为一个资本家来行事，③资本家的发迹，是从数量足以有效地发

① 《马克思恩格斯全集》第 26 卷，第 2 册，第 580 页。

② 见前文第 87 页及其后各页。

③ 不要把当作资本家的资本家同当作消费者的资本家混为一谈，这一点是重要的。通常，当我们谈到资本家而不附加什么条件时，我们都是指前者而言的。

挥资本机能的货币(M)开始的;他把这笔货币投入流通过程,以换取劳动力和生产资料(C);最后,在完成了一个生产过程之后,他便带着商品重新在市场上出现,把商品换回货币(M')。开头的 M 和末了的 M' 都是代表交换价值;两者都没有使用价值。所以,除非在 M 和 M' 之间有量上的差异,换句话说,除非 $M'—M=\Delta M$ 是个正数,否则整个程序就是无意义的。就资本家而论,“这种流通的客观内容——价值增殖——是他的主观目的;只有在越来越多地占有抽象财富成为他的活动的唯一动机时,他才作为资本家……执行职能。”[①]在这里,我们看到一个新的因素,这是简单商品生产中根本没有的。因为,虽然守财奴也可能和资本家一样,热中于抽象财富,但他是通过从流通中抽走货币来满足这种欲望的;而资本家却是继续不断地把他的货币投回到流通之中,并由此改变流通过程本身的特性。这就是为什么人们说资本主义是为利润而生产。也正是这一点,说明——我们马上就要看到——为什么资本主义特别容易发生危机和生产过剩。

在我们研究 $M—C—M'$ 和危机的关系之前,应该注意,$C—M—C$ 的流通形式,不是随着资本主义生产的到来而完全绝迹或变成不相干的东西的。的确,就大多数的人民即劳动者而言,流通继续采取 $C—M—C$ 的形式,并具有它的一切含义。工人是从一种商品、即劳动力开始行动的,这种商品,对他自己来说,顶多只有极有限的使用价值;他把他的劳动力变成货币;最后他用货币来取得生活必需品和生活上的便利,这就是 $C—M—C$,其目的是使用

① 《马克思恩格斯全集》第 23 卷,第 174 页。

价值的增进。$M—C—M'$不适用于工人，正如它不适用于简单商品生产者一样。所以，把工人也描绘成受利润动机所支配，或者设想他也和资本家一样渴望占有“越来越多的抽象财富”，那是完全错误的。工人受使用价值的欲求所驱使，而那种看起来像是工人方面的“积累”的东西（通过银行、保险公司，等等），它和资本家的积累也很少有共同之处。更正确地说，它的发生，是因为工人有必要力图保障自己和家人，在有朝一日他的劳动力卖不出去时，还能得到一定量的使用价值。①

当然，资本家和工人在行为上和动机上的差别，同“人性”毫无关系，这种差别的发生，原因在于 $M—C—M'$ 和 $C—M—C$ 的不同，也就是说，在于各人所处的客观境遇不同。古典学派经济学未能作此区别，因此常常被导引到两种错误而相对立的一方或另一方去：或是错误地认为，在资本主义下面**每个人**都是为牟利的欲求所驱使；或是错误地认为，**每个人**都是只对使用价值发生兴趣，而把一切储蓄都看作是收入在时间上的再分配。马克思举过一个很好的例子，说明古典派经济学在这个问题上很有可能陷入的矛盾。他以赞许的语气引用了麦克库洛赫的一段话：“这种不可遏止的追逐利润的狂热，这种可诅咒的求金欲，始终左右着资本家。”但是，马克思迅速地作了补充：“当然，这种见解并不妨碍麦克库洛赫之

① 假定人口正在增长，而人数又集中于青少年部分，那么，工人们的“积累”，就可能因此而形成大量的净储蓄。但是，与此相对立，又有一些人的反储蓄，这些人因收入低于糊口水平（失业，年老，等等），必须靠某种施舍或救济来维持生活。究竟整个工人阶级的净储蓄，是否有过一个相当长时期的大量结余，这是值得怀疑的。因此，有种种理由可以相信，马克思经常据以研究的一个假定，即工人们把他们的全部收入用光，这从经验和理论的见地看来，都是完全正确的。

流，在理论上陷入困境的情况下，例如在考察生产过剩问题时，还是把资本家变成了善良的市民，好像他关心的只是使用价值，好像他真正像狼一般贪求的，只是皮靴、帽子、鸡蛋、印花布以及其他各种极为平常的使用价值。”①仔细考虑资本主义社会的简单的、但却是根本的特征，就会对此种陷阱有所警惕。

现在，让我们来分析 $M—C—M'$ 和危机问题的关系。我们已知，资本家全神贯注在 ΔM 上面；他乐于看见的，是 ΔM 尽可能的大。自然，他据以判断成败的，与其说是 ΔM 的绝对量，毋宁说是相对于他的原始资本额的 ΔM 数量，或者换句话说，是 $\Delta M/M$ 这个分数的量值。这个分数显然不外是利润率，所以，我们可以说，资本家感兴趣的，是最大限度地提高他的利润率，当他把他的资本投入生产时，他眼里的直接目的，就是这个东西。

现在，就危机在表面上的可能性而论，简单商品生产和资本主义是没有什么差别的。我们在前面分析简单商品生产时所谈到的东西，在这里同样适用。流通过程的任何中断，市场中购买力的任何扣除，都可以引起流通过程的紧缩，而这种紧缩又必然引起生产过剩的现象，生产过剩现象不久又必然要反映为生产本身的削减。但是，有一个重大的差别：在以前，是不容易看出什么事情引起此种紧缩的；而现在，无论如何是清楚了，只要 ΔM 一有什么变化，资本家立即就会重新考虑，把他的 M 投入流通是否合适。ΔM 构成资本主义的唯一弱点，这是简单商品生产所无的。

眼前，要考虑两种情况。第一，若 ΔM 消失或变成负数，资本

① 《马克思恩格斯全集》第 23 卷，第 175 页，注(9)。

主义生产的刺激就没有了。资本家们就会抽走他们的资本。流通就会紧缩，一个继之以生产过剩的危机就会来到。这种情况是相当清楚的；但它也是一种极端的事例，实际上不会有类似的事情发生。不错，有时候利润确是消失了，甚至在整个经济的较大部分中发生亏损。但人们很清楚地认识到，这是一场特别严重的危机的结果；换句话说，它是一种萧条的现象，不大可能用来解释危机的开始。

因此，我们的第二种情况就是，ΔM 下降，或者用更通俗的话来说，利润率下降。假定利润率始终都是正数，因而资本主义生产的推动因素从未完全消失，那么，是否还有理由认为，在某一个阶段，资本家可能把他的活动削减到足以引起一场危机呢？答案必然是肯定的。如马克思所说，在资本主义下面“不仅在于以原有的规模或者（在积累的时候）以扩大的规模补偿构成资本的同量使用价值，而且在于要补偿预付资本的价值，并且实现普通利润率（普通剩余价值）”。[①] 这个普通利润率，无须设想成一个不多不少的确数，它只要是一个相当分明的数域——比方说，10%—15%，或4%—6%，视情况而定——就够了。一旦利润率降至普通的数域以下，资本家方面的活动，就会开始削减。此事的道理，不难想见。

按照流通过程的本性，每个资本家都经常地面对着两条互不相容的行动路线，要在其中进行抉择：或者是，他必须把他的资本投回到流通中去；或者是，他必须用货币形式握有他的资本。当

① 《马克思恩格斯全集》第26卷，第2册，第564页（“普通”二字的重点是引者加的）。

然，从长期看来，这种择一而行的道路是不存在的；如果他想继续地做资本家，那他迟早必须把他的资本重新投进去。但是，这不等于说，他必须立刻把他的资本重新投进去，同样，这也不等于说，他永远必须在同一个生产行业中继续重新投入他的资本。公认的原则是，如果在任何一个产业中，利润率降低到普通水平以下，资本家们就会把他们的资本从那个产业中转移出来而投到另一个产业中去。但是，如果在所有的或几乎是所有的产业中，利润率都同时降低到普通利润率以下，那么，从一个产业到另一个产业的转移，就捞不到什么好处。碰到这种情况，资本家们就不会被迫在他们自以为不利的条件下把再投资继续进行下去；他们可以把再投资推延到有利条件再来时进行，也就是说，推延到利润率恢复到普通的数域，或资本家已屈从于一个新的、较低的利润率定额时再进行。在这个期间内，再投资的推延，就会打断流通过程并带来危机和生产过剩。事实上，危机和随后的萧条，乃是利润率借以全部地或部分地恢复其原先水平的一部分机制。

所以，真实的情况并不是利润率一定要化为乌有，或者变成负号，才会产生一场危机。只要利润率减至它的普通水平之下，致使资本家们开始以货币形式来保有他的资本，以听候更有利条件的再来，那就够了。流通过程的继续就是这样遭到破坏的，危机就是这样酿成的。

可能有人这么想，当资本家们碰到一个异常低下的利润率时，他们就会增加他们的个人消费，而不是死抓牢他们的货币资本。如果发生了这种情况，商品需求的性质就会起变化，但总数却不会受到影响，而流通过程也不会受到什么阻碍。但是，这样来进行论辩，就要犯马克思所谆谆告诫的错误，那就是，假定资本家们一下子完全失去了他对积累的兴趣，而变成了“一个只关心使用价值的善良市民”；也就是假定资本家在遇到“困难的日子”时，他宁可从花天酒地的生活上，而不是从更枯燥无味的、但又是更现实的束紧腰带方式上来寻求补偿；总之，就是假定资本主义最实质的东西，即永不停息的资本积累冲动，已经一笔勾销了。马克思在下面一段话中十分明白地批判了这条推理路线：

> “任何时候都不应该忘记，在实行资本主义生产的条件下，问题并不直接在于使用价值，而在于交换价值，特别在于增加剩余价值。这是资本主义生产的动机。为了通过论证来否定资本主义生产的矛盾，就撇开资本主义生产的基础，把这种生产说成是以满足生产者的直接消费为目的的生产，这倒是一种绝妙的见解。”①

这一节的理论，可以概括如下：资本主义危机的特殊形式，就是因利润率跌至其普通水平以下而引起的流通过程的中断。有趣而又有益的，是指出在现代经济周期理论中，已经得出一个虽在外表上与马克思的见解无关，但在实质上却和它十分相像的结论。现代理论家们是在一个比马克思更低的抽象水平上开始分析的：在他们看来，资本家阶级分成两个部分，一是企业主，他们组织和指挥生产过程，另一个是货币资本家，他们以有息贷款的形式，为企业主提供进行活动所需要的资金。企业主也可以拥有资本，但在他们干这样事情的范围内，他们是被看作自己对自己贷款取息

① 《马克思恩格斯全集》第 26 卷，第 2 册，第 564—565 页。

的。根据这些假定，只要企业主所得的利润率[①]大于他所必须付出的利息率，那他就会感到，投下资本是合算的。但是，一当利润率跌至利息率以下时，企业主就不再有投资的动机；流通就被打断，一场危机就随之而起。

当人们把事情看成这个样子时，似乎麻烦就出在利息率过高上。在某种意义上说，这是正确的，但真正的意思还在于，资本家们宁愿以货币形式握有他的资本，而不情愿把它以较低的利息率贷放给企业主。这种偏好可以有各种理由，但经济周期理论家们似乎一致公认，最重要的理由是，资本家们相信较低的利息率不大可能持久，换言之，较低的利息率是罕有的和反常的，因而从单纯的金钱观点看来，更聪明的办法是推延贷款活动，直至在现有的、或甚至是更高的利息率上需求增加起来时方才撒手。[②] 当然，如果利息率没有按照人们的预料，在一个适当的时期以后恢复起来，那资本家们就可能一变而屈从于一个新的和较低的利息率数域，因而也会再次地按照企业主所能接受的条件开始贷款。

现在，如果我们试把上述见解加以表述，但同时把资本家与企业主相分离这一点加以舍象，那么，我们立即看出，货币资本家们是不肯在利息率比人们视为正常水平或普通水平还要低的时候把款子借给企业主的，这实质上和资本家企业主（即马克思

① 我们在这里称之为利润率的东西，通常被人叫做资本的边际效率或边际生产力。这些概念的区别，从现在的观点看来，是无关紧要的。

② 握有货币以期待未来的较高的利息率（或者，用另一个方式来说，期待未来的较低证券价格），就是凯恩斯所谓从投机动机出发的流动性偏好。

无保留地称为资本家的人）不肯在利润率降至普通数域以下的时候进行投资是一回事。用普通话来说，它们是下面这个说法的二而一、一而二的表述方式，那就是，当资本的收益跌到在任何一个特定时间和特定地点上都或多或少有个定数的某种水平以下时，资本家阶级作为一个整体，就紧缩它的投资活动。马克思的表述方式，有一个重大的好处，即强调这一类的行为是出于资本主义生产的最基本特点，而不是出于供应与使用资本金的某种特殊的组织形式。这不是说，对货币市场、利息率、信用等现象不作充分考虑，也可以对危机作完整的分析。我们只是试图把一个为现代经济循环理论所经常忽视的事实加以揭示，那就是，纵然没有什么制度上的安排来形成一个货币市场和利息率，资本主义生产仍然会遭到利润率变动所带来的危机。这个证明的最重要含义就是，不管人们怎样干预货币制度，也不能指望由它来摆脱资本主义的危机。

四、危机的两种类型

如果前面的分析是正确的，那么，关于危机的成因问题，也就必须根据各种对利润率发生作用的力量来进行讨论。利润率下降趋势的规律，显然和这个问题是有关联的。第六章已经表明，资本积累的过程带来利润率下降的趋势。如果这个趋势不是继续不断地和逐渐地展开，那么，看来很明白，危机就可能是它的结局。这个可能性，将在下一章“和利润率下降趋势相联系的危机”这个总标题下加以考察。现在，重要的是，要认识利润率的下降趋势是根据下面一个假定演绎出来的，那就是，价值规律的条件全部具备；[①]换句话说，在整个分析中，始终假定一切的商品都按照它们的均衡价值出售，因此，利润率下降，在价值体系中就不是失去均衡的征兆，不过，如果它真的会引起一场危机，那它就会变成这种不均衡的原因。

现在，如果我们抛开一切商品都按其均衡价值出售的假定，可能引起利润率下降的另一个原因便告出现。资本家们也许会因为商品不能按价值出售而受到损失。这种可能性虽然暗含在价值理论之中，但至今还很少提起过。这个观点，当应用到单个商品时，是显而易见的；如果东西生产得太多，市场价格便跌至价值以下，而利润也就被压低或消除。如果有不少的产业同时碰到这种情况，结果就是利润率普遍下降，跟着就是一场危机。不过，在这种情况下，获利可能性的下降，已经是失去均衡的一种征兆，而继起的危机又使不均衡加剧。主要的困难在于实现制成品中已经体现——就实物的意义来说——的价值。因此，这种可能性将在第十章“实现的危机”的总标题下详细加以研究。

掌握与利润率下降趋势相联系的危机和实现的危机的差别，是一桩重要的事情。注重实利的资本家，是不大可能看出什么差别的；在他们看来，麻烦总是在于获利不够多，而不论这是出于什么原因。但是，从因果分析的观点看来，这两种类型的危机提出了不同的问题。在一种情况下，我们要涉及剩余价值率和资本构成

① 根据价值计算所得出的结论，在利用价格计算时不需要作重大的修正。参见前文，第 164 页及其后各页。

的动向，而价值体系依然不动；而在另一种情况下，我们要涉及一些尚未明确的力量，这些力量促成了商品有效需求的普遍不足——当然不是说需求不足以购买一切上市的商品，只不过是说，它没能按照一种令人满意的利润率来把它们全部买下。在两种情况下，危机的出发点都是利润率下降；但是，一种情况下的利润率下降和另一种情况下的利润率下降，其背后的道理，却需要有极不相同的分析。

第九章　与利润率下降趋势相联系的危机

按照马克思的说法，资本有机构成通常比剩余价值率增长得更快，[①]因此，在资本主义的发展过程中，利润率有下降的趋势。尽管第六章中已经提出种种理由来怀疑这个规律的普遍意义，事实仍然可能是这样。不管怎样，只要利润率因已知的理由而呈现下降的趋势，那么，在这个限度以内，似乎毋庸置疑，我们找到了一个危机理论的基础。在利润率降至某一点以下时，它究竟凭什么机制变成危机的原因呢？对此，我们就用不着再作分析了。

在题为《规律的内部矛盾的展开》[②]一章中，马克思已注意到危机和利润率下降趋势的联系。"利润率的下降在促进人口过剩的同时，还促进生产过剩、投机、危机和资本过剩。"[③]他又说，"资本主义生产方式的限制表现在：(1)劳动生产力的发展使利润率的下降成为一个规律，这个规律在某一点上和劳动生产力本身的发

---

① 严格地说，在这个问题上，我们应该讲不变资本对全部资本的比例，而不应该讲有机构成。不过，如果资本中不变资本与可变资本的分割差不多是一半对一半，那么，前者的相对下降就和后者的相对提高很少有差别。

② 《马克思恩格斯全集》第25卷，第三篇，第15章。

③ 同上书，第270页。

展发生最强烈的对抗，因而必须不断地通过危机来克服。"①在这两段话中，看来马克思念念不忘的，很可能是提高资本有机构成所引起的利润率下降。换句话说，他心头惦记的，是他的利润率下降趋势的一般规律。

有些作者已经断言，就危机而论，马克思是打算把利润率下降趋势规律当作是阐明问题的主要原理的。② 这是一个解释的问题，它由于下面这个事实而变得十分复杂，那就是，在前引两段话出现的同一章中，马克思也考虑到引起利润率下降的另外两个独立的、不同的原因：(1)以价值表示的工资提高了，因此剩余价值率下降；③(2)在某些情况下，商品不可能按它们的全部价值售出，即我们通常所讲的实现的问题。④ 而且，这两个因素都被说成和危机有关；有时还无法弄清楚，究竟马克思心目中所指的是哪一种利润率下降。在这种情况下，确实无法知道，他打算在何等程度上把利润率下降趋势规律当作解释危机的一个因素来强调。有时候，有种种迹象表明，他认为这个规律只在长期趋势下才是适用的。例如，在一个地方，他说："根据以上的阐述，有多种多样的原因会使利润率提高或降低，这样，人们可能认为，一般利润率必定每天都会变动。但是，一个生产部门的运动，会抵消另一个生产部门的运动，各种影响交错在一起，并失去作用。我们以后[即专论规律

① 《马克思恩格斯全集》第25卷，第287—288页。

② 例如，见莫里斯·多布：《政治经济学与资本主义》第四章；又厄里希·普利赛尔：《马克思危机理论的实质》，载《经济与社会》(法兰兹·奥本海麦祝寿文集，1924年)。

③ 第372—376页，由这一来源产生的种种危机即将进行讨论。

④ 参阅下一章。

那一篇。——引者注]将要研究，这些波动最终趋向哪一方；然而这些波动是缓慢的；……"[①][②]利润率的缓慢变化，和危机问题几乎没有什么关系，因为，在长时期中，资本家关于什么是规范值的想法，最终也是要发生变化的。关于这一点，应该回想一下，《规律的内部矛盾的展开》一章，也许比《资本论》第三卷大部分篇章更带有初稿的性质，它是马克思摘记下来，作为他自己以后对所接触的问题进行细致研究的一种向导，因此要作出肯定的判断，大概是绝无可能的。

迄今，我们一直专注于危机同马克思所表述的利润率下降趋势规律的关系。但是，第六章已经得到这样的结论：从资本积累过程及其所固有的提高劳动力需求、从而提高工资水平的趋势中，我们是可以在更扎实的基础上探索利润率下降趋势的原因的。如果我们现在回过头来看看《资本论》第一卷第七篇(《资本的积累过程》)，那我们就会发现，马克思已经有过一个严谨的危机理论，这个理论正是用这种说法来表述的。奇怪的事——对此尚无明白的解释——是《资本论》第一卷所包含的对危机理论的贡献，已经大部分被马克思经济学的作者们所忽视。

劳动力后备军在马克思的资本主义理论分析中所占的重要地位，是我们已经熟知的。危机在补充这支后备军上所起的重要作用，已经在前面讨论到这个问题时约略地指出。现在，让我们着手对这个关系作更细致的分析。

---

① 《马克思恩格斯全集》第 25 卷，第 189 页。

② 引者少引"各种影响交错在一起，并失去作用"这一句。——译者

可以想象，如果资本积累顺利地进行，而且省工的新发明始终都能在适当的时候并以适当的数量供人采用，那么，就可能有一支颇为稳定的后备军存在，它会起阻抑的作用，使积累不能对工资施加过度的向上压力。但是，这个图景是不现实的。随着资本主义的发展，积累率的剧烈波动——部分地导源于技术革命，部分地导致了技术革命——越来越成为一种常规。如马克思所说：

> "随着积累和伴随积累而来的劳动生产力的发展，资本的突然扩张力也增长了，这不仅是因为执行职能的资本的伸缩性和绝对财富——资本不过是其中一个可伸缩的部分——增长了，也不仅是因为信用每当遇到特殊刺激会在转眼之间把这种财富的非常大的部分作为追加资本交给生产支配。这还因为生产过程本身的技术条件，机器、运输工具等等，有可能以最大的规模最迅速地把剩余产品转化为追加的生产资料。随着积累的增进而膨胀起来的并且可以转化为追加资本的大量社会财富，疯狂地涌入那些市场突然扩大的旧生产部门，或涌入那些由旧生产部门的发展而引起的新兴生产部门，如铁路等等。在所有这些场合，都必须有大批的人可以突然地被投到决定性的地方去，而又不致影响其他部门的生产规模。这些人就由过剩人口来提供。"①

但是，如果过剩人口是这种积累迅速爆发的一个必要的前提条件，那么，同样正确的是，后者也有耗尽后备军的趋势，并引出一个条件，使可用的劳动力或多或少地得到充分利用。资本家们就

① 《马克思恩格斯全集》第 23 卷，第 693—694 页。

不得不竞出高价来争夺工人，工资就上涨，而剩余价值就要被削减。每逢积累，“大大追加有酬劳动……，那么，工资就会提高，而在其他一切情况不变时，无酬劳动[剩余价值。——引者注]就会相应地减少。但是，一旦这种减少达到一定点，滋养资本的剩余劳动不再有正常数量的供应时，①反作用就会发生：收入中资本化的部分减少，积累削弱，工资的上升运动受到反击。”②这种“反作用”，事实上是以投资活动的紧缩为特征的，它恰好就是危机。

看来十分清楚，这个削弱后备军、提高工资和降低盈利程度的过程，正是马克思在《资本论》第二卷表述他对消费不足理论的著名批判时心目中所想到的危机的原因。下面就是与此有关的一段话：

> “认为危机是由于缺少有支付能力的消费或缺少有支付能力的消费者引起的，这纯粹是同义反复。除了需要救济的贫民的消费或‘盗贼’的消费以外，资本主义制度只知道进行支付的消费。商品卖不出去，无非是找不到有支付能力的买者，也就是找不到消费者(因为购买商品归根结底是为了生产消费或个人消费)。[引者按：提到‘生产或个人消费’，这就表明，马克思在这里所说的‘有支付能力的消费’，意即现代作者所谓‘有效需求’。]但是，如果有人想使这个同义反复具有更深刻的论据的假象，说什么工人阶级从他们自己的产品中得

---

① 马克思在这里再次强调，如果资本主义要顺利地和无间断地发生机能的话，利润就必须按一个正常的比率源源出现。如我们在前一章所指出，这是他的危机理论的一个基本点。

② 《马克思恩格斯全集》第23卷，第681页。

到的那一部分太小了，只要他们从中得到较大的部分，即提高他们的工资，弊端就可以消除，那么，我们只需指出，危机每一次都恰好有这样一个时期做准备，在这个时期，工资会普遍提高，工人阶级实际上也会从供消费用的那部分年产品中得到较大的一份。按照这些具有健全而‘简单’(!)的人类常识的骑士们的观点，这个时期反而把危机消除了。因此，看起来，资本主义生产包含着各种和善意或恶意无关的条件，这些条件只不过让工人阶级暂时享受一下相对的繁荣，而这种繁荣往往只是危机风暴的预兆。"①

这一段话是从《资本论》第一卷内讨论危机的地方自然而然地引申出来的，并且是针对着那种特别在工会工作者中素负盛名的粗浅的消费不足论而发的。不过，最荒谬的莫过于，引用这段话作为"证明"，说马克思认为，消费量的大小，在危机的成因中不起作用。我们将在讨论实现危机时，对他的这方面思想作更详细的研究。

因工资提高而引起的盈利程度的下降，它所带来的危机，在《资本论》第三卷的《规律的内部矛盾的展开》一章中也加以考虑。在这里，作者假定了一些"极端的条件"，据此，不仅利润率、而且利润的绝对额也遭到压低。在这种情况下，"一般利润率也都会急剧地和突然地下降，但是这一回是由资本构成的这样一种变化引起的，这种变化的原因不是生产力的发展，而是可变资本货币价值的提高(由于工资已经提高)，以及与此相适应的、剩余劳动同必要劳

① 《马克思恩格斯全集》第24卷，第456—457页。马克思(应为恩格斯。——译者)又加上了下面的脚注："这是特别为那些不时出现的信奉洛贝尔图斯危机学说的人提出的一个备注。"

动相比的相对减少。"①这个情况，显然是《资本论》第一卷关于危机的思路的继续，与此相联系，马克思对萧条作出了他的最详尽的分析。这个讨论非常简练，所以，可以用他自己的话——删去少数次要的段落——作最佳的表述。

一旦危机爆发，

"但是在任何情况下，平衡都是由于一个或大或小的资本被闲置下来，甚至被毁灭而得到恢复。这会部分地影响到资本的物质实体；就是说，一部分生产资料即一部分固定资本和流动资本将不执行资本的职能，不起资本的作用；已经开始生产的一部分企业将会停工。虽然就这方面来说，时间会对一切生产资料（土地例外）起侵蚀和毁坏作用，但是在这里，由于职能停滞，生产资料所受到的实际破坏要大得多。

……

"遭受主要的并且最严重的破坏的，是具有价值属性的资本，即资本价值。资本价值中仅仅表现为未来参与剩余价值即利润分配的凭证的那部分，实际上就是不同形式的对生产的债券，当它预计的收入减少时，将会立即贬值。现有的一部分金银闲置下来，不再执行资本的职能。市场上的一部分商品，只有通过它的价格的极大的下降，即通过它所代表的资本的贬值，才能完成它的流通过程和再生产过程。同样，固定资本的要素也会或多或少

① 《马克思恩格斯全集》第25卷，第280页。重点是引者加的，有趣的是，请注意普利赛尔（见前引书）着重地引用了这个例子来支持他的论点，说利润率下降趋势规律是马克思的危机理论的核心。他没有看到，马克思在这里所谈的此种利润率下降，有别于《规律》一章所暗含的利润率下降。

的贬值。此外，一定的、预定的价格关系是再生产过程的条件，所以，由于价格的普遍下降，再生产过程就陷入停滞和混乱。这种混乱和停滞，会削弱货币的那种和资本一同发展起来并以这些预定的价格关系为基础的支付手段职能，会在许多地方破坏一定期限内的支付债务的锁链，而在和资本一同发展起来的信用制度由此崩溃时，会更加严重起来，……

"同时，另一些要素也会起作用。生产的停滞会使工人阶级的一部分闲置下来，由此使就业的部分处于这样一种境地：他们只好让工资下降，甚至下降到平均水平以下。这种情况对资本所发生的影响，就好像在工资保持平均水平而相对剩余价值或绝对剩余价值已经提高时一样。……另一方面，价格下降和竞争斗争也会刺激每个资本家采用新的机器、新的改良的劳动方法、新的结合，来使他的总产品的个别价值下降到它的一般价值以下，就是说，提高一定量劳动的生产力，……其次，不变资本要素的贬值，本身就是一个会使利润率提高的要素。所使用的不变资本的量同可变资本相比相对增加，但是这个量的价值可能下降。已经发生的生产停滞，为生产在资本主义界限内以后的扩大准备好了条件。

"这样，周期将重新通过。由于职能停滞而贬值的一部分资本，将重新获得它原有的价值。而且，在生产条件扩大，市场扩大以及生产力提高的情况下，同样的恶性循环将再次发生。"①

① 《马克思恩格斯全集》第25卷，第282—284页。作者所引的《资本论》第三卷英译本，将"降低"误译为"提高"。

从这一段对危机的后果的描述中，显然可以看出，马克思不仅是把萧条看作是困难的时期，萧条倒也是纠正繁荣的不幸(从资本家的观点来说)的一种特殊方法。积累的加速进行，带来了一种以危机形式出现的反作用；危机转化为萧条；萧条通过补充产业后备军和贬低资本的价值，恢复了生产的盈利性，从而为积累的恢复铺平道路。整个过程的重复，现在只不过是一个时间问题。因此，这实际上不只是一种危机理论；它实质上是现代经济学家们称为完整的经济周期论的一种。马克思是充分地察觉到这一点的：

> "现代工业特有的生活过程，由中等活跃、生产高度繁忙、危机和停滞这几个时期构成的、穿插着较小波动的十年一次的周期形式，就是建立在产业后备军或过剩人口的不断形成、或多或少地被吸收、然后再形成这样的基础之上的。而工业周期的阶段变换又补充新的过剩人口，并且成为过剩人口再生产的最有力的因素之一。……因此，现代工业的整个运动形式来源于一部分工人人口不断地转化为失业的或半失业的人手。政治经济学的肤浅性也表现在，它把信用的膨胀和收缩，把工业周期各个时期更替这种单纯的征兆，看作是造成这种更替的原因。正如天体一经投入一定的运动就会不断地重复这种运动一样，社会生产一经进入交替发生膨胀和收缩的运动，也会不断地重复这种运动。而结果又会成为原因，于是不断地再生产出自身条件的整个过程的阶段变换就采取周期性的形式。"①

① 《马克思恩格斯全集》第 23 卷，第 694—695 页。

因此，看来马克思好像是把经济周期当作资本主义发展的一种特殊形式，并把危机当作是周期的一个阶段。反映在这个特殊发展过程中的基本因素，是上下波动的积累率，而积累率波动的根源，又在于资本主义制度的基本的技术、组织特点。因果的联系是，由积累率到就业量，由就业量到工资水平，又由工资水平到利润率。利润率下降至规范值数域以下，这就扼杀了积累并引发一场危机，危机又转为萧条，最后，萧条重新创造出有利于积累率加速的种种条件。

应该注意，从马克思的资本积累分析中脱胎出来的经济周期概念，至少在原则上是非马克思主义的政治经济学所可以接受的。的确，也许可以有把握地说，在这个理论中，没有哪一个单独的重要因素，是不能在过去三四十年内经济学家们所精心制作的某一个或某几个经济周期理论中找到自己的地位的。[①] 投资率的波动，劳动力的短缺，工资和售价之间的“失调”，这一切都是周期问题研究者所熟知的，尽管各学派所强调的重点自然有所不同。连经济周期是资本主义发展的不可避免形式的这种概念，也为人们所广泛接受；著名理论家如施皮特霍夫、熊彼特、罗伯逊、汉森等已经费了很大的气力来强调这一点。不过，正统理论已经喝令人到此止步。它从来没有从经济周期中看出这对于资本主义制度本身的永恒性来说是一种威胁；在它看来，危机和萧条，不是考茨基一度尖锐地称之为资本主义的死亡象征[*memento mori*]的东西，而

① 这当然不是意味着，现代经济周期理论曾经在什么重要的程度上受马克思的影响。

倒是一种恢复的力量，它在短期中是令人讨厌的，但归根到底又是必要的。我们是否可以断言，马克思本人会同意这种看法呢？

如果他在危机的问题上，除了本章所陈述的以外，未曾有过别的见解，那么，答案也许是肯定的。但是，事实不是这样。《资本论》第一卷所提出的，以及第二、第三卷偶尔回头讲述的危机理论，是有意地只讨论整个问题的一面。因为它始终假定，在危机实际爆发以前，所有商品都能按其全部价值售出。用现在的理论术语来说，它假定，危机与其说是有效需求不足的结果，毋宁说是有效需求不足的原因。所以，问题丝毫不在于市场的匮乏，而在于工资收入者与剩余价值获得者之间收入分配的不当（从资本家的观点看来）。抛弃这个假定，就等于是打开了一个新的可能性领域。在查明这些可能性之前——这是下一章要着手做的工作——这个理论还是不完整的和片面的，有些从外表看来是由它引出的结论，是不可以当作定论看待的。

第十章　实现的危机

盈利程度下降，是爆发危机的直接原因，如果这种下降是由于资本家们不能实现所产商品的全部价值，那么，我们就要谈谈“实现的危机”了。马克思主义文献中所讨论的危机，至今都集中在这个总标题下。它又可划分为两种类型：(1)由于各个生产行业的“比例失调”所引起的危机；(2)由于群众的“消费不足”所引起的危机。让我们依次地逐一加以考察。

一、比例失调引起的危机

生产和流通过程中局部的动荡，可以引起一场普遍的危机和生产过剩。马克思把这一点看作是起码的知识，而他的信徒中，从来也没有人加以否认。要是所有的商品都按它们的价值出售，那就是意味着，各种物品的生产比例关系是“正确”的。但是，这些正确的比例，资本家们是无法预知的，它们也不是在一个总计划中规定的。每个资本家都是为市场而生产，而市场的容量，他只能根据极不完全的知识加以估计，结果，有时生产得“太少”，有时又生产得“太多”。这个事实，表现在售价上就是，价格或是高于价值，或是低于价值。于是，一个起补偿作用的趋势马上就会发生作用：售价低于价值的商品，其生产就收缩，而售价高于价值的商品，其生产就扩大。如果条件(生产的方法，消费者的欲望，劳动生产率，等等)永远不变，正确的比例终会通过反复试验而为人所发现，此后，所有的售价也会和价值取得一致。不过，实际上，各种条件不断地在变化，因此，售价和价值的一致，顶多只能是近似的和暂时的。

这是常识，也是各学派经济理论所公认的。但是，古典学派纵然不是始终明白说出，却暗示过这种调整过程会顺利地和继续不断地进行，因此，从这些局部性的生产过剩和生产不足情况中，不会引起什么一般性的动荡。谁也不能保证，这个条件一般地会得到满足。例如，若是炼钢工业的资本家们过高地估计了钢的需求，并且生产出多于市场上按合算价格所能吸收的钢，那他们就会缩减他们的生产，并由此减少对劳动力、铁、煤、运输等的需要。没有理由设想，就在这个时候，在其他商品的生产中，一定有某种扩张同时发生，其性质恰能弥补钢的减产所造成的需求不足。如果没有这样的扩张的话，那么，制钢者的错误就会引起流通过程的中断，而这种中断，如我们在第八章的讨论中所知，又有从它的起点扩张开来的趋势。不仅如此，如果钢的生产很重要，足以使这个初发的动荡变成一个巨大的骚动，那它就可能把整个经济卷入了一场普遍的危机。如马克思所说：“危机(因而，生产过剩也是一样)只要包括了主要交易品，就会成为普遍性的。”①

这样一种危机，可以轻易地归因于我们所说的各生产部门的比例失调，而这种比例失调的根源，又在于资本主义生产的无计

① 《马克思恩格斯全集》第26卷，第2册，第577页。

划、无政府性质。[1] 比例失调，始终都是危机的一个可能性因素，而且，在一切危机中，不论基本原因是什么，比例失调几乎肯定地是一个使问题复杂化的因素。这个理由——信用制度的动态是另一个理由——部分地说明了，真正的危机绝不会分毫不差地同某一个固定的理论模式相吻合。但是，资本主义的无计划性所引起的比例失调，本来就不是可以按照一般规律来解释的。因为这个缘故，对它们的论述，就超出了马克思理论体系的范围。所以，马克思在提到比例失调的可能性之后，便在一个地方接着说了下面的话：

> “可是我们这里谈的，不是以生产的比例失调为基础的危机，就是说，不是以社会劳动在各生产领域之间的分配比例失调为基础的危机。这一点只有在谈到资本竞争的时候才能谈到。前面已经说过，由于这种比例失调而引起的市场价值的提高或降低，造成资本从一个生产领域抽出并转入另一个生产领域，造成资本从一个领域向另一个领域的转移。可是，这种平衡本身已经包含着：它是以平衡的对立面为前提的，因此它本身可能包含危机，危机本身可能成为平衡的一种形式。”[2]

既然“资本的竞争”不是他打算详细分析的问题，比例失调作

① 有些作者把这种类型的危机归咎于“资本主义生产的无政府状态”。这是正确的，但应该记住，在这个问题上，“无政府状态”不等于“乱作一团”。无政府状态不一定含有无秩序的意思，它只是意味着，缺乏自觉的调节。资本主义生产尽管有无政府的性质，它归根到底还是受一定的、客观上起作用的运动规律所制约的。

② 《马克思恩格斯全集》第26卷，第2册，第595—596页。

为危机的一个原因，在他的手里自然只应受到偶然的注意。况且，马克思的早期信徒们也和马克思经济著作的评论家们一样，似乎是完全不理睬这种危机“理论”的。所以，有一件事情也许使人感到惊讶，那就是，在第一次世界大战前后，德国社会民主党的许多发言人竟把危机的比例失调论，当作是本问题上唯一的马克思主义理论来加以提倡。① 此事的缘由，颇值得注意。

使比例失调论在社会主义者中广泛流传的，主要是俄国的经济学家 M. 杜冈-巴拉诺夫斯基。杜冈也许是所谓“修正主义”运动所产生的最有影响和最有独创性的经济思想家。这个运动，在1895 年恩格斯逝世以后，开始在欧洲各个社会主义流派中得到发展。把杜冈称为修正主义者，是否恰当，可以研究，因为他从未以哪一号的马克思主义者自居，在这一点上他也有别于那些自以为(或至少是据别人说他自以为)仅是以最新经验来“修正”马克思主义学说的人——如爱德华·伯恩施坦。不过，为了各种实际的目的，杜冈是站在修正主义者这一边的。至少就目前所研究的问题来说，如果不把他列为修正主义者，那就是骗人的。无论如何，有一点应该补充说一说，杜冈在现代经济周期研究的发展上，是有过很大影响的；他的有关英国商业危机史的著作，在这个学术领域中，是实证研究的一项先驱工作。②

---

① 朱利安·博尔恰特的《危机理论》一文，提供了一个良好的例子。该文附在作者本人所节写的马克思《资本论》中，此书用英文出版，标题是“人民的马克思”，在现代丛书中由伊士特曼主编的《资本论、共产党宣言和其他论著》中可以找到。博尔恰特的节写本在德国曾经风行一时，并得到社会民主党的正式批准。

② M. 杜冈-巴拉诺夫斯基：《英国商业危机的理论与历史研究》1901 年版。德文本是根据 1900 年俄文修订版译出的。俄文初版是在 1894 年问世的。

杜冈否定了两个据他看来是马克思对危机的解释，这两个解释就是：(1)危机是利润率下降趋势所造成的；(2)危机是人民大众消费不足的结果。他把第一种解释扔在一边，据说是因为，资本有机构成的提高，一定导致利润率的提高，而绝不是如马克思所设想的导致利润率的下降。[①] 他又试图用一个精心制作的论证来推翻第二种解释，说只要各个产业部门的生产保持正确的比例，不管消费方面发生什么问题，都不会发生生产过剩或需求不足。所以，比例失调论，在某种意义上说来，是他对马克思的批评的一个推论，它丝毫没有阐发马克思理论的意思。但是，为了解释他所说的按比例生产——据说这样就能免于消费不足的一切困难——究竟是意味着什么，他着重地引证了马克思在《资本论》第二卷中所详述的再生产表式。杜冈是第一个给再生产表式派了这种用场的人，他并且以此创立了一种很快地就在马克思主义著作家中传播开来的风气。不久，结合再生产表式所发挥的比例失调理论，就被人看作是马克思自己的学说，而不是杜冈的学说；这个学说的真正的来源已为人所忽视和遗忘。几年以后，希法亭在他论金融资本的名著中接受了这个比例失调论的新说法，[②]这就为它作了最后的鉴定。希法亭是一个"正统的"马克思主义者，他为人所推崇，俨然就是德语国家中社会主义运动的杰出的经济学家；他的书当然是继《资本论》以后最重要的著作之一。比例失调论一经希法亭赞赏，它的地位就巩固了。

① 杜冈这个命题的"证据"，建立在对剩余价值率所碰上问题的某种纯粹武断的假定上面，因此，应该被认为是站不住脚的。

② 鲁道夫·希法亭：《金融资本论》，1910年版。

想来马克思是决计不会否认这个理论的正确性的。他也许会这么想，利用再生产表式来说明它，是一个好主意。但是他会强烈地反对这个理论的次要意义和言外之意，而且说实话这个理论之所以享有盛名，正是在于这些次要意义和言外之意，而不是在于那颇为浅薄的内容。因为，事实上，杜冈和他的大多数追随者——不管是多么无意识地追随——都是把比例失调论说成是危机的唯一可能的解释，而这个结论要是为人所接受的话，那么，寓意也确是深远的。让我们把这一点更深入地考察一下。

如果资本主义的发展离不开利润率下降趋势，或离不开消费需求越来越落后于生产要求的趋势，或两者都离不开，那么，这个制度的毛病就可望随岁月的推移而加剧，而资本主义关系变成社会生产力进一步发展的桎梏的时候，也必然同黑夜跟随白昼一样，非来不可。[①] 既然这样，周期地打断社会经济生活的危机，就的确必须看作是现存社会体系的死亡象征。但是，如果这些悲惨的先兆是建立在纯粹想象的基础上，如果造成危机的最顽固原因，真的仅仅是生产过程中的比例失调，那么，现存的这个社会制度似乎就很巩固了，至少在人民变得很有教养、道德高尚、足以要求和值得承受一个更好的制度之前，它是很巩固了。在这期间内，不但资本主义无崩溃之必要，甚且还可以在资本主义条件下做好多的事情，来消弭那些造成种种不必要痛苦的比例失调。不仅如此，有许多事情已经在做了，因为，随着产业以托拉斯形式组织了起来，随着政府对经济事务的监督的发展，难道还不清楚，资本主义生产的无

① 这个问题将在下文中详细研究。参阅第十一章和第十二章。

政府状态越来越消失了么？在这两个互不相容的观点中，如果第一个为人所接受，那么，社会主义者就必须为迎面而来的风暴作好准备；他们甚至还必须作好准备——如果必要的话——通过革命的办法来强行解决现存体系的矛盾。但如果是第二种观点为人所接受，那么，社会主义者就可以期待一个无限期的、平静的教育工作时期，他们至少可以指望，这种教育工作最终将通过大家的一致同意，取得和平地建立合作共和国的光荣胜利。

现在，毫无疑问，在修正主义的内心中，怀有一种意念，相信后者是唯一的合理观点。支持这种信仰的意念，并为它辩解，这就成了修正主义者的理论工作的主要任务。从这个观点看来，杜冈的比例失调的危机论——它是以那些旨在驳斥利润率下降论和消费不足论的说法为依据而构想出来的——就很有吸引力了。当人们想起第一次世界大战前的几年里，和德国社会民主党有联系的知识分子，大多数都集中到修正主义的阵营内时——虽然内中有许多人，如考茨基和希法亭等，会对他们的正统所受到的任何怀疑感到不满——就不难理解为什么比例失调论何以那么流行了。

这一切，现在都成了社会主义思想史的一部分；今天，对比例失调论予以那么大的注意，可能使人觉得，这似乎是要把死问题复活。因为，这个理论的内在价值不高，而近来，在危机问题上，马克思主义的文献已经显示出一种健康的倾向，再一次地像马克思本人一样，把这种理论贬低到次要的地位。[①] 虽然这样，仔细分析杜

① 要知近来批判比例失调论的佳作，请阅纳塔利·莫斯科夫斯卡：《现代危机理论的批判》(1935 年)，第五章。

冈的理论，仍然是大有道理的，因为杜冈在推敲比例失调论的同时，还试图贬损各种以消费不足来解释危机的见解。此外，他还在这个做法中，不知不觉地提供了一个最好的线索，以解释马克思本人对消费与危机的关系所作的零碎的、稍微有点儿暧昧的论述。所以我们觉得，考察杜冈的理论，拿它作为危机的消费不足论的引子，是有好处的。

二、消费不足引起的危机

我们已经有过利用再生产表式的机会。在第五章中，一个两部类的再生产表式（第一部类生产生产资料或不变资本，第二部类生产消费品），就是根据简单再生产的假定（没有资本积累）作出的。在第七章中，三部类的表式（消费品部类一分为二，分别生产工资品和资本家消费品）被用来分析价值和生产价格之间的关系。在这些表式中，简单再生产的假定仍旧保留。杜冈-巴拉诺夫斯基一直是用三部类表式来进行研究的，但是他的理论要旨，用一个只有两部类的表式就可以稍许简单一些表述出来。现在，我们必须撇开简单再生产的假设，并考察扩大再生产（资本积累）的均衡条件性质。不过，首先还是让我们回想一下简单再生产的均衡条件：

$$\text{I} \quad c_1 + v_1 + s_1 = w_1$$

$$\text{II} \quad c_2 + v_2 + s_2 = w_2$$

如果不变资本的供给应该等于为更新不变资本所必要的需求，那我们就必须有：

$$c_1 + v_1 + s_1 = c_1 + c_2$$

又如果消费品的供给应能吸收资本家和工人的全部收入，那我们就必须有

$$c_2 + v_2 + s_2 = v_1 + s_1 + v_2 + s_2$$

这三组等式都可化为更简单的形式：

$$c_2 = v_1 + s_1$$

如果这个条件得到满足，两个部类之间就有均衡存在。数值等于 c_1 的不变资本，始终有必要回到第一部类的生产过程中来，因而绝不能进入到同第二部类的交换中去；同样，数值等于 $v_2 + s_2$ 的消费品，始终必须由第二部类的工人和资本家来消费，因而也没有进入到两个部类的交换中去。

在转入扩大再生产时，我们依照马克思一向的做法，①假定工人们继续消费他们的全部收入，而资本家们却以他们的一部分收入来投资，以扩大生产过程。这就是说，资本家们拿出他们的一部分剩余价值来购买追加的生产资料和追加的劳动力。如果要轻易地完成这个过程，所生产的生产资料，就一定要多于为更新本生产周期内耗用的不变资本所必需的数目；供新增劳动者使用的消费品，也必须生产出来。我们又假定，随着收入的扩大，资本家年复一年地提高他们自己的消费，但提高的程度低于剩余价值的全部增长额。

现在，剩余价值可以方便地分为四个部分：第一，适量的消费支出，其数目刚够把资本家们的消费维持在前一期的水平上——称为 s_{av}；第二，消费的增长额——称为 $s_{\Delta c}$；第三，用来扩大可变资

① 见上文，第 181 页脚注。

本的积累——称为 s_{av}；第四，用来购买追加的不变资本的积累——称为 s_{ac}。如果我们再加一些下标数字，以便把属于第一部类的项目和属于第二部类的项目区别开来，那么，整个再生产表式就像下面的样子：

$$\begin{array}{c}
\qquad\qquad s_1 \\
\boxed{\begin{array}{l} c_1+v_1+s_{c1} \\ c_2+v_2+s_{c2} \end{array}}\begin{array}{l} +s_{\Delta c1}+s_{av1}+s_{ac1}=w_1 \\ +s_{\Delta c2}+s_{av2}+s_{ac2}=w_2 \end{array} \\
\qquad\qquad s_2
\end{array}$$

方格里所包含的六项，刚好相当于按简单再生产的假设而构筑的再生产表式；其余各项，是因为向扩大再生产过渡才加上去的。①

为了发现扩大再生产的均衡条件，我们必须和以前一样继续进行下去，那就是说，使所有代表对不变资本需求的项目等于不变资本的总产量，并使所有代表对消费品需求的项目等于消费品的总产量。这便给了我们下面两个等式：

$$c_1+s_{ac1}+c_2+s_{ac2}=c_1+v_1+s_{c1}+s_{\Delta c1}+s_{av1}+s_{ac1}$$

$$v_1+s_{c1}+s_{\Delta c1}+s_{av1}+v_2+s_{2}+s_{\Delta c2}+s_{av2}$$
$$=c_2+v_2+s_{c2}+s_{\Delta c2}+s_{av2}+s_{ac2}$$

经过简化以后，这两个式子就化为一个单独的条件：

① 布哈林在他的扩大再生产表式的正式表述上，犯了把资本家消费假定为始终不变的错误。所以他删掉了 $s_{\Delta c}$ 这一项。同一错误也出现在他的推理中，他在推理时似乎想象不到资本家消费的增长。布哈林《帝国主义与资本的积累》，第 10 页及第 29 页以下各页。

$$\boxed{c_2} + s_{ac2} = \boxed{v_1 + s_{c1}} + s_{\Delta c1} + s_{av1}$$

这比简单再生产的情况要复杂得多，但是，不出所料，这两个均衡条件都显示出结构上的一定近似性。事实上，等式双方格子里所包含的项目，按其定义构成了简单再生产的均衡条件，而且，不论其他项目如何，必须相等。此外，和以前一样，还有相当多的项目没有进入这两个部类的交换之中。第一部类所生产的一笔日益增加的不变资本，还是留在第一部类之内；而第二部类中工人和资本家们的扩大消费，则当然是要全部由第二部类的产量来供给。

现在，按照杜冈的说法，扩大再生产表式[①]显示了两件事情：第一，如果剩余价值中逐年追加到资本中去的那一部分，不是以正确的比例分配在各个产业和部类之间，那么，结局肯定是一场危机；第二，如果资本的增加额是按正确的比例来分配的，那么，就没有危机存在的余地。所以，再生产表式同时也说明了什么是危机的原因（比例失调）和什么不是危机的原因（群众的有限消费）。让我们把这两个论点考察一下。

杜冈以为，引起危机的比例失调危险，只有在涉及新积累的资本时，才真的会发生。“如果没有必要为新资本找机会投资，如果生产不是受到利润的资本化所刺激，社会生产的按比例分配就不

① 杜冈的再生产表式是以数字表示的，而均衡条件，与其说是用方程式的形式来表示的，实际上毋宁说是用文字来描述的。我们的目的，是以更简洁、更易理解而同时又更为普遍的形式来申述他的理论的精髓。关于杜冈的解说，见《商业危机》，特别是其中第一章；又见《马克思主义的理论基础》（1905 年），第 9 章。

会发生什么困难。”①但是，在新投资的情况下，人们不可能从经验中找到充分的根据，来判断新需求的格局；每个资本家自己作出决断，而对于别人的所作所为全不知晓，种种正确的比例，如扩大再生产表式所示，是以复杂的形式彼此相联系的：最重要的是，实际上不存在这个过程顺利地、不断地前进的可能性。就像杜冈所小心强调的，积累是和资本主义分不开的，因此，这实际上就是说，危机是不可避免的，至少在人们能够对生产过程中实行某种有效的计划形式以前是不可避免的。还有一件事虽然和当前的研究没有密切的关系，但为了完整起见也必须附带地说一说，那就是，杜冈把信用制度的作用也带了进来，从而把它发展成为一个经济周期理论。危机和萧条，是闲置借贷资本堆积而利润率下降的时期。不久，新的投资活动便再次上马。由于多方面的原因——其中包括为完成许多新工程项目所必需的期限——在新投入资本的分配中潜伏着的比例失调，非在一个相当长时期的繁荣以后是不会露头的。但最后，当新工程项目处在可以动用状态时，比例失调就变得明显起来，而且不久就酿成不可避免的危机。此后，整个过程不过是反复重演而已。

这个理论的主要弱点，在于它的浅薄。但是，由于我们的意图不是要批判杜冈对经济周期理论的正面主张，所以就让我们回过头来看看他的第二个论点，那就是，扩大再生产表式也可以用来说明消费不足是不可能发生的。“如果社会生产是根据一个计划来组织的，”杜冈说，“如果生产的指挥者对需求有完全的了解，又有

① M. 杜冈-巴拉诺夫斯基：《商业危机》，第 33 页。

权力来命令劳动和资本从一个生产部门转移到另一个生产部门，那么，不论社会消费是怎样的低下，商品的供给永远不可能超出需求。”①

必须立即声明，杜冈对这个说法的“证明”纯粹是表面文章，而且是建立在对再生产表式的窜改上面。用最简单的话来说，它的意思就是，如果产品的比例分配，恰好就是扩大再生产的均衡条件所规定的，那么，供给与需求就一定完全平衡。当人们回想起均衡的条件就是来自于供求平衡的假定时，这一点便没有什么可以大惊小怪的了。

不过，乍看起来，似乎连这种同义语重复的推理也不足以证实这样的结论——“不论社会消费是怎样的低下”，扩大再生产还是可以无限地进行下去。因为，如果两个部类的资本家们都是以近乎一致的速度进行积累——没有理由作任何其他假设——那么，再生产表式本身似乎就表明，只有在两个部类以一种协调的方式扩大时——而且第二部类的扩大当然必须含有消费扩大的意思——均衡才能维持。让我们试拟一个两个部类都有积累而社会消费依然不变的情况。所有的积累，都必须以购买追加不变资本的形式出现，而资本家们又必须不增加自己的消费；否则社会消费就会提高。这就是说，再生产表式中 $s_{\Delta c}$ 和 s_{av} 两项都等于零。表式于是成了下面的样子：

$$\text{I} \quad c_1 + v_1 + s_{c1} + s_{ac1}$$

$$\text{II} \quad c_2 + v_2 + s_{c2} + s_{ac2}$$

① M. 杜冈-巴拉诺夫斯基：《商业危机》，第 33 页（重点是引者加的）。

而均衡条件则化为下面的形式：

$$v_1 + s_{c1} = c_2 + s_{ac2}$$

但是，我们已经知道，v_1、s_{c1} 和 c_2，照定义是扩大再生产与简单再生产相对应的因素，因此，$v_1 + s_{c1} = c_2$ 这个式子无论如何必须成立。由此推知，s_{ac2} 必须等于零；换句话说，在第二部类中，没有积累发生。这一点和我们原来的假设相矛盾，因此，看来我们必须下这样的结论：上述的情况不可能存在。

不过这个结论实际上是由再生产表式的构造中某些硬性的规定所引起的，因为我们已经暗中假定，前一期用过的资本和劳动，没有一个能够从一个部类转移到另一个部类。如果抛弃这个假定，有些新积累的不变资本就可以投入各个部类，而有些可变资本（连同它所维持的劳动者）则可以从第二部类转入第一部类。如果正确的比例得到维持，结局就会是，第一部类因使用了更多的劳动力和生产资料而扩大其产量。而第二部类的产量则仍旧不变，劳动的减少，则恰好被不变资本的增加使用所抵消。全部社会资本的有机构成提高了，生产资料的生产也比消费品的生产有所扩大。

同样的推理基本上可以用来构思一种扩大再生产的情况，这种情况所显示的是，生产资料生产的增加同消费品生产的绝对的、但较小的下降同时发生。这就是杜冈所做的事。① 必须注意，这样一种情况意味着就业工人人数的绝对量下降，因而整个

① M. 杜冈-巴拉诺夫斯基：《马克思主义的理论基础》1905 年版，第 224 页及其后诸页，尤其要阅读第 226 页起的脚注。

工人阶级的消费缩减了，而资本家们的消费则没有变化。但是，总产量则逐步扩大，生产资料所占的比重也总是越来越大。从工人的观点看来，情况是越来越坏了。但是杜冈坚决主张，资本主义是由资本家来经营而且也是为资本家而经营的，从资本家的观点看来，对他们所生产的东西永远也不会有什么需求不足，因而永远没有危机的危险。唯一的条件就是，在各个生产部门之间必须始终保持正确的比例，杜冈把他的论证推进到它的逻辑结论：

> "如果除一人以外，全部工人都消失而为机器所代替，那么，这个单独的工人就会把整个庞然大物的机器开动起来，并凭借它来生产新机器——以及资本家们的消费品。工人阶级就会消失，而这丝毫也不会妨碍资本的自我扩张过程〔Verwertungsprozess〕。资本家们不会得到更少量的消费品，一年的全部产品都会实现，并为次年的生产和资本家消费所利用。即使资本家们想限制他们自己的消费，也不会引起什么困难；在这种情况下，资本家消费品的生产部分地停止，而更大的一部分社会产品是由生产资料构成，这些生产资料可以用来进一步扩大生产。例如，人们生产铁和煤，铁和煤又总是用来扩大铁和煤的生产。每一个后续年份的铁和煤的扩大生产，用掉了前一年所增产的大量产品，直至必需的矿物耗尽为止。"①

很少经济学家走到这样的极端，把生产和消费的相互依存关

① M. 杜冈-巴拉诺夫斯基：《马克思主义的理论基础》1905年版，第230页。

系也否定了。[①] 但是无论如何也不能指责杜冈自相矛盾。他是以玩弄再生产表式开始的，他建立了某些游戏规则，并且发现，通过一行接一行地坚持把数字写下去，他就可以制造出最惊人的结果。甚至对杜冈来说，要把他的表式的特征，加到现实世界上去，这最后一步也是难以迈出的。但是，经过片刻的犹豫之后，他还是毅然决然地冲了下去。

> "这一切听起来也许很奇怪，是的，也许像是最大的胡说。也许——真理当然不是永远易于理解的事情，但它还是真理。作为真理，我所指的，自然不是这个完全武断的和非现实的假设，即体力劳动为机器所代替，从而导致工人人数的绝对减少（这个假定只是用来表明，我的理论就是走到非现实的极限也是颠扑不破的），而宁可说是这样的一个命题，即假定社会生产是按比例分配的。那么，任何社会需求的减少，都不可能造成过剩产品。"[②]

---

① 不过，如果认为，杜冈是以持有这种见解而在著名的经济学家中成了一个孤立的事例，那就错了。J. B. 克拉克在多布唤起人们注意的一段话中，曾经这么写过："如果资本家们决心要在他们现在和未来的收入中，把超过某个固定数目的部分通通储蓄起来，那他们就会首先把当前的一部分财物资本化，其次，再把日后从所创造资本中得来的收入也加以资本化，他们会修起更多的工厂，而这些工厂又要一直不停地建设更多的工厂。这种情况不会引起饱和，但它是一种不现实的情况，"《卡尔·洛贝尔图斯〈生产过剩与危机〉（英译本 1898 年）的序言》，第 15 页。最近，奈特也说过："有了准确的计划……实际投资过程中市场吸收资金的速度，就绝不可能低于资金涌现的速度……这是一个纯粹的技术问题，同时如果人们决定把所有的收入都储蓄起来，那也没有理由说，为什么整个社会的生产能力不能用来建设新的资本物品！"F. H. 奈特《资本量与利息率》，《政治经济学杂志》，1936 年 10 月份，第 639 页。这些说法反映一种和杜冈极为相似的观点。但是，这两位作家都未在单纯说明原理的范围之外走得太远。

② M. 杜冈-巴拉诺夫斯基：《马克思主义的理论基础》1905 年版，第 230—231 页。

杜冈的理论,引起了马克思主义作家们所一致而强烈的不满。他们绝不是一概地把消费不足看作是危机的不可避免的、甚至是十分重要的原因,但没有一个人能够忍受这样一种想法,说生产可以无限制地发展,而丝毫不顾消费的水平与趋势。极简要地概述杜冈理论所引起的某些反应,也许不无好处。

在最先评论杜冈第一本书的人中,有一位是康拉德·施密特。他是最能干的修正主义者之一。施密特在修正主义者的理论喉舌上发表文章,他一方面完全同意杜冈的说法,认为资本主义的崩溃终究是很难实现的,但另一方面,他又在生产与消费的联系问题上,对后者的观点持有严重的异议。使"生产实际发生的'生产目的',"施密特写道:"就是那些经最后分析、并以这种形式或那种形式由消费品需求所引起的目的,也即是那些只有与消费需求相结合或不断归结到消费需求才能加以理解的目的。一定的需求或消费的需求,是贯串在整个经济中、使庞大的生产机构运动不停的有生力量。"①

稍后,考茨基——当时被人普遍地认为是马克思主义权威发言人——在社会民主党的正式的理论性机关刊物中发表了对该书的评论。当时考茨基和施密特一样尖刻。

> "资本家可以把人和机器等量齐观,而社会仍然是人的社会,而绝不是机器的社会;社会关系始终仍然是人与人的关系,绝不是人与机器的关系。因为这个缘故,人的劳动到头来

① 康拉德·施密特:《关于商业危机和生产过剩的理论》,载《社会主义月刊》(1901 年)第二期,第 673 页。

> 仍然是创造价值的因素；也因为这个缘故，人的消费的延伸，到头来对生产的扩张起决定性的影响……生产是、而且一直是为人的消费而生产的。"①

L. B. 鲍丁——第一次世界大战前杰出的美国马克思主义理论家、正统派的一员——也参与对杜冈的攻击。鲍丁在把后者的理论称为"一种十足的无稽之谈"和"最道地的胡说"之后，就断言："生产资料……不过是消费品生产的手段。所以，哪里对最终要用生产资料来生产的消费品没有需求，哪里的生产资料生产就是多余的生产。当最后的试验用到这上头来的时候，人们看到的也正是这样。"②

就是希法亭，尽管他自己的危机理论是多亏杜冈的帮助，但他在这个重要的观点上也和杜冈有严重的分歧：

> "[杜冈]只看到资本主义生产的特殊经济形式，因而忽视自然的条件，而这些自然条件，不论生产的历史形式如何，乃是一切生产所共有的；这样，他就得出这样一个奇怪的生产概念，这个概念除了作为目的的生产以外，别无一物，而消费只是作为一种讨厌的偶发事件出现。如果这是'疯狂'，那它还有'方法'，甚至就是马克思主义的方法，因为分析资本生产的历史形式是马克思主义的特色。使杜冈的理论如此奇特和如此激动人心的，是马克思主义处于狂热的状态——但它仍是马克思主义。杜冈自己感觉到这一点，虽然他并没有认识它。

---

① 卡尔·考茨基：《危机理论》，载《新时代》第20年集，第2卷（1901—1902年），第117页。

② L. B. 鲍丁：《卡尔·马克思的理论体系》（1907年），第249页。

因此，他才和他的对手的‘常识’作激烈的争辩。”①

当时人们就料到，消费不足论的女王罗莎·卢森堡定会轻蔑地否定杜冈的理论。“生产资料的生产与消费无关的论点，”她写道，“自然是杜冈-巴拉诺夫斯基的一种庸俗的经济幻想。”②

最后我们可以用布哈林——经常是布尔什维克在政治经济学问题上的发言人——的适度说法来结束这个见解的评论。布哈林坚决主张，“杜冈-巴拉诺夫斯基主义”的实质，在于“把生产从消费中割裂出来并使它完全孤立”。布哈林说过下面这段话：

> “如果我们硬是要来一个不受消费拘束的市场，因而硬是要来一个内部各生产部门相互为用的生产资料生产的内部自我循环，换句话说，如果我们有一个类似于杜冈所活龙活现地想象出来的那种奇特的生产体系，那么，当然不可能有普遍的生产过剩……如果我们坚持正确的理论，即马克思的理论，而不是杜冈-巴拉诺夫斯基的理论，那我们就得出完全不同的结果。这样，我们就看到一连串的有关产业，它们互为市场，它们遵照整个生产过程的技术——经济连续性所决定的某种明确的秩序组成一个链条。但是，这个链条是以消费品的生产告终的，而消费品只能……直接地供个人消费……”③

对杜冈理论的这一切批评，它们背后的思想只有一个，那就

① 鲁道夫·希法亭：《金融资本论》第355页脚注。

② 《资本积累论——一篇从经济上阐明帝国主义的论文》(1922年)第291页，这本书是在1912年初版的。在这以后发表的，是她在第一次世界大战期间对批评者的回答，题为《是资本积累，还是无能者按马克思理论依样画葫芦——一个反批评》。两个标题近似，可能容易引起混淆。

③ 尼古拉·布哈林：《帝国主义与资本的积累》1926年版，第76页。

是，不管生产过程的历史形式如何，生产过程现在是、而且必然继续是为人类的消费而生产产品的过程。任何一种想离开这个基本事实的企图，都是表示逃避现实，其结局必然是理论的破产。杜冈有本事构想一些再生产表式，它们分明指着反面的东西，但他这个本事丝毫也没有改变事情的实质：尽管杜冈和他的再生产表式持有相反的看法，生产还是为消费而生产。在这个论争上，各式各样马克思主义者的见解都是绝对一致的。但是，有一个问题自然地冒了出来：这和马克思自己所经常重申的观点，即资本主义生产的目的和宗旨不是消费而是价值的扩大，不是大相径庭吗？它不是明显地犯了马克思在下面这段话中所告诫的错误吗？"任何时候都不应该忘记，在实行资本主义生产的条件下，问题并不直接在于使用价值，而在于交换价值，特别在于增加剩余价值。"①

答案要在下面这个认识中来寻找，即当作创造使用价值的自然——技术过程来看的生产目的，和当作扩大交换价值的历史制度来看的资本主义目的，两者之间确实存在着一种矛盾。这个矛盾不但存在，而且构成资本主义社会的基本矛盾，一切其他的矛盾，最后都是从这个矛盾派生出来的。

传统的政治经济学假定，资本主义生产的宗旨同生产一般的客观目的是一回事，都是效用的增进。它试图用这个手法来掩饰或否认这对矛盾。杜冈则是站在另一个方面，他采用相反的方法，假定交换价值的无限制扩大是同生产一般的目的相一致的。马克思主义政治经济学和这二者相对立，不仅认识这个矛盾，而且予以

① 《马克思恩格斯全集》第26卷，第2册，第564—565页。

最高度的重视，并在这个基础上证明，资本主义和以前的各种社会制度一样，都不是永存的。

现在，我们必须在这种想法同危机问题有关的范围内，从马克思本人的著作中追溯此一思潮，然后在完成这个工作的基础上，给这个大大为人误解的资本主义危机的“消费不足”论，提出一个逻辑严谨的表述。

马克思和他的信徒一样，不同意杜冈的这种想法，即当作一切历史时期所共有的自然过程来看，生产可以按某种方式为自己定方向。在未完成的“政治经济学批判导言”中，他清楚地谈到这一点：

> “消费……生产着生产……因为消费创造出新的生产的需要，因而创造出生产的观念上的内在动机，后者是生产的前提。消费创造出生产的动力；它也创造出在生产中作为决定目的的东西而发生作用的对象。如果说，生产在外部提供消费的对象是显而易见的，那么，同样显而易见的是，消费在观念上提出生产的对象，作为内心的意象、作为需要、作为动力和目的。消费创造出还是在主观形式上的生产对象。没有需要，就没有生产。而消费则把需要再生产出来。”①

即使是在资本主义条件下面——那里，各个生产部门外表上都带有相当大的独立性——要不是为了在最后把生产资料直接地或间接地用来生产消费品，人们也绝不会生产生产资料。

① 《导言(摘自1857—1858年经济学手稿)》，《马克思恩格斯全集》，第12卷，第741—742页。

"……不变资本和不变资本之间会发生不断的流通(甚至把加速的积累撇开不说也是这样)。这种流通就它从来不会加入个人的消费来说,首先不以个人消费为转移,但是它最终要受个人消费的限制,因为不变资本的生产,从来不是为了不变资本本身而进行的,而只是因为那些生产个人消费品的生产部门需要更多的不变资本。"①

虽然如此,资本主义生产的社会关系还是要强行限制消费,而同时又激起了资本家们漫无限制地扩大生产的企图。在一段应该受到人们广泛了解的强有力的文字中,马克思描绘出资本主义的这个最基本特点:

"工人的消费,平均起来只等于他的生产费用,而不等于他的产品。因此,全部余额都是工人为别人生产的,所以工人的这部分产品全是为别人而生产。其次,'产业资本家'迫使工人进行这种剩余生产(即超过工人本身生活需要的生产),并且运用一切手段来尽量增加这种同必要生产相对立的相对剩余生产,直接把剩余产品据为己有。但是,作为人格化的资本,他是为生产而生产,想为发财而发财。既然他是资本职能的单纯执行者,即资本主义生产的承担者,他所关心的就是交换价值和它的增加,而不是使用价值和它的数量的增加。他只关心抽象财富的增加,对别人劳动的愈来愈多的占有。他像货币贮藏者一样,完全受发财的绝对欲望支配,所不同的只是,他并不以形成金银财宝的幻想形式来满足这种欲望,而是

① 《马克思恩格斯全集》第25卷,第341页。

以形成资本的形式即实际生产的形式来满足这种欲望。工人的剩余生产是为别人而生产，正常的资本家，即'产业资本家'的生产则是为生产而生产。当然，他的财富愈增加，他也就愈背弃这种理想而成为挥霍者，哪怕是为了显示一下自己的财富也好。不过，他始终是昧着良心、怀着精打细算的念头去享用财富。'产业资本家'无论怎样挥霍，他实质上仍然和货币贮藏者一样吝啬。

西斯蒙第说，劳动生产力的发展使工人有可能得到愈来愈多的享受，但这些享受如果给了工人，就使他（作为雇佣工人）不适宜于劳动了。如果是这样，那么，同样可以正确地说，'产业资本家'一旦成为享用财富的代表，一旦开始追求享受的积累，而不是积累的享受，他就或多或少不能执行自己的职能了。

可见，'产业资本家'也是剩余生产即为别人而生产的生产者。"①

因此，在这里，我们可以看到马克思在一个地方称之为资本主义"基本矛盾"的一些要义：生产若非面向一定的消费，它就毫无目的，但资本主义却企图扩大生产，而对于唯一能赋予生产以意义的消费，则置之不顾。"他[西斯蒙第。——引者注]特别感觉到了这样一个基本矛盾：一方面是生产力的无限制的发展和财富的增

① 《马克思恩格斯全集》第26卷，第1册，第292—293页。马克思接着又说，和消费只限于一个最低额的生产者相对立，还有一些以地主、国家、教会等等形式出现的纯消费者，如何对待这些人以及其他只消费不生产的"第三者"，这个问题将留在后面第十二章再说。他们在实际中有极大的重要性，这是不言而喻的。

加——同时财富由商品构成并且必须转化为货币;另一方面,作为前一方面的基础,生产者群众却局限在[消费上。——引者注]生活必需品的范围内。”①

马克思在许多更为人所熟知的段落中,认为危机和生产停滞同消费量的大小有关,这些段落,若不是以上述的论点为背景,就可能失去它的意义和重要性。在这些段落中,最有分量、而且在某些方面最为明确的,就是下面这一段。

> “这个剩余价值的取得,形成直接的生产过程,……一旦可以榨出的剩余劳动量物化在商品中,剩余价值就生产出来了。……现在开始了过程的第二个行为。总商品量……都必须卖掉。如果卖不掉,或者只卖掉一部分,或者卖掉时价格低于生产价格,那么,工人固然被剥削了,但是对资本家来说,这种剥削没有原样实现,这时,榨取的剩余价值就完全不能实现,或者只是部分地实现,甚至资本也会部分或全部地损失掉。直接剥削的条件和实现这种剥削的条件,不是一回事。二者不仅在时间和空间上是分开的,而且在概念上也是分开的。前者只受社会生产力的限制,后者受不同生产部门的比例和社会消费力的限制。但是社会消费力既不是取决于绝对的生产力,也不是取决于绝对的消费力,而是取决于以对抗性的分配关系为基础的消费力;这种分配关系,使社会上大多数人的消费缩小到只能在相当狭小的界限以内变动的最低限度。这个消费力还受到追求积累的欲望的限制,受到扩大资

① 《马克思恩格斯全集》第26卷,第3册,第55页。

本和扩大剩余价值生产规模的欲望的限制。这是资本主义生产的规律,它是由生产方法……的不断革命,由不断和这种革命联系在一起的现有资本的贬值,由普遍的竞争斗争以及仅仅为了保存自身和避免灭亡而改进生产和扩大生产规模的必要性决定的。因此,市场必须不断扩大,以致市场的联系和调节这种联系的条件,越来越采取一种不以生产者为转移的自然规律的形式,越来越无法控制。这个内部矛盾力图用扩大生产的外部范围的办法求得解决。但是生产力越发展,它就越和消费关系的狭隘基础发生冲突。在这个充满矛盾的基础上,资本过剩和日益增加的人口过剩结合在一起是完全不矛盾的;因为在二者结合在一起的时候,所生产的剩余价值的量虽然会增加,但是生产剩余价值的条件和实现这个剩余价值的条件之间的矛盾,正好因此而日益增长。"①

在这里,马克思表示他相信,生产的中断可能是因为资本家们不能按商品的价值来出售它们。这个麻烦,究其根源在于消费需求的数量受到限制——受低下的工资和资本家们的"积累倾向"所限制。但这并不一定意味着,产量的下降一定是首先发生在消费品部类。是否如此,要看存在于生产资料生产同消费品生产之间的关系的形式。马克思在这个问题上表示缄默,这只能说明他从未详细地把"消费不足"理论展开。

在前面这一段引文中,萧条被描绘成是生产扩张受生产的最终成果——即消费品——的需求不足所阻抑的时期。与此相对应

① 《马克思恩格斯全集》第25卷,第272—273页。

的见解，是把繁荣看作是生产资料产量超过其最终可利用量的时期。因此：

> “资本主义生产全力扩张的时期，通常就是生产过剩的时期。因为生产能力绝不能使用到超过这个程度，以致它不仅能够生产更多的价值，而且还能把它实现。商品的出售，商品资本的实现，从而剩余价值的实现，不是受一般社会的消费需求的限制，而是受大多数人总是处于贫困状态、而且必然总是处于贫困状态的那种社会的消费需求的限制。”①

以上两段引自马克思的话，包含有这样的意思，即生产的停滞——意即生产资源的利用低于生产能力——应该看作是资本主义条件下的正常状态，因为只有从这个观点出发，充分利用的时期才能合理地称为“生产过剩时期”。如果这个见解为人所接受的话，整个危机问题就会以一种新的姿态出现，重点就从“什么事情引起危机和萧条”转到它的反面：“什么事情引起扩张”。虽然这两个问题绝不是互相排斥的，但经济周期的文献，过去一直倾向于强调前一个问题；在进一步探讨的过程中，我们就会看到，后一个问

① 《马克思恩格斯全集》第 24 卷，人民出版社 1972 年版，第 352 页，注 32。“因为生产能力绝不能使用到超过这个程度，以致它不仅能够生产更多的价值，而且还能把它实现。”这个短句，照原版读来是，“*weil die produktionspotenzen nie soweit angewandt werden können, dass dadurch mehr Wert nicht nur produziert, sondern realiziert werden kann*。”不论是照字义来解释，或是根据克尔公司的译本，这一段话所说的，同马克思显然打算说的正好相反。因为它似乎是说，生产绝不能达到(*as far as*)更多的价值得以实现这一点，而整个一段话的意思，则显然是要求把它解释为，生产绝不能发展到超过(*beyond*)这一点。所以我已经在本书的译文中作了这个更正。(中译本把这一句译为“因为生产能力绝不能使用到这个程度……”，我们现在按引用者改动了英译文，加上“超过”二字。——译者)

题所引出的结论，至少有同样的重要性。不过，在这里，也还是不能说马克思已把自己想法的含义发挥出来了。

最后，我们还可以引述一段话，这段话看来是马克思赞成危机的消费不足论的最直截了当的说法：

> “一切真正的危机的最根本的原因，总不外乎群众的贫困和他们的有限的消费，资本主义生产却不顾这种情况而力图发展生产力，好像只有社会的绝对的消费能力才是生产力发展的界限。”①

从上下文看来，这一段话带有附注的性质：“一切真正的危机的最根本的原因”，对这个表述究竟应该作何种解释，也仍然是不清楚的。不过，所涉及的原理，和前两段引文所阐明的显然不同。

我们还可以介绍一些别的引文，它们所强调的，也是资本主义的扩大生产冲动和与此相关的限制消费的打算之间的矛盾，②但它们对已经提出的东西，不会有多大的增益。既是如此，我们究竟有多大的把握，说这里已经有了一个成熟的消费不足危机理论呢？这个问题看来不可能有直截了当的回答。当然，引文都是从马克思经济学著作中极为分散的各部分抄摘得来的，而且，没有一个地方对这个问题作过人们在马克思著作中经常遇到的那种长篇大论和苦心分析。因为这个缘故，也许可以这么说，马克思把消费不足看作危机问题的一个方面，但整个说来不是最重要的方面。这似乎就是多布的见解。③ 它无疑地可以得到人们的大力支持。但

① 《马克思恩格斯全集》第 25 卷，第 548 页。

② 例如，上书第 278—279 页、285—288 页。

③ 莫里斯·多布：《政治经济学与资本主义》三联书店 1962 年版，第 115 页。

是，另一个观点也是可能的，那就是，在这些分散的段落中，马克思预示了一条推理的路线，如果马克思能活到完成他理论著述的话，这条路线在资本主义经济的全面描述中会成为首要的东西。他的许多信徒显然有此见解；在我看来，这个见解，整个地说，是上述两种看法中较为合理的一个。

不过，如果事情确实是这样，那也应该有可能借助于马克思的分析概念，在马克思本人只留下极笼统的指示的地方，构想起一个合于逻辑的和详尽的理论。现在还不能说有哪一个马克思作家沿着这条道路取得重大的成就。罗莎·卢森堡的尝试，当然是最精湛的，可能也是最受人拥护的；但是从逻辑的观点看来，则显然是失败的。[①] 考茨基除了复述马克思关于生产依存于消费品市场的说法以外，很少作为，他在 1902 年著文，用下面的话来描写"'正统'马克思主义者普遍地归功于马克思的危机理论"：

> "资本家们及其所剥削的工人们，利用前者的财富增殖和后者的人口繁衍，为资本主义产业所生产的消费资料提供了一个确实是在逐步扩大的市场；但是，这个市场的扩大，慢于资本积累的增长和劳动生产率的提高。所以，资本主义产业必须在它的努力范围之外，在非资本主义的国家与居民阶层中寻找又一个市场。这类的市场，它越找越多，越扩越大，但是不够快……这样，随着市场的每一次重大扩张而来到的每一个繁荣时期，就注定是短命的，而危机也就成了它的必然的

---

① 关于罗莎·卢森堡的理论的进一步考察，见下文第 257 页及其后各页。

结局。”①

除开了带来“非资本主义的国家和居民阶层”这个概念——它偶然成了罗莎·卢森堡理论的有趣预告——考茨基在这个问题上没有对我们所引用过的马克思说法补充了什么东西。其实，考茨基对消费和生产的关系的提法，比马克思自己的说法更不明确，因而更不能令人满意。

由于马克思主义作家们不能在消费不足论上有什么重大的进展——也许还应该加上敌对批判者的反复攻击——他们的注意力，就有同这个危机问题的思路越离越远的倾向。亨利克·格罗斯曼的书，②是20年代中用德文写成的巨著之一，它就干脆地否认了消费不足的可能性；此外，就像我们已经意识到的一样，当代杰出的英国马克思主义者莫里斯·多布，他给消费不足派了一个显然次于利润率下降趋势的角色。

消费不足论要恢复它的名声，并在重要的和公认的马克思主义经济学原理中占有一席地位，看来显然需要有一个周密的、能避免先前各种提法所受责难的表述方法。在本章的剩余部分中，我们试图提供这样一个表述方法，它的逻辑论证，是以本章末的代数附录为根据的。一般地说，所涉及的概念和假设，没有一个不是含蓄地或明白地在马克思理论的主体中出现过。因此，我们既不打算构想一个“独创”的理论，也不打算修正马克思的理论，而是要

① 卡尔·考茨基：《危机理论》，《新时代》，第20年集，第2卷(1901—1902年)，第80页。

② 《积累与资本主义体系的崩溃》(1929年)。格罗斯曼自己的理论，在下文第233页及其后各页上将加以考察。

在马克思著作的某个不完善地方对它有所补充。

消费不足论的真正任务，是要论证资本主义所固有的一种趋势，即消费品生产能力的扩大快于消费品需求的增长。换句话说，它必须表明，在资源的利用方式上，有这么一种趋势，要使消费品的潜在供求关系受到歪曲。这种形势可能以两种方式之一出现。或是(1)生产能力实际上有所扩大，只是在数量日增的消费品开始进入市场时困难才表面化。因此，就有这么一个临界点存在，超过了这一点，在正常的有利可图的价格下，供给多于需求；当这一点过去以后，或是消费品的生产，或是新增能力的生产，或者更可能的是两者在一道，也会遭到削减。因此，在这种情况下，所说的趋势就表现为一场危机。或者(2)有闲置的生产资源存在，它们没有被用来变成追加的生产能力，因为人们认识到，追加的生产能力，同对它所能生产的商品的需求比起来，会成为多余的东西。在这种情况下，这个趋势就不是表现为一场危机，而宁可说是表现为生产的停滞。因此，如果消费不足的趋势可能成立，那它就既可以用来解释危机，又可以用来解释停滞时期。不过，与此同时，还必须想到，有许多力量抵消消费不足的趋势，以致后者长期地停留在潜伏的或不起作用的状态。目前，我们只打算证实消费不足趋势的存在，而把抵消的力量以及它们的相互作用留到第十二章中去考察。

论证程序如下：先假定所有的生产资源继续地得到充分利用；然后证明，在没有抵消力量的情况下，它引起了一个矛盾。这样，就暗示出一个结论：要“解决”这个矛盾，只能违反原来的假定，而这种解决的办法，在实践中又一定是意味着危机和停滞。

和以前一样，我们假定工人们把他们的全部工资都用光，又假定资本家们所占有的剩余价值——它是逐步增大的——可以分做四个部分：第一部分用来维持他们原有的消费水平；第二部分用来增加他们的消费；第三部分用来积累和雇用追加的工人；第四部分用来积累和追加不变资本的储备。第三和第四部分，构成马克思语义上的积累；单是第四部分，用现代经济周期文献的惯用语来说，就是投资。在这里沿用这些术语，是有方便之处的；所以，读者应该谨记在心，资本家们的积累，有一部分被工人们所消费，还有一部分被投资在追加的生产资料之中。古典学派经济学家们常犯的错误，就是假定所有积累都为人所消费；现代理论家则常常走向另一个极端，假定所有的积累都被人用来投资。①

原来，资本主义的基本事实——这个制度的一举一动最后都取决于它——就是资本家们追求发财致富。要满足这个欲望，需要有两个步骤：(1)攫取尽可能多的利润，(2)把尽可能大的一部分利润加以积累。第一个步骤包括逐步改进生产方法，主要是使每个工人使用越来越多的机器和原料，第二个步骤包括把日益增长的利润总额中越来越大的部分积累下来。把这一点改用上一段的术语来说，我们便得到了下面的结果：积累在剩余价值中的比重提高了，投资在积累中的比重也提高了。至于消费，它一直是在增长，因为资本家们增加他们自己的消费，并把他的一部分积累用在增加工资上面。但是，重要的一点是，由于资本家消费的增加额在全部剩余价值中是一个递减的部分，又由于工资增加额在全部积

① 关于这个问题的进一步讨论，见后面附录一。

累中也是一个递减的部分，所以，消费增长率（即消费增加额对消费总额的比率）同生产资料增长率（即投资对生产资料总额的比率）比较起来就下降了。换句话说，消费增长率对生产资料增长率的比值下降了。这就是资本家的特有行为方式所产生的一个必然结果。

现在如果我们改变观察的角度，把生产看作是一个创造使用价值的自然过程，那我们就看到，在生产资料的总量（记住，我们是假定它们得到充分利用的）和消费品的产量之间必定有一种明确的关系存在。此外，在生产资料储备（投资）的变化和消费品产量的变化之间，同样也一定有一种明确的关系存在。这些关系最终取决于生产的技术特点，因此，它们可以随生产方法的逐步发展而变化。不过，我们所掌握的证据却是有力地提醒人们，在一个相当发达的资本主义经济中，这些关系有明显的高度稳定性。换句话说，似乎在很长时期里，生产资料储备每增加一个百分数，产量一般地也随着有同比例的增长。① 基于这一点，我们有理由假设，在生产资料储备和消费品产量之间，由技术决定的关系始终不变。如果我们是从一种均衡的局面出发，那么结果就是，一定的生产资料增长率伴以等速的消费品产量增长率。换句话说，消费品产量增长率与生产资料增长率之比，始终不变。所以有这个结论，是因为我们把生产看作是一个为满足人们消费而创造有用物品的有组织的、步调一致的过程。

① 请看卡尔·斯奈德的统计研究《资本供给和国民福利》，《美国经济评论》，1936年6月号。斯奈德的结论大都是不合逻辑和无关痛痒的，这个事实不幸把这篇本来极有价值的文章给糟蹋了。

现在可以把消费不足论的实质十分扼要地表述如下。既然控制资源和资金使用方向的资本家们的行动方式，会造成$\frac{\text{消费增长率}}{\text{生产资料增长率}}$这个比值的稳步下降，又由于生产过程的性质迫使$\frac{\text{消费品产量增长率}}{\text{生产资料增长率}}$这个比值至少接近于稳定，所以，消费的增长本来就有落后于消费品产量增长的趋势。前面已经指出，这个趋势的表现可以是危机，也可以是停滞，或者两者兼而有之。

我们已经谈到消费落后于消费品产量的趋势。但是，因为在上面两个比率中，分子和分母都有某种函数关系，不可能减损某一项而不加大另一项，所以，如果说生产资料供应有超过生产资料需求的趋势，那也是同样合乎逻辑的。因此，正确地说，"消费不足"和"生产过剩"是一物的两面。如果记住了这一点，那么，人们就不应该感到惊讶，一场"消费不足"危机可能在生产资料生产领域中首先爆发，而一场"生产过剩"危机则可能在消费品生产领域中首先爆发。用什么标签是各人的爱好问题；起点是什么是较为次要的细节，它取决于许多特殊的情况。

必须再一次强调，我们在这里必须探讨的，是消费不足的趋势，这个趋势始终是存在的，但它可以全部地或局部地为种种反作用力量所抵消，而这些力量我们至今还未加以解释。这些反作用力量的性质及其在资本主义发展各阶段上的力量对比，将在第十二章中加以研究。

一个重要的论点在这个讨论中显示了出来，那就是，把危机的"比例失调"原因同"消费不足"原因对立起来的做法是不正确的；杜冈-巴拉诺夫斯基就是因为这样做而落得把真正的问题混淆不清的。因为，现在明摆着的是，消费不足正是比例失调的一种特殊情况——消费品需求的增长同消费品生产能力的增长比例失调。不过，这种比例失调不同于杜冈所想象的那种比例失调，它不是导源于资本主义的不协调和无计划性质，而是导源于资本主义的内在属性。即"资本及其自行增殖，表现为生产的起点和终点，表现为生产的动机和目的；生产只是为资本而生产，而不是相反：生产资料只是不断扩大生产者社会的生活过程的手段"。①

除了马克思本人以外，马克思主义著作家中正确理解比例失调、消费不足和危机的一般关系的，只有列宁及其信徒，特别是布哈林。列宁自己在这个问题上的著作，②并不广泛，而且几乎全都是体现在和民粹派作家——他们在 19 世纪 90 年代对俄国知识界有很大的影响——的一系列论辩中。民粹派作家是极端的和武断的消费不足论者，他们坚持认为，资本主义绝不可能在国内市场的基础上扩张，因而必须把它的继续发展寄托在夺取越来越大的外国市场上。他们说，俄国在舞台上的出现，为时过晚，以致不能成功地同西欧与美洲的老牌工业国争夺国外市场。因此，俄国资本主义从它刚一诞生的时候起就是注定要衰败和没落的，它无论如何都不能看作是一种进步的力量。从这一点出发，他们推断，俄国的社会主义不能依靠革命的工人阶级的成长，而应该从农村中得到支持——从农民及其古老的公有财产制度中得到支持，从农民

① 《马克思恩格斯全集》第 25 卷，第 278—279 页。

② 有关危机的最重要引文，都收集在马克思—恩格斯—列宁版的《资本论》(德文)第 2 卷的一个附录中。(指列宁的《市场理论问题述评》，《列宁全集》第 4 卷。——译者)

们对靠残酷剥削过日的地主贵族阶级的痛恨上得到支持。

这一切关于资本主义在俄国的作用的想法，都是受了列宁的强烈反对。在他看来，在俄国当时存在的特殊条件下，资本主义是一种进步力量，它当时是正在孕育着社会主义的担当者，即产业工人阶级。为了证明这个见解，他抨击民粹派理论的根基，即国内市场不可能扩张的学说。但在这样做的时候，他又不肯走到以杜冈-巴拉诺夫斯基和布尔加柯夫[①]为代表的另一个极端，后者坚持认为，只要在各个生产部门之间保持正确的比例，国内市场就可以无限制地扩张。列宁认为生产和消费的矛盾——换句话说，消费不足的趋势——在资本主义中确是存在的。“在资本主义固有的无限制扩大生产的趋向和人民群众有限的消费……之间，存在着明显的矛盾。”[②]这就是对杜冈的见解的否定。但是，它又没有导致民粹派的结论：

> “……如果从资本主义的各种矛盾中得出结论说，资本主义是不可能的和不进步的等等，那就是再荒谬不过的了——这是想逃避不愉快的但却是明显的现实而耽于浪漫主义的非非之想。无限制扩大生产的趋向和有限的消费之间的矛盾并不是资本主义唯一的矛盾，因为整个说来，资本主义没有矛盾就不能存在和发展。资本主义的各种矛盾，证明了它本身的历史短暂性，说明了它的瓦解和转变为高级形态的条件和原

① 布尔加柯夫的著作，总有一些被译成德文，但我对它无任何接触。根据列宁和罗莎·卢森堡的引证和评论来判断，布尔加柯夫是一个很有才能的理论家，可能比杜冈-巴拉诺夫斯基高明。

② 《列宁选集》第1卷，人民出版社1960年版，中文版(下同)，第178页。

因，——但这些矛盾决不排除资本主义的可能性，也不排除它与从前各种社会经济制度比较起来的进步性。”①

在危机理论方面，列宁采取了一种与此密切相关的见解，但他似乎未曾详细地加以发挥。他自称是比例失调论的信徒，说比例失调起因于资本主义生产的无政府状态，但是他强调声明，这并不是否定消费不足趋势的重要性和适切性，他明白地说，消费不足绝不是和比例失调说相矛盾的，而仅仅是后者的一个方面：“‘社会消费能力’和‘不同生产部门的比例’——这绝不是什么个别的、独立的、彼此没有联系的条件。相反地，一定的消费状况乃是比例的要素之一。”②

布哈林紧随着列宁的脚步。他区别两种类型的危机理论。第一种类型是他所反对的，即认为“危机起因于各个生产部门的比例失调。它和消费因素无关。”第二种理论是布哈林所接受的“马克思、列宁和正统马克思主义者”的理论，认为“危机起因于社会生产的比例失调。但消费因素构成此种比例失调的一部分”。③

原则上，列宁和布哈林的见解，就像马克思本人的见解一样，是无可非议的。但是，也像马克思一样，他们对消费不足趋势的论证，是片断的和不完整的。我们希望，本章的解释会有助于消除一些怀疑和犹豫，这些怀疑和犹豫至今还妨碍许多马克思主义经济学家去接受消费不足论作为整个危机问题的一方面——而且是一个很重要的方面。

① 《列宁选集》第1卷，第180页。

② 《列宁全集》第4卷，第44页。

③ 尼古拉·布哈林：《帝国主义与资本的积累》，第79—80页。

附 录

下面有关消费不足的论述，是以奥托·鲍威尔在逝世以前最后出版的一本书为根据的。[①] 鲍威尔的非常有趣的建议，虽然表述得不十分准确，而且也没有以充分透彻的方式来显示消费不足同资本主义生产的基本特点的联系，但基本上是正确的。[②]

假定 I 是以价值表示的净国民收入，w 是工资总额（＝工人们的消费），l 是剩余价值中资本家们消费的部分，而 k 是剩余价值中追加到不变资本中去的部分（＝投资），这样，我们就有下列的等式：

$$I = w + l + k \tag{1}$$

当然，所有这些概念都是表示单位时间内的流速。就投资而论，这就是说，k 基本上是生产资料总储备量的增长率。换句话说，如果 K 是生产资料储备总量，那么 $k = dK/dt$。

我们假定，国民收入在逐步增长，而且它的三个组成部分也在增长。因此，如果我们把 w 和 l 当作 k 的函数，那么，随着 k 的增长，w 和 l 也就会增长，这是始终正确的。但是，既然资本主义的基本特点是，剩余价值中有日益增大的部分为人所积累的趋势，而积累中又有日益增大部分被人用于投资的趋势，那么，w 和 l 两者，一定是比 k 增长得慢一些。因此，我们就得出：

① 奥托·鲍威尔：《在两次大战之间吗？》（1936 年），尤其是第 51—66 页及附录。

② 有趣的是，请注意鲍威尔从未在他的早期著作中表示出他有接受消费不足论的任何倾向。

$$w = f(k)\text{，以致 } 0 < f'(k) < 1\text{，而且 } f''(k) < 0 \tag{2}$$

同样：

$$l = \phi(k)\text{，以致 } 0 < \phi'(k) < 1\text{，而且 } \phi''(k) < 0 \tag{3}$$

现在让我们按照第十章所提出的理论来假定，消费品的产量必须和生产资料储备成比例。这个假定就是意味着，生产资料的增长（＝投资）率和消费品产量的增长成比例。因此，如果在 dt 时间内，消费的增长是 $dw+dl$，那就需要增加一定的生产资料，比方说 c，以致

$$c = \lambda(dw + dl) \tag{4}$$

式中，λ 是比例性的因素[①]（注意，c 和上面的 k 一样，它基本上是关于时间的一个导数）。

如果要使发展能顺利地、不断地进行，那么显然，为消费增长所必需的投资率 c，必须同 k，即受典型资本主义行为方式所制约的投资率一样起变化。所以，如果 $dc/dt \neq dk/dt$，我们就会有一个矛盾。

由(1)已知：

$$\frac{d^2 I}{dt^2} = \frac{d^2 w}{dt^2} + \frac{d^2 l}{dt^2} + \frac{d^2 k}{dt^2} \tag{5}$$

又因为，根据(4)：

$$\frac{dc}{dt} = \lambda\left(\frac{d^2 w}{dt^2} + \frac{d^2 l}{dt^2}\right) \tag{6}$$

---

① λ 实质上就是现代经济周期文献中称之谓“加速原理”的那个关系，或简称“关系”。

所以，我们可以写成：

$$\frac{dc}{dt}=\lambda\left(\frac{d^2I}{dt^2}-\frac{d^2k}{dt^2}\right) \tag{7}$$

现在，考虑到(2)和(3)：

$$\frac{d^2I}{dt^2}=[f'(k)+\phi'(k)+1]\frac{d^2k}{dt^2}+[f''(k)+\phi''(k)]\left(\frac{dk}{dt}\right)^2 \tag{8}$$

如果国民收入是以不变的或递减的速度增长，即如果 $d^2I/dt^2\leqslant 0$，那么，由(8)和(2)、(3)所提出的条件，便得出：

$$\frac{d^2I}{dt^2}-\frac{d^2k}{dt^2}<0 \tag{9}$$

此外由(7)和(9)：

$$\frac{dc}{dt}<0 \tag{10}$$

但因为：

$$\frac{dk}{dt}=\frac{\frac{dI}{dt}}{f'(k)+\phi'(k)+1} \tag{11}$$

所以，显然：

$$\frac{dk}{dt}>0 \tag{12}$$

把(10)和(12)放在一起，就看出一个矛盾来。资本家们倾向于提高投资率($dk/dt>0$)，但他们所容许的消费增长方式，却只能保证一个递减的投资率($dc/dt<0$)。所以，如果投资率确实有所提高，消费品的产量就会显示出一种超过需求的不断趋势。

人们会注意到，这个结论是根据下面的假设作出的，那就是，以价值表示的国民收入，是按照不变的或递减的速度增长的。如果国民收入以递增的速度增长，dc/dt 就可能是正号的，并且还可能等于 dk/dt，虽然这两种可能性都不一定会成为事实。在人力丰富或迅速增殖的"年轻"资本主义国家中，国民收入很可能以递增的速度增长。所以，我们的分析使人想起，像这样的一种国家，是不大可能受消费不足的困难所缠扰的。但在一个"老的"资本主义国家中——当今所有发达的资本主义国家中，日本可能是个例外，其余肯定应得这个称号，——国民收入的增长几乎肯定的是在递减中。就资本主义而论，我们无疑地有理由把消费不足称作是一种老年的疾病。关于这个结论的进一步论证，请读者参阅下文第十二章。

第十一章　崩溃问题的争论

一、引言

有一个问题，它在前一个阶段只能暗示一下，现在我们可以把它提出来了。危机是不是资本主义的死亡象征呢？危机是不是日趋尖锐，而且终将造成这个制度本身的崩溃呢？这些，自从 19 世纪 90 年代末以来，一直是整个马克思主义思想领域中讨论得最广泛和最热烈的题目。但是，在试图估计以往的危机分析对现在这个问题的重要意义之前，对一场可以恰当地称为崩溃问题争论，概要地论述其主要的争端与理论，这会是有好处的。

这个争论的一般轮廓，是由马克思关于资本主义的终结与社会主义的诞生的零散论述所规定的。大体说来，他的见解是不含糊的，而且是一贯坚持的。资本主义的生产关系，到了某一个阶段，就再也不会促进生产力的发展，反而会成为生产力进一步扩大的多方面桎梏。这一点将标志一个革命时期的开始，在这个时期中，一度因所处的特殊社会地位而受到压迫和纪律约束的工人阶级，就会推翻现有的种种生产关系，而建立起更高级的、社会主义的生产关系来代替它们。而且，根据马克思的说法，这不是一个**可能**发生的过程，而是带有一个自然规律的全部不可抗力而**必定要**

发生的过程。

但是,马克思没有详细探索这个将标志着资本主义制度转化为生产力进一步发展的桎梏的事变过程。危机会变得愈来愈尖锐,"愈来愈凶猛地危及整个资产阶级社会生存";用来克服它们的办法("一方面是破坏大量生产力,另一方面是夺取新的市场,更加彻底地榨取旧的市场"),其结果徒然是"准备更全面更猛烈的危机……使防止危机的手段愈来愈少"。这就是《共产党宣言》中所提出的观点。坚信危机必然继续恶化的类似言论,在《资本论》第三卷讨论利润率下降时,①虽然说得不是那么明确,但也是可以看得出来的。不过,这些都是极其笼统的说法;按照"崩溃"这个词的任何常见的解释,资本主义的"崩溃"问题,在这些说法中,都是悬而未决的。

与此相似而又不相同的另一条思路——本书第四篇将进一步加以考察——也指出资本主义扩张道路上日益增长的障碍。按照马克思的说法,资本有向越来越少的人集中的强烈趋势,终于,

> "资本的垄断成了与这种垄断一起并在这种垄断之下繁盛起来的生产方式的桎梏。生产资料的集中和劳动的社会化,达到了同它们的资本主义外壳不能相容的地步。这个外壳就要炸毁了。资本主义私有制的丧钟就要响了。剥夺者就要被剥夺了。"②

不过,这个说法,与其说是一种预言,不如说是对一种趋势的生动描述。因为在另一个地方,在谈到"已有资本在少数人手中的

---

① 见前文第131页的引文。

② 《马克思恩格斯全集》第23卷,第831—832页。

集中"和"多数人丧失其资本家的资格"时，马克思对过分死板的推论，发出了一个含蓄的警告。他说："如果没有相反的趋势不断与向心力一起又起离心作用，这个过程很快就会使资本主义生产崩溃。"①②

从现实意义看来，可以这么说，马克思的整个理论体系都是在否定资本主义有无限扩张的可能性，并肯定社会主义革命是不可避免的。但是，从他的著作中，找不出一个专门谈资本主义生产的经济崩溃的学说。这是不是可以解释为一个弱点，对此我们将在适当的时候加以研究。不管怎样，显而易见的是，他对这个问题的正反面论述，都为一个旷日持久的争论开辟了战场，至今，还不能认为这个争论已经圆满解决了。

在恩格斯逝世(1895 年)以前的几年里，对于资本主义崩溃的问题，人们还没有这么经常地加以讨论。偶尔有片言只语，看起来好像有特定的崩溃理论做依据，实际上不过是试图把资本主义难免要过渡到社会主义的这个总概念加以强调表述罢了。例如，考茨基在 1891 年写道，"不可抗拒的经济力量，注定要把资本主义导向灭亡。新社会制度代替旧社会制度，不再是单纯的称心合意问题；它已经变成不可避免的事情了。"③可是，几年以后，在他和伯恩施坦的一次争辩中，④考茨基却强烈地否认他的早期著作中有

① 这个字德文是 *Zusammenbruch*。本书自始至终都是更严格地把它直译为"崩溃"。

② 《马克思恩格斯全集》第 25 卷，第 275 页。

③ 卡尔·考茨基：《阶级斗争》(爱尔福特纲领)，克尔公司 1910 年版，第 117 页。

④ 卡尔·考茨基：《伯恩施坦和社会民主党的纲领》1899 年版。

过什么崩溃理论的形迹。他甚至坚认——看来似乎也没有什么好的理由来怀疑他的正确性——真正的崩溃理论概念，和"*Zusammenbruchstheorie*"这个词本身一样，都是伯恩施坦的发明。对这一点需要作一些解释。

二、爱德华·伯恩施坦

爱德华·伯恩施坦是恩格斯多年的密友和合作者，他被人们普遍地看作是一个正统的马克思主义者和德国社会民主党的杰出代表。但是，在恩格斯死后不久，伯恩施坦就展开了一个所谓修正主义的运动，这个运动将永远和他的名字联系在一起。他在1896年和1897年在《新时代》发表的许多文章，到1899年就煞费苦心地编成专书，名叫《社会主义的前提和社会民主党的任务》。① 这本书，就像考茨基所正确说过的一样，是社会民主党文献中第一个耸人听闻之作。破题儿第一遭，一个鼎鼎大名的马克思主义者有"见识"来修正马克思，这自然使报界感到高兴，而这本书也就大为畅销，并得到很有力的颂扬。

伯恩施坦对暴力深怀恐惧，对理论有轻蔑感，对日常生活的实际细节很有兴趣；在这种种情绪的驱使之下，他在所有的意义上几乎都是马克思的对立面。"修正主义"这个词，用在伯恩施坦的作品上，是一种极端委婉的说法。他的真正的目的——虽然他可能

① 爱德华·伯恩施坦:《社会主义的前提和社会民主党的任务》1899年版。英译本的标题是《进化的社会主义》。

还没有充分意识到这一点——是要把马克思主义从社会主义运动中彻底地连根拔掉。把社会主义看作是客观历史过程的必然产物，这是马克思对社会主义的基本概念，而伯恩施坦则想拿社会主义是文明人类的目标这种观念去代替它。他认为，文明的人类是可以自由地选择自己的前途，以符合于更高的伦理标准和道德标准的。如果说，马克思认为人们应该学会使其所得的东西成为他们应得的东西，那么，伯恩施坦就是反过来，认为人们所得到的正是他们应得到的东西。因此，伯恩施坦要以说服和教育来代替斗争和革命磨炼，以其作为通向社会主义的手段。

为了在他的处境中取得效果，伯恩施坦认识到不能简单地抛弃马克思主义，因为后者的号召力很大而且影响极其深远。必须采取把马克思主义现代化和加以修正的办法，更谨慎地从事。伯恩施坦在如此这般不正当地追求自己的目标的时候，发现"崩溃理论"是他最便于进行攻击的论点之一。他的理论大体说来如下：马克思的学说之一是，资本主义的崩溃是不可避免的和灾难性的——不言而喻，伯恩施坦是举不出这方面的证据的。鉴于马克思逝世以后的经济发展情况（世界市场的扩大，卡特尔的兴起，信用制度的完善，等等），灾难性崩溃的理论是再也站不住脚了，必须予以放弃。代替这种理论，我们必须看到资本主义发展中一种改良的趋势；危机的严重性减少了，阶级斗争变得缓和一些了，等等——伯恩施坦与众不同的地方，就是以纯粹描写的方式"确定"这种改良的趋势。接着，他的理论的真正要点就冒出来了。革命的策略之所以正确，只是因为人们假定，资本主义一定要崩溃，而社会要继续存在就绝对需要一种新的经济体系——在这种情况下，凡是届时必须的事情，当然也就是合理的事情。但是，如果像伯恩施坦所信仰的那样，资本主义的崩溃不是现实的资本主义发展的产物，而是一种过时的理论的产物，那么，革命的一切理由就全都烟消云散了。实际上，和平地、逐渐地消除资本主义的弊端，是可能做得到的，因此在政治上也是得策的，在道义上也是正当的。伯恩施坦用这个办法得出和当时英国费边主义者相同的武断结论；而费边主义者，由于所继承文化遗产的不同，不必先费气力去修正马克思，就可以把渐进主义的格言视为理所当然。

三、正统派的反击

对伯恩施坦的攻击，正统马克思主义者的反应是不一致的。对他的经济理论的第一个正式反击，是亨利希·库诺夫在社会民主党的理论性机关刊物上作出的。这篇作品，主要是以它的标题《关于崩溃理论》①引起人们的兴趣的。马克思和恩格斯相信资本主义要崩溃，这在库诺夫看来，是理所当然的；不过，他没有致力于为这个概念规定明确的内容。的确，照这篇文章对这个词的最经常的用法看来，它似乎只是想表明，作者反对伯恩旋坦对资本主义制度下经济状况的前途作乐观的预测。至于库诺夫自己对经济状况日益恶化的看法，那也不过是一种粗浅的"市场不足"理论，这种理论在恩格斯的某些通俗著作中或许可以找到证明，但在马克思

① 亨利希·库诺夫：《关于崩溃理论》，《新时代》第17年集，第1卷（1898—1899年）。

的著作中就没有根据。

考茨基对伯恩施坦的反应，和库诺夫大不相同。考茨基不是就资本主义崩溃的是非曲直来讨论这个问题，而是试图否认这个问题的存在。马克思和恩格斯没有伯恩施坦所理解的那种崩溃理论——即“巨大的、无所不包的危机”是“通往社会主义社会的不可避免的途径”。① 相反，尽管他们相信资本主义制度下经济状况一定是愈来愈糟，但在他们的理论中，基本的和独创的因素则是，引起向社会主义过渡的决定性因素将是“无产阶级的日益强大和成熟”。② 说到社会民主运动的战术，考茨基反对伯恩施坦的渐进主义而赞成最大限度的伸缩性。必须“准备起来反对任何不测事件”：“社会民主党必须既考虑到危机，又考虑到繁荣；既考虑到反动，又考虑到革命，既考虑到剧变，又考虑到缓慢的、和平的发展。”③

四、杜冈-巴拉诺夫斯基

伯恩施坦企图用崩溃理论作为对正统马克思主义者的当头一棒。考茨基想使这个武器失灵，只是没有成功。修正主义者的攻势，越来越多地采取对资本主义崩溃的不可避免性加以否定的形式；这种形式的另一面则始终是，资本主义有无限扩张的可能，因

① 这个提法是考茨基从伯恩施坦那里引述的。《伯恩施坦和社会民主党的纲领》，1899 年版，第 43 页。

② 同上书，第 45 页。

③ 同上书，第 166 页。

而革命是不道德的和破坏性的。我们已经有机会详细地考察杜冈-巴拉诺夫斯基对修正主义立场的贡献——从经济学家的观点看来,那当然是最有趣的。按照杜冈的说法,马克思有两个、而不是一个崩溃理论,一个以利润率下降趋势为根据,另一个以消费不足为根据。杜冈认为,他已经成功地推翻了这两种理论。所以,他的最后结论是,资本主义的崩溃绝不是一种经济上的必然。“人类永远不会得到盲目的、基本的经济力量所恩赐的社会主义;人类必须意识到,它的目标就是为新的体系出力——并为它奋斗。”① 这样,问题就被推到遥远的将来,届时“人类”终须准备采纳社会主义。

杜冈从来没有想到要区分崩溃理论和危机理论。在他早期的有关危机理论与危机历史的著作中,有一章名叫“马克思的危机理论”,其内容同后来论马克思主义原理一书中题为《资本主义经济体系的崩溃》一章紧紧相呼应。显然,杜冈相信,马克思的理论看出危机的严重性在逐步加强,以致到头来某种崩溃的强度定要出现。这个观点在实质上可能和伯恩施坦的观点相去不远;不用说,它没有提供一个很明确的或便于使用的崩溃概念。

五、康拉德·施密特

康拉德·施密特(修正主义者)在批评杜冈的观点时,对崩溃理论作了一个宝贵的贡献。施密特认为,“马克思和马克思主义

① M. 杜冈-巴拉诺夫斯基:《马克思主义的理论基础》,第239页。

者"有一个崩溃理论,这是可以想当然的。于是,他就试图说明,这个理论的基本核心是消费不足:"正是从这个观点出发,所以,资本主义正在向一场全面经济灾难急进的理论,才有可能以最简单明了的方式展开。"全面的经济灾难,在施密特看来,显然就是伯恩施坦所说的崩溃,即一个十分尖锐的、无所不包的经济危机。施密特以令人赞叹的透彻笔法来发挥这个理论,它值得引上一大段。

> "可不是吗?资本家们由于反对一切的工资增长,进行着一种有尽可能压低群众收入趋势,因而也有压低购买力趋势的斗争,而同时,在另一方面,这些资本家们又以迅速增长的级数来提高他们自己的收入——并由此增加寻求生产性投资的资本积累总量。在这种情况下,消费能力的增长……会和资本积累的速度同一步调吗?如果不会,那么,消费需求——生产的基础——越是落后于迅速增长的资本积累和生产扩张,商品销售不是一定就变得越发困难了吗?——这个进程只有用出口和非生产性的国家开支等办法来缓和。因此,这样一来,资本主义就会有一种趋势,要在它的内部,并由它自身制造出一种逐步扩大的生产过剩局面。作为销售越来越困难的一个结果,市场加剧的竞争就会有一种趋势,要表现为对价格的越来越大压力,并由此表现为收益率的下降或平均利润率的下降,由于这种下降,资本主义的生产方式,甚至对大多数的私人企业家说来,也要变得越来越无利可图,而且风险越来越大,而同时,劳动力市场却越来越不利于工人,产业后备军的队伍也大得越来越可怕。因此,资本主义社会的发展途径,就会等同于它自己的破产途径。向一个新的社会主义

体系过渡，就会是社会自身的一种无可奈何的局面[*zwangslage*]所规定的。"①

作为对消费不足趋势的一个描述，这段话是出色的。虽然如此，施密特的分析的弱点，还是显而易见。他把利润率的下降和产业后备军的扩大，看作是消费不足所派生的，而不是把它们看作是资本主义发展的平行的趋势。在这个基础上，他就可能把整个崩溃理论连同它的革命含义统统抛弃。因为，如果资本主义的一切困难都是起因于消费不足，那么，通过充分地提高群众的购买力，就可以把这些困难全部加以消除了。所以，施密特问道：

"……人们怎能事先决定，劳动大众可以通过工会和对资本家们的政治斗争把他们的收入(从而也是一定的消费需求)提高到什么程度呢？因而，人们怎能预言，工人收入的增长，一定是永远落后于资本家阶级收入的增长，落后于资本家阶级的积累呢？此种落后的必然性，确是此种对灾难的全部预言的基础。"②

照这个观点说来，改良派社会主义者的纲领，就是有意要永保资本主义的长生不死了。施密特终于和他的修正主义同伙一样，相信工人阶级用不着受难忍的经济状况的刺激，就会强大起来和成为有教养的人，以致足以实现社会主义。不幸，这整个理论忽视了工资和利润率之间所存在的直接关系。施密特建议用加速利润率下降趋势的办法来克服消费不足趋势。我们已经知道，这两种

① 康拉德·施密特：《关于商业危机和生产过剩的理论》，《社会主义月刊》第5年集，第2卷，第9期(1901年)，第675及以后各页。

② 同上书，第676页。

趋势的任何一方，都可能引起危机；就资本主义的崩溃而论——如果我们确是真的必须考虑这样一个结局——似乎没有理由设想，有哪一方到头来比另一方更少危险。

六、考茨基在1902年的见解

1902年，考茨基以书评形式，发表了一篇文章，[①]批判杜冈的《英国商业危机的理论与历史研究》。这是他对危机理论所提供的一篇最长的和最重要的文章。这一次，崩溃理论所涉及的问题——虽然不是崩溃这个词本身——在考茨基手里得到充分的讨论。全文几乎有三分之一是用来研究这样一个问题的，即“危机的性质是否正在起变化？变化到什么程度？是否像几个同自由主义乐观派情投意合的修正主义者直到两三年前还在坚持的那样，呈现出消失或缓和的趋势？”[②]考茨基根据杜冈自己的描述和统计资料，得出一个清晰的答案：“人们可以说，一般说来，危机正在变得愈来愈严重，而在范围上，也变得愈来愈广。”[③]此外，理论的探讨还使他相信，资本主义正在走向一个“长期萧条的时期”：

> “根据我们的理论，这个发展是一种必然，而且，单是这一点就可以证明，资本主义生产方式有一些不可逾越的极限。总有这么一个时刻——它可能很快就来到——世界市场的扩张，甚至连短暂地快于社会生产力的发展，也是不可能的，这

① 卡尔·考茨基：《危机理论》，《新时代》，第20年集，第2卷（1901—1902年）。
② 同上书，第133页。
③ 同上书，第136页。

就是所有工业国都陷入长期生产过剩的时候。即使是这个时候，经济生活的上下波动也是有可能发生和大概会发生的；一系列的技术革命，使现有的大量生产资料贬值，并引起新生产资料的大规模创造，另外，还有丰富的、新的金矿的发现，等等，这些事情就是在那时候也可以使工商业的步子一时有所提高。但是如果要使工人的失业与贫困，以及小资本家的不稳，不致达到非常高的程度，资本主义生产就需要有不断的、迅速的扩张。当然，即使在这样一种长期萧条的状态下，资本主义生产的继续存在，也还是有可能的，但是它对于人民大众来说，是变得十分难忍了；后者被迫去寻求一条出路，以摆脱普遍的苦难，而他们只能从社会主义中找到它。

"……如果经济的发展一如既往地进行下去，我认为，这种无可奈何的局势〔*zwanslage*〕是不可避免的，但是，我指望无产阶级的胜利会在这当口及时地发生，把经济的发展转到另一个方向，从而使这种无可奈何的局势有可能在来临之前就给避开了。"①

这个结论所依据的分析，还很不完善；但是，结论本身恰当地说出自己的意见，在这一点上它远胜于以往各种崩溃理论。在这里，我们头一次看到一个明确的和清晰的"长期萧条"景象，而不是一种灾变性的、但却是极其松动的和不肯定的资本主义崩溃概念。暂时的好转还是可能发生的，资本主义自动消亡这一类事情

① 卡尔·考茨基：《危机理论》，《新时代》，第20年集，第2卷(1901—1902年)，第140—141页。

则绝对谈不上，但是，日益加剧的经济艰难驱使人民去寻求一条出路，而且，就大多数人而论，唯一的得救希望在于一个社会主义的方向。诚然，考茨基表示相信，他在和伯恩施坦争辩时称之为"无产阶级的力量与成熟性"的东西，一定会壮大到足以在资本主义堕入这样一种可悲境地之前带来社会主义。但是，因为考茨基绝不同意施密特的那种笃定的想法，即无产阶级对资本家的斗争竟会排除资本主义扩张的障碍，所以，现在已经看出——而在早期的著作里却看不出——这个信念是否会成为事实，是同资本主义的基本经济趋势无关的。

考茨基的"长期萧条"理论是否应该列为一种"崩溃理论"，这是一个可以争论的问题。不管怎么样，从它们同战略战术等实际问题的关系看来，两者极为相似。考茨基在他的文章的结尾部分，非常清楚地讨论了他的理论同社会主义运动策略的关系。他说，修正主义者要把社会民主党从一个无产阶级的斗争政党变成一个社会主义改良派的民主政党，"这种陈旧的小资产阶级民主的复活，只有那些相信无产阶级和有产阶级的阶级对立正在逐步削弱的人，才能把它看作是可能的事。"①但是，考茨基又指出：

> "阶级对立改善的概念，是和我们的危机理论不相容的。如果后者是正确的，那么，资本主义生产方式就是在走向一个继续萧条的时期；同时，如果无产阶级不是早就战胜政治上的权势，那么，经济的发展必定要一股劲地加剧阶级的对立，直

① 卡尔·考茨基：《危机理论》，《新时代》，第20年集，第2卷（1901—1902年），第141页。

至此种继续萧条状态的到来。"①

此外,日益严重的不仅有国内的阶级斗争,还有国际的冲突:因为,随着长期萧条状态的临近,每个国家都力图牺牲别人,以扩大自己在世界贸易中的比重,"达到这个目的的主要手段,是殖民地的征服,保护关税和卡特尔,而结果则是各个大工业国之间的对立逐步尖锐化。"②所以,无产阶级的唯一可走道路,就是阶级斗争的道路;就是要利用正确理论所提供的知识,而坚决摒弃修正主义者的渐进主义幻想。

> "各种各样的危机、冲突和灾难〔*Krisen*, *Kriege*, *Katastrophen*〕,这三个可爱的(*K*)字头,就是资本主义的发展历程展现在未来数十年的前景。就像那么多的梦想——通过卡特尔消除危机的梦想,通过米勒兰③式的试验不知不觉地、和平地、一步一步地战胜政治权势的梦想,以及最后关于以社会主义精神来浸润英国统治阶级的梦想……——在过去几年中烟消云散一样,将来的事变也一定会使那个现在浮现在我们眼前的梦想消失,使那种把战争和灾难当成往事和把和平的、平静的进步坦途铺陈在面前的梦想消失。"④

---

① 卡尔·考茨基:《危机理论》,《新时代》,第 20 年集,第 2 卷(1901—1902 年),第 142 页。

② 同上书,第 142 页。

③ 米勒兰(A. Millerand, 1859—1943),法国社会党人及反动政客。早期当律师,以改良主义者姿态出现,曾为罢工工人辩护并鼓吹社会立法;后参加资产阶级反动政府,历任部长、内阁总理和总统,竟镇压工人罢工和怂恿波兰白匪地主进攻苏维埃俄国。其著有《改良的社会主义》、《为了国防》等书。——译者

④ 卡尔·考茨基:《危机理论》,《新时代》第 20 年集,第 2 卷(1901—1902 年),第 143 页。

七、路易·B. 鲍丁

在杜冈的书及施密特与考茨基的重要书评问世以后，整整10年，没有惊人的新观点被人介绍到崩溃问题的争论中来。杜冈在1905年写他的《马克思主义的理论基础》时，他就以明显的反对态度指出，几乎所有的社会主义者——不论他们之间可能有什么分歧——都一致公认，“总有这么一天，生产过剩会变成长期的，而资本主义经济体系也会因为无可能为它的新积累资本找到出路而崩溃。”①杜冈当然夸大了社会主义者的一致程度；他企图把施密特刻画成一个崩溃论者，并借此给人以一种印象，似乎那个观点就是在修正主义者中间也得到了支持，这不过是一种论辩的手法罢了。不过，当时在正统的马克思主义者中间，确实没有什么重大的见解分歧。从伯恩施坦的那场剧辩中，已经产生出一种比较稳定的正统马克思主义理论；它在危机和资本主义崩溃问题上，严格地信奉考茨基在1902年所提出的各种观点。

L. B. 鲍丁是这个理论稳定时期的一位适当的发言人。他的书《卡尔·马克思的理论体系》（1907年），虽然没有什么新颖的或独创的内容，倒也是一本有分量的著作，比别的书更好地概述了本世纪头十年里国际社会主义的公认代表人物所主张的观点。在危机理论方面，鲍丁接受一种粗浅的消费不足说；他深信，危机一定是愈来愈严重，而资本主义的扩张也有一定的客观限度；他甚至谈

① M. 杜冈-巴拉诺夫斯基：《马克思主义的理论基础》，第214页。

到"资本主义制度的纯经济—机制性的崩溃"。[①] 但是,他无意于强调崩溃问题;他的一般见解,更适切地表现在下面这段话中:

"根据马克思主义的哲学,一个生产制度,只有在它有助于、或至少无碍于社会生产力的扩展和充分利用时,才能存在下去,而当它变成生产的障碍,即桎梏时,它就必须让位给另一个制度。不言而喻,当一个制度只能以阻止生产,以浪费它已经生产的东西来求得生存时;这个制度就已经变成了生产的障碍和桎梏。因此,不论这样一个制度的继续存在是否有纯粹机制上的可能性,它是绝对不能活得很长久的。这样一个制度,即使在机制上还可能存在,在历史上已经变成不可能存在的了。"[②]

这个观点和考茨基在批评杜冈时所表述的观点,显然有相似之处。总之,可以这么说,鲍丁的分析仅仅是以它的消费不足论的更显著朴素性而有别于考茨基的分析。

鲍丁以后,崩溃问题有从理论争议中销声匿迹的趋势。希法亭——此人深受杜冈的影响——宣称"经济崩溃绝不是一个合理的概念",[③]但是他没有在这个命题上仔细推敲。考茨基在写一篇长文来评介希法亭的书时,也没有感到有责任来提出这个问题。的确,考茨基此时对无结果的争论是不感兴趣的。"理论上——虽然不是实际上——修正主义已经被打败了,而我们马克思主义者,也可以把我们的全部精力与时间,献给……一个伟大的业绩,即把

① L. B. 鲍丁:《卡尔·马克思的理论体系》,第163页。

② 同上书,第254页。

③ 鲁道夫·希法亭:《金融资本论》,第471页。

我们的导师们以不完整形式留下来的体系建立起来，并使其适应于近代。”①理论战线上万籁俱寂——但这个情况没有维持多久。在考茨基写下这些话以后，还不到一年，罗莎·卢森堡就在心安理得的社会民主党理论家中扔下了一颗炸弹。反应是一场震惊——还有掩不住的愤怒。

八、罗莎·卢森堡

罗莎·卢森堡试图证明，闭关的资本主义制度是不可能进行资本积累的。马克思未能理解这一点，这是由于他的著作处于未完成状态。她现在要补上这个漏掉的证明，弥合马克思主义体系中现存的最重要缺口，并以此来解释现代帝国主义的一个迄今未说明的现象。

按照罗莎·卢森堡的说法，资本积累的核心问题是剩余价值的实现。在简单再生产中，剩余价值的实现不发生困难：它们全都卖给资本家们，供他们自己消费。但是，在扩大再生产中，情况就不是这样。一切商品的价值，因而全部社会产品的价值，都是由不变资本加可变资本再加剩余价值构成的。不变资本是通过资本家们自行购买更新的物资来实现的；可变资本是通过工人们花销他们的工资来实现的；这些都是一清二楚的。但剩余价值又是怎样的呢？一部分被资本家买来供自己消费；另一部分他想用来积累，

① 卡尔·考茨基：《金融资本与危机》，《新时代》，第29年集，第1卷（1910—1911年），第765页。

而困难就在这里。“哪来的对积累的剩余价值的需求呢?”[①]资本家们当然不能通过售与工人的方式来实现他想要积累的剩余价值,因为后者已经在实现可变资本中耗尽了他们的工资。他们不能把它卖给自己作消费之用,因为,那样一来,我们就会回到简单再生产。“那么,对商品中必须以出售作为资本积累的先决条件的社会性部分,谁能成为买主或消费者呢?”[②]也许可以这么设想,这一部分剩余价值以资本家们相互购买的追加生产资料形式存在,从而使积累成为可能。但是,这一来,谁来购买下一个时期所生产的更多的货物呢?如果答案是永远如法炮制下去,那么

> “我们面前,就是一个悬空自旋的转马。那就不是资本主义积累,即积攒货币资本,而是它的反面:为生产而生产,因而从资本的观点看来,是极端荒谬的事。”[③]

通过这个推理,罗莎·卢森堡就得出这样的结论:她所提出的问题是无法解决的,唯一的出路就是抛弃她起先的假定,即一个纯粹由资本家和工人构成的闭关制度的假定。她在抛弃了这个假定之后,接着就说,要积累的那一部分剩余价值,只有把它卖给非资本主义的消费者才能实现,那就是说,卖给那些或是因为所居住的国家尚未为资本主义所触及,或是因为所属的那一部分居民(例如农民)尚处在简单商品生产的水平,故而完全处于资本主义制度之

① 罗莎·卢森堡:《资本积累论——一篇从经济上阐明帝国主义的论文》,第114页(引自1922年版)。下文提到本书时将称其为《资本积累论》。后面一篇著作《是资本积累还是无能者按马克思理论依样画葫芦——一个反批评》(1921年版),引用时则将称为《反批评》。

② 罗莎·卢森堡:《反批评》,第16页。

③ 同上书,第17页。

外的消费者。但是，正是这一个扩张过程，它把这些落后的国家和居民阶层拉进资本主义的轨道。结果，他们将全部被并到里面去；而当这种情况发生时，理论上不可能存在的闭关资本主义，就会在实际中出现，这个制度就会自行崩溃。

基于这个理论，帝国主义的出现，表明一切资本主义国家拼命想在现存的非资本主义世界中夺取尽可能大的控制权；高保护关税，则表现为各国图谋拦阻别国进入它本国的非资本主义市场的一种手段。所以，资本主义发展最后阶段的一些最显著的现象，就被解释成是起因于非资本主义市场的日趋耗竭；据此，它们又被说成是资本主义即将崩溃的先兆，而这种崩溃在世界上是没有任何力量能加以防止的。

罗莎·卢森堡的理论，容易受到各个不同方面的批评；不过，她有一个错误特别突出：[①]在讨论扩大再生产时，她暗中保留简单再生产的假定。工人们的消费不能实现剩余价值，这是她从未加以怀疑的教条，这个教条意味着，可变资本的总值——因而也就是工人们的消费——必须同简单再生产中一样，永远保持不变。实际上，典型的积累包含可变资本的追加，而当这个追加的可变资本为工人们所花掉时，它就实现了一部分具有消费品实物形态的剩余价值。[②] 罗莎·卢森堡不理解这一点，因此，在她看来，在资本

① 我们把资本积累的纯粹货币问题完全撇开不谈，她却对此予以极大的注意，甚至经常把"哪儿来的需求？"问题同"哪儿来的货币？"问题混为一谈。她在后一个问题的讨论上，显得最不讨好，但是，那个问题毕竟是一个次要的问题，同她的主要命题基本上没有什么关系。

② 以第十章所使用的再生产表式的术语来说，实现剩余价值的这个追加可变资本是以 sav 表示的（见前文第 209 页）。

主义的体系内，消费是不会增长的。从这一点出发，马上就可以下结论：生产资料储备的追加，是不能起任何作用的。如果承认她对消费不变所作的前提，那么，下面这一点无疑地就是正确的——只有那些相信杜冈-巴拉诺夫斯基派的生产、消费彼此全不相干的理论的人，才会加以否认——即，继续追加生产资料确实是“一个悬空自旋的转马”。但是，既然消费不变论所根据的，不过是罗莎·卢森堡自己的这点极不可靠的逻辑僵硬性，所以整个理论就像纸扎的房子一样垮了台。布哈林的妙语，至今还是对她的理论体系的最生动的批评：“如果人们在逻辑论证一开始时就把扩大再生产排除在外，”他说，“那么，自然容易在结尾时使它消失；这不过是一个犯了单纯逻辑错误的简单再生产问题。”①

罗莎·卢森堡思想中其他的缺点和混乱，比起这个涉及对再生产表示误解与滥用的基本错误来，都是次要的。目前只需指出，即使这个分析在否定关闭制度内有可能进行积累这一点上是正确的，她的非资本主义的消费者也无法改变这种局势。要卖东西给非资本主义的消费者，而又不从他们那里买进东西，这是做不到的。就资本主义的流通过程而论，剩余价值是不可以用这种方式来处理的；这顶多只能改变它的形态。谁来购买从非资本主义的邻区所“输入”的商品呢？原则上，如果对“输出”的商品当真无所需求，那么，对“输入”的商品同样也不会有什么需求。“资本主义的”和“非资本主义的”一切界限，在这一点上完全是无关宏旨的。要是这种尴尬局面属实的话，那么，它就会超出她的期望，证明更

---

① 尼古拉·布哈林：《帝国主义与资本的积累》，第 20 页。

多的东西：它将证明，不是资本主义日趋崩溃，而是资本主义不可能存在。罗莎·卢森堡不同于15年前俄国的民粹派，她对于经济和政治的现实富有敏锐感，因而她才没有照她的逻辑推出这样一种荒谬的结论。她从未处于列宁所说的危险境地，即“逃避不愉快的但却是明显的现实而耽于浪漫主义的非非之想”。不过，她只是用一个可疑的权宜之计，对一个煞有介事的问题发明一个虚妄的解答，借以摆脱这种危险。

整个地说，《资本积累论》是专为理论分析而作的，它只是附带地作一些政治性的推断。虽然如此，罗莎·卢森堡在“序言”中表示，她希望这本著述在它的纯理论兴味之外，“在我们对帝国主义的实际斗争中，也将具有一些意义，”对于她认为是本书的政治含义的一般性东西，她也是深信无疑的。

> “资本通过军事方式，愈加狂暴地清除国内外的非资本主义成分，愈加压低所有劳动人民的生活条件，那么，世界范围内的资本积累的逐日历史，就愈益变成了一连串的政治的和社会的灾难和动乱，这种灾难和动乱，连同以危机形式出现的周期性的经济灾难，使积累不能再继续进行下去，甚至会在资本碰上它自身所创造的经济障碍而落得粉身碎骨之前，使国际工人阶级有必要起来反抗资本的统治。”①

在社会民主党的刊物上，《资本积累论》所受到的待遇，确使作者大吃一惊。她原来指望所有马克思主义者都信服她的理论，都

① 罗莎·卢森堡：《资本积累论》，第445页。

说她的理论是“对本问题的唯一讲得通的和信得过的解答”。[①] 然而不然，大多数的评论者都持尖刻的批判态度；不仅如此，还公开加以敌视。正式的党报《前进》(*Vorwärts*)上的一篇评论，“甚至对不熟悉这个题材的读者，也给以一种奇特的印象，但是，更为离奇的是，当人们考虑到这样的事实，即受批评的这本书，纯粹是一本理论性的书，它并没有和那一个活着的马克思主义者争辩，而是严守自己的职分。”[②]但事情还不止于不利的评论。谁要是赞扬了这本书，谁就遭到党内要人的不悦；只有那些批判它的人，才能被他们看作是“专家”——她认为这是一桩“空前的而且本身就有点滑稽的把戏”。

社会民主党正式发言人对罗莎·卢森堡一书的反应，并没有包含什么重大的理论贡献，它所以引起人们的兴趣，主要是因为它显示了一种心理状态。在德国的运动中，对革命的恐惧，至此已经变成了“正统”马克思主义者的特点，就像它是修正主义者的特点一样。当时也还作兴谈论革命——指遥遥无期的未来某个时候发生的事情。最荒谬的是，为了这个缘故，人们竟然需要有一个能给资本主义的耐力打包票的理论。所以，一切的崩溃理论都必须反对，而资本主义——人们单纯地把它看作是一种经济制度——的无限扩张力则必须肯定。于是革命可以看作是无产阶级的一种深思熟虑的举动，但对此无产阶级要作长时期的准备。这种立场，实际上和修正主义的立场没有什么区别，和罗莎·卢森堡的立场则

① 罗莎·卢森堡：《反批评》，第5页。

② 同上书，第5页。

是针锋相对的。难怪她被人看作是一个危险的和不负责任的女人。

不管罗莎·卢森堡在分析上有什么严重的错误，也不管官方马克思主义如何敌视她，她比起德国运动的任何别的成员来，都是更真正的马克思主义者。即令她不是一个狭义的经济理论家，她作为一个历史唯物主义者，也是她的批评者所不能望其项背的。她写道：

> “如果我们和这些‘专家们’一道，假定资本积累的无限性，那么，社会主义脚下这块客观的历史必然性的坚实土地就给挖掉了。那我们就是逃进马克思以前一些理论体系和流派的迷雾之中，而这些理论体系和流派是妄想从现在这个世界的单纯的不公和不义、从工人阶级的单纯革命意志来推论社会主义的。”①

罗莎·卢森堡和马克思不同，她在摈斥“资本积累的无限性”时，建立了一个机械性崩溃的概念。但这个不同，比起他们二人关于历史进程本身的性质的基本一致看法来，毕竟是一个次要的见解分歧。

九、战后的各种态度

第一次世界大战及其余殃，打断了崩溃问题的争论；直到世界资本主义进入了本世纪20年代中叶的相对稳定时期，资本主义扩

① 罗莎·卢森堡：《反批评》，第37页。

张的理论界限问题，才再一次地受到马克思主义经济学家的注意。这时候出现的，大致上有三个主要观点：

第一是社会民主党的见解，这个党的发言人，几乎都已经颇为坦率地转到一种改良主义的观点上去了。这时，我们看到一些类似于修正主义者在19、20世纪之交所提出的理论，只是先前的主要正统理论家，如考茨基和希法亭，现在已经公开地和修正主义者合流，组成反对崩溃理论的统一战线。考茨基在1927年著文，推翻了自己以前所提出的资本主义难逃长期萧条的理论："指望有朝一日，危机变得那么广泛、持久，致使资本主义生产不可能继续进行下去并且不可避免地要为一个社会主义制度所代替，这样的一种预料，今日再也得不到支持了。"①希法亭在1927年社会民主党年会上发言，又把这个问题更明确地提了出来，

> "我对每一种经济崩溃理论一向都是深恶痛绝的……战后，拥护这种理论的，主要是布尔什维克，他们相信，我们现在正处在资本主义制度崩溃的边缘。我们没有理由害怕它。我们始终相信，资本主义制度的推翻，不是用宿命论的态度可以等待的，它也不会是在这个制度的内在规律的作用中来到的，它必须是无产阶级的自觉行动。"②

第二是布尔什维克主张的观点。希法亭把一种特殊经济崩溃论安在他们的头上，这无疑是错误的。自从列宁所领导的反对民粹派的理论斗争开展以来，对于各种纯经济性灾难的预测，布尔什

① 卡尔·考茨基：《唯物史观》(第二版)，1929年版，第546页。

② 转引自亨利克·格罗斯曼：《积累与资本主义的崩溃规律》，1929年版，第57页注。

维克理论家们连有限的支持也很不愿意给予。相反，他们虽然确信资本主义不免于死亡，但他们指望由战争来造成这种死亡，而战争则是各个敌对的资本主义国家的大托拉斯日益紧张地角逐垄断利润的结果，而不是一种经济崩溃趋势的结果。第一次世界大战和俄国的革命，显然给了这个说法一种强有力的刺激，这在第四篇中将更详细地加以讨论。照本章开始时所提出的问题说来，布尔什维克不能列为崩溃论者。①

第三，还有一些人继续坚持崩溃命题。随着往昔的一些正统的马克思主义思想领袖，如考茨基和库诺夫等，或公开地、或略加掩饰地同修正主义结成了联盟，这个立场便有待于罗莎·卢森堡的信徒来维持了。弗里茨·斯坦伯尔格的《帝国主义论》，②就是这一派马克思主义思想在经济领域中的杰作。斯坦伯尔格基本上重述卢森堡的理论——包括她的错误——但他也成功地加进了自己的一点东西。

总之，战后这10年，在崩溃问题的解释上，没有取得多大的进展。1929年，亨利克·格罗斯曼对这个问题发表了前所未见的最详尽、最精细的剖析《积累与资本主义体系崩溃的规律》时，存在的局势就是这样。扼要地把这本著作考察一下，会使我们对最新的情况有充分的了解，因为20世纪30年代不是马克思主义经济学有巨大进展的时期——这个事实可以用欧洲大陆许多地区几乎没法进行活动、用俄国理论家忙于考察一些新问题、用英美马克

① 请阅尼古拉·布哈林：《帝国主义与资本的积累》第五章（“关于资本主义的崩溃的理论”）。

② 弗里茨·斯坦伯尔格：《帝国主义论》1926年版。

思主义(特别在经济理论问题上)的比较落后状态等来加以解释。①

十、亨利克·格罗斯曼

格罗斯曼自己的资本主义崩溃理论——他自称这是第一本发掘马克思本人的真谛的书,我们对此不必当真看待——至少有别出心裁的优点。在格罗斯曼看来,实现问题是不存在的;他正如杜冈-巴拉诺夫斯基一样,很少为生产和消费的关系操心。那么,他是怎样推断资本主义制度的死亡命运的呢?他的办法乖巧极了。

格罗斯曼的推理基础,是奥托·鲍威尔在批判罗莎·卢森堡的《资本积累论》时所设计的再生产表式。② 这个表式有以下的特点:劳动人口和可变资本数量均以每年5%的速度增长;剩余价值率始终是100%,因而剩余价值的总量也是以每年5%的速度增长;资本有机构成提高——为此假定不变资本以每年10%的速度增长。剩余价值三个基本组成部分——资本家的消费、追加的可变资本和追加的不变资本——的分割方式,就是由这些假设硬性

① 这并不是意味着,在20世纪30年代中,在资本主义危机问题的分析上,有趣的和重要的理论著作完全阙如。有少数几本书可以举出。在中欧有奥托·鲍威尔的《在两次大战之间吗?》(1936年)和纳塔利·莫斯科夫斯卡的《现代危机理论批判》(1935年);在英国有莫里斯·多布的《政治经济学与资本主义》(1937年);在美国有路易斯·科里的《美国资本主义的没落》(1934年)。不过,在这些书中,没有一本是主要探讨本章的问题的。

② 奥托·鲍威尔:《资本的积累》,《新时代》,第31年集,第1卷(1912—1913年),第831—838页,第862—874页。

决定的。不变资本的追加量和可变资本的追加量，都必须足以维持预先假想的增长率；余下的才是留给资本家们消费的部分。显而易见，如果把这个表式扩展下去，到了一定的限度，它就会得出奇怪的结果，因为，不变资本的增加额，本身虽然是从剩余价值中提出来的，但它的增长速度，却被假定为快于剩余价值。鲍威尔只把表式展开4年，这还不足以显示它的潜在的奇妙。但格罗斯曼毅然把它向前推进，一直到35年。在第21年，留给资本家消费的剩余价值，其数目就开始下降，而到了第34年，它几乎化为乌有！此后，不仅资本家要饿死，而且，即令他们如此英勇牺牲，也不能再按照原定的不变资本与可变资本的比例来维持原定的积累率，换句话说，这个表式因剩余价值不足而崩溃了。既有这个表式的种种假设，就实在无法叫它挨过第34年。①

鲍威尔的表式因剩余价值不足而崩溃。格罗斯曼以一种惊人的智力飞跃，由此得出结论，说资本主义制度也一定因剩余价值不足而垮台。罗莎·卢森堡的剩余价值过剩理论，就这样被掉过头来。“困难倒是在于资本的扩张：剩余价值不足以保证积累按假定的积累率继续进行！所以就有灾难。”②尽管格罗斯曼对这个从鲍威尔表式推导出来的“剩余价值不足”理论作了某些保留和提炼，在格罗斯曼的整本书中，这个理论始终是他对崩溃问题的想法的

① 表式可以延续的年数，自然是取决于第一年所假定的各项数字的绝对值以及不变资本与可变资本的相对增长率。鲍威尔的第一年，是以200 000c＋100 000v＋100 000s的公式提出的，第34年则表现为4 641 489c＋500 304v＋500 304s。在这里，s的数量(500 304)少于4 641 489的10％加500 304的5％。所以，这个表式必须以第34年告终。

② 格罗斯曼：《积累与资本主义的崩溃规律》，1929年版，第178页。

精髓。[①]

格罗斯曼的理论，以极端的形式显示出社会科学中机械论的危险。再生产表式——包括鲍威尔的一套——作为使人们理解某种关系的性质的一种方法，是有用处的。但是，随便逮住一个特殊的、而且必然是臆断的表式，并假定它如实地代表现实资本积累过程的实质，那就要招致理论上的不幸。列宁在批判杜冈-巴拉诺夫斯基时一度谈过："公式本身什么也不能证明；它只能在过程的各个要素从理论上解释清楚以后对过程绘图说明。"[②]格罗斯曼要是注意到这个警告，那该有多好；他没有解释表式的各个要素，这就使他严重地歪曲了现实的积累过程，并得出无权要人接受的结论。这里，我们只能指出格罗斯曼理论的几个较明显的缺点：

第一，鲍威尔的表式使积累率取决于二个因素，即人口增长率和关于不变资本的增长必须比可变资本快一倍的假定。人口增长率又被规定在一个极高的数字上，即每年5%的复率。[③] 不变资本的增长比可变资本快一倍，这个假定几乎在任何情况下，看来都是极不现实的。但是，把这个假定和劳动力以每年5%的高速度增长的假定放在一起，那就简直是异想天开了，因为劳动力数量的迅速增长，恰恰就是压低不变资本对可变资本的比率的最强有力因

---

① 可以附带地说一下，利润率的下降趋势，在鲍威尔的表式中当然有所表现，但和格罗斯曼的崩溃理论却毫无关系，尽管在这本著作中有好些注解会引起相反的印象。莫斯科夫斯卡(《现代危机理论批判》，第四章)就是被它所迷惑，以致把格罗斯曼的理论解释为一种利润率下降论。

② 《列宁全集》第4卷，第48页。

③ 拿实际的历史情况作个比较，就可以指出，甚至在1839—1915年美国人口增长顶快的时期，增长的年复率也不过2.28%。

素。劳动力迅速增长之所以能压低不变资本对可变资本的比率，则是因为，充沛的劳动力供应，妨碍工资的提高，并使机器代替劳动力的趋势受到阻抑。因此，如果我们假定劳动力的供应有极迅速的增加，那么，唯一合理的假设就会是，不变资本的增长几乎等于可变资本的增长。根据这个假设，表式就可以无限地扩张；用格罗斯曼自己的推理方法，我们应该得出这样的结论：资本主义可以长生不死。

格罗斯曼会提出异议，说资本有机构成的提高，是资本主义的一个基本特征，不可以当它不存在。确实是这样，但是，什么东西造成资本有机构成提高的趋势呢？答案是，在积累的刺激下，劳动力价格有上升的趋势——在这方面工人的有组织努力有时可能和劳动力的实际短缺起同等重要的作用——而这种趋势又引起机器不断代替劳动力。换句话说，积累率是自变数；积累在不变资本和可变资本之间的分割绝不是固定的，而是在很大程度上取决于积累率和劳动力增长率的关系；这种关系通常会使不变资本比可变资本有较快的增长率。这一切，在马克思的资本主义分析中，都是基本的东西，但在格罗斯曼的书中却未置一言。当人们考虑到这一点时，就可以看出，认为资本有机构成的提高，有如资本家自作孽，最终一定要迫使他们把全部剩余价值都投到积累中去，这种想法骨子里完全是颠倒了积累过程的内部因果联系。鲍威尔的表式达到了它的设计目的。即证明在一个闭关的制度内有可能实现剩余价值；但是，用它来表现积累过程，则是误人的和不合理的。

对格罗斯曼的理论，还可以作许多别的批评。例如，姑且假定他对鲍威尔表式的用法是恰当的，那么，何以从资本主义的观点看来第35年会是崩溃的一年呢？它的意义何在呢？诚然，剩余价值的数量，不足以雇用所有的新增工人并对不变资本追加10%。但是，为什么这一定就是像格罗斯曼所假设的一样，意味着资本的闲置呢？假定剩余价值足以追加4%的工人和8%的不变资本，资本家们会不会因为惋惜那找不到工作的1%工人而踌躇不前呢？当然不会。事实上，在格罗斯曼的假设下，第34年以后，每年的失业量都有所增长，但是，没有什么东西会妨碍资本家把他们的积累继续用于投资——甚至如果他们想私自把消费恢复到一个相当高的水平也无不可。再从资本主义观点来看，日益增加的失业，有助于压低工资和提高剩余价值率，从而有助于提高利润率。如果工人们不顾生活条件的逐渐恶化，硬是要以这么快的速度孳生繁衍，那么，他们就可能陷入马尔萨斯所说的命运——当然从来没有人提起过，资本主义会因为这个缘故而垮了下来。

就格罗斯曼的理论而言，我们可以认为，它已经足以说明：第一，对鲍威尔再生产表式的这种用法是不恰当的；第二，即使不是这样，格罗斯曼所得出的结论也是毫无道理的。由于否认实现问题的存在和忽视利润率下降的现实意义，格罗斯曼实际上把自己置于和杜冈-巴拉诺夫斯基相同的一个思想流派之中。这样的评价，落在一个不遗余力谴责杜冈的人身上，也许是苛刻的，但史实昭然，不容作别的判断。

关于崩溃问题的争论，我们的述评可以就此结束。结论不明确，许多地方尚待澄清。本篇提出的危机分析，对此种澄清工作能有多大的贡献呢？

第十二章　长期萧条?

一、引言

关于资本主义"崩溃"的意义,崩溃论者和他们的批评者,似乎都还没有清楚的、明确的概念。有些人,如伯恩施坦,把它设想成一场无法避免的十分严重而无所不包的经济危机。还有些人,如罗莎·卢森堡和格罗斯曼,则分明把它设想成整个社会制度的突然瓦解,正是:

没先也没后,
统统在一道,
突然全爆开,
好像肥皂泡。

但是,这些想法显然是从类比中引申出来的——好比一个人的寿命已尽或是一台机器到了报废的时候一样——在应用到一个社会制度时,就失去它们的具体性。当然,任何一场严重的危机,都可以是、而且常常是被人描绘成一次崩溃。但如此说来,这个词就失去了人们在崩溃问题争论中所加在它头上的终局含义。资本主义的崩溃,理应是资本主义的终结;它标志着一个临界点,越过了这一点,资本主义就不可能存在。这是言外之意;但正是在这里，很难说得更加明确。某一个特定的社会形式，也就是说，某一种类型的社会关系，可以变得极端讨厌，但是，说它不可能存在，这又是意味着什么呢？

难以回答，这就暗示着问题有毛病。历史上，一个社会制度的终结，不外是以两种形式出现的：或是在一个长时期内，部分地出于内部的衰退，部分地出于外来的袭击，以致分崩离析；或是颇为迅速地为一个新制度所取代。这两个过程，尽管有明显的差异，但也有许多共同之处，两者都不宜以“崩溃”一词来形容。这两种情况共同的地方，是旧制度已经失去它的进步性，损伤了社会的生命力；它的受惠者在捍卫自身地位的努力中，被迫使用极端的方法。总之，用马克思的生动有力的话来说，它已经变成了社会生产力进一步发展的“桎梏”。究竟顺着哪一条道路走下去呢？是没落的道路还是复兴的道路，这主要取决于旧制度是否已经在它的生命历程中培养出一个阶级，这个阶级既有准备、又有能力来斩断它的现有缰索而建立一个新的社会。

把这些想法应用到资本主义上头来，那我们就看到，真正意义重大的问题，是不可以归集到资本主义崩溃这个概念上来的——这个概念的用意不是过窄就是过宽。我们想知道的是，在资本主义社会中，要是有某种力量在起瓦解的作用，这种力量是什么。关于经济危机，这个问题可以提得更明确些：造成危机的种种力量，在资本主义的发展过程中，是否日趋严重，以致萧条终于成为常规，而不是什么例外呢？如果是的话，我们就可以把它算做是使资本主义“由生产力发展的形式转化为生产力发展的桎梏”的一个主要因素。而我们也就可以确信，修正主义者所大胆预料的社会矛盾缓和的前景，乃是如意算盘，而不是出于科学分析的预见。

这个问题，在某种意义上，一直是崩溃问题争论中关系重大的根本性问题。最极端的崩溃论者罗莎·卢森堡和格罗斯曼，从来都不相信，资本主义会发展到那种被他们视为其必然结局的地步。就像罗莎·卢森堡所说，阶级斗争和国际战争，一定会“远在经济发展的最终结局到来之前”，就引起革命。[①] 只要承认这一点，便难逃下面的结论：最重要的是发展的方向，而不是“最终的结局”；看来崩溃问题基本上是画蛇添足问题，它给人看得过重了。也许不妨这么设想，这就是为什么马克思不过问资本主义崩溃问题的理由；他宁可分析资本主义发展的实际趋势，而不愿意在一个无论如何不会实现的假想结果上兜圈子。他的著作所以没有完成，不是像罗莎·卢森堡所设想的那样，在于缺少一个崩溃理论，而是在于对资本主义发展趋势的分析未曾了结。

在前章所评介的修正、补充、解释和更正马克思的种种尝试中，考茨基 1902 年一文的内容最为重要。考茨基试图把他所理解的马克思的危机理论再推进一步，为此，他提出了一个问题：究竟从长期看来危机是否日趋严重呢？他的答案是，危机日趋严重，以致在事实上，除非半路上来了一个社会主义的胜利，一个“长期萧条”的时期迟早一定要发生。照我们自己的解释，考茨基的问题确实提得好。让我们借助于一个比考茨基处理得更为适当的危机分析，把他的答案的正确性考查一下。

① 罗莎·卢森堡：《反批评》，第 21 页。

二、资本主义扩张的条件

资本主义生产通常包藏着一个消费不足(或生产过剩)的趋势,这是第十章所证明了的,其理论不拟在此复述。原则上,这个趋势可以表现为一场危机,或者表现为生产的停滞。这两者,一个来得突然,也许还是暂时性的;另一个来得稳健,又是持续不断的,它们都是使积累免于超过市场对消费品的要求的方法。不应该认为,这个说法就是意味着萧条不影响消费,而仅仅是削减积累。消费和积累都受到不利的影响,不过后者所受影响的程度比较大一些。举一个极端的事例来说,在一场严重的萧条中,就整个制度而言,利润可能变成亏损,因而资本家们可能对积累无所追加,反而不得不靠他们过去的积累来维持生活。这样,积累可以在事实上暂时变成负数;而消费,则纵然社会所耗用的只限于继续维持单纯的肉体生存,它始终还是相当大的正数。积累比消费收缩得更厉害,这个因素通常给生产活动的下降规定了较低界限。

因为消费不足的趋势是资本主义所固有的,而且看来只能以生产资源的局部弃置来加以克服,所以可以说,停滞始终是资本主义生产的归趋。但是,我们知道,在过去约莫四个世纪中,资本主义扩张得很厉害,只有周期性的危机和偶尔发生的停滞破坏了这种上升的趋势。怎样解释这明显的似非而是的现象呢?答案首先要从我们迄今在分析消费不足问题时所限定的抽象水平上去寻找。到现在为止,我们对那些抵消消费不足趋势的力量都是不加考虑的,而那些力量,显然强大到足以左右资本主义发展的实际历史过程。为了给我们目前所面临的问题——资本主义是否在事实上正走向一种长期萧条状态？——寻求一个答案，我们必须改变这种处理问题的方法，而把我们的注意力集中到这些起抵消作用的力量上来。如果看来它们在今后也有可能以往日的那种力量发生作用，那么，我们就必须作出结论：这种始终存在的消费不足趋势不会成为资本主义无限扩张的一种障碍。① 反之，如果能够表明，这些起抵消作用的力量正在减弱，那么，我们就可以预期，消费不足的趋势将日益强烈地表现出来，而考茨基关于长期萧条时期迫在眉睫的预言，也就有一个坚实的基础。

概括地说，起抵消作用的力量可以归集为两大类：即那些能够使消费增长率高于生产资料增长率的力量，和那些使生产资料的不合比例增长不致在经济上造成破坏性后果的力量。属于后一类的有(1)新产业和(2)错误投资；属于前一类的有(3)人口增长、(4)非生产性的消费和(5)国家支出。对这几项，我们将逐一地试图解释其意义，分析它的作用方式，并与过去的实际情况相对比以估量它今后在抵消消费不足趋势方面可能具有多大的重要性。

三、抵消消费不足趋势的各种力量

1. 新产业。在一个新产业的形成期间内，生产资料的追加和制成品产量的提高，二者没有明确的关系。例如，一条铁路，必须

① 应该明白地说，即使没有什么不可克服的消费不足问题，利润率下降趋势也可能引起各种困难，对这些困难我们在这里不予过问。

先建筑然后才可以动用，在建设期间内，投资陆续发生，而实际提供的运输劳务则没有增加；只有在这条铁路竣工之后，生产资料和制成品产量之间的关系才显现出来。但是，一到了这一点，照例，生产资料的进一步追加（新的车辆、复线、重轨，等等），就会和产量（运输的吨英里）的变化发生密切的关系。由此，我们可以推演出一个重要的原理：就整个经济而论，投资和消费品产量变化的关系，一定是深受总投资中用于建立新产业部分的比重所影响。

如果我们以一个实际上没有产业（除手工业外）的经济作为起点，那么，它显然可以经历一个过渡时期——通常称为工业化时期——在这个时期里，社会上大部分的精力都花在新生产资料的建设上。甚至可能是，新产业的建设规模，同全部生产比起来，大到有必要在实际上暂时削减消费品的生产。在工业化的过程中，我们通常称为“基本”工业的，全都是以新产业出现；它们的建设吸收了新积累的资本，而没有相应地增加消费品的产量。只有在工业化的过程完成之后，才看得出消费品的生产能力有了巨大的扩充，而生产资料和消费品产量之间的必然联系，也才会再一次受到人们的注意。

由此我们可以下一个结论；工业化（新产业的建立）削弱消费不足的趋势，其削弱的程度大体上和它所引起的投资额在总投资中所占的比重成比例。不言而喻，这个因素在18、19世纪期间，是一个头等重要的因素。但是，从我们现在的观点看来，关键的问题是，新产业的重要性是否已经变得今不如昔，而且将来仍然是比不上过去。看来，答案是绝对肯定的。这并不是说，新产业不再出现，或者说它们现在是无关紧要了。它所说的是，一些发达的资本主义国家，已经经历了一个转变的过程，这个过程使它们从一种以农业、手工业为主的状态变成了现在的高度工业化状态。现在甚至很难设想有这么一系列的新产业，其相对重要性可以和18、19世纪的纺织、采矿、冶金和交通等产业相比拟。更少可能看出，有什么规模合乎要求的实际的和潜在的开发事业。

当然，这一点不适用于世界上那些刚刚开始工业化或工业化过程还在全面开展的地区。在这些地区，新产业的建立还可以吸收大量的资本，而不会同时增加消费品的产量。也许可以这么设想，这种资本可以从已经工业化的地区的积累中得到供应，因而应该认为新的产业领域实际上远未枯竭。在某种程度上，这无疑是事实；但是，在这个问题上也有许多复杂的因素必须加以考虑。世界的一大片地区，即地跨欧亚两洲的俄国，正在社会主义的生产条件下，不依靠外来的资本，迅速地实现自身的工业化。就是说到亚洲、欧洲和拉丁美洲的其余广大地区，那里至今虽然还极少接触到资本主义，但在大规模吸收外国资本方面，也还有某些不易克服的障碍存在。新地区的工业化，一向是有几分阻力的，老牌资本主义国家内垄断的发展，加强了这种阻力；关于开发各个地区的权益之争，连绵不断，这实际上使任何国家都不可能享受到和平发展的全部好处；最后，落后地区的人民日益仇视外国的统治，并且越来越不赞成融合到老的资本主义经济中去。这些问题在第四篇中还要作更详尽的论述，现在仅仅是提一提，便足以防止人们轻易地作如下的假定：工业化过程在资本主义生产中心大体完成的后果，可以用外围地区的更迅速发展来弥补。可以肯定，这方面，现在有压力，将来也一定会有压力。但是，它是否会占优势，优势大到什么程度，能否收到预期的效果，这却是一个难题，必须留待以后单独讨论。

就较老的资本主义地区而论，新产业的相对重要性无疑地是在下降。这正是人们所预期的，而且，倘若人们忘掉资本主义的特征的话，还会说这完全是一种可喜的发展。我们现在已建成了我们的基本产业，那就可以用提高群众消费的方式来享受这些产业的成果。但是，千万不能忽视，资本主义的基本的积累—消费格局，是同生产使用价值的可能性不发生关系的。因此，在资本主义条件下，工业化过程的大体完成，不是导致社会消费的大量增加，而是给一向存在的消费不足趋势扫除了一个最强有力的抵消力量。"……资本主义的历史使命是发展社会生产力，而资本主义特有的社会结构却不让人民群众利用这些技术成就。"①列宁说这话时，他所指的就是这个意思。对认为资本主义正在走向一个长期萧条时期的观点说来，这是一个有利理由，也许还是最重要的理由。

2. 错误的投资。在资本主义条件下，投资的进行，为的是要满足某种捉摸不定的需求。这就难免有一定量的投资，在事后查明是以错误的估计为根据的，因而必须全部地或部分地加以放弃，使承担此项投资的资本家遭受损失，有时甚至破产。这种事情，我们可以称之为"错误的投资"。它吸收了资本家们的一部分积累，而没有增加消费品的产量，这样它就削弱了消费不足的趋势。大抵说来，各别资本家的消息越不灵通，越是自信，这个抵消力量就

① 《列宁选集》第1卷，第178页。

越是重要。资本家的这种性格，在一个因别的缘故而迅速扩张的时期中，表现得最为明显。所以，一般说来，错误的投资是抵消消费不足趋势的一种力量，它在人们最不需要它的时候作用最强，而在停滞时期，当这种投资也许是最有用处的时候，却几乎不起作用。此外，还有一个理由，说明为什么错误投资变成了一个次要的抵消力量，那就是垄断组合的发展。垄断组合能够估计。甚至影响自身产品的需求，而旧式的个体事业家或企业主在这方面多半是暗中摸索。人们经常在议论，现在资本更不愿意冒风险。这很有可能就是由于人们对什么是真正的风险有了更现实的估计。资本主义的许多矛盾之一，就是知识的增进可以损伤这个制度的机能。

当然，人们不应该过高地估计错误投资在任何一个资本主义发展阶段上的量的重要性，不过，尽管没有什么迹象表明它在今天具有极大的重要性，根据前述的理由，它有时候还是可以对消费不足趋势发生可观的抵消作用的。

现在，我们就要进而考察那些使消费增长率高于生产资料增长率，从而起抵消作用的种种力量。

3. 人口增长。发挥尽致的马克思主义的消费不足理论，使我们得以理解经济学家们至今一直捉摸不定的一个问题，即人口增长同资本主义生产扩张的关系。人口增长，在这里不应当照狭义的人口学来解释，要紧的倒是资本主义产业所支配的劳动力数量的增长——不论这种增长是出于人口的自然增殖，或是由于原先处于资本主义生产范围之外的工人被带进到这个范围中来。不过，我们可以把一个关闭的和十足资本主义的制度当作一种初次的近似，在这个制度中，劳动力的扩张是和一般人口增长同时发生的。

在这样一个制度里，如果人口增长得很快，可变资本就可能同样地增长得很快，但又不给工资水平施加上涨的压力，从而对利润率也没有什么不利的影响。不变资本一定也在增加，而且为了技术上的缘故，它的增长率似乎不大可能落在可变资本的增长之后。但是，在所假定的情况下，为了不断节省劳动力而以不变资本代替可变资本的压力，就是有的话也不大。已往的理论家们，普遍地忽视了这一类关系同消费不足问题的联系。特别要注意的一点是，不变资本的增长，构成积累的一个出路，同时又意味着消费的增加。[①] 所以，在目前所考察的这种情况下，高度的积累率，一方面不排斥消费的迅速增长，另一方面不会造成利润率的下降。不但如此，由于不存在不变资本（生产资料）增长率超过消费增长率的趋势，消费不足的危险也就被排除了。我们已经知道，消费不足的困难，其根源就在于这种趋势。

现在，让我们再拿一个人口增长缓慢的制度来考察一下。倘若积累还是采取不变资本与可变资本按比例增加的形式，那么，这个积累过程，只有在一部分追加的可变资本变成已就业工人的工资增加额时，它才能继续进行下去。因为这样就会压低利润率，所以，资本家们便企图把越来越大的一部分积累从可变资本方面扣下来，用来扩充不变资本，借以节省劳动力。这样，就会造成失业，而利润率则可能得到维持，但是生产资料的增长会加快，而消费的

① 参看后面附录一的说明。

增长则要减慢；消费不足的困境，于是就会强烈地呈现出来。

马克思本人严厉批评古典学派建议工人们以资本积累为准来限制自身的人口。当时他曾经指出了这一条推理的路线。“这样限制工人人口的繁殖，”他写道，“会减少劳动的供给，因而会提高劳动的价格，这只会加速机器的采用，加速〔花在工资上的〕流动资本向固定资本的转化，从而人为地造成人口‘过剩’；因为人口过剩通常不是与生存资料的数量相对而言的，而是……与对劳动的实际需求相对而言的。”①由此立即就可以作出结论：人口增长率一放慢，不仅有造成失业的似是而非后果，而且还加强了消费不足的趋势。

由上文可以推出下述的一般性原理：积累中可以变成可变资本而又不致压低利润率的那一部分，其比重大体上取决于人口增长率；人口增长得越快，用作可变资本的比重越高，因而，消费的增长速度越高，消费不足的危险也就越小。这就是说，消费不足趋势的强度，同人口增长的速度有相逆的关系：在人口迅速增长的时期，这个趋势是疲弱的；当人口增长率下降时，这个趋势就增强。所以，为便利起见，我们可以把人口增长与消费不足趋势的相逆关系说成是一个规律。

如果我们把闭关和十足资本主义的制度的假定撇开，这个规律的范围就扩大了。从资本主义生产的观点看来，新人口不仅包括自然增殖的人口，而且包括那些被吸收进来、头一回可以当作

① 《马克思恩格斯全集》第 26 卷，第 2 册，第 658 页。这一段话出现在对巴顿和李嘉图的观点的分析过程中，术语照原文所示（是“劳动”而不是“劳动力”，是“流动的”和“固定的”资本，而不是“可变的”和“不变的”资本）。

工资劳动者雇用的人群。资本主义的扩张——特别是在它的早期阶段——主要是通过对更原始经济关系进行颇为残暴的破坏，以从中招募得来的劳动力为基础的。在这个发展阶段，“人口问题”主要是在变农民和独立手工业者为工资劳动者时所必须克服的障碍问题。以后，这个过程继续进行，其形式是，资本主义伸张到席卷世界各地的所谓落后民族。

回顾过去四个世纪，我们必须承认，人口因素一向是极有利于资本主义的迅速无阻的扩张的，供资本征募的庞大人力后备，迄未缺乏，同时，大约从 18 世纪中叶开始，在各个主要的资本主义国家中，人口的自然增殖就以空前的高速度进行。结论昭然若揭：广义的人口增长，对于始终都在大力阻遏资本生产扩张的消费不足趋势，曾经是一个最重要的抵消因素。

如果说人口因素在过去是重要的因素，那它在将来也不差。在这里，具有特别重大意义的，是众所周知的人口增长率的下降趋势，它是一切高度发展的资本主义国家的一个特点。这一个趋势直接地导源于出生率下降的趋势，其发生也不是偶然的，只举其最明显的重要成因来说，像都市化、生活水平提高、①生活不安定、

① 在发展的早期阶段，提高生活水平和增进知识，其效果主要是压低死亡率，从而加速了人口的增长。可以毫不迟疑地说，这是 18 世纪末期和 19 世纪人口剧增的最重要因素。但是，到后来，生活水平的提高，又和其他因素——其中有些已在文中提及——连结在一起，变成了压低出生率的同等重要因素。生活水平的提高，在一个时期可以加速人口增长，而在另一个时期又可以延缓人口的增长，这个明显的似非而是现象，可以这样轻易得到解释。为了避免混乱起见，应该指出，按照为进行理论分析而下的消费定义来说，生活水平的提高，不一定意味着消费的增长。消费同积累及其组成部分一样，必须以价值来衡量。假定劳动生产率有一定的增长，那么，显而易见，所消费的物品的数量可以增加，而同时，以价值表示的消费则仍旧不变，甚至下落。

知识普及等，看来都是资本主义发展的不可避免的产物。此外，各个国家力图扭转出生率趋势的打算，至少到目前为止也还没取得显著的成效。这个问题的详细讨论，会使我们离题太远，但即使不作详细的分析，也可以有把握地假定，在可以预见的将来，目前这种人口趋势是不大会急转过来的。因此，从资本主义扩张的观点看来，局势似乎是越来越不利。[①] 所以，就人口的自然增殖而论，消费不足的阻力正在逐步减弱之中；也因为这个缘故，资本主义走向长期萧条状态的趋势，似乎是难以否认的。

关于人口问题的另一方面，即新的人群被并吞到资本主义制度中来，其前景就不是这么清楚了。在各个主要的资本主义国家内部，非资本主义的劳动力后备已经被耗用得差不多了，但是，至今还有很大数目的人口——特别是在亚洲、非洲和拉丁美洲——处在资本主义生产关系的范围之外。在这里，我们又正好碰上了先前在讨论新产业时所遇到的那个问题。资本主义的出路，再一次寄托于它向非资本主义地区、即世界上工业落后地区的扩张。这里，我们只能指出，在这条道路上有同样的障碍。[②] 它们可以被克服到什么程度？其后果如何？这些，我们将在第四篇中加以考虑。

现在，让我们把前面说过的人口因素在资本主义发展中的作

① 从别的观点——例如，有计划的社会主义社会的最适宜人口量——看来，人口增长率的下降，很可能是一件好事，不过，有一点确是明摆着的，19 世纪西方国家所显示的人口增长率，如果无限地继续进行下去，那不论从什么观点看来，迟早都要带来悲惨的结局，但这些想法并不影响文内所得出的结论。

② 见上文第 276 页及其后各页。

用概括一下。马克思主义对积累过程的分析——特别是因为它强调指出被非马克思主义理论所经常忽视的或掩盖的不变资本同可变资本的区别——得出人口增长同消费不足趋势相逆关系的规律。根据这个规律，我们可以得知，从有无新社会阶层或新地区可资利用的一面看来，再从人口自然增殖的另一面看来，资本主义发展的条件，在过去一直都是极为有利的。基于同样的理由，新近在较为先进的国家中开始出现的人口增长率下降趋势，日后肯定要产生严重的后果，而这些严重的后果，又不会轻易地为不发达国家的更快吸收所抵消。就人口因素而论，资本主义发展的前景肯定是不妙的。

现在已经讨论了三种抵消消费不足趋势的力量，即新产业、错误投资和人口增长。第一和第三，在决定资本主义发展的实际进程上，显然有过巨大的重要性；而这三者至今都还在起作用，不过力量正在减弱。这一点是对考茨基命题的有力支持，即资本主义的发展不免要导致消费不足趋势的加强，直至它最后陷入长期萧条的状态。但是，在我们接受这个观点之前，还必须考察其余的两个抵消力量，因为后面就要提出，这两者在近代都未曾减弱，而是变得更加强有力了。

4. 非生产性消费。资本主义社会的基本结构，仅含有两个阶级，即资本家和工人。其他的人，大体上都是可有可无的，因此，迄今我们在分析价值和积累时，一直都把他们给舍象了。在考虑总消费的数量和方向时，这种做法就说不过去了。作为消费者，和资本家、工人在一道的，还有"第三种人"，他们"或者是为这两个阶级服务，从他们那里得到货币作为报酬，或者是不为他们服务，而在地租、利息等形式上成为剩余价值的共有者”。[1] 马克思在这里提起的两类所谓“第三种人”，他们在传统上一是以婢仆为代表，一是以土地贵族和教会为代表。两者各取得一部分的剩余价值并加消费，而这种剩余价值，我们至今一直都是假定其为资本家本人的消费和积累所耗光用尽的。因为这些第三种人在剩余价值的生产过程中不起直接作用，所以他们可以称为非生产性的消费者，而其消费则可以称为非生产性的消费。亚当·斯密曾把“非生产”这个词，用于劳务极为有用、甚至必不可少但又不给资本家雇主提供利润的那个劳动者阶级，他这种用法的原意——虽然普遍地为人所误解——就是这样。[2] 非生产性消费者这个范畴，比非生产劳动者这个范畴更为广泛，因为它还包括那些只消费而不从事任何一种劳动的人——如地主。此外，似乎还应该把这个范畴进一步扩大，连那些从事非生产性商业活动的人的消费也包括在内。[3] ——虽然他们在形式上可能和工业、农业、运输业中的生产性消费者（即资本家和工人）分不开。商业界，在资本主义制度

① 《马克思恩格斯全集》第 24 卷，第 370 页。

② 生产劳动者（意思就是资本家为要出售产品赚钱而雇用的那些人）通常是生产某种具体的商品的，这个事实使亚当·斯密把“生产力”和具体商品的生产看作是一回事。现代作家就这个生产力定义来批评斯密，这当然都是正确的，但是，他们普遍地没有注意到，他们的批评没有接触到他的真正见解。在资本主义制度下面，生产力是一个有关剩余价值生产的问题。亚当·斯密尽管有逻辑上的错误，他对这一点却是很有理解的；而现代经济学家们，因为一向忽视资本主义的特点，却拿一个以使用价值表示的定义来代替它，这实际上是从斯密的见解上倒退了。这个定义足以模糊、而不足以阐明资本主义是怎样发挥它的机能的。

③ 按照下文（第 345—347 页）的更详细解释，商业活动之所以是非生产的，在于它不创造剩余价值，反而要从其他经济成分吸收剩余价值。

中本来就是绝对少不了的，而当垄断的发展迫使资本家不得不把越来越多的气力从生产方面转到销售方面时，它就有了特殊的重要性。因为这个缘故，对于所谓"新的中间阶级"，包括各种销售人员和其他从事分配工作人员，以及人们更熟知的那一类第三种人（例如，自由职业者），我们最好是在第四篇中考察了垄断问题以后再来进行分析。

有些经济学家曾经把消费总量看作是决定资本主义制度的行为的因素之一，非生产性消费问题久已被他们认做是重要的问题。在古典学派经济学家中，马尔萨斯特别意识到消费不足的危险，他还在这个基础上为贵族和僧侣在经济上的作用作了辩护，说这些人以他们的消费帮助社会上防止供给过剩，否则，照马尔萨斯看来，供给过剩是不可避免的。在马克思看来，非生产性消费也似乎是有助于提供最终的目的，要是没有这种最终目的，生产的扩大就不可能继续进行下去。马克思指出工人和资本家都是"为别人而生产的人"——前者是以其无产者身份，后者是以其追求积累的冲动——接着就说了下面这段话：

> "一方面有这种剩余生产，与此相对，另一方面必定有剩余消费，一方面是为生产而生产，与此相对，另一方面必定是为消费而消费。'产业资本家'必须交给地租所有者、国家、国债债权人、教会等等只消费收入的人的东西，固然绝对减少他的财富，但是使他发财的贪欲旺盛不衰，从而保存他的资本主义灵魂。如果土地租金和货币租金的所得者等等也把自己的收入花费在生产劳动上，而不花费在非生产劳动上，目的就不会达到。他们自己就会成为'产业资本家'，而不再代表

消费的职能。……”①

马克思既没有仔细推敲以消费不足为根据的危机理论，同样，他也没有仔细推敲这个②命题，而且无疑地是出于相同的理由。虽然如此，也还是用不着怀疑，在我们把非生产性消费当作资本主义发展的制约条件之一来加以考察时，我们无非是把马克思洞察其重要性和适切性的一种推理方法加以展开而已。

不是所有的非生产性消费，都构成工人和资本家的消费之上的净增额。这两个阶级经常都要拿出自己一部分收入，花在医生、教师、仆役等的劳务上，以代替在可消费商品上的开销。大体说来，不妨把这一类型的第三种人的消费看作是资本家和工人自身消费的一个必要组成部分。参加消费品社会产量的分配的人数，或者说就业的总人数，当然是要受这一类非生产性消费的数量所影响的，但它对消费品总需求的影响似乎不大，积累率也不大会受到显著的影响。③ 就业总量对再生产过程自然是有间接影响的，但我们现在并不打算研究这种间接影响。大体上，我们的结论必须是：那些提供个人劳动的人，他们的非生产性消费，在消费不足问题上是不可能有多大的重要性的。

但是，说到其他种类的非生产性消费，情况就不是这样了。例如在英国，在古典学派经济学家所处的时代，大量的剩余价值，以

① 《马克思恩格斯全集》第26卷，第1册，第293页。

② 指非生产性消费。——译者

③ “劳动者都关心劳动的需求，所以他们当然希望尽可能把奢侈品方面所用的收入转用于维持仆役”。（《政治经济学及赋税原理》，第337页）李嘉图在提出这个很受人误解的见解时，他心里想到的显然是这种情况。——译者

地租的形式流入了土地贵族的腰包，这些土地贵族在当时形成了一个单独的和特殊的社会阶级。土地贵族和上流社会人士，因为还保持着强烈的封建传统与习惯，他们没有资本家的那种积累冲动；他们宁可倾其全部收入，而且常常超出他们的收入，来维持一种在产业资本家看来是奢靡的生活水平。这一种非生产性消费的形式，对可以用作积累的剩余价值量，显然构成一种浪费。在这些情况下，剩余价值在利润和地租之间的比例分配一有什么变动（例如由于废除谷物法），就一定会对消费总量和积累率发生决定性的影响。但是，应该说明，这一类情况在最近一百年中已经有了巨大的变化，因此，在今日的发达资本主义国家中，再也不可以说有一个在消费和积累习惯上显然有别于资本家的独立地主阶级。土地和资本的所有权，现在常常是属于同一个人或同一群人——也许是通过一个商业公司的代理；就剩余价值在消费和积累之间的分割而言，地租和利润的界限，看来已经不再是一个重要的因素了。贵族已经变成了彻头彻尾的资本家；但与此同时，资本家——亏得他们有更多的财富和更重要的社会地位——也变得更加贵族化，而且也不得不比19世纪的"中间阶级"略微奢华一些，以显示自己的富有。所以，把全部剩余价值都分配给清一色的资本家阶级，这种抽象在今日虽然比以往更加符合于现实情况；但下面这一点至今还可能是正确的：引起这个结果的历史发展，包含着一些彼此相反的趋势，这些趋势在消费和积累的一般结构问题上，大体上已经互相抵消了。

这个早期的土地贵族的事例，虽然在大体上十分清楚地表明，非生产性消费可以用什么方式来影响消费的一般水平，并从而起到抵消消费不足趋势的作用，但在我们这个时代，那些从事非生产性商业工作的人，其消费的实际意义，比这要大得多。这个问题和前面已经提过的一样，是和垄断的发展及所谓“新的中间阶级”的兴起有密切的联系的，因此，对于它的一些更复杂的方面，必须延至我们在第四篇接触到这些问题时再来分析。[①] 目前，我们只要略陈数点，不作论证，也就够了：(1)这一类的非生产性消费，有相当大一部分和土地贵族的消费一样，构成了总消费的增加，而对于本来可以用作积累的剩余价值，则是一种扣除；(2)这一类非生产性消费的重要性，起码在过去半个世纪中是逐步增长的，同时，有一些迹象表明，它的重要性在将来还要继续增大；(3)从抵消消费不足趋势的观点看来，似乎不成问题，它是非生产性消费方面最重要的动向。

关于非生产性消费，我们的结论是：这种消费的增长——特别是由于流通系统[②]的扩张——对消费不足趋势有抑制的作用。因此，我们在这里找到了一个因素，它从经济的观点上削弱那种赞同考茨基的理论、以为长期萧条时期正在来临的臆想。

5. 国家支出。古典学派经济学家把国家的支出看作是非生产性消费的一个范畴，马克思也跟着这么说。其所以这么说，是基于两个不言而喻的假定：即国家并不从事生产活动——说的是花了钱而指望从商品的销售上再把它捞回来。其次，国家的转移支付(主要是公债利息)落入非生产性消费者手里。如果承认这两个

① 见下文第十五章，第 4 节。

② 原文为分配系统，意思是指从事商品流通的各种机构，现译为流通系统，参阅下文第 345 页注。——译者

假定,那就毋庸置疑,国家支出所起的作用,是直接地、并通过国家雇员和公债持有人的消费而间接地把价值从特定的再生产过程中抽了出来,而国家支出在经济活动中的特殊重要性,也是这种消费的机能所赋予的。这些假定,即使在19世纪,也仅仅是粗略地接近于现实的情况,[①]不可以把它们扯得太远,以致直接地把国家支出和非生产性消费完全等同起来,使人发生严重的误解。但是,国家支出在数额上和种类上的巨大扩张,已经成了20世纪的一个显著特点,这就要求人们把国家支出从非生产性消费中单独提出来,而且要超出以前视为必要的程度,更仔细地加以分析。

从再生产过程的观点说来,国家支出基本上有三类:国家的资本支出、国家的转移支付和国家的消费。让我们依次地逐一加以考察。

国家的资本支出,包括一切以生产销售的货物或劳务为目的而投在劳力和原料上的支出。在这种支出中,消费的特点——从再生产过程中抽出价值——没有得到满足,同时,因为这一种性质的国家企业,通常也指望获得足够的剩余价值,以抵付政府债务的现行利息率,因此,似乎应该把这些支出列为资本,并在这个范围内把国家列为一个资本家。[②] 公共工程支出,只有在它们属于所谓自负盈亏类型的范围时,才明显地属于这一类的国家资本支出。部分自负盈亏的公共工程,则应该分别列入国家资本支出和国家消费。国家资本支出的增加——它可以称为国家积累——从再生

① 尤其可能的是,有相当大的一部分公债利息,经常被收益人积累起来。

② 作为资本家的国家,它和私人资本家当然有许多差别,其中主要的一个就是,在国家方面,追求最高额利润和积累的心理的、社会的动机,大概要弱一些。

产的观点看来，类似任何其他形式的积累。如果国家积累仅仅是取代私人积累，那就不存在对消费不足趋势的影响，或者充其量只有微不足道的影响；但是，如果为进行国家积累而牺牲个人或国家消费，那就要加剧消费不足的趋势。看来前一种情况的可能性要大些，因此，大概不妨这么假定，国家积累对消费不足趋势没有什么重大的影响。

"国家转移支付"是一个简便的名词，它适用于国库支出中一大批同居民向国家出售商品或提供劳务无关的开销：公债利息，社会保险和救济、津贴，等等。这些转移支出是否连带地引起积累向消费的净转移，这是一个绝对无法准确回答的问题，因为没法子对国家的收入来源加以离析，以确定哪一些是同这种转移支付有关的。虽然如此，从质的方面作某种判断还是可能的。在整个19世纪中，所有资本主义国家的赋税结构，其税负始终都是高度累退的，而转移支出则大都落入比较富有的一部分人手里。在这种情况下，毫无疑问，国家通过转移支付的机制起着积累发动机的作用——它把消费者口袋里的购买力吸引到积累者的口袋里去。但是，在最近几十年里，公司税、所得税和财产税等日益广泛地为人所采用，社会保险的支付量也在增加，这二者结合起来，已经改变了这种均势。说整个转移支付的机构带来了一笔有利于消费的净差额，那倒也不见得；但无论如何，它不像过去那么厉害地拖消费的后腿，则是显而易见的。所以，我们可以说，转移支付已在转向抵消消费不足趋势的一面。

最后，最重要的一类支出，包括我们以往称为国家消费之类的东西，即：国家日常的立法、司法、行政等活动；非自负盈亏性质的公共工程；以及军事设施等。因为这各种用途的支出，都要牵涉到从再生产过程抽出一定的价值，所以它们所起的作用，和资本家与工人的个人消费支出相同。让我们假定，有可能以粗略的方式来辨明哪一些国家收入是同国家消费的支出有关。如果这些国家收入仅仅是意味着生产性的和非生产性的消费者都减少了同量的收入，那么，显然不发生消费的净增加。但是，只要国家收入来自剩余价值，而这笔剩余价值要不然就会被人积累起来，那么，在这个限度内，消费就有明显的增加（应该记住，国家消费和国家转移支付不同，它是不会引起总消费的下降的）。国家消费的绝对重要性和相对重要性都在增大，同时，资本主义国家对至少是部分地以剩余价值为归宿的租税更加倚重了，这二者指出了一个结论：国家消费已经在越来越大的程度上关系到总消费的增长。我们在讨论转移支付时，也已经得出相同的结论，因此，我们可以把国家支出列为一个对消费不足趋势起着日益重要的抵消作用的力量。

四、一定是消费不足占优势吗？

看来，在已经讨论过的 5 个抵消力量中，3 个（新产业、错误投资和人口增长）已经在减弱，2 个（非生产性消费和国家支出）已经在增强。但是，双方的距离，比 3∶2 这个比率所能提示的，甚至还要小一些。新产业和人口增长，在资本主义发展史的大部分时期中，一直都是相当明显地居于举足轻重的地位。它们的相对重要性的下降，肯定有使其他因素——单独的或联合的——相形失色的趋势。总的说来，似乎没有疑问，在世界资本主义的主要中枢，消费不足的阻力正在减弱。今天的真实情况恰好就是这样，这并非偶然，但它在明天就可能调转头来，变成另一副样子；工业化和19世纪那种规模的人口增长，它们的过渡性确是尽人皆知的。考茨基认为，由于消费不足，资本主义不可避免地要陷入一个长期萧条时期，这个理论似乎可以得到证实。但是，还有一个因素必须加以考虑。

迄今，我们一直是这样假定的：国家的支出，全部是靠税收来筹措的。国家向私人借债，这也没有带来什么新的原则问题。但是，还有另一个可能性，那就是，国家所花的钱，不是取自哪一个人的收入，而是由国家直接制造，或通过向银行借款而制造的。如果所有的生产资源都已被充分利用，那么，这种为国家支出筹措财源的方法，就会通过物价膨胀的机制，造成个人收入的减少。在这种情况下，总消费所受的影响就不会太大，因为国家消费的增加，照例大部分为个人消费的减少所抵消。但是，如果经济萧条，资源没有充分利用，那么，靠制造新购买力来资助的新增国家消费，就会对私人的积累和消费发生有益的副作用。所以，通过以新创造的购买力来奠立和继续保持一个充分的国家消费率，国家似乎就可以把经济提到一个充分就业的水平，并且保住这种状态。不但如此，从以前的讨论中可以推知，一旦达到了充分就业的状态，国家就可通过变更赋税和支出的模式与数量，按所希望的任何方向来影响总消费和总积累。

这些可能性提出了一个新的问题。以前我们碰到的问题，是揭示某些国家政策对经济的影响，而那些政策的采取，大抵是出于别的理由，而不是出于它们在现在这个问题上可能产生的后果。

例如，更广泛的社会服务和更累进的税制，虽然有抵消消费不足趋势的效果，但它们都不是为此而制定的。可是，现在，我们必须对人们可能特意策划出来、以求对经济机能发生某种效果——即抵消消费不足趋势——的种种国家政策加以考虑，看看它们是否行得通和具有什么含义。现代经济学家们确是普遍地提倡这种行动方针，甚至普遍地以这种见地来解释过去10年中资本主义政府的所作所为。但是，如果说，在其他的抵消力量变得太弱，不足以阻止一种长期萧条状态时，资本主义政府还有可能有意识地抵消消费不足的趋势，那么，我们就可以发问，考茨基的理论还有什么可说的呢？消费不足的趋势便不是到一定的发展阶段就自行转化为长期萧条，而只是变成了一种长期萧条的趋势，而这种趋势是可以用一种新的力量——国家的有意识行动——来加以抵消的。也许可以这么说，这是对考茨基理论的引申，而不是对它的否定。不管怎样，有一点是显而易见的：如果这个申论为人所接受，那么，考茨基从他自己的理论中所演绎出来的推论，就必须放弃，无论如何也应该把它看作是一种未经证实的说法。如果经济停滞的趋势可以卓有成效予以抵消，那么，为什么我们必须假定：失业，不安定，以及更尖锐的阶级矛盾和国际矛盾，在资本主义社会中是指日可待的事呢？为什么不反过来，假定一个“受管理的”资本主义社会，它可以通过国家的行动来维持经济的繁荣，甚或逐步演变成为一个完整社会主义制度呢？当考茨基本人在晚年抛弃长期萧条理论时，[①]他恰好就是转到这样一种修正主义的看法上去。也许他是

① 见上文第263页及其后各页。

对的吧?

要想在我们的分析迄今所限的抽象水平上来回答这些问题,那是徒劳无益的。不可以把国家当作一种意外的救星,随随便便地拉它来解决积累过程中已经论证过的各种矛盾。必须对国家在资本主义社会中的地位与作用加以考察,看看什么可以指望于它,什么不可以指望于它。况且,前面所分析的资本主义典型,缺乏现代世界的许多最重要的特点。闭关的竞争制度,乃是一种假设,是一种有用的、甚至是必要的理论手法,但是千万不能把它和现实世界混为一谈。否则,就要犯特别严重的"把具体性放错地方的谬误"。对资本主义这个病例的诊断与预后,除了需要对积累过程进行解剖之外,还需要对国家、垄断和世界经济作一番缜密的研究。

用不着说,在一本比较简略的书中是不可能进行这样一种缜密的研究的。但我们也许可以做到把注意力集中在一些正在起作用的最重要因素上,并以此打下一个基础,以便更好地理解近几年来已经发生的事情和未来准备要发生的事情。

第四篇

帝　国　主　义

第十三章　国家

一、经济理论中的国家

大概很少人会否认，国家在经济进程中扮演一个重要的角色。但是，也还有许多人主张，在经济理论中，可以而且必须把国家排除在外。

从某一种观点看来，这种主张是不难理解的。只要人们照现代流派的模样，把经济学看作是一门有关人与自然的关系的科学，那么，对国家，就只需在应用的水平上加以考察，而不是这门科学的主题的一部分。在鲁滨逊的荒岛上，没有国家，但经济学同样适用于鲁滨逊和20世纪的美国。从这个观点看来，国家在逻辑上不能成为理论经济学的一个研究对象。它必须看作是针对任何特定的实际情况、为经济学原理规定应用的形式和界限的因素之一。①

当我们采取另一种见解，主张经济学是研究各种特定历史条件下的社会生产关系的科学时，这一切全都变了。这样一来，不把国家包括在经济学的主题中，就是一种武断的和不合理的疏漏。鉴于这一点，并遵循前面几章所说的马克思研究经济学的基本途

① 见“导言”，上文第20—25页。

径，似乎无须进一步解释就可以证明，把一章国家论包括在我们对马克思主义经济学的考察中是正确的。不过，在我们继续讲下去之前，说一两句戒慎莫忘的话还是有必要的。

就像在危机问题上一样，马克思从未缔造过系统的、形式完整的国家理论。显然，他当初是有意这么做的。例如，在《政治经济学批判》序言中，他开宗明义就说了下面的话：

> "我考察资产阶级经济制度是按照以下的次序：资本、土地所有制、雇佣劳动；国家、对外贸易、世界市场。……第一册论述资本，其第一篇由下列各章组成：(1)商品，(2)货币或简单流通，(3)资本一般。前两章构成本分册的内容。……能否按照上述计划对它们进行系统整理，就要看环境如何了。"①

把三卷《资本论》考察一下，就看得清楚，这个计划中途发生了相当大的变化。但是，国家始终处于隐晦的地位，没有得到马克思所明白地属望于它的"系统整理"。所以，根本不可能匀整地概述他的见解。我们将改用另一个做法，试行介绍一个简括的国家理论，这个理论既符合于马克思在这个问题上的许多零散的言论，又为研究资本主义制度发展论原理的主干提供了必要的补充。②

---

① 《政治经济学批判》，《马克思恩格斯全集》第13卷，第7页。

② 在马克思主义国家论的最重要著作中，可以举出以下几本：恩格斯：《家庭、私有制和国家的起源》，特别是第九章；列宁：《国家与革命》；罗莎·卢森堡：《社会改良还是社会革命》，《卢森堡全集》第三卷。最后一本书上可以找到英译本《是改良还是革命》，三箭出版社1937年纽约版，但不幸，这个译本不太令人满意。在张晓明(Sherman Hsiao-mingchang，音译)《马克思主义国家论》(1931年)中，对马克思主义论国家的大量文献，有相当完整的概述。

二、国家的首要职能

现代自由主义理论家有一种倾向，要把国家解释为一个代表整个社会利益的机关，说它的建立，是为了对社会存在所必然引起的各种矛盾进行仲裁和调解。这是避免陷入政治空谈并可以用某种差强人意方式把一大堆明摆着的事实加以糅合的一种理论。但是，这种理论包含有一个基本的缺点；认识到这个缺点，就引出了一个本质上倾向于马克思主义的理论。所以，对这种可以称之为阶级调和的国家概念进行批判，也许就是介绍马克思主义理论的最好方式。

阶级调和论一向暗中假定，根本的阶级结构或财产关系制度——两者是一回事——是一个不变的基本事实，在这方面，它和自然界的自在之理毫无二致。这个理论进而发问，各个阶级为了彼此相处，要有什么样的安排呢？它发现，合理的和必要的答案，就是一个调和各阶级的对立利益的机关，这个机关被赋予维持秩序和排解纠纷的权力。他们认为，现实世界上所谓国家也者，就是同这种理论推定相吻合的东西。

这个理论的弱点是不难发现的。它所依据的假设，是一个不变的、而且可以说是自我支持的社会阶级结构。这种假设的肤浅粗薄，稍读历史就可以指明。[①] 事实是，各种各样的财产关

① 许多理论家在一定程度上承认这一点，但是，他们认为，在已往社会中确凿无误的东西，在现代社会中就未必真实，换句话说，资本主义被看作是社会进化的最终产物。参阅前文第一章中关于这一点的讨论。

系形式及其相伴随的阶级结构，在过去是兴而又衰，断无理由说它们在将来就不再是这样。社会的阶级结构不属于事物的自然之理，它是以往社会发展的产物，并将在未来的社会发展历程中发生变化。

一旦承认这个事实，那么显而易见，自由主义理论的错误，在于它最初提出问题的方式。我们不能这样提问题：假定已经有某种阶级结构，试问那些利益各不相同而且时常对立的阶级将何以相处？我们应该问：一个特定的阶级结构是怎样形成的，并且是以什么办法来保证它的继续存在的？在试答这个问题时，立即可以看出，国家在社会中有一种职能，它比当代自由主义者所归于它的任何职能都更为重要和更带有根本性意义。让我们更进一步地考察这个问题。

一定的财产关系形式，可以用来确定和划分社会的阶级结构。从任何一种财产关系形式中，都有一个或几个阶级（所有者）捞到物质的利益，而其他的阶级（所有者与非所有者）则蒙受物质的损失。一个有能力而又有意愿要在某种必要程度上行使暴力的机关，是维持这样一种财产关系形式所必不可少的东西。调查研究表明，国家最充分地拥有这种特点，没有、也不容许有其他机关在这方面和国家相匹敌。人们一向是以下面的说法来表述这一点的，国家——也只有国家——对它管辖下的各色人等行使主权。所以，这就不难把国家看作是一定的财产关系形式的保护人。

现在，如果我们问一问，国家从何而来？那么，答案就是，国家是长期的、艰险的斗争的产物，在这场斗争中，生产过程中一时占有关键性地位的阶级，压倒了它的敌手，并缔造一个国家来巩固那种对自己有利的财产关系形式。换句话说，任何一个国家，都是社会上一个阶级或几个阶级的产儿，这些阶级从特定的财产关系形式中得到好处，而巩固这种特定的财产关系形式，正是国家的责任。稍加思索就会令人信服，很难作出其他的解答。一旦我们抛弃那个在历史上站不住脚的假定——社会阶级结构在某种程度上是天生的或自行贯彻的，那么就可以看得清楚，任何别的结局，都缺乏稳定性的前提条件。如果那些处于不利地位的阶级也拥有国家权力，他们就会力图利用它来建立一种对自己更为有利的社会秩序；而各个阶级共享国家权力的结果，只会把冲突的场所转移到国家本身上来。

不容否认，这种在国家内部进行而与国家外部的基本阶级斗争相呼应的冲突，已经在某些过渡时期中发生过。① 但是，在那些漫长的时日中，当某一个社会制度得以比较持续地和稳定地存在下去时，国家权力一定是被一个或几个主要的受惠阶级所独占。

和阶级调和的国家论相反，我们在这个问题上的根本观点，就是人们所谓阶级统治论。前者把某种阶级结构的存在视为当然；而把国家看作是调和各个阶级的对立利益的一种机关；反之，后者认为阶级是历史发展的产物，而把国家看作是操在统治阶级手里、为加强和保证阶级结构本身的稳定性的一个工具。

① 关于这方面的例子，请阅下文第 402—405 页关于“法西斯主义的条件”的讨论。

就资本主义社会而论,“阶级统治”和“保护私有财产”实际上是同义语,认识这一点是有重要意义的。所以,当我们同意恩格斯的说法,认为国家的最高目的是保护私有财产时,[①]我们所说的也就是,国家是阶级统治的工具。批评马克思主义理论的人,当然没有充分地认识到这一点,他们倾向于把阶级统治这个概念看得比“单纯”地保护私有财产更为狠毒和更为奸险。换句话说,他们倾向于把阶级统治看作是某种应该谴责的事情,而把保护私有财产看作是某种美德。因此,对他们来说,就不发生这两个概念的等同问题。当然,这往往是因为他们心中所想到的,不是资本主义的财产,而是在每个生产者各自占有和使用生产资料的简单商品生产社会中可能存在的私有财产。在这种情况下,根本就没有阶级,因而也就没有阶级统治。但是,在资本主义关系下面,财产具有完全不同的意义,而财产的保护和阶级统治的维持,不难表明是一回事。资本主义的私有财产,并不存在于物体之中——物体的存在与物体所有制无关——而存在于人与人的社会关系之中。财产使它的所有者可以摆脱劳动而又能支配别人的劳动,这就是社会统治的实质,而不论它所采取的形式是什么。由此可见,保护财产,基本上就保证所有者对非所有者的社会统治。而这种保证又正是阶级统治的含义所在,阶级统治则是国家所要承担的主要职能。

承认国家的首要职责是保卫私有财产,这在确立真正马克思主义的社会主义的国家观中,是决定性的因素。马克思和恩格斯在《共产党宣言》中写道:“共产党人可以把自己的理论用一句话表

① 《家庭、私有制和国家的起源》,《马克思恩格斯全集》第21卷,第125页。

示出来：消灭私有制。"既然国家是私有财产的首要保护者，那么，要实现这个目的，就不能不有社会主义力量同国家政权的正面冲突。①

三、作为一个经济工具的国家

国家所关心的，首先是保护某种社会形式的继续存在及其稳定性，这个事实并不是意味着，国家不履行其他具有经济上的重要性的职能。相反，国家在其所保证的财产关系体制中，始终都是使经济机能得以发挥的一个十分重要的因素。每当马克思主义作家们分析一个现实经济制度的运行时，这个原理一般是得到他们的默认的；但是，在国家学说的讨论中，它却很少受到人们的注意。其所以如此，原因是不难发现的。国家论的研究，一向都是把一个社会形态向另一个社会形态转变的问题放在最显著的地位；换句话说，我们所说的国家首要职能，一向是分析的主题。列宁的《国

① 关于国家和财产的关系，论述不得不极力从简。为了避免误会，应该补上以下的注解。说国家是维护私有财产的一种组织，这种观点绝不是马克思和恩格斯所发明的。相反，它是从封建主义崩溃到现代国家兴起，这整个早期中政治思想发展的基石。博丹、霍布斯、洛克、卢梭、亚当·斯密、康德和黑格尔——略举马克思以前少数几个杰出的思想家来说——都明白地承认国家的这种中心职能。他们认为，私有财产是充分发挥人的潜能的必要条件，是真正自由的必要条件（*Sine qua non*）。马克思和恩格斯作了补充，指出建立在私有财产基础上的自由，是剥削阶级的自由，至于全民的自由则以私有财产的废除——也就是说，一个无阶级的社会的建成——为先决条件，虽然如此，马克思和恩格斯也没有忘记，一个无阶级的社会的实现（私有财产的废除），只有在某种特定的历史条件下才有可能；要不是有资本主义所造成的劳动生产率巨大增长，无阶级的社会就不过是一个空洞的乌托邦。

家与革命》——这个标题清楚地指出了兴趣的中心——创立了一个为人所广泛效法的先例。① 因此，国家作为一个经济工具的学说，已经为人所忽视；话虽如此，为了达到我们的目的，显然有必要对马克思在这个问题上的基本想法有所了解。

幸而，马克思在有关工作日长度一章中，②就一个有关资本主义经济的非常重要问题，细致透彻地分析了国家的作用。通过对这一章的比较详细的考察，我们就可以推知，关于国家在资本主义财产关系体制内的作用，马克思主义学说的指导原理是什么。

剩余价值率——马克思理论经济学体系中关键性的变数之一——取决于三个因素：劳动生产率、工作日长度和现行的维持一般生活的水平。所以，探讨工作日长度的决定因素，便是一件重要的事情。而这显然不是什么狭义上的经济规律的问题。正如马克思所说：

> "撇开伸缩性很大的界限不说，商品交换的性质本身没有给工作日规定任何界限，因而没有给剩余劳动规定任何界限。资本家要坚持他作为买者的权利，他尽量延长工作日，……可是另一方面，……工人也要坚持他作为卖者的权利，他要求把工作日限制在一定的正常量内。于是这里出现了二律背反，权利同权利相对抗，而这两种权利都同样是商品交换规律所承认的。在平等的权利之间，力量就起决定作用。所以，在资本主义生产的历史上，工作日的正常化过程表现为规定工作

① 例如，前引张晓明的书，就是十分严谨地遵循列宁的纲要的。

② 《马克思恩格斯全集》第 23 卷，第 8 章。

日界限的斗争，这是全体资本家即资本家阶级和全体工人即工人阶级之间的斗争。"①

在对前资本主义的和资本主义的某些涉及工作日长度的剥削方式作了描述之后，马克思就考察英国资本主义历史发展中的"争取正常工作日的斗争"。这个斗争的第一个阶段，产生了"14 世纪中叶至 17 世纪末叶关于延长工作日的强制性法律"。② 雇主们拼命地要从可用的前资本主义人材中造就一个有训练的和有纪律的无产阶级，为此他们常常不得不求助于国家。延长工作日长度的法律就是这样产生的。但是，在一个漫长的时期里，工作日的延长是一个十分缓慢和渐进的过程。延长劳动时间的过程，一直要到 18 世纪后半叶工厂制度迅速发展时才开始，而在 19 世纪的早期就达到了声名狼藉的顶点：

"资本经历了几个世纪，才使工作日延长到正常的最大极限，然后越过这个极限，延长到 12 小时自然日的界限。此后，自 18 世纪最后 30 多年大工业出现以来，就开始了一个像雪崩一样猛烈的、突破一切界限的冲击。……被生产的轰隆声震晕了的工人阶级一旦稍稍清醒过来，就开始进行反抗，……"③

工人阶级一开始反抗，就把上述的发展引入到第二阶段："对劳动时间的强制的法律限制，1833—1864 年英国的工厂立法"。④

① 《马克思恩格斯全集》第 23 卷，第 262 页。

② 同上书，第 8 章，第 5 节。

③ 同上书，第 307—308 页。

④ 同上书，第 8 章、第 6 章。

在一系列尖锐的政治斗争中，工人们有办法迫使他们的对手一再作出让步。这些让步采取的方式，是用法律对日益广泛的工种限制其工作时数，直到1860年左右，限制工作日的原则才牢固树立，不致再遭违抗。此后的发展进程就比较平稳。

工作日的限制，不仅是统治阶级在革命的威胁下作出让步的问题——尽管这无疑地是一个主要的因素。至少还有两个重要的问题必须加以考虑。马克思指出：

> “即使撇开一天比一天更带威胁性地高涨着的工人运动不说，也有必要把工厂劳动限制一下，这正像有必要用海鸟粪对英国田地施肥一样。同是盲目的掠夺欲，在后一种情况下使地力枯竭，而在前一种情况下使国家的生命力遭到根本的摧残。”①

况且，工厂立法的问题，发生在土地贵族和工业资本家争夺政治霸权的末期：

> “尽管一个个的工厂主仍然可以为所欲为，工厂主阶级的代言人和政治领袖却要求对工人采取另一种态度和使用另一种语言。他们已经发动了废除谷物法的运动，为了取得胜利，需要工人的帮助！因此，他们不仅答应把大圆面包加大一倍，而且答应在自由贸易的千年王国内实行10小时工作日法案。……”②

在谷物法撤销之后，工人们又“在渴望报仇的托利党人那里找

① 《马克思恩格斯全集》第23卷，第267页。

② 同上书，第312页。

到了同盟者”。[①] 因此，工厂立法得到了自由贸易这场大斗争的双方的一定支持。

最后，马克思以下面这一段话，结束他对工作日问题的论述：

> “为了‘抵御’折磨他们的毒蛇，工人必须把他们的头聚在一起，作为一个阶级来强行争得一项国家法律，一个强有力的社会屏障，使自己不致再通过自愿与资本缔结的契约而把自己和后代卖出去送死和受奴役。从法律上限制工作日的朴素的大宪章，代替了‘不可剥夺的人权’这种冠冕堂皇的条目，这个大宪章‘终于明确地规定了，工人出卖的时间何时结束，属于工人自己的时间何时开始’。多么大的变化啊！”[②]

从马克思关于工作日的讨论中，可以推演出什么一般性的结论呢？很有普遍意义的一个原理，是恩格斯提出来的。恩格斯在回答某些人指责历史唯物主义忽视政治因素在历史变革中的作用时，就引证过工作日这一章，说“那里表明，肯定是政治行动的立法起着多么重大的作用”，并得出结论，“暴力（即国家权力）也是一种经济力量”，因而绝不能把它排除在历史变革的因素之外。[③] 这一点一成立，那就有必要发问：国家的经济权力将在什么情况之下和为着谁的利益而见诸行动呢？上述有关工作日的分析，对这两点都是有启发的。

---

① 《马克思恩格斯全集》第 23 卷，第 314 页。

② 同上书，第 335 页。

③ 《恩格斯致康拉德·施密特》（1890 年 10 月 27 日），《马克思恩格斯全集》第 37 卷，人民出版社 1971 年版，第 490—491 页。

第一，动用国家权力，为的是要解决某一个特定社会形式——在本例中就是资本主义——的经济发展所提出的问题。早期的劳动力短缺，后期的过度剥削劳动人口，都是国家行动的起因。在这两种情况下，问题的解决都需要国家的干预。这一类的例子很多，很容易想得到。

第二，我们当然应该这样想，在资本主义制度下，国家权力的行使，首先是、而且主要是为了资本家阶级的利益，因为国家就是致力于保存资本主义结构的，所以，它所配备的官员，也必须是全盘接受此种社会形式的规矩与目标的人。这个道理无疑地是正确的，但这并不排除下面的说法，即只要保全这个制度的至高无上目的得以实现，国家的行动也可能和某些资本家、甚至全体资本家的眼前经济利益相违背。工作日的法律限制，就是这一类国家行动的典型例子。过度剥削劳动力所酿成的阶级对立，是如此的强烈，以致资本家阶级不得不作出让步，甚至是牺牲眼前的经济利益也在所不惜。① 为了保持国内的和平与安定，削弱阶级对立的锋芒，而且最后避免暴力革命的危险，资本家阶级总是准备以国家行动为中介来作出让步的。当然，也可能发生这样的情况，即让步的时机正是革命的威胁成为现实的时候，②在这种情况下，他们的目

① 这个例子说明，有利于工人阶级的国家行动，是带有让步性质的，因为不可以这么说，在通过主要的工厂立法时，工人们就已经参与了英国的国家权力。在这一点上，只要想起下面的事实就够了：1832 年的改革法案，包含有选举权的巨额财产条件，一直要到 1867 年选举权才再次扩大，而在这个时候，工厂立法的斗争中最重要的胜利已经赢得。

② 例如，马克思提到，在法国“12 小时工作日法律曾不得不由二月革命来催生”。《马克思恩格斯全集》第 23 卷，第 332 页。

的，便是恢复和平与秩序，以便生产和积累能够再次连绵不断地进行下去。

让我们把资本主义体制中国家作为一个经济工具来使用的基本原理，概述如下：第一，国家在经济领域中采取行动，为的是要解决资本主义发展所提出的问题；第二，凡是涉及资本家阶级的利益的地方，都有滥用国家权力的强烈倾向；最后，倘若不对工人阶级让步就足以危及整个制度的稳定和运行的话，那么，国家也可以用来作出一些让步的。

必须注意，这些结论中没有一个是有助于下面这个修正主义观点的：即，通过一系列的点滴改良，可以实现社会主义。相反，它们是从另一个基本原理中引申出来并且作为它的补充的，那就是，国家的存在，首先是为了保护资本主义的财产关系。改良可能使资本主义的机能发生变化，但绝不会危及它的基础。罗莎·卢森堡用下面这段话简练地表述了真正的马克思主义见解：

> "'社会统制'……不是对资本主义财产的限制，相反，是对它的保护。或者用经济的术语来说，它不是对资本主义剥削的一种侵犯，而是使这种剥削正常化并加以调节。"①

马克思从未说过什么与此相对立的话。引证他的工作日一章——就像修正主义者所经常做的那样——来支持渐进主义的观点，这不过是流露出对他的整个理论体系的曲解罢了。

① 罗莎·卢森堡：《卢森堡全集》第3卷，1925年版，第56页。

四、政体问题

迄今为止，关于资本主义社会的政体问题，还一点也没有谈到。前面考察的国家行动的原理，在一个充分民主的资本主义社会中，可能不适用吧？（所谓“充分民主”，我们指的无非是今日存在于大多数英语社会中的那种东西：议会制度同普遍选举及政治领域的集会结社自由相结合。）

如果在这个问题上马克思主义理论的答案是否定的，那绝不可以解释为，它把民主问题看得无关紧要，而只能说民主没有改变国家对于经济的基本意义。当然，民主的存在，特别对工人阶级来说，是一件头等重要的事情。只有在民主的政体下，工人阶级才能自由地和有效地组织起来，以实现它的目的——不论这些目的刚好是社会主义性质的还是纯粹改良主义性质的。正是因为这个缘故，在一切非民主国家中，劳工运动的首要要求之一，从来都是建立民主政体。不但如此，对统治阶级来说，民主对它的地位的稳定，总是构成一种潜在的威胁，因此民主的赋予，从来都不是甘愿的，而是有限制的，而且通常只是在严重的压力下赋予的。马克思在论及 1848 年民主的法国宪法时十分有力地表述了这些主要的问题：

> “这个宪法的主要矛盾是在于下面这点：它所要使其社会奴役地位永恒化的那些阶级——无产阶级、农民阶级和小资产阶级，竟由它经过普选权给予了政治权力，而它所批准其旧有社会权利的那个阶级——资产阶级，却又被它剥夺了维持

这种权力的政治保证。资产阶级的政治统治被宪法强塞在民主主义的框子里，而这个框子时时刻刻都在帮助资产阶级的敌人取得胜利，并使资产阶级社会的基础本身成为问题。”①

民主把资本主义社会的矛盾在政治领域中公开化了：它限制资本家利用国家以谋私利的自由；它加强工人阶级索取让步的力量；最后，它甚至增大了这样的一种可能性，即工人阶级将提出危及制度本身的要求，以致资本家及其国家职能人员必定要不顾后果地加以拒绝。就像我们在后面所要看到的一样。这一切都是决定资本主义实际进化过程的最重要事项。但是，它们并没有和前节所提出的原理相矛盾。换句话说，在民主的性质中，没有什么东西可以改变我们对资本主义社会中国家行动的基本职能与限界的看法。我们必须再一次强调，修正主义由于持相反的观点，说通过资本主义民主，社会主义就可以逐步地取代资本主义，他们在实际上是完全抛弃马克思。

罗莎·卢森堡在1899年和伯恩施坦与施密特的争辩中，最清楚不过地指出了这种修正主义见解的谬误：

> “按照康拉德·施密特的说法，争取社会民主党在议会的多数，就应当是社会逐步社会化的直接道路了。……诚然，从形式说，议会制度是在国家机构中表现整个社会的利益的。但是，另一方面，那仍旧是资本主义社会，是资产阶级的利益起决定作用的社会。……形式上是民主的组织，内容上却是

① 《1848年至1850年法兰西的阶级斗争》，《马克思恩格斯全集》第7卷，第48页。

统治阶级利益的工具。有一个事实最明显地表现了这种情况;只要民主一显示出有否定阶级性质、变成实际的人民利益的工具的倾向时,民主形式本身,就会被资产阶级和它的国家代表所牺牲。所以,看来关于社会民主党在议会中占多数的想法,乃是完全按资产阶级自由主义精神所作出的一种盘算,它只想到民主的形式一面,而完全没有考虑到民主的另外一面,即它的实际内容。"①

法西斯主义在以往20年中的传播,特别是在工人阶级组织已经有了最高度发展的国家中的蔓延,已经大大地削弱了这样一种信念,即:通过资本主义民主所提供的方法,有可能逐渐地过渡到社会主义。奥托·鲍威尔是第二国际的杰出代表之一,也是奥地利社会主义者的长期领袖,他在1936年著文,表述了一个广泛流传的观点,即:法西斯主义的教训,"摧毁了改良派社会主义的幻想——认为工人阶级可以把社会主义的内容注入民主的形式中,而且不经过革命的飞跃,就可以把资本主义发展成为一个社会主义制度。"②罗莎·卢森堡说过,当事情发展到极端时,"民主形式本身,就会被资产阶级和它的国家代表所牺牲",这个警告已经证明是很有根据的。我们在后面第十八、十九章中还要更详尽地回到这个问题上来。

① 罗莎·卢森堡:《卢森堡全集》第3卷,第59—60页。

② 奥托·鲍威尔:《在两次大战之间吗?》,第142页。

五、国家作用的评价

看来，似乎我们现在已经准备就绪，即将考虑上一篇篇末所提出的国家与长期萧条的关系问题了。其实不然。长期萧条仅仅是需要国家采取行动的资本主义问题之一，孤立地论述这个问题，肯定会导致错误的结论。

必须再一次忆起，前面几章的分析，在许多重要方面，都是在比较高的抽象水平上进行的。尤其是，除了偶然的例外，我们以前假定的，一直是一个封闭的和自由竞争的资本主义制度。其实，今日的资本主义，既不是封闭的，又不是自由竞争的。在我们的周围，我们所看到的，是一个相互联系的世界经济，它包含着许多资本主义的，半资本主义的和非资本主义的国家；各种不同程度的垄断，在这种经济中是普遍存在的现象。我们将来还要看到，这些事实都不是偶然发生的；它们从属于资本主义的本性，而资本主义则是世界历史的一个阶段。把这些事实加以舍象，这在我们的分析中，是一个必要的阶段，但也是暂时的阶段。现在，已经到了超越这个境界，把我们迄今未考虑的一系列的资本主义发展问题加以斟酌的时候了。这样一来，我们就会发现，有许多新的问题和新的条件被引了进来，它们深深地影响着我们对资本主义前途和国家在其中的作用的看法。

所以，我们的下一个任务必须是，分析资本主义中各种削弱该社会的竞争性的结构趋势和组织趋势；并分析世界经济中正在显现的各种特点。我们将发现，这两个任务是以最紧密的方式互相联系的。只有当这些任务完成以后，我们才可以运用本章所得出的原理，并具体地评价国家活动在决定资本主义制度的命运上所起的作用。

第十四章　垄断资本的发展

资本主义社会中，生产者之间自由竞争减弱的趋势和垄断的形成的趋势，都是和以前各章所讨论的资本有机构成的提高紧密相连的。有两个方面的问题必须加以考虑：第一，不变资本比可变资本有所增长；第二，不变资本中固定资本部分，即建筑物和机器比原料、材料和辅助材料等有所增长。这两个趋势的结果，都是扩大了生产单位的平均规模。马克思指出，这种扩大可以通过两条途径实现，我们现在必须加以考察。

一、资本的积聚

如果资本家个人进行积累，以致每个资本家控制的资本额增加，这就有可能扩大生产的规模。马克思称这个过程为“资本的积聚”。就这个意义来说，积聚是积累的一个正常伴侣，没有积累显然不可能发生积聚。不过，反过来说就不一定正确，因为，可以这么设想，也许是通过死者的遗产在继承者之间一再进行分割，在积累的同时，各个人的资本额反而下降。撇开这一类的反作用趋势不谈，积聚本身，无疑地足以说明生产规模的逐步扩大，而且还可以说明竞争受到限制——至少在某些行业中受到限制——的趋势。和积聚在一起的，还有第二个过程，它甚至比前者更重要，马克思称之为“资本的集中”。

二、资本的集中

所谓集中，就是把已经存在的资本合并在一起，它和积聚不宜混同：

> “这一过程和前一过程不同的地方就在于，它仅仅以已经存在的并且执行职能的资本在分配上的变化为前提，因而，它的作用范围不受社会财富的绝对增长或积累的绝对界限的限制。资本所以能在这里，在一个人手中大量增长，是因为它在那里，在许多人手中丧失了。这是不同于积累和积聚的本来意义的集中。”①

马克思并没有打算要阐发“这种资本集中的规律”，他倒是满足于“简单事实的提示”。这是因为，他有自己的著述计划，而不是因为他有什么信念，认为这是无关重要的现象。即使如此，他的简单的提示也是有启发的，而且是经得起考验的。

资本集中的首要的和基本的因素，是大规模生产的经济效益。“竞争斗争是通过使商品便宜来进行的。在其他条件不变时，商品的便宜取决于劳动生产率，而劳动生产率又取决于生产规模。因此，较大的资本战胜较小的资本。”②有些较小的资本消失了；其他

① 《马克思恩格斯全集》第23卷，第686页。

② 同上书，第686—687页。

的则落入更有效率的企业手里，使后者的规模由是增大起来。所以，竞争的本身，就是集中的一个动因。

还有一种促进集中的力量，它是以不同的方式起作用的，这就是“信用制度”。按照马克思对这个词的用法，信用制度应该从广义来理解，即不仅包括银行，而且要包括投资公司、证券市场等整个金融机构。

> “起初，它作为积累的小小的助手不声不响地挤了进来，通过一根根无形的线把那些分散在社会表面上的大大小小的货币资金吸引到单个的或联合的资本家手中；但是很快它就成了竞争斗争中的一个新的可怕的武器；最后，它变成一个实现资本集中的庞大的社会机构。”①

通过信用制度走向集中，这种形式发展起来，就不是意味着小资本家为大资本家所剥夺，而是“通过建立股份公司这一比较平滑的办法把许多已经形成或正在形成的资本融合起来”。② 这是扩大生产规模的最最迅速的办法。“假如必须等待积累去使某些单个资本增长到能够修建铁路的程度，那么恐怕直到今天世界上还没有铁路。但是，集中通过股份公司转瞬之间就把这件事完成了。”③

任何一个行业的集中，都要到该行业只剩下一个企业的时候才算到了顶点，④但就整个社会来说，这个最大的极限“只有当社

① 《马克思恩格斯全集》第 23 卷，第 687 页。

② 同上书，第 688 页。

③ 同上书，第 688 页。

④ 在德文第四版中，恩格斯补充了下面的脚注：“英美两国最新的‘托拉斯’已经在为这一目标而奋斗，它们力图至少把一个生产部门的全部大企业联合成一个握有实际垄断权的大股份公司。”《马克思恩格斯全集》第 23 卷，第 688 页。

会总资本或者合并在唯一的资本家手中，或者合并在唯一的资本家公司手中的时候”，[①]才会到达。从这句话中，而且的确是从马克思关于集中的整个讨论中，显然可以看出，马克思不是从法律所有权——它可以分散在一大群的股东中——的观点，而是从统一指挥下的资本额的观点来看待这个变化过程的。

集中的主要效果——这在较低的程度上也是狭义的积聚的主要效果——有三个：第一，它导致资本主义范围内劳动过程的社会化和合理化；在这一点上，马克思讲到“使分散的、按习惯进行的生产过程不断地变成社会结合的、用科学处理的生产过程”。[②]第二，集中本身固然是技术变革和资本有机构成提高的结果，但集中也有促进技术变革的作用。“集中在这样加强和加速积累作用的同时，又扩大和加速资本技术构成的变革，即减少资本的可变部分来增加它的不变部分，从而减少对劳动的相对需求。”[③]第三个效果，在马克思专论集中的这个研究阶段上没有涉及，它是一个显而易见的推论，那就是，一大群生产者之间的竞争，日益为少数人对市场的垄断和半垄断的控制所代替。

三、股份公司

我们已知，马克思认识到股份公司是集中的一个基本工具。

---

① 《马克思恩格斯全集》第 23 卷，第 688 页。

② 同上书，第 688 页。

③ 同上书，第 23 卷。第 688—689 页。这不是集中对技术变革的唯一影响。见下文第 343—344 页。

他也察觉到，股份公司对资本主义生产的性质和机能还有某种更深远的含义。这些含义是他在一篇手稿中指出来的，恩格斯把它编在《资本论》第三卷中；①虽然分析是简略的，但它还是表明，马克思已经远远地走在他的时代前头，认识到这个问题的重要意义。

关于股份公司，马克思提出三个主要论点：

> “1. 生产规模惊人地扩大了，个别资本不可能建立的企业出现了。……
>
> 2. ……资本，在这里直接取得了社会资本……的形式，而与私人资本相对立，并且它的企业也表现为社会企业；而与私人企业相对立。这是作为私人财产的资本在资本主义生产方式本身范围内的扬弃。
>
> 3. 实际执行职能的资本家转化为单纯的经理、即别人的资本的管理人，而资本所有者则转化为单纯的所有者，即单纯的货币资本家。”②

这几点中，头一点已经谈过。第二和第三点简明地概括了已往二三十年中关于股份公司的大量文献的要旨。私人生产因工厂制度的出现本已受到削弱，现在，在大的股份公司中几乎完全消失，而资本的实际所有者则或多或少地完全退出生产过程。但是，马克思并没有犯许多现代作家在这个问题上所犯过的错误，即把股份公司看作是对生产实行社会控制的一个直接步骤。相反，这种新发展的结果是“……一种新的金融贵族，一种新的寄生

① 《马克思恩格斯全集》第25卷，第27章（“信用在资本主义生产中的作用”）。

② 同上书，第493页。

虫，——发起人、创业人和徒有其名的董事；并在创立公司、发行股票和进行股票交易方面再生产出了一整套投机和欺诈活动。这是一种没有私有财产控制的私人生产。"①

马克思主义关于股份公司的学说，在鲁道夫·希法亭 1910 年发表的重要著作《金融资本论》中，得到阐明与发展。就经济意义来说，股份公司组织形式的最重要一面，在于它解除了资本所有权同实际指挥生产之间的纽带，如希法亭所说，"产业资本家摆脱了产业企业家的职能。"②希法亭对股份公司学说的最重要贡献，就是他阐发了这个现象的含义。

把产业资本家变为货币资本家的，不是股份公司这个形式；一个私人企业可以通过法律手续变成一个股份公司，而从经济观点看来丝毫也不起实质上的变化。有决定意义的是，一个可靠的公司证券市场发展起来了。这件事本身是一个长期的历史过程，它不可能在这里加以分析。道理是显而易见的，只有通过证券市场，资本家们才可以不受他所投资的某个企业的命运所约束。随着证券市场的完善，股东越来越不像老式的经营资本家，而越来越像一个货币出借者，他一有需要，就可以把他的货币重新掌握在手里。不过，有一个差别始终存在，那就是，股东要比单纯的贷款人冒更大的赔本风险，因此，股东的收益，可望比贷款的利息多出一笔变化无常的保险费。有了这个条件，股东从领取利润的产业资本家向领取利息的货币资本家的转化，大体上便告完成。

---

① 《马克思恩格斯全集》第 25 卷，第 496 页。

② 鲁道夫·希法亭：《金融资本论》，第 112 页。

这个转化的第一后果是，出现了“创业利润”(*Gründergewinn*)，希法亭正确地名之为“特殊的经济范畴”。① 如果一个企业(已经存在的或正在筹备的)对投下的资本能提供——比方说——20%的收益，又如果风险与它相类似的企业，其股份收益是10%，那么，通过把这个企业变成股份公司并在证券市场上“发行”股票，创业人就可以发售比实际投下的资本额多一倍的股票。这当中的差额，就直接地或间接地落到创业人的腰包里，他由是致富，其进一步经营的力量也得到加强。创业利润既是对成立股份公司的一种鼓励，也是巨富的一个源泉；通过这两个方式，它助长了生产规模的扩大和资本的集中。

当新证券一发行并售给那些支配游离货币资本的人时，创业的行为便完成了。因此，专门出售新证券的人。终于在股份公司的形成中占有关键性的地位，他们常常直接地执行发起的功能，并攫取创业利润的最大部分。在德国，大商业银行利用它们的雄厚的财源和广泛的金融往来关系，早就打入了新证券的发行业务，并在创业这个领域中为自己确立了首要的地位。反之，在美国，最先进入新证券领域的，是私人银行家，即国内外汇兑的经纪人，他们并通过这个方式渐渐地演变成有别于商业银行的投资银行组织，虽然如此，发展到后来，商业银行也通过所谓证券联号的中介，挤进投资银行的业务中来。尽管这两条发展的道路稍有差别——最主要的原因可能是两国对商业银行的自由有不同的法律限制——在希法亭据以进行概括的德美两国中，结果大体相同。金融家在

① 鲁道夫·希法亭：《金融资本论》，第118页。

创业的活动上起着左右一切的作用，并由此在股份公司组织中取得极为重要的、有时甚至是支配一切的地位。希法亭就是根据这个现象把他的书命名为《金融资本论》的，不过，我们在后面还要看到，希法亭过高估计了金融统治在资本主义发展最后阶段的重要性，在这一点上他是犯了错误的。

各别资本家同他在生产过程中的任务相脱离，这件事不仅为创业利润奠定了基础，而且导致资本控制的进一步集中。名义上，股份公司的控制权操在全体股东手里。可是，即使从法律上的意义来说，股份过半数的所有者，实际上完全控制着全体股东拿出来的资本；而实际上，所需的比例，通常远不及半数，“不过是资本的三分之一到四分之一，甚至更少。”[①]基于这个事实，一个大资本家，如果能够支配一个或几个公司的大量股份，他就有办法把数倍于他自己所拥有的资本置于自己的控制之下。这一点，清楚地显示了希法亭所说得不够明确的公司组织形式的一个属性，那就是，虽然这种股份所有权本身是和生产的控制与指挥相脱离的，但拥有充分大量的股权，却带来对多倍规模的生产的控制。[②]

不过，即使是这一点，也还不足以说明，通过公司形式的运用，控制权的集中可能达到什么程度。因为必须记住，一个股份公司可以拥有另一个股份公司或更多股份公司的股权。这样，一个资本家就可以通过拥有 A 公司的——比方说——三分之一股权来控制该公司。A 的一部分资本又可以用来取得对 B 公司、C 公司

① 鲁道夫·希法亭：《金融资本论》，第 130 页。

② 我们在这里找到了一个恰当的例证，来说明一个辩证法原理：在某些情况下，量变超过一定的限度，就引起了质变。

和 D 公司的控制，而这些公司的资本又可依次把更多的公司卷了进来。“随着股份公司形式的发展，产生了一种特有的金融技术，它的目的是要保证人们能以最少的自有资本控制尽可能多的他人资本。”①

现在，我们必须注意集中过程中由股份公司形式使其成为可能的最后一步。一方面，创业利润使巨额的财富为少数的资本家和金融组织所占有；另一方面，这些财富又可以按一定的方式来投资，以取得对更大得多的资本总额的控制。这样就如希法亭所说：

> “形成了这么一群人，他们仗着自己拥有的资本或作为超乎他人资本之上的集中权力的代表（银行董事），成了许多股份公司的董事。因此，就发生了一种人事的联系[*Personal-untion*]，它一方面存在于不同的股份公司之间，另一方面存在于股份公司和银行之间。它对这些组织的政策说来，必然是一个最重要的形式，因为在这些组织之间已经产生了一种利害关系共同体[*gemeinsame Besitzinteresse*]。”②

在许多情况下，这种“当局者”之间的人事联系，乃是更紧密的组织联合——采取卡特尔、托拉斯、合并等形式——的祖先，或者至少是它们的前驱。这种组织联合的目的，是在对市场实行直接的垄断控制。它们的形式，将在下一节中加以考察。

股份公司形式的推广，其一般的结果可以概述如下：一方面，

① 《金融资本论》，第 130—131 页。希法亭指出，“这种技术在美国铁路系统的金融中，达到完善的地步。”（第 131 页）今天，我们应该说即使这个在过去已是高昂的水平，在 20 世纪 20 年代，也已经为公用事业领域所超过了。

② 鲁道夫·希法亭：《金融资本论》，第 132 页。

集中过程的加强和一般积累的加速同时并进；另一方面，在大资本家中，形成了较少的一批高级决策人，他们的控制权力远远地超过了他们自己的所有权界限。后一点曾经普遍地为现代作家所曲解，因此，也许值得多说一两句。

近几年来，我们读了不少论大公司中所有权同控制权相脱离的著作。如果把这种脱离理解为资本控制权的集中不受所有权集中的限制，那么，这就是对实际趋势的正确描述。但是，如果说这种分离意味着控制权完全不由所有者掌握，而变成了社会上另一群人的特权，那就完全错了。实际的情况是，大多数所有者的控制权，被夺了过来而给予极少数的所有者。所以，大股份公司，既不是意味财产控制机能的民主化，也不是意味这种机能的废除，而是把它们集中在一小撮大财主的手里。多数财产所有者所失去的东西，就是少数财产所有者所得到的东西。“资本家们组成了一个团体，但他们之中，大多数人对这个团体的指挥监督是没有发言权的。对生产资本的实际支配权，属于只提供一部分资本的人们。”①希法亭说这话时，他是完全正确的。

四、卡特尔、托拉斯与合并

随着各种旨在压制竞争的组合的成立，垄断资本的发展，便进

① 《金融资本论》，第 145 页。就美国而论，这个命题的真凭实据，现在可以从临时国家经济委员会所发表的两个附有精细文件的报告中找得出来。这两个报告就是第 29 号专题报告《二百家最大的非金融性股份公司的所有权分配》和第 30 号专题报告《对在全国证券交易所上市的 1710 个股份公司的持股状况的调查》。

入到它的最后阶段。这个阶段到来的唯一基础是，比较高度的集中，减少了某一个生产行业中的企业数目，从而，对尚存的企业说来，竞争变得愈来愈尖锐，愈来愈危险。竞争有变成你死我活的角逐的趋势，而后者对谁也没有好处。当这种情况发生的时候，组合运动的基础就具备了。

马克思是在组合运动展开之前完成他的经济著作的，因此，在三卷《资本论》中，他的笔下就没有这方面的分析。但是，到了恩格斯在80年代中期着手编辑《资本论》第三卷的时候，事变的方向已经清清楚楚了。恩格斯在马克思论股份公司的地方，插入了一大段话，谈到以卡特尔形式出现的"股份公司的二次方和三次方"和"在有些部门，……就把该工业部门的全部生产，集中成为一个大股份公司，实行统一领导"。恩格斯说："历来受人称赞的自由竞争已经日暮途穷，必然要自行宣告明显的可耻破产。"[①]希法亭亲眼看到德国和美国在1890—1910年间的丰富经验，所以他能够把这种见识放到马克思主义经济学体系中去。我们的分析大体上是仿效希法亭的，不过，有些读者对美国的情况比对德国的情况更为熟悉；所以我们为这些读者而作了适当的修改。

现在要加以考察的这些组织形式，它们有别于本义的公司的特点，在于它们是有意策划的，目的是要对市场实行垄断性的控制，借以增加利润。要实现这个目的，就得限制或废除有关企业在行动上的独立性，并使它们在一定的统一政策下协调起来。由于限制的程度高低悬殊，所以可能有许多种不同的垄断组合形式。

① 《马克思恩格斯全集》第25卷，第494—495页。

我们将举出一些最重要的形式——从最松散的同业公会形式说到相竞争企业的完全合并。必须始终记住，如果在竞争者之间有某种共同的利害关系存在——基于董事的兼任或共同的银行往来关系——那么，这种共同的利害关系就会为组合的趋势铺平道路，并使它大大得到加强。不错，甚至可以这么说，共同的利害关系，在某种意义上就是一种组合的形式；有了它，就不难走到约束力更强的形式。

最脆弱的组合形式，也许就是所谓"君子协定"，它基本上是撮合某种为各个竞争者所同意的共同政策，但对谁也没有约束力。可是，刺激每个企业去破坏协定的力量，却是强大的，所以，这一类的安排，很少能长期地维持下去。

更高的一级是组织"企业同盟"(*Pool*)，在企业同盟内，生意是按协商好的公式在参加者之间进行分配的。同盟的协议，通常是写成书面的，但它的贯彻，主要取决于成员们的自愿合作。所以，企业同盟和君子协定一样，也是不稳定的，通常不过是一种过渡现象。

某些类型的卡特尔，酷似企业同盟，也具有企业同盟的弱点。克服这些弱点的办法，是扩大卡特尔对它的成员的控制，并对拒不守约者采取制裁。典型的卡特尔，有一个中央委员会，负责制定价格和生产限额，并有权用罚款或其他手段来惩戒违约者。各个成员的独立性，还可以通过下面的办法进一步加以限制；把购销业务集中在一个单独的机构手里，这样就打破了各个企业同它的顾客的直接联系；甚至可以授权中央委员会，由它来关闭效率不高的工厂，并按照某种既定的公式来分配利润总额。当最后这一步已经为人所采取时,卡特尔在许多方面就十分接近于彻底的合并了。

比卡特尔更紧密的组织形式是狭义的"托拉斯"。这种形式,在美国,直到它被宣布为非法以前,曾经盛行一时,在托拉斯形式下,许多独立股份公司的多数股所有人,把他们的股权交给一个受托人集团,而换回托拉斯的证券。受托人行使这些股份的投票权,而托拉斯证券的持有人则领取红利。这样,各个公司的政策达到完全一致的地步,而其成员在法律上和营业上的身份,仍旧不变,和在卡特尔中一样。这种意义上的托拉斯,和人们通常对"托拉斯"一词所作的解释不应混为一谈。按照后一种解释,托拉斯是一个一般性的称呼,它几乎包括了垄断组织的全部范围。

最后,我们来看完全的合并。在这种形式中,参加的企业,其独立性都被取消了。合并可以以各种方式出现,主要是:所有企业都为一个大企业所吞并;所有老企业全部消失,让位于一个新的营业实体。不管怎么样,其结果都是一样的:单一指挥下的完整的有机统一体。从推行垄断政策的观点说来,这显然是最有效的组合形式。

在不同的时间、空间条件下,人们会采取什么形式的组合,决定这个问题的种种因素,构成一门特殊的应用经济学。大体上可以这么说,它和不同行业中主要的特殊情况有关,和较松散的联合形式的弱点有关,同时也和不同国家中现行的法律规定有关。所以,以美国为例,禁止卡特尔式和托拉斯式组合的法律,就大大地促进了以彻底合并作为实现垄断目的的方法;而在德国,卡特尔被赋予公认的法律地位,所以这后一种形式就盛行起来。

从我们的观点看来,这些差别都是次要的。有决定性意义的事实是，组合运动在上世纪末、本世纪初的20年左右时间内席卷了所有发达的资本主义国家，并在资本主义生产的特性上带来了质变。自由竞争曾经是资本主义市场行为的最主要形式（当然也不是独一无二的形式），它至此便肯定地为各种程度的垄断所取代，后者又成了最主要的形式。这个转变对资本主义社会一般运动规律的影响，必须在后面两章中仔细加以考察。

五、银行的作用

我们已经指出，由于银行在新证券的发行与发售中占有战略性的地位，所以，它们在股份公司的成立中，起着特别重要的作用。这一点也适用于已经成立的公司的合并。银行把大部分的创业利润据为己有，委派自己的代表当股份公司的董事，并且发展到对公司的决策施加重大的影响。

这种影响将用到哪一个方面上去呢？总是向取消竞争这一方面进行的。单独的一个公司，如果它感到力量强得可以的话，它是欢迎同它的竞争者来一场大拍卖的斗争的，因为它想暂时忍受收入的减少，指望以后能弥补这笔损失而有余。但是，对一个和许多公司有关系的银行来说，这样一条道路，看来必定是有害无益的，是自找灭亡的，一个公司的获利为另一些公司的损失所抵消。正如希法亭所指出的：

> "所以，银行力图在其利益所寄的企业之间消除竞争，这种努力是绝对的，每个银行也对尽可能高的利润发生兴趣。假定其他条件不变，当某个特定产业行业中竞争完全消除时，

这个目的在该行业就达到了。所以，银行总是致力于垄断的。”①

一个银行的往来关系愈广，它的发言愈强有力，那它就愈能有效地追求消除竞争和建立垄断的目标。所以，产业界的资本集中，是和银行单位越变越大相对应的。基于这个缘故，在所有发达的资本主义国家中，都出现了兼任董事的内在人事联系以及利害关系的共同体，它们把最重要的银行大亨同产业巨头联结在一起。

希法亭的分析，到此为止，几乎都可以无保留地加以接受。但是，他所说的比这多得多。他有时候是公开地讲，而经常则是隐隐约约地说，在产业资本和银行资本的合伙关系中，后者居于统治的地位。在一个地方，他把“金融资本”解释为“由银行支配而由工业家运用的资本”；②而他所描绘的资本主义发展趋势，则是连经济生活的各方面都日益从属于一个越来越狭隘的大银行集团。这个观点在下面这一段话中清楚地流露了出来：

“由于银行的发展，由于银行和产业的关系越来越密切，便产生了一种趋势：一方面，银行之间的竞争要加以排除；另一方面，所有资本都要以货币资本的形式积聚起来，并且只有靠银行的帮助才能在生产中找到出路。最后分析起来，这个趋势会造成这么一种情况：全部货币资本都会在一个银行或一批银行的支配之下。这样一个‘中央银行’，于是就会对整个社会生产实行控制。”③

① 鲁道夫·希法亭：《金融资本论》，第231页。

② 同上书，第283页。

③ 同上书，第218页。

毫无疑问，这个观点给人的印象基本上是错误的。希法亭把资本主义发展的一个过渡阶段误认为是一个永久的趋势。诚然，在组合运动本身这一段时期内，即股份公司和合并正在形成的时候，银行处于一种战略性的地位，这种地位使它能够把支配权伸张到生产体系的关键区域。但是，组合过程不能无限制地继续进行下去。在任何一种产业中，到了只剩下一个企业的时候，最后的极限就会来到。不过，通常早在这个最后极限实际到来之前，组合的过程就停住了。通常，当某个产业有大约四分之三到五分之四掌握在少数大公司的手里时，危险性的竞争实际上已经消失了。超过了这一点，进一步组合的趋势就大为减弱，甚至可能为反作用的力量所完全抵消。大资本家之间的敌对集团继续存在，而且每个集团都想牺牲别人，以改善自己的地位；每个集团都需要在最重要的产业部门中建立一些基地，作为一种力量的源泉，同时也作为同别人讨价还价时可以使用的筹码。你死我活的竞争疑惧一旦打消，同时已经找到了一种临时协议（*modus vivendi*）来实现最普遍、最必需的垄断目的，那么，进一步的组合，就不是那么经常地发生，而可能马上完全停止。

到了这个阶段，银行的地位就发生了急剧的变化。发行新证券的机能——银行的权力当初就是建立在这上面的——就变得远不是那么重要了。大的垄断股份公司，发现自身拥有许多内部的财源，其数目同它们的成就（即获利能力）成正比，其形式不仅有可以用来积累而不以红利形式分配给股东的利润，而且还有折旧、损耗、报废和其他所谓“备用金”的账款，它们也是越来越多地改用在积累上面。有了这些内部的追加资本来源归他们支配，股份公司的经理人员，就不必以新证券作为资本的一个来源，从而在或大或小的程度上摆脱对市场的依赖。而且，照这一点看来，也摆脱了对银行家的依赖。诚然，在银行的影响根深蒂固的地方，这不是意味着银行权势的立刻低落。但是，不和经济机能相联系的经济权势，最后总是要减弱并且归于消失的。银行的权势在何种程度上以控制新证券的发行为基础，这种权势也准是在这种程度上碰上这种结局。发行新证券的机能，本身是萎缩了，它所造成的权势也就低了下来，这样就把银行放到一个次要的地位上去。银行资本虽曾显赫一时，现在又跌回到从属于产业资本的地位，因此，组合运动之前所存在的那种关系，又重新建立了起来。这并不是说，资本主义大体上也回到先前的样子；相反，垄断以及大资本家中一小撮上层人物的统治，变得更加巩固了，而且还渐渐地伸张，把生产和流通系统中越来越大的部分抓了过来。不过，他们的基础是产业资本，而不是希法亭所想象的银行资本。银行资本的统治，是资本主义发展中一个短暂的阶段，它大致上是和竞争资本主义向垄断资本主义的过渡同时发生的。①

希法亭的错误，至少从两个方面看来是严重的。其一，金融统治这个先入之见，使人不能理解近来在积累过程的性质上所发生的最重要变化——特别是股份公司自筹资金的发展。② 再有一点

① 马克思主义作家对金融统治的过渡性认识最清楚的，是格罗斯曼，见所著《积累与资本主义体系的崩溃规律》，第 572 页及其后各页。关于金融势力在美国减弱的简单概况，参阅作者的专文《投资银行家的衰落》，《安提握评论》1941 年春季号。

② 有趣的是，试看 1910 年至 1930 年这些年间，尽管发生了很多变化，而希法亭在末后一年还是几乎一字不改地复述《金融资本论》的论点。见他的论文《资本主义发展的特有规律性》，载《资本与资本主义》(1931 年)伯尔恩哈尔德 · 哈姆斯编，第一卷。

就是，它使人们对争取社会主义社会这个任务的性质和艰巨性，产生了深重的幻想。在1910年，希法亭就已经表明过这样的观点："没收柏林的六家大银行，就是意味着没收大工业的最重要领域。"①这句话，就是在当时，也是极其错误的——尽管毫无疑问，大银行的没收会严重地瓦解那些依附于它们的产业。但在今天，以美国为例，整个银行体系可以加以"没收"，而这件事顶多也不过是在大资本家的队伍中引起一时的波动。显然，如果把金融资本主义的理论解释为富裕银行统治的意思，那么，这个理论就是制定社会主义政策的一种拙劣的根据。

不过，在结束这个讨论时，我们应该指出，"金融资本"这个提法，不一定要有希法亭所附加于它的含义。列宁曾经专门批判过希法亭的金融资本主义，理由是，"因为有一个最重要的因素它没有指出来，那就是生产集中和资本集中已经发展到很高的程度，势必造成垄断，而且已经造成了垄断。"列宁用下面的说法，来代替希法亭的"由银行支配而由工业家运用的资本"：

> "生产集中；由集中而成长起来的垄断；银行和工业的溶合或混合生长，——这就是金融资本产生的历史和这一概念的内容。"②

这样，列宁的理论就肯定不会招致希法亭理论所受过的批评。不过，究竟可不可以把希法亭所给予"金融资本"的涵义，即银行家统治的涵义加以舍弃，这还是有疑问的。既然如此，看来更好的做

① 鲁道夫·希法亭：《金融资本论》，第473页。

② 《帝国主义是资本主义的最高阶段》，《列宁选集》第2卷，第768页。

法是，把这个词完全抛弃不用，而以“垄断资本”来代替它。“垄断资本”清楚地指出了列宁的“金融资本”概念的实质，而又不至于像后者那样容易使粗心的读者发生误解。

第十五章　垄断与资本主义运动规律

前面一章中，我们所研究的是，竞争资本主义在它的某一个发展阶段上是怎样变成垄断资本主义和为什么要变成垄断资本主义的。这一个质的变化，接着又对资本主义制度的机能起了反作用——改变它的一些规律和修正它的其余规律。所以，分析资本主义运动规律的改变与修正，应该是我们的第二个任务。在这一章中，我们所谈的只限于封闭制度的假设下所发生的后果；世界经济问题，将在下一章中加以研究。

一、垄断与价格

“当我们说垄断价格时，”马克思写道，“一般是指这样一种价格，这种价格只由购买者的购买欲和支付能力决定，而与一般生产价格或产品价值所决定的价格无关。”①既是如此，那么，就像希法亭所说，仿佛显而易见，“实现马克思关于集中、即关于垄断性合并的理论，似乎就要导致马克思价值理论的失效。”②

---

① 《马克思恩格斯全集》第 25 卷，第 873 页。

② 鲁道夫·希法亭：《金融资本论》，第 286 页。

这种观察，当然不无一定的理由。在垄断条件下，交换比率是和劳动时间比率不相一致的；它们也不是像生产价格那样，和劳动时间比率发生某种可以在理论上加以证明的关系的。当限制供给的权力操在生产者的手里时，规定价格的权力也就在他手里，这样也就不可能从理论上来确定——而且是以一种有效的概括程度来确定——价格会定在哪一点上。许多错综的因素，卷入到某一个价格的决定中来，以致不许可创立一个较有广泛适用性的严谨理论。近几年来，正统派经济理论力图对完全垄断或部分垄断条件下的价格创立一些客观的规律，这些企图充分地证明了这一点。除了几个空洞的命题，比如说价格会定在利润最高的地方以外，垄断价格理论很快地就变成一个特例目录，每个事例都有它自己的独特解法。这不是经济学家们的过错，也不是像有些人所说纯粹是这门科学落后的象征；困难是这个问题所固有的。人们还没有发现相当概括的垄断价格规律，因为不存在这样的规律。

要寻求一个可以和价值理论与生产价格理论并驾齐驱的垄断价格理论，这种努力是徒劳无益的。但是，这个事实也不应该成为绝望的理由。因为，当垄断因素插进来的时候，人们还是可以很概括和很自信地说，同竞争下可能出现的情况相比，均衡的产量要低一些，均衡的价格要高一些。既然如此，我们就可以从价值（或生产价格）理论开始，以它为基础来分析垄断所带来的修正性质——虽然不能分析它的修正程度。这一点极为重要，因为它使我们得以沿着真正有效的途径来发挥垄断的理论。如果说垄断价格与竞争价格的背离，在方向上和程度上全是任意决定的，那么，这一类事情，谅必就不可能做到了。

就说垄断价格与竞争价格的背离程度吧，某些“大约莫”之类的判断，也常常是可以做到的，所以，通常不妨这么假设，购买量对价格变动的反应相对地说越是小（即需求弹性越小），价格就越是高，而垄断也就越是到家。这些因素，就是人们经常可以对其作出粗略的、但却是有用的判断的因素，当问题是估计技术变化和组织变化对价格的影响时，尤其是这样。不过，我们不要存这样的指望，以为可以把垄断价格理论弄到数量准确的地步；谁要是打算这样做，那他只会落得在特例的迷途中走失方向。

几乎用不着说，用价值单位、也就是说用社会必要劳动时间的标尺来计量商品，这种做法的有效性，不论是在竞争的条件下或是在垄断的条件下，都是和市场上刚好确定的特定交换比例无关的。我们马上就会看到，这个事实，在超越单纯价格范围来展开垄断的理论时，是有头等重要性的。

二、垄断与利润率

就个别企业来说，竞争向垄断的转化，带来了利润的增加；的确，这就是垄断的全部目的。但是社会劳动力所生产的价值总量，绝不会因垄断的形成而有所增加，因此，垄断者的超额利润，本质上是从其他社会成员收入中移转过来的价值。这种垄断超额利润来自谁的腰包呢？马克思用下面的话道出了两种最一般的可能性：

> “某些商品的垄断价格，不过是把其他商品生产者的一部分利润，转移到具有垄断价格的商品上。剩余价值在不同生产部门之间的分配，会……受到局部的干扰，但这种干扰不会

改变这个剩余价值本身的界限。如果这种具有垄断价格的商品进入工人的必要的消费，那么，在工人照旧得到他的劳动力的价值的情况下，这种商品就会提高工资，并从而减少剩余价值。它也可能把工资压低到劳动力的价值以下，但只是工资要高于身体最低限度。① 这时，垄断价格就要通过对实际工资……的扣除和对其他资本家的利润的扣除来支付。”②

总之，超额利润要么是对其他资本家的剩余价值的一种扣除，要么就是对工人阶级工资的一种扣除。不过，一般说来，在任何一个特定的时间和地点上，工资总是围绕着社会公认的最低生活水平上下变动的。工会是争取这种结果的最有力的因素之一；③同时，由于工会在组合运动期内已经有了很大的发展，所以，似乎有理由作这样的假定，垄断超额利润所造成的工资扣除，很快就会得到恢复。如果这种论证成立的话，那么，垄断者的超额利润，主要就是从同行资本家的腰包里掏出来的。往后，除了有保留条件明确提出的地方以外，我们都将按照这个假定来进行讨论。

作为竞争资本主义一个特征的利润率均等趋势，就这样，从两头受到垄断的破坏。有些人的利润上升，而另一些人的利润下降。当然，资本试图从不利领域向有利领域转移的趋势还是存在的，但是，垄断的实质，正是对这种资本的自由移动存在着有效的障碍。

---

① 身体最低限度(the physical minimun of subsistence)应译为“物质上维持生存的最低限度”。——译者

② 《马克思恩格斯全集》第 25 卷，第 973—974 页。

③ 我们不能因这一点而忽视下面的事实，即从长期看来，工会制度就是决定常规生活水平本身的重要因素之一。

所以，希法亭在论垄断问题时所十分强调的利润率均等趋势的新形式，①立即就发生作用。这就是，垄断从它初发的那一点上往外扩散。当垄断到了普遍化程度时，各个人的所得，在一定的程度上就被他们的损失所抵消，而利润率也就更加接近于均等——虽然通过这道路绝不可能达到分毫不差的均等。这个扩散原理可以阐明如下。某一个产业，比方说铁矿砂的生产，为人所垄断而且价格提高了，所造成的损失有一部分便由生铁生产者来承担；而生铁生产者这时就受到更大的刺激，要想组合起来，以提高他们向炼钢工业出售商品的价格，并向矿砂工业方面交涉较低的价钱。这样，组合就会从任何一个特定的起点出发，在许多个同心圆中扩散开来，侵入那些宜于建立和维持垄断条件的产业。

不过，扩散的过程也不是很平衡的。因为总有一些产业，不容易、甚且不可能在其中建成稳定的组合。这就是那些只需要小量投资的产业；它们必须有许多的企业才能满足人们需求，而且，对任何一个拥有必要的最低限度资本额的人来说，要打入这个领域也不困难。在这种产业中，不管从垄断中可以得到什么好处，竞争的条件始终都是存在的。因此，我们既不能根据资本的移转，也不能根据垄断的扩散来指望利润率的普遍均等。我们所看到的是利润率的级差制，它的起讫限界是：最高的是大规模生产的产业，那里要建立严密的、保护得很好的组合比较容易；最低的是生产规模很小的产业，那里有许多企业同时并存，而且容易打入，使组合无法稳定。

---

① 鲁道夫·希法亭：《金融资本论》，第287页及以后各页。

三、垄断与积累

垄断深刻地影响积累的过程。第一，它影响积累在一定量剩余价值中所占的比率。第二，它影响积累资本的出路。让我们依次考虑这两个问题。

整个社会的剩余价值，被切成许多块，每一块剩余价值，同该块剩余价值所发源的那一部分社会总资本，在数量上是互相适应的。通常，一块剩余价值的数量增大了，在这块剩余价值中积累所占的比重也随之而增大。由此可见，集中既然是减少了剩余价值的块数而增大了各块的分量，那么，集中本身就会有这么一种后果，即：提高了一定量剩余价值总额中的积累率。[①] 垄断把剩余价值从较小的资本转移到较大的资本，这样，它就加强了这种效果。由于增益了较大的切块而引起的积累增加额，必定大于因减损了较小的切块而少去的积累额。所以我们看到，由于两方面的原因，垄断资本主义情况下的积累率，有高于竞争资本主义积累率的趋势。

① 可能有人提出这样的问题：各块剩余价值的大小，究竟应当按照哪一个生产单位的规模来衡量：是应当按最初增殖这些剩余价值的生产单位来衡量，还是应当按照这些剩余价值最后归属的、而且其所有人又比前者多得多的末一个单位来衡量？如果后一个方法是正确的，那么，由于生产集中可以以股份公司的形式来进行，而不涉及所有权的集中，所以，生产集中就很可能对各块剩余价值的相对量不发生影响，从而对积累率不发生影响。但是，随着公司内部资金融通的发展，生产单位（股份公司）作为从事积累的单位，它就具有重大的意义。所以，和生产集中相比，所有权没有集中、或至少是集中得比较慢的事实，虽然必须加以考虑，但它无论如何也不是意味着，生产集中没有力量提高积累率。

现在，让我们转过来看看垄断是怎样影响对新积累资本的要求。在这个问题上，决定性的因素是，要保持垄断，恰恰就必须把投资拒于垄断的、因而也就是最有利可图的产业领域之外。这就是说，我们察觉到这样的似是而非的表象：一个赚得巨额利润的垄断者，却不肯在他自己的产业中投入更多的资本，而要在外界寻找投资的机会——即使可得的利润率比前者低得多。当我们认识到垄断者的投资政策，不会是受他的总利润率所支配，或者是受追加投资本身所能获得的利润率所支配时，这个似是而非的现象就立刻消失了。说得更恰当一点，支配他的行动的，一定是我们可以称之为边际利润率的东西，也就是在估计到新增投资会增加产量和压低价格、因而会使旧投资的利润受到削减这一事实以后，追加投资还能得到的利润率。① 当边际利润率低微、甚至是负数时，总利润率还可能是高的。所以，只要别处可以赚得的利润率高于他本行的边际利润率，垄断者就会在外面找出路。当然，界外人的行动，是不会受垄断者的边际利润率所约束的；但是，垄断的存在，

① 下面的例证，有助于澄清这一概念。有一个垄断者，他以 1000 元的资本，每年生产 100 个单位的产品，单位成本是 5 元，出售的价格是每单位 10 元。他的利润是 500 元，或相当于资本的 50%。如果在他的资本上，再增加 100 元，那他就可以增产 10 个单位的产品，而成本仍然是每单位 5 元。但是，为了售出这 110 个单位的产品，价格必须从 10 元降至 9 元。追加投资的利润将为 90 元－50 元＝40 元，或占该项有关追加资本的 40%。但是，垄断者必须考虑到一个事实：9 元这个价格，适用于所有的产品单位，而不仅适用于新增的产品单位。既然，他在这以前一直以 10 元的价格出售 100 个单位的产品，那么，当价格跌至 9 元时，他就会损失 100 元。这笔损失应该和出售新增产品的利得 40 元相比。显然，损失超过了利得；边际利润率实际上是负数。这个垄断者如果把他这 100 元投资在本产业之外，那么，只要他能够从当中多少得到一点利润，好处一定更多。如果不能，那么，对他来说，宁可把这 100 元用现款保存起来，也比投入自己这一行好一点。

就是意味着，不管界外人多么想打入这个行业，要随随便便的进来是不可能的。

垄断者的投资决定，受边际利润率所支配，这个原理有根本性的重要意义。它不但说明，为什么在垄断行业中当利润率看来还是高的时候，投资就已经停止；它还帮助我们理解，在对待技术变革的态度上，垄断资本是怎样有别于竞争资本和为什么要有别于竞争资本。正如在产量扩大问题上垄断者必须考虑旧有业务所受的影响一样，他在技术变革问题上，对本人已投下的资本因过时而可能遭受的贬值，也不能予以忽视。反之，在竞争下面，革新的利得被革新者捞去；要是有什么损失的话，那至少是大部分地由他的竞争者来承担。这并不是说，在垄断下面技术变革定会停止；大垄断组合所维持的精良的研究设备，都是一些新的东西，这些东西也说明，技术进步的范围和广泛性，一定是由于资本的集中而受到强有力的刺激。它的意思就是，劳动的节约，比以往越发成了资本主义技术的目标；同时也就是说，新工艺的推广速度，要安排到使现存资本价值所受的妨害降至最低限度。换句话说，新工艺将带有更强的节约劳动倾向，而且，大体上只有在旧设备破损不堪、非更新不可时才会以新设备来代替它。① 因此，垄断加快了工人涌入产业后备军的速度，并减少技术进步给新积累资本所提供的出路。

我们已经看到，由于下面的原因，垄断以两种方式抑制了垄断

① 在某些情况下，它可能使一种新发明完全受到压制，因为，等到这种发明的采用有利可图时，更高度发展的新技术也许就在手边。换句话说，由于某些发明在可以采用时缺乏竞争的压力来引进它们，以致它们可能被人们绕道而过。我要感谢劳勃脱·麦尔登博士，他向我指出了这一点。

产业对新资本的需求：一是为了把可得的总利润率维持在最高限度上，故而对产量加以限制；二是人们有意调节技术革新的推广速度，以致对新资本的需求降至最低限度。① 和垄断资本产业中这种投资阻塞情况相对应的，是大量资本挤进那些可以随便进入、或至少是出入较少限制的产业之中，从而压低了那些区域的利润率。所以，积累的直接后果，不过是加剧了垄断所原先带来的利润率格局畸形的现象。

垄断对危机和萧条问题有什么重大意义呢？只要有积累率的提高，后果显然是：平均利润率下降的趋势加快，消费不足的趋势加强。但问题还不止于此。由于垄断者受本产业的边际利润率所支配，又由于现存的竞争领域中利润率受到压抑，所以，总的结果是利润率下降。而这种下降正是对投资的决定起制约作用的东西。这就是造成危机与萧条的一个因素，它同利润率下降趋势和消费不足趋势无关，而是这两种趋势的一个补充。所以，垄断除了加剧积累过程的旧有矛盾之外，还带来了一些新的矛盾。

在这个问题上，还有一点必须注意。如果垄断的超额利润中，有任何一个部分构成了劳动收入的扣除，那么，结果就是牺牲了社会产品中工人阶级的份额而提高了剩余价值的总量。这件事情跟着又提高积累率和降低消费率，并以此加强消费不足的趋势。

① 后面这一点，如果用下述方式来表述，对某些读者来说，可能就明白易懂了：垄断者倾向于从折旧金中，而不是从净储蓄中来筹措技术进步的资金。

四、垄断与流通费用[①]的提高

为了分析垄断和流通费用的关系，首先必须简单地叙述马克思关于商品资本和商品利润的学说的主要轮廓。[②]

“商业”这个词，应该作狭义解释，它只包括买和卖的活动，而不包括运输、仓储和送货。后者，照马克思的说法，是本义的生产的几个方面，因而不必单独地进行理论探讨。实际上，这些生产职能部分地是由商人执行的，因此，要把他的商业机能单独抽出来，绝不是一件容易的事情。虽然如此，这个界限原则上还是清楚的，而且为了理论研究起见，也是非划开不可的。

从整个社会的观点看来，商业是非生产性的；它没有在已生产的价值总额中加上什么东西，它所从事的，毋宁说是把已经存在的价值，由货币形式变成商品形式，或由商品形式变成货币形式。这个原理对产业资本家个人来说，是十分浅显的。产业资本家很清楚地了解，如果别的事情照旧不变，那么，买卖费用的增加，并没有提高他的产品的价值，反而削减了他的利润。但是，当商业职能从产业职能中分离出来，而由一个独立的商人集团来经营时，似乎产品的价值额就被商人的利润和商业活动的杂费所抬高了。但这是一种错觉，一分析就消失了。仅仅是商业和生产的分离，是无力改

① 原文为“垄断与分配费用的提高”。作者按照资本主义国家现在惯常的用法，将商品流通过程的耗费称为分配费用，现按马克思在《资本论》中的用法，一律译为“流通费用”。——译者

② 《马克思恩格斯全集》第25卷，第16、17章。

变双方的性质的。

暂且假定商人没有开销。尽管如此，为了买进商品并再次加以出售，他还是需要有一定数量的资本的；又因为商人可以随便在任何时候把这笔资本转入其他行业，所以，这笔资本也必须取得现行的利润率。如果商业活动领域中不产生剩余价值，这怎么可能呢？马克思指出，商业资本攫取产业领域所生产的一部分剩余价值，他用这个办法解决了问题。商人以低于价值的价格从产业家那里买进商品，再按商品的价值将其出售，其差额就是他的利润。他之所以能够这样做，是因为在资本主义条件下商业是少不了的；在一个无计划的经济中，把买方和卖方拉到一处来，这是一种绝对必要的职能。因此，必须有资本投入到这个领域。但是，除非资本在商业中能赚到平均的利润率，不然，人们是不会把它投到这里面来的。因此，竞争（“供给与需求”）就把产业家的价格压低到商业资本能按平均利润率进入这个领域的地步。总的结果是，一笔不变的剩余价值量，散发给更大的资本额；平均利润率就削减了。如马克思所说：“同产业资本相比，商人资本越大，产业利润率就越小。反过来，情况也就相反。”①

实际上，商人是要开销一些费用的，他既要支付劳动力（店员、文书、会计，等等）的费用，又要支付铺面、家具和辅助材料的费用。马克思对这些开销的论述并不是全都明确的。有关的一些段落，都带有初次草稿的记号。他正在这些草稿中排除万难，寻求问题的解决，而不是一开始就对将来要作出的结论有了清楚的形象。

① 《马克思恩格斯全集》第25卷，第319页。

尽管这样，我们还是试图指出一个答案，这个答案看来是最符合于他的理论的一般逻辑的。

从商人的观点看来，各种开销，和他花在转售商品上的货款一样，都带有资本的性质。所以，他所经售的商品，其买价与卖价的差额，应该相当大，不仅足以提供前述涵义的商业利润，而且足以补偿他的费用支出以及这些支出的正常利润。买价和卖价的差额中，丝毫没有商业领域创造的价值；这个原理，绝不会因商人开销的介入而有所改变。因此，它应该是整个地构成对剩余价值的一种扣除，要不然，这笔剩余价值就会归产业资本家所得。

因为商业界雇员的工资是从剩余价值中拨付的，而且他们本身也不创造什么价值，所以，他们就必须归入非生产劳动者一类，而他们的消费也应该算做是非生产性消费。这个分析，因而就为第十二章所采取的步骤——把商业工作者和仆役、地主等一道包括在非生产性消费者这个范畴之内——提供了一个理由。①

商业对积累有三重影响：(1)由于商业开销构成对剩余价值的一种扣除，所以，可以用于积累的剩余价值就减少了。这些开销中，有一部分是工资，它被收益者花在消费品上面；社会消费便在这个程度上有了增加。还有一部分开销，是建筑物、设备、材料等方面的支出，它们虽没有直接地或间接地提高社会消费，但是对再生产过程的影响，同提高消费无异：价值被人用掉，并且从再生

① 见前文，第289页。

产表式中消失。所以,商业的第一个影响是,削减剩余价值,从而削减积累,并相应地提高消费率。(2)由于商业资本家同产业资本家一起瓜分余下的剩余价值,所以剩余总额所分成的块数增多了,而每块的平均数值却减少了。前面已经指出,这种情况压低了积累率。(3)再生产过程的扩大,要求增加商业资本,于是,商业资本就提供了一条投资的道路。总之,商业增加消费,减少积累,同时还提供了一条投资的出路。所以,它对消费不足趋势起了抵消作用。①

现在,我们就要分析垄断对资本主义经济中商业领域的影响了。

集中和垄断加强的最明显后果,是独立商人的相对重要性降低了。这个后果是由两个原因引起的:一方面,纵的组合排除了原来无法避免的独立资本之间的交易;另一方面,大企业越来越多地自行经营买卖业务,因为它们的营业范围很大,足以使企业为此而维持一个专业部门,而该部门的效率至少同独立商人相等。希法亭强调过垄断的这个方面:"垄断组合……引起独立贸易的消除。它使一部分贸易工作完全成了多余的事情,并且减低了其他贸易工作的费用。"②但因为他到此打住,所以他不幸得出了一个结论,说买和卖的费用都在下降,从而使人们对事情的真相有了一个完全不正确的印象。实际上,在垄断和商品流通费用之间,还有一种

① 在资本主义发展的早期阶段,当人口增殖和新产业等的抵消力量还很强,经常存在的问题似乎是资本不足,而不是寻求投资的资本过剩时,人们会把商业看作是资本主义生产的一个障碍。但是,情况已经起了变化,以致这种见解再也不能成立了。

② 鲁道夫·希法亭:《金融资本论》,第 264 页。

更重要得多的联系存在。

在竞争情况下,优厚的利润导致生产的扩张。但垄断的超额利润,却没有这种效果;事实上,垄断的超额利润是以限制生产为条件的。虽然如此,垄断的超额利润,对垄断者的行为,也不是没有影响的。每个垄断者现在都是全神贯注地试图在现有营业中扩大自己的份额,从而增加他的超额利润。很重要的一点是,这个目的不是通过减价的办法达到的。减价的办法几乎总是要引起报复和总产量的扩大,并使超额利润减少甚至归于消失。代替减价的办法是,用更有效的销售方法,把购买者从敌对的供应来源吸引过来。这里有两种情况,它们虽然代表着同一个普遍现象的两个紧密相连的方面,却有加以区别的必要。第一,同一个产业内的多个企业,相互间都在努力挖对方的生意。在这一点上,必须记住的是,集中很少发展到把整个产业都置于一个单独企业控制之下的地步。第二,一个产业中所有的生产者,都在努力劝说消费者少买其他产业的产品,而多在他们的产品上花钱。虽然在这两种情况之间,销售技术颇有不同,但基本上是按照一个相似的花样行事的,因此,不需要分别加以分析。

从垄断者力图扩大销售而不危及超额利润存在的活动中,我们找到了一个基本的理由,来解释垄断资本主义的一个异常显著的特征,即销售和广告技术的巨大发展。这种发展以多种形式出现,包括:通过诱人的装潢试图吸引消费者;维持一批销售人员和宣传人员;还有一种形式也许是最重要的,那就是,通过报纸、杂志和无线电不断地发出大量的广告。但是,销售术和广告等直接方法，还仅仅是这个景象的一部分。间接的影响是流通渠道的增加和运输、仓储、商品递送等领域中大量的重复工作。这些活动如我们所知，乃是本义的生产过程的一部分。但现在，它们已大事扩张，远远地超过竞争条件下社会必要的界限。[①] 在垄断情况下，只有一部分流通活动可以看作是创造价值的；其余的，基本上类似狭义的销售活动，它和后者具有同一属性，即耗用价值而不创造任何价值。

近来，在流通费用问题上，许多调查研究多少提出了一些迹象，指出垄断已经把销售和流通机构扩大到什么程度。例如，20世纪基金会，根据它的报告《流通费太高了吗?》(1939 年)，作了下面的申述：

> "流通——而非生产——现在是美国商业系统的一个宽广的新疆域。消费者花一块钱，流通就要拿走 5 角 9 分，相形之下，留给生产过程的，只有 4 角 1 分。在 1870 年到 1930 年间，流通领域中的工人增加了 9 倍而人口才增加 3 倍。"[②]

对上面引用的精细数字，不应该过分重视。它所用的统计方法，已经受到许多人的批评。就是把这一点完全撇开不谈，这些数字也没有说明，究竟在销售和流通中**非生产性**活动已增长到什么程度。由于生产变得更加多样化和地区专门化，可以想见，运输、

① 一个适例就是，因广泛实行维持转售价格办法而造成的后果。这种做法，使从事商品流通的人可以赚到巨额的买卖差价，因而鼓励更多的人参加到流通领域中来；要不是有这个办法，本来是不需要有这许多人参与其事的。

② 20 世纪基金会 1941 年 5 月 9 日给经济学教师传阅的一封信。

仓储和送货的相对重要性有所增大。因此，在这个增加额中，究竟有多少是社会所必需的，这只有在长期调查研究之后才能确定；而且就是到了那个时候，也只能把它确定在一个相当宽的限界之内。不过，尽管有这一切的限制，一般趋势的方向和重要性，还是看得清楚的。

从马克思主义对商业资本和商业利润的分析中所引出的理论原理，完全可以用来解释垄断影响下销售费用与非生产性流通费用的提高。本来可以用来积累的剩余价值，现在转而用来维持庞大的销售与流通机构。这样，就把垄断的超额利润削减了，而且往往削减到似乎同平均的竞争利润不相上下的地步，以至于连垄断的存在也看不清楚了。剩余价值内许多新的切块产生了，例如，呈现为广告企业的利润，或呈现为重复设置而非社会所必需的零售商店的利润。消费量增加了，其数目等于付与新增的非生产性工人的工资；就再生产过程而论，同样的后果也发生了，因为要为销售的进行和大量流通活动而支付必需的材料和设备。所有这一切的总的结果，是资本扩大的速度放慢了，同时出现了一股抵消消费不足趋势的强劲力量。

在垄断资本主义时期流通体系的发展中，还有一个方面，应该简略地加以考察。这整个趋势是以劳动生产率的巨大的、不断的增长为根据的。只有这个条件得到满足，从事非生产性工作的劳动力才有可能提高其比重，而不致对一般的生活水平造成严重的恶果。反过来说，有了劳动生产率的逐步上升，剩余价值和靠剩余价值为生的社会阶级，才有扩大的余地。马克思在讨论巴顿和李嘉图对机械的看法时，曾经煞费苦心地表明了劳动生产率增长的这方面问题：

> “加入总收入[1]的物品总量，可能增加，而这一总量中转化为可变资本的那一部分却不会因此而增加。这个部分甚至可能减少。那时作为收入而由资本家、土地所有者、他们的奴仆、非生产阶级、国家、中间阶级（商人）等消费的将更多。”[2]

马克思在这里只以最概括的词句论述了一种发展。对此我们只须作一点补充：垄断影响下流通领域的扩张，构成这种发展的一个特殊形式。

劳动生产率的提高，及其在垄断资本主义下所引起的流通领域的畸形发展，是一种有深远的社会、政治影响的发展。产业职能人员、自由职业者、教师、政府官员等所谓“新的中间阶级”，不可避免地要紧随着集中和生活水平的提高而滋长起来，而流通活动的从业人员中占有偌大比重的销货员、广告员、宣传员、雇员等大军，又把这个阶级扩大了。这几类分子待遇比较优渥，因而，所享受的生活水平，使他们在主观上或多或少地同资本家、地主统治阶级紧紧联系在一起。不但如此，由于在资本主义下他们之中大部分的人是直接地或间接地从剩余价值中取得收入的，所以剩余价值的减少，必然会对他们发生不利的反响，在这里，就客观地存在一条纽带，把他们的命运同统治阶级的命运联结起来。基于这两个理由，这个新的中间阶级便有一种倾向：它宁愿给资本

① “总收入”一词，在这里是按照李嘉图的寓意，而不是按照现代理论家所赋予的意思来使用的。用马克思主义的概念来表示，李嘉图的“总收入”等于可变资本与剩余价值之和。

② 《马克思恩格斯全集》第 26 卷，第 2 册，第 640 页。

家、而不愿给工人提供社会的和政治的支持。可以这么说，它的成员构成一支大军，随时准备接受资本家将军的指挥。马克思的看法和流行的见解相反，他充分地认识到这个新的中间阶级的作用。马克思在批判李嘉图的机械理论时，他把这个问题表述如下：

> "他忘记指出：介于工人为一方和资本家、土地所有者为另一方之间的中间阶级不断增加，中间阶级的大部分在越来越大的范围内直接依靠收入过活，成了作为社会基础的工人身上的沉重负担，同时也增加了上流社会的社会安全和力量。"①

如果说，在马克思的时代，这已经是一个十分重要的趋势，那么，在垄断资本主义时期，它已经变得多么重要得多啊！我们随后就要看到，这个阶级是怎样和其他力量组成在一起，决定资本主义发展的实际过程的。

五、结论

现在，让我们试把垄断在资本主义制度的机能上所造成的最重要的一般后果，分门别类地作简单的摘要。

1. 垄断商品的价格提高了。

2. 竞争资本主义的平均利润率，变成了利润率级差制，最高的是垄断最完全的产业，最低的是竞争性最强的产业。

3. 小块的剩余价值减少了，而大块的剩余价值增多了，这就提高了积累率，从而既加重了平均利润率下降的趋势，又加重了消

---

① 《马克思恩格斯全集》第26卷，第2册，第653页。

费不足的趋势。

4. 垄断产业中的投资受到阻抑，资本涌进竞争性较强的领域。因此，同投资的决定有关的利润率下降了。这是同利润率普遍下降趋势和消费不足趋势无关的一个引起萧条的因素。

5. 资本主义技术的节约劳动倾向加强了，新技术的采用，也是为着把对新资本的需求降至最低限度而有意安排的。

6. 销售费用提高了，而且，流通体系扩大到超出社会必需的程度，这一点又带来了下列的后果：

a. 垄断的超额利润减少了，在许多情况下还减低到同竞争利润不相上下的地步。

b. 新的剩余价值切块产生了，同时造成了一大群非生产性的消费者。因此，积累率降低了，而消费率则提高了。这一点是作为消费不足趋势的抵消力量起作用的。

c. 为资本家提供社会、政治支柱的新的中间阶级扩大了。

人们会注意到，上述第(6)点，在一定程度上抵消了第(3)、(4)、(5)点。但是，这不是对立力量之间的简单冲销问题。积累过程的种种矛盾为(3)、(4)、(5)各点所加强，这些矛盾是迅速发展的生产力难以包容在资本主义财产关系体制之内的基本症状。流通体系在垄断下的发展，减轻了这个困难和缓和了这个矛盾，但它之所以做到这一点，倒不是因为它使资本主义得以驾驭日益发展的生产力，而是因为它把生产力的用途转到非社会必需的，因而是浪费的途径上去。这里面有一个重要的差别存在，不应该予以忽视。当这一点为人所理解时，垄断的"有利"效果，就显示不出半点有利的地方了。

第十六章　世界经济

一、总的考察

我们在大部分分析中所假定的那种封闭的资本主义制度，实际上从未有过，今后也绝不会有。这不是说，我们不应该作封闭制度的假设；也不是说，我们根据这个假设所揭露的资本主义规律与趋势，是不存在的东西。它所指的是，我们至今都是把现实生活的某些方面加以舍象，为的是要更清楚地辨认和分析其他的方面。我们在抛弃封闭制度这个假定时，并不是要放弃我们已经学到的东西；而是要使我们有可能沿着以往有意避开的道路，把我们的知识加以引申和深化。

现实的世界，是许多国家共居于其中而且彼此间有着各种关系的社会。这些国家中，有些是高度发达的资本主义社会；有的正在迅速地变成资本主义社会；有的几乎还没有接触到资本主义；还有一个社会主义社会。它们的相互关系，都不是任意规定的，也不是偶然产生的。离开别的国家，没有一个国家能够以现在这种样子长期地继续存在下去。正如一个社会中各个个人在经济上彼此互有需要、因而形成一个统一的经济一样，世界上的国家彼此间在经济上也是互有需要的，因而形成一个统一的世界经济。让我们考察这些国际经济关系的性质。

世界经济的基本经济关系，是商品生产的交换关系。历史上，商品最初就是在氏族共同体之间的贸易领域中产生的，[①]而一个共同体内各个成员之间的关系，则从未像共同体之间的关系那样完全受交换所支配。在一个国家中——即使是在一个商品生产高度发达的国家中——总还有范围宽广的非交换经济关系存在，例如，在一个工厂或公司内部，经理和工人的关系就是属于这一类。但在国际范围上，一般说来非交换关系的作用就不是这么突出。这个事实决定了人们研究世界经济问题的思路。

交换通常由一定形式的社会分工所引起。国际交换同样地也是和一定形式的国际分工相适应的。国际分工的基础，在任何时候，都是部分地由自然条件决定，部分地由历史条件决定的。例如，一个国家输出它在气候方面和天然资源方面宜于生产的商品；另一个国家，工业比较发达，则输出需要高度技术水平和熟练劳动力的商品，如此等等。在国际分工的形式上，有些因素几乎是固定不变的，但是，由于各个有关国家的发展阶段与发展速度不同，也有一些极重要因素是在继续变化之中。这一点千万不能忘记。世界经济作为一个商品生产经济，它不是按照一个计划来调节，以这个计划来要求各个组成部分同步增长的；而是各部分忽起忽落，以不平衡的速度发展的。可能产生的任何平衡，都是各部分相互起作用的偶然结果，纯属暂时性质。

等到资本主义在世界经济各部分都发展起来的时候，国际经济

① 如马克思所说："产品发展成为商品，是由不同共同体之间的交换，而不是由同一共同体各个成员之间的交换引起的。"《马克思恩格斯全集》第 25 卷，第 198 页。

关系就不再是局限于简单的商品交换了；它们为资本移动所补充，那就是，一些具有资本的特点和机能的商品，从有些国家中输出，而由另一些国家输入。例如，A 国的资本家把生产资料送到 B 国的资本家那里，使后者可以利用这些生产资料来雇用劳动力而生产剩余价值。但是，这笔剩余价值，不属于 B 国的资本家——至少不是全部属于他——而必须经常地交还给 A 国的资本家。[①] 通过这一类的交易，资本主义的传播，就大大加快了；而各国之间的经济关系，也复杂起来了。一个国家的输出，再也用不着和它的输入相平衡；朝一方面流动的资本和朝另一方面流动的剩余价值，都必须加以考虑。

对价值、剩余价值率和利润率起制约作用的规律，有几分适用于世界经济呢？让我们首先考虑一个只有贸易的情况，而把资本输出问题留待以后论述。假定在各别的国家内存在着竞争，而资源又是可以转移的，那么，在国内，商品就会按它们的价值或生产价格出售——这个条件往后就不复述了——而各个不同行业之间的剩余价值率和利润率也会均等起来。但是，在不同国家之间，仅仅是通过贸易的过程，是不能实现这种均衡的。在两个国家之间，等价交换的商品，未必包含有等量的劳动；要是包含有等量的劳动，那的确也是纯粹出于偶然。在一个国家内部，要是劳动不可以从一个产业转移到另一个产业的话，那么，对这两个产业的产品来说，情形也就是这样。换句话说，价值规律只是在质量均一而且可以移转的同种劳动力所生产的各种商品之间，才是适用的。就不同国家所生产的

① 希法亭把资本输出正确地解释为“预定要在国外孳生剩余价值的价值输出。要紧的是，这笔剩余价值仍由本国资本支配。”《金融资本论》，第 395 页。

产品而言，这个条件一般地说就不能得到满足。同样，当我们说到剩余价值率在资本主义生产情况下有趋向于均等的倾向时，我们也是暗中含有劳动力自由移动的意思，[①]而这种情况，在国际经济关系中，也是阙如的。所以，剩余价值率（或者，换一个说法，叫它做剥削率）在不同国家之间未必相同。最后，利润的均等，还要以资本的流动性为前提，而这个前提我们也已经用假设暂时加以排除了。从这里，不能得出下面的推论，说由于这些有关的规律仅仅适用于各个贸易国内部，而不适用于各个国家之间，所以，国际贸易没有起到什么作用。不管怎么样，贸易一定会增加各个有关国家所能支配的使用价值总量，而且还会影响其中一个国家或更多国家的剩余价值率与利润率的高度。例如，如果 A 国可以通过和别国进行贸易，来取得比在国内生产更为便宜（按照它自己的劳动时间计算）的工资品，那么，同样的实际工资，在有贸易的情况下，就比在没有贸易的情况下显示出较高的剩余价值率，因而也显示出较高的利润率。这一点就是李嘉图为自由贸易辩护的主旨，它也很可以说明，为什么英国的资本家们——特别是在 19 世纪中叶的时候——是那么强烈地反对谷物法案。如果贸易还造成“不变资本要素的减价”——用马克思的话来说——那么，利润率就要提得更高了。[②]

应该特别注意，两个国家之间的贸易，可以影响双方或其中一方所生产的价值在本国国内的分配——例如通过前面已说过的方式改变剩余价值率——但是它不能把价值从一个国家转移到另一

---

① 见上文第 95 页。

② 人们定会记起，这就是马克思所探讨的利润率下降趋势的“抵消因素”之一。

个国家。例如,一个较发达的国家,不能单纯用贸易办法,把价值从一个较不发达国家中榨取过来;它只能通过在后一个国家中拥有资本所有权的方式来达到这个目的。有几个马克思主义作家持相反的说法,他们硬说贸易是价值从落后地区向工业化程度较高的国家转移的一种方法。所以,奥托·鲍威尔在讨论这一类的贸易关系时,说过下面的话:

> "发展水平较高的国家,有较高的资本有机构成……现在,马克思已经使我们得以理解:由于利润率有均等的趋势,各国的工人不是单单为他们自己的资本家生产价值,而是两国工人所生产的剩余价值,在两国的资本家之间进行分割——不是按照每个国家所完成的劳动量来分割,而是按照每个国家中起作用的资本量来分割。但是,因为在发展水平较高的国家中,同量的劳动配备了较多的资本,所以,发展水平较高的国家,它所吸取的剩余价值份额,就大于它国内所作出劳动量的相应比例。好像两国所发生的剩余价值,先聚成一堆,然后按各国的资本额再在资本家之间分割一样。所以,发展水平较高的国家,其资本家不仅剥削了他自己的工人,而且把发展水平较低的国家的工人所创造的一部分剩余价值也不断地据为己有。"①

① 《民族问题与社会民主党》,第 246—247 页。格罗斯曼也持有相同的见解。见《积累与资本主义体系的崩溃规律》,第 431 页及其后各页。格罗斯曼力图表明,这也是马克思的观点,但所言未能令人信服。要知道对马克思立场——相对于斯密与李嘉图在这个问题上所提出的相反论点——的讨论,请阅多布:《政治经济学与资本主义》,第 194—195 页。多布本人所得出的结论,和本书在上面所提出的大致相仿。

鲍威尔这个说法的毛病，在于他把要证明的东西作成了假定。他把下面这一点视为当然，即各国的利润率可以单纯地通过国与国间的贸易来求得均等，于是，他就推而论之，说这种均等一定是意味着剩余价值从资本比较少的国家转移到资本比较多的国家。结论确实是从前提中引申出来的，但那个前提却是错误的。贸易不能使二个国家的利润率均等，正如贸易不能使一个国家内二个垄断产业的利润率均等一样。鲍威尔把马克思的利润率均等理论——这种均等是以竞争和资本流动为基础的——应用到国与国间的贸易上来，而没有注意到其有效性的必要条件并不存在。

当然，一旦我们把资本输出置而不论的假定抛开，情况立刻就起了变化。利润低的国家——一般地说就是积累已经达到最高水平的国家——其资本家显然会把资本输出到利润高的国家。这时候，除了照例要酌加必要的保险费外，利润率水平就有划一的趋势。而且，低利国家的资本家还会得到双重的好处，正如多布在谈到殖民地投资问题时所作的解释一样：

> “这不仅意味着，向殖民地区输出资本，可以比投资在国内获得更高的利润率，而且还可以造成一种趋势，使国内的利润率……也可以高出它在其他情况之下的利润率。发生后一种情况的原因，是因为在宗主国国内寻求投资机会的过剩资本，已经由于殖民地的有利出路而减少了，劳动市场的压力已经减轻了，而资本家也就能够以较低的价格，来购买本国的劳动力……资本家因此得到了双重好处：他既能在国外获得较

高的利润率，又能在国内维持较高的‘剩余价值率’……”①

应该注意，国际上利润率的均等，并不意味着国际上剩余价值率也均等。只要劳动力在国与国间的自由流动受到了限制——不论是出于什么原因——那么，即使资本所能获得的利润到处都是一样，有些国家的工人仍旧会比其他国家的工人受到更多的剥削。

资本输出的一般后果，是使资本输出国中积累过程的矛盾慢点成熟，而在资本的输入国则加快了这种矛盾的出现。总之，通过资本的移动，世界经济各地区的资本主义的发展速度有均等的趋势。

上述分析所描绘的世界经济，是以贸易自由和资本移动自由为常规的。若说这是一个现实的假设，那么，我们就应该有理由得出这样的结论：只要把我们对封闭制度的分析结果稍加修正，就可以解释整个世界在政治上分成许多个独立区域的事实。实际上，这个假设是完全不现实的。自从资本主义时代开始以来，国家之间的关系，一直都在特殊的程度上成了经济政策的领域，也就是说，成了旨在实现特定经济目标的国家行动的领域。由于种种无法在这里加以考察的历史原因，在国际范围中活动的资本主义国家，从来都不止是一个，而是许许多多个，所以，我们应该多加考虑的，不是某一个独特的——即使是变化中的——经济政策的后果，而是各种彼此有分歧、而且往往是互相对立的经济政策的冲突。这个情况对国际经济关系的动向有深远的影响；它甚至还反作用于有关国家的内部结构并改变着这种结构。所以，当我们谈到世

① 莫里斯·多布：《政治经济学与资本主义》，第196页。

界经济时，我们所指的，不仅是日益资本主义化的商品生产关系向着可以思议的最大地区延伸；而且还意味着，世界经济的各个组成部分起了质的变化。

在着手考察国际经济政策的性质与后果之前，对这个领域中决定国家行动的一些基本因素最好有个认识。第十三章中已经指出，当资本主义发展过程中发生经济问题的时候，人们就要求国家采取行动来加以解决；又指出，由于资本家阶级控制着国家机器，所以人们要求国家解决经济问题的压力，是和这些问题所涉及的资本家利益的重要性同比例增长的。在国际范围内，新的问题不断出现，这部分地是因为，变革乃是资本主义的本性；而更重要的是因为，世界经济的不同地区是在不同的速度中变化的，以致它们彼此间的相对地位格外地不稳定。不但如此，每个国家都必须使自己适应于其他国家所采取的变动不居的政策。同国际贸易与国际资本移动有利害关系的人，通常包括资本家阶级中钱多势大的人，另外还常常包括其他的重要集团，如大地主，以及本人虽非资本家但要倚靠商品出售的自耕农或农场主。这后面的几类人通常也分享国家的权力。工人阶级在国际问题上很少有直接的利害关系，因为它所要出卖的商品——即劳动力——生就必须在当地求售，而不能跨越国界做交易。因此，工人阶级很少对国际经济政策的形成施加什么压力。国际经济政策是掌握在那些直接有关的人手里的，他们是统治阶级的成员，也有机会接触到国家的权力。在这种情况下，国家权力行使时所遇到的阻力是最小的，而经济政策的实际内容，也就取决于统治阶级中各个派系之间的利害斗争的结果。最后，很重要的是要看到，在国际关系上所采取的任何一种政策，至少有一部分是针对着外国人的，因此，通过激发民族主义、爱国主义和敌视外国人的情绪，便可能轻易地使这种政策得到几乎是整个社会的默许甚至是支持。用这个眼光来描绘国家对国内生活的干预，困难就大得多。对于国家在国际活动领域中国家一直有更为活跃得多的倾向，上面这一点无疑地也是决定性原因之一。

二、竞争时期的经济政策

在竞争资本主义时期——大体上就是19世纪的前70年——资本主义国家在国际贸易方面的经济政策，差不多都是紧紧地依照两个基本模式之一来制定的。第一个基本模式只有英国实行过，即自由贸易的政策；第二个基本模式支配了其余的整个资本主义世界，即对工业生产实行有限的保护政策。为了切合我们的目的，这种有限的保护政策可以举美国为例。让我们把这两种类型依次加以考察。

英国在18世纪以后，她的工业就远远地超过了任何一个别的国家。纺织业、采矿业和冶金业是产业革命的先锋，它们的繁荣，几乎从开头就是取决于出口市场，而且一点也不害怕外国的竞争。另一方面，政治上仍然占优势的地主阶级，其利益也得到关税制度与出口津贴制度的很好保护：当英国年成不好、谷物价格上涨时，关税就抑制外国谷物的进口；当英国丰收时，出口津贴就减少国内的谷物供应并把它的高价维持下来。随着人口的增长和人口集中在工业中心区，农产品的经常输入成了必要的事情，不久，整个农业保护制度同工业资本的利益发生尖锐矛盾的情况，也就明朗化了。这样，就开始了著名的废除谷物法斗争，它在1846年以自由贸易的胜利告终，而地主阶级的残余政治权力，也大部分被剥夺了。希法亭以令人赞赏的透彻笔法，描写了这一场斗争的底细：

> “制造商对外国工业品的进口，无所畏惧，因为他们的产业在技术上和经济上都远胜他人。但在另一方面，谷物价格却构成‘劳动价格’中最重要的因素，这个因素在工业成本的决定上也是分外重要的，因为资本的有机构成仍然低下，活劳动在总产品价值中的份额也依然是相应地高昂。英国关税运动的直言不讳动机，就是一方面要减低原料的价格，另一方面要减低劳动力的价格。”①

李嘉图就是以其惯有的坦率态度，用这一类词句来为自由贸易辩护的；但是，自由贸易论的大部分信徒，却以扩大使用价值的说法，来为他们的主张找根据，说自由贸易的利益普及于所有贸易国的大多数人民。值得注意的是，工人阶级虽然利用工业家与地主的分裂，来推进他们自己的工厂立法运动，但在这场斗争中却很少直接地参与其事。

当自由贸易在英国赢得胜利的时候，一场类似的斗争——虽然角色正相反——正在美国进行。在这里，工业还处在幼年时期，它除了在极有限的基础上以外，是不能同英国的产品相竞争的。另一方面，农业、特别是棉花——南方奴隶经济的主要支柱——却在愈来愈大的程度上依赖于出口市场。而且，农业各阶级有兴

---

① 鲁道夫·希法亭：《金融资本论》，第377—378页。

趣以尽可能低的价格来买进工业品。结果，新兴的美国工业主义——特别是在东北部各州——吵着要实行保护关税，而以古老的南方带头的农业，却赞成自由贸易制度。有一个相当长的时期，这个问题是通过一系列的妥协求得部分解决的。关税是征收了，但是关税制度的效果，显然的是着重于充实国库，而不是扶助工业的成长；整个制度依然是自由贸易成分多于保护成分，可是谁也没有真正地感到满意。在这种情况下，关税问题就变成南北方矛盾的焦点之一，终于酿成南北战争。随着北方的胜利，自由贸易派完全被打垮了，而美国也就踏入了对其迅速扩张的工业大加保护的历程。

我们看到，当英美两国的工业结构大体上都属于竞争性类型时，工业资本在政治上一得势，在英国就导致了自由贸易政策，而在美国则导致了保护政策。所以，不应当说竞争性资本主义在国际活动领域中只有"那么一种"经济政策。基本的政策有两个(当然还有一些次要的变种)，究竟采取哪一个，这取决于一个国家所处的发展阶段，也取决于该国对于它与之维持着关系的其他国家所采取的立场。关于这个问题，还有一点需要强调指出。英美两国的工业资本代言人，他们所提出的理论根据，基本上是相同的。在本国，像亨利·加莱这样的保护论者，他们在自由贸易的根本优越性问题上，和英国自由贸易论者并没有什么分歧。不过，他们认为，像美国这样一个工业落后的国家，应该以保护作为一种过渡的手段，以便赶上英国(即所谓幼稚工业论)。当资本装备和各种技艺已经发展到同比较先进的国家并驾齐驱时，关税就应该废除，而代之以自由贸易，并使各国都能享受到国际分工的全部好处。所以,我们可以说,即使在现实生活中自由贸易只在特殊的条件下实行,自由贸易还是竞争资本主义的意识形态。

在竞争时期,经济政策的第二个方面,是关于经济发达国家同世界上一些落后的、经济制度大体上仍属于前资本主义性质的地区的关系。谈到这个问题,必须回顾重商主义时期——从 16 世纪到 18 世纪的好些年代——的主要特点。当时,主要的贸易国(西班牙、荷兰、法国和英国)都已经建立起世界范围的殖民帝国——这个过程必然要引起两个或两个以上的关系国经常发生武装冲突。殖民制度的根本目的,一共有三个:保障从事殖民地贸易的商人(主要是垄断的贸易公司)的财产与安全,排除外国商人的竞争,把宗主国与殖民地的贸易条件规定到足以确保前者获得最大部分的利益。所以,重商主义的特点,就是奉行一种主动的、侵略的殖民政策。

到了 19 世纪,情况就发生急剧的变化。这时候,西班牙和荷兰已经降为二等强国,再也不能对世界经济的发展起决定性的影响。法国在几次拿破仑战争失败之后,回过头来着手在工业基础上加强国内经济的发展。在几个大的殖民强国中,只有英国好像还可以扩张她的殖民利益,并且几乎可以随意地加强对世界上落后地区的剥削。但是,这一类的事情并未发生;相反,有竞争能力的工业资本得了势,这就改变了殖民政策的调子。人们感到,重商主义制度的各种精细的限制与规定,对资本的自由扩大和任意进入它所选择的各种行业来说,是束缚得太厉害了;英国工业品不需要什么独占权就可以征服世界;维持这个帝国的费用太高,这在许多人看来似乎也是不必要的。重商主义的每一个方面,包括它的殖民政策在内，都和谷物法一道受到自由贸易派的猛烈攻击。诚然，殖民地的实际解放，始终不过是激进的自由贸易派的一个要求而已。为了满足生命与财产安全的要求，不宜草率行事；而统治阶级中的重要人物，他们在职位上和养老金上的既得利益，也不容忽视，更妙的是，许多重要的新地区，到19世纪中叶才置于英国的管辖之下。虽然如此，英国同殖民地的关系，还是有意地放宽了，人们到处都满怀信心地期待着，有朝一日，这些落后地区更熟悉文明社会的权利与义务，从而能够作为自治单位出现在世界各国的大家庭之中。

关于竞争时期的资本输出，似乎有理由这么说，它当时还不成其为一个足以影响经济政策的主要问题。人口的迅速增长和工业化的进展，是这个时期的特点，它们在已建成稳定的资本主义关系的大多数国家中，为资本的积累创造了广阔的机会。处在这种情况下而又考虑到难免要卷入的种种风险，资本家们通常是不想在本国国境之外寻求有利的投资机会的。在这一点上，英国又是一个例外——为了完整起见，应该加上荷兰和当时尚未统一的德国的某些金融中心——但是英国资本在寻求条件合适的国外立足点方面，并没有遇到什么困难，很少需要英国政府对此加以照顾。人们应该记得，在这个时期里，英国的资本输出大部分是流入美洲，特别是输往美国，同当时正在高涨的美国积累浪潮合流。关于在落后地区摧毁前资本主义经济形态或防止觉醒了的民族主义的危险，借以创造有利投资条件的问题，这多半还是后来的事情。

现在，让我们把竞争资本主义时期的经济政策的主要特点概括地说一说。在世界范围内，压倒一切的决定性因素，显然是英国工业主义的无比优势。在英国，这就产生了自由贸易政策，而在工业比较落后的国家，则（压倒了农业生产者的反对）产生了有限的保护政策。英国虽然已经大大地压倒或击败了她的主要敌手，但在殖民地区域内，却避而不走前一个时期的侵略性的和扩张主义的路线。虽然由于各种各样的理由，殖民制度的真正放弃，还只是寄托于未来的一种希望；但它已经连同谷物法及重商主义的各种垄断性特权和垄断性限制，受到工业资本代言人的责难。最后，资本输出还没有变成影响经济政策的一个主要问题。

三、经济政策的转变

在19世纪最后25年内，经济政策的方式与目标，在整个资本主义世界中，到处都发生巨大的变化。其所以如此，基本的原因有三个：(1)其他国家，特别是德国和美国已经上升到可以向英国的工业优势挑战的地位；(2)垄断资本主义的出现；(3)在大多数发达的资本主义国家中积累过程的矛盾成熟了。虽然在实际生活中，这三个因素难解难分，相互联结，但为了理论研究起见，必须逐一加以分析。让我先从垄断对国际领域中的经济政策的影响说起。

垄断的目的，就是通过提高价格和限制供给来攫取超额利润。但是，如果外国的生产者有办法进入垄断者的市场，那就不可能达到这个目的。因此，垄断资本需要关税。而且，它所需要的关税，不仅要高到足以使外国人所享有的利益均等化——的确，这种利益与其说已经为他的敌手所有，不如说可能已经为垄断者所有——而且要高到足以在任何条件下把外国人排斥在市场之外。

对垄断者来说,“追求更高的关税,正如追求利润一样,是没有止境的。”①单是这个事实,就意味着保护制度的性质起了根本的变化,希法亭对此有很好的描述:

> “旧的关税政策,负有……在保护区域内加速某种工业的成长的任务……
>
> “在资本主义垄断时期,却是另一个情况。这时候,最强大的、最有输出能力的工业——这一类工业在世界市场上的竞争能力毋庸置疑,而且从旧的理论看来,关税对它们也没有什么好处——反倒需要高的保护关税。”②

问题还不只是这样。垄断者不能不限制供给,而限制供给却有严重的缺点。它妨碍工厂生产能力的合理利用,并使人们不能充分地享受大规模生产的好处;此外,它还迫使垄断者为他所积累的资本寻求国外的投资出路,而不是把它用来扩充自己的生产设备。因此,垄断者企图插手出口贸易,借以克服这些缺点;并且,为了确保自己在世界市场中拥有尽可能大的份额,他还准备把售价降至国外竞争者之下。他有足够的本钱来干这种事情,因为国内保护市场的超额利润加强了他的力量;不过,切切不要以为他由此遭受了损失。由于生产规模的扩大,成本的降低可能提高国内营业的利润,并使他有可能从国外销售方面赚到比投资于国内某种非垄断产业有更优厚的利润。这种以国内受保护的垄断利润来“贴补”国外销售的制度,就是大家所知的“倾销”。希法亭把它的

① 鲁道夫·希法亭:《金融资本论》,第386页。

② 同上书,第384—385页。

含义描述如下：

> "随着这种补贴制度的发展，保护关税的功能完全变了，甚至走到它的反面。他们原来是防备外国人侵入本国市场的一种手段，现在一变而为征服外国市场的一种手段；原来是保护弱者的一种武器，现在一变而为强者的一种侵略武器。"①

当同一个产业中几个国家的垄断同时都参与国际市场上的剧烈斗争时，也许每一方都是凭借倾销的策略来扩大自己的地盘，这时候，由于垄断的形成而在国内业已消失的那种你死我活的竞争，又在国际范围上重新出现了。而其结果也往往同国内无异，即达成一种协议——也许是以国际卡特尔的形式出现——把可望做成的生意在竞争的各方之间瓜分。有些作者把这些国际卡特尔看作是资本主义国家之间利益日益协调的一种标志，这是错误的。这种协议很像和约，当一个缔约人感到自己的力量很强，足以打破协议而取得利益时，协议就不再为人所遵守。由于不同的国家是在高低不等的速度中发展的，这样一个时刻必将来到。国际卡特尔不过是暂时地稳定现状，使各个成员可以避免无谓损失的手段；绝不是彻底铲除各国垄断之间的根本利益冲突的一种手段。②

垄断的另外两个后果，也有提一提的必要。我们已经看到，垄断限制了资本积累的活动园地，而这种限制又提高了垄断者对扩大其出口市场的兴趣。这种限制还刺激垄断向国外寻找有利的投资场所；换句话说，它促进资本输出。只要向国外寻求据点的资本

---

① 鲁道夫·希法亭：《金融资本论》，第389页。

② 这一点，是希法亭在《金融资本论》，第392—393页中巧妙立论，而为列宁在《帝国主义是资本主义的最高阶段》第五章中所强调的。

是垄断者自己的资本，那么，资本输出往往就采取“直接投资”这种特殊的形式，即在外国设立分厂。当垄断者受制于关税或其他措施，不能把他们的输出扩展到有关的地区时，情况更可能是这样。最后，垄断资本最迫切的要求，总还是一方面扩大垄断产品的范围，另一方面扩大保护市场的面积。这两个目标，都要求扩大垄断者本国的政治统治疆域。垄断者有特别强烈的愿望，要把种种可以用来向全世界勒索贡赋的稀有原料据为禁脔。当国家的特许权和保护唾手可得时，也就是说，要是这种原料的产地置于垄断者本国的控制之下，那么，这个愿望的实现就方便得多了。对出产珍贵原料的殖民地的追求，其目的并不是像有些人所说，仅仅是甚至主要是为了确保宗主国的供应来源；更常见的目的是，为宗主国的垄断者确保超额利润的来源。要扩大垄断者受国家保护的市场，同样也需要有领土的兼并，因为只有用这个办法，才能把新顾客置于本国的关税制度领域之内。在这个问题上，只要垄断者认为有办法为自己的产品据有市场，那就可以了；至于并入的领土，究竟是工业落后的抑或是工业发达的，那倒是无关宏旨的。邻近的工业国和遥远的殖民地，对垄断者来说都是赚钱的地方。所以，就殖民政策和领土政策而言，垄断资本是扩张主义者和兼并主义者。

世界舞台上出现可以向英国的工业霸权挑战的国家，这件事的重大意义是用不着多说的。如果人们要在这个发展中找出一些转折点来，那么毫无疑问，在美国会选上南北战争，而在欧洲大陆则会选上普法战争（作为德国统一战争的高潮）。这些事件，标志美国和德国以强大的工业国姿态出现；法国尽管在军事上吃了败仗，在这方面也仅次于美国和德国。处在这种新的情况下，英国的资本，虽然就其国内市场来说，仍然无所畏惧，但它在国际市场上所面临的前景，却是日益尖锐的斗争。它再也不能泰然自若地把整个世界看作是自己的猎场；它不但要在新的地区面对可能发生的竞争，甚至有从它所长期固守的阵地上被赶出来——也许不是马上如此——的危险。

直接的结果，就是帝国的羁绊抽紧了，同时侵略性的殖民政策也从各方面恢复了。非洲，在 1875 年，受外界统治的地区还不到百分之十，而在其后的 25 年中，几乎完全为欧洲各国所瓜分。美国在上个世纪末叶以前，还忙于向北美大陆的空旷地区移民，但美西战争的结果，连它也进入了殖民帝国的行列。

这一类重建帝国的活动，有许多带有保护性质或先发制人性质。当一个国家占领了一个地区以后，跟着发生的必然是，其他国家的国民在这里做生意时至少是处于极不利的地位。因此，虽然英国的资本家们从本国的并吞中可能得不到多大的好处，但在法国和德国的并吞中，他们却可能蒙受极大的损失。一旦有敌手出场，每个国家就必须尽一切的力量来保障自己的地位不受他人的侵犯。结果可能出现得不偿失的局面，但这只是由于衡量的出发点不对头。重要的不是同原先存在的局势比较得失，而是同敌人占上风时可能存在的局势比较得失。这是一个可以在垄断经济学中广泛应用的一个原理；当其应用到殖民帝国的建立问题时，可以权且称之为保护性并吞原理。① 和这种并吞多多少少是紧密相连

① 研究帝国主义的马克思主义作家们，通常在殖民帝国的扩张问题上都没有充分地强调这个因素。一个值得注意的例外，就是格罗斯曼的《积累与资本主义体系的崩溃规律》，第 450 页及其后各页。

的，则是急于要并吞一些现在虽然很少价值或没有价值，但在将来却可能变成有价值的领土。这个，可以称之为先发制人的并吞原理。在19世纪末叶争夺地球上无主区域的斗争中，保护性的和先发制人的并吞是十分重要的一个方面。最后，我们切不可忘记战略性的考虑。从军事的观点看来，帝国必须守得住，而这显然是意味着，必须有地点适当的陆海基地和交通线等等。

在对待殖民地的态度问题上，我们至今所讨论的这种转变之所以发生，是因为对英国的世界工业霸权出现了一些严重的敌手。我们在前面就垄断对经济政策的影响所作的分析，应当可以说明，这种新的殖民政策，从19世纪末叶垄断资本主义的发展中，得到了一种强有力的刺激。

使经济政策发生变化的第三个基本因素，是发达资本主义国家中积累过程的种种矛盾已经成熟。这一点的理论根据，已经在第三篇中详细介绍，不打算在这里复述。我们只需回想一下，利润率下降趋势和消费不足趋势在积累的道路上设置了日益严重的障碍。在发达的国家中，积累越来越多地采取向落后地区输出资本的形式。[①] 这些落后地区，工资低，利润高；那里，劳动力的供应可能很充裕，工业化的水平又低，至少在短期内排除了消费不足的危险。但是，不能认为，这些落后地区已经在各方面做好接受资本的准备。当地居民有他们自己习以为常的谋生方式，而且绝不是渴望以低微的工资受雇于外国资本。因此，这些地区必须置于资本

① 如列宁所说："其所以有输出资本的必要，是因为资本主义在少数国家中已经'成熟过渡了。'……"《帝国主义是资本主义的最高阶段》，《列宁选集》第2卷，第783页。

主义国家的法治之下，各种有利于资本主义关系成长的条件，也必须强行建立。希法亭写道：

> “从来，当资本初次发现它所面对的一些关系有碍于它所需的自我扩张，而通过经济的方法又只能渐渐地和过分迟缓地加以克服时，它就诉诸国家权力，并差使后者从事强制的没收，这强制的没收就制造出必要的自由的工资无产者——不论所遇到的情况是往昔的欧洲农民，或墨西哥与秘鲁的印第安人，抑是今日的非洲黑人。”①

这就是向落后国家输出资本所以能助长主动的殖民政策的第一个原因——但不是唯一的原因。第二个原因是，随着越来越多的发达国家达到资本输出的阶段，夺取最有利投资领域的斗争就变得紧张起来了，每个国家的资本家便吁请本国的政府予以帮助。这种帮助很容易给予，办法就是，把落后地区变为殖民地，这就可以把其他国家的国民全部地或部分地从这些地区中排除出去。保护性的和先发制人的动机，在这里又发生了作用。最后，还出现了殖民政策的第三个动机。再引用希法亭的话来说：

> “在新发现的国家里，输入的资本……引起了那些有民族觉悟的人民的愈来愈强烈的反抗，反对外来的敌人；旧的社会关系发生了根本的革命性变化；‘史外民族’数千年来的农村闭塞性日益被破坏；资本主义本身也在慢慢地为征服的民族提供解放的工具和手段。于是他们也就提出欧洲民族曾经认为是至高无上的目标：建立民族国家，作为争取经济自由和文

---

① 鲁道夫·希法亭：《金融资本论》，第401页。

化自由的工具。这种独立运动，使欧洲资本在被它剥削的那些最宝贵的……区域中受到威胁；因此欧洲资本要维持自己的统治。只有不断增加自己的兵力。

“因此。一切在国外有利害关系的资本家，都大声疾呼，要求有一种足以在天涯海角保障他们的利益的强有力的国家权势。……但输出的资本，则要到本国的权势完全统治了新地区后，才感到心满意足。因为，这样一来，其他国家的资本就受到排斥，而它就享有特权的地位，它的利润也就受到国家的保证。所以，资本输出也助长了帝国主义政策。”①

从以上有关资本输出的论述中，无论如何也不能作这样的推想，说资本的输出，直接地帮助了落后地区的迅速工业化。资本所流向的领域，更应当是由政府担保的，对各种公共工程、铁路、公用事业、资源开发以及贸易等发放的贷款，总之，都是不与工业发达国的商品输出相竞争的活动。所以，资本输出导致落后地区经济的极端片面发展。当地的资产阶级兴起，并试图扶植本地工业的成长，但是困难重重，充其量只能取得缓慢的进展。与此同时，手工业被廉价的制造业进口品所摧毁，这又把大部分的土著居民赶到农村中去。这样，我们就看到了落后地区基本经济矛盾的由来，即日益严重的农业危机。为了满足发达国家的资本的需要，本地资产阶级和本地群众的利益被牺牲了。于是，这两个阶级就在摆脱外国统治的真正民族运动中团结起来了。就像希法亭在上面的引文中所说，正是这个运动，迫使帝国主义列强继续加强对落后

① 鲁道夫·希法亭：《金融资本论》，第406页。

地区的控制。①

垄断刺激资本输出——我们已知这是完全可信的——垄断就会在同一程度上，通过这途径和以前讨论过的其他途径，来助长新的殖民政策，这应当是显而易见的了。

现在，我们已经看出：垄断，对英国世界经济霸权的挑战，以及发达国家积累过程中种种矛盾的成熟，这一切加拢起来，是怎样在19世纪末叶使经济政策的性质全面改观的。自由贸易或有限的保护，渐渐地为无限的保护所代替；世界市场上的自由竞争，为各国垄断的激烈竞争所代替，而各国垄断的竞争，又不时地为带有几分稳定性的国际组合所缓和；对于从重商主义时代继承下来的殖民帝国的漠视、甚至是敌视态度，则为一种新的、更具有侵略性的殖民政策所代替，这种新殖民政策的用意，是在垄断宝贵的原料来源、扩大保护市场的范围并为资本输出保证有利的投资场所。总之，我们已经通盘地考察了资本主义发展最后阶段的各种特点的出现。这些特点使列宁把这个阶段名之为“帝国主义”。但是，几乎不言而喻，世界经济关系中这种根本性的变革，不能不对资本主义经济和资本主义政治的其他各方面发生深刻的影响。所以，在下一章中，我们将对帝国主义的性质和后果予以更大的注意。

① 这一切的问题，将在下一章中更详尽地加以讨论。

第十七章　帝国主义

一、引言

帝国主义可以解释为世界经济发展的一个阶段，在这个阶段中，(1)几个发达的资本主义国家，在工业品的世界市场上居于竞争的地位；(2)垄断资本是资本的统治形式；(3)积累过程的种种矛盾已经成熟，以致资本输出成为世界经济关系的一个显著特点。因为有了这三个基本的经济条件，所以，我们又看到另外两个特点：(4)世界市场中严重的对抗，不是导致你死我活的竞争，便是导致国际的垄断组合；(5)主要的资本主义列强(及其卫星国)对世界上'未被人占领'的地区进行领土的分割。这就是——经过我们稍加修正以后——列宁给帝国主义所下的定义。[①] 应该记住，列宁这本论帝国主义的书，写得简单，而且它

① 根据列宁的说法，帝国主义的正确定义，"要包括……如下五个基本特征：(1)生产和资本的集中发展到这样高的程度，以致造成了经济生活中起决定作用的垄断组织；(2)银行资本和工业资本已经融合起来，在这个'金融资本'的基础上形成了金融寡头；(3)与商品输出不同的资本输出有了特别重要的意义；(4)瓜分世界的资本家国际垄断同盟已经形成；(5)最大资本主义列强已把世界上的领土分割完毕。"《帝国主义是资本主义的最高发展阶段》，《列宁选集》第2卷，第808页。列宁显然以我们的(1)点为先决条件，而我们却删去了他的(2)项。前面已经解释过，"金融资本"这个概念中有效的东西——包括一小撮大资本家寡头的统治——在我们的"垄断资本"概念里也包含进去了，因此，保留列宁的第二个特征就是多余的，或者是使人误解的。

用了许多篇幅来概述各种佐证的事实和数字。以前各章的更详尽的理论分析，可能有助于论证列宁的帝国主义概念的一贯性和适当性。

帝国主义的国际对抗，基本上就是敌对的民族资产阶级的对抗。因为在国际范围内，资本的利益是直接地和迅速地变为国家政策的形式而表现出来的，所以，这些对抗，便采取国与国间的冲突形式，进而，又间接地采取整个民族之间的冲突形式。这一点对资本主义国内经济和社会结构所产生的深远影响，现在必须加以考察。

二、民族主义、军国主义与种族主义

民族主义和军国主义，在资本主义社会的形成阶段中，一起扮演过必不可少的角色。民族主义反映了新兴中产阶级反对封建社会的割据主义和蒙昧主义而争取经济统一和文化自由的愿望；军国主义则是达到这个目的的必然手段。有人不愿意承认，军国主义曾经担当过有益的历史使命，但是，正如罗莎·卢森堡所说，“如果我们按照实际发生过的情况——而不是按照可能发生的情况或想当然的情况——来考察历史，那么我们就必须承认，战争曾经是资本主义发展的一个必不可少的特征。”①

在帝国主义时期，民族主义和军国主义还是像肉体相连的

① 《卢森堡全集》第 3 卷，第 58 页。

孪生子一样粘合在一起。虽然，在被压迫的民族中，它们仍旧保持着原先的功能和重要性，在世界的落后地区和殖民地中也初次带上了这种特点，但在发达的国家中，其性质已经起了变化。在发达的国家中，民族主义和军国主义再也不是在资本主义基础上为实现国内的统一和自由服务，而变成了敌对的资本家集团进行世界战争的武器。虽然，只要世界上还有无主的疆土供人占领，军国主义——即使用有组织的暴力——就可能不至于引起列强之间的公开冲突，但它仍旧是这种斗争的一个必要方面。民族主义的重要性，不亚于军国主义，因为如果没有民族自尊心和自豪感的目标，广大群众就会失去牺牲的热情与牺牲的意愿，而这种热情与意愿，是在帝国主义的斗争中取胜所必需的。这并不是说，民族主义是资本家们为了达到自己的目的而有意煽起来的一种人为的情绪——尽管人们常常暗示相反的说法。相反，正是因为民族主义在现代社会的形成时期就已经在广大的居民阶层中深深地扎下了根，所以它才能在帝国主义时期成为一个如此重要的因素。在这一点上，希法亭正确地谈起"民族观念的明显歪曲"，说它不是对自决权和独立的承认，而是倾向于夸耀本民族而鄙视其他民族。① 尽管如此，意义深长的是，民族主义仍然带有原来的标志。即使当人们是很明显地为着统治者的利益而把民族主义激发起来时，"自由"、"解放"、"自决"之类的词汇，也还是被忠实地保留下来。

① 《金融资本论》，第 427 页。希法亭论帝国主义意识形态的几页文字——包括这里引用的一节——已经译了出来，并载在下文附录二中。

在所有帝国主义国家中，军国主义上升到永远重要而且日趋重要的地位，这一点是有深远的经济后果的。第一，它在重要的军火生产工业，如炼钢和造船业中，助长了一群享有特殊利益的垄断者。军火大王对最大限度扩大军需生产有直接的利害关系；他们不仅从国家定货的形式中得到好处，而且军需生产还为他们所积累的利润提供了安全而有利的出路。所以，带头要求侵略性对外政策的，就是资本家阶级中这一部分人。第二，由于军事开支起着消费支出的经济作用；[①]陆海军的扩充，是消费不足趋势的一个日益重要的抵消力量。所以，从整个经济的机能看来，限制军事开支的数额，就变得越来越危险了。最后，只要军火生产把非如此便没有需求的劳动力和生产资料利用起来，那么，在这个范围内，军国主义实际上就是为整个资本家阶级提供了新增的机会，以便他们进行有利的资本投资。且不说帝国主义敌对状态所引起的需要，单就这一切的理由来说，军国主义在资本主义社会中，便有发挥其扩张主义势头的趋势。就像罗莎·卢森堡在1899年著文时极正确说过的一样：

“最足以表明现代军国主义的特殊性质的，莫过于这样的事实，即仿佛由于内部机械力的推动，现代军国主义在所有的国家中普遍地得到发展，这是数十年以前人们完全不知道的一种现象。我们是从即将爆发的局势的宿命性中看出这一点的。尽管冲突的目的和动机是完全不明确的，但这种爆发还是不可避免。军国主义已经从资本主义发展的原动力变成了

① 见上文第291页。

资本主义的病态。”[①]

和民族主义与军国主义的变质一起出现的，是一种为帝国主义扩张政策辩护的新的、伪科学的理论，即种族优越论。希法亭清楚地解释了种族意识和帝国主义的关系：

> “因为外国民族的降服是借武力来进行的，也就是说，是以十分自然的方式来进行的，所以，从统治的民族看来，似乎它的统治权是出于它的特殊的自然属性，换句话说，是出于它的种族特点。因此，在种族意识中，便产生了一种有科学伪装而为金融资本的权力欲辩护的论据，它以这种方式论证金融资本有理由也有必要来从事追求权力的活动。寡头政治的统治观念在这里便取代了民主政治的平等观念。”[②]

不错，像这样的种族优越论，并不是什么新奇的东西。法国人戈宾诺，[③]在19世纪50年代就写过这种东西，他是近代伪科学种族论的最早的，最有影响的鼓吹者之一。戈宾诺的目的，就像他自己所坦白承认的一样，是要打击欧洲大陆上正在高涨的民主论浪潮，而确立贵族阶级统治法国的自然权利。戈宾诺硬说，法国的贵族原属日耳曼血统，而广大的法国人民则是高卢人或居尔特人。因为日耳曼族“优秀”，所以贵族阶级是依靠它所固有的特质来统治的。这个理论当初并没有打算在法国激起多

① 《卢森堡全集》第3卷，第59页。

② 鲁道夫·希法亭：《金融资本论》，第427—428页，又下文附录二。

③ 戈宾诺是法国19世纪的外交家和作家，曾著《论人类种族不平等》。——译者

大的支持，但是几十年以后，它却被德国扩张主义的鼓吹者狂热地捡了起来，从而变成了近代日耳曼种族意识的起点。大约就在这个时候，在英国——次之就是美国——“白种人的责任”迟迟地便被人们发现，并变成安格鲁—撒克逊族统治世界的一种“人道主义的”辩护词。

不久，人们便发现，种族优越论的用途，不只是为对外征战作辩护。在发达的资本主义国家内部，社会冲突的加剧（我们马上就要对它作更充分的分析），必须尽可能地引到无害的途径上去——所谓无害是从资本家阶级的统治的观点来说的。从种族界限上挑起对立，便是把注意力从阶级斗争上转移开去的一个便当方法，就像希法亭在另一个地方所说，阶级斗争“对有产阶级既无益又有危险”；①因此，19世纪时代曾经被一般人认为正从较发达资本主义国家中消失的反犹太主义，到这时便又复活起来，并在新的种族主义的“科学”发现中占有地位。不但如此，对真正的或想象的少数种族的歧视，也受到垄断经济学的充分认可，因为这样一来，对那些处于不利地位的集团，就可以剥夺其工作和投资的机会，他们的工资和利润就可以压至通常的水平之下，而居民中得宠的那几部分人，却可以得到巨大的物质报酬。

三、帝国主义与各阶级

为了分析帝国主义对资本主义社会内部社会冲突的影响，必

---

① 鲁道夫·希法亭：《金融资本论》，第429页。

须暂时离开本题，对迄今基本上置而不论的发达资本主义的某些特征予以注意。

第一，大财主的利益有在垄断资本统率下融合起来的明显趋势。在股份有限公司的体制下，工业家和大地主之间旧有的矛盾趋于消失；各种有形资产都归并在股份公司的资产负债表之中，不管剩余价值的来源是这种资产还是那种资产，它们的投资都以股份公司的证券为共通的媒介。不但如此，一方面由于工业中垄断的发展，另一方面由于新农业国的开发，过去在关税政策问题上的争执，现在也失去它的意义；各方面的有产阶级联合起来，要求保护关税。这并不是说，大财主之间的利益冲突，可以永远消除，但其严重性确是降低了，对制定统治阶级政策的意义也减弱了。希法亭就德国的情况对这个趋势作了深刻的分析；[①]不管各国的条件有何不同——这一点在危机时可能具有极大的重要性——在整个资本主义世界中，这个趋势都是和积累过程同一步调前进的。

第二，在有产者的利益趋于一致的同时，工人们的利益也合而为一了，在一个又一个的产业中，工人们从提高工资、缩短工时和改善劳动条件的斗争中，发现他们的力量在于组织起来和相互合作。工会制度于是就应运而生，并在越来越多的工人阶级成员中得到传播。根据他们合作起来争取共同目标的经验，工人们组成了自己的政党，以赢得单纯经济斗争所得不到的种种让步。在这些基础上便产生工人们的阶级觉悟和团结性，这种阶级觉悟和团

① 鲁道夫·希法亭：《金融资本论》，第33章。

结性促成了一切领域中的一致行动和共同对策，并使原本无法取得的经济利益和政治让步有实现的可能。① 在英国，这个过程在19世纪中叶便已经蓬勃展开了，但在一般的资本主义世界中，它只有在帝国主义时代才得到充分的发展。所以，就资本家和工人而论，帝国主义是以阶级阵线的加强和阶级斗争的加剧为特点的。这个特点的发生，和帝国主义所特有的国际性没有关系。

第三，在资本家和工人之间，兴起了一系列的中间集团，它们不属于资本主义社会两个基本阶级中的任何一个。这些集团中，有的正在没落，例如自耕农正在逐渐地消失在资本主义农业的扩张中，因而(在极少情况下)有变成资本家或(在绝大多数情况下)变成工资劳动者或变成无产佃农的趋势；手工业者和真正独立的商人，其人数和重要性也在减少。总之，这些人就是马克思和恩格斯在《共产党宣言》中说到“中间等级的下层，即小工业家、小商人

① 工会和有利于工人阶级的立法，对资本主义机能有何影响？对这个问题的详细研究，超出本书的范围。不过，可以顺便指出，把这些因素明确地引进来，也丝毫没有废止前已讨论过的积累过程的基本规律。第一个影响是提高工资。既然人口率的降低也有提高工资的趋势，那么，对这两个现象的分析，基本上也是如此。剩余价值率被削减了，因而利润率也被削减了。资本家对这一点的反应，是加快新机器的推广速度；后备军被扩大了，但是由于工会和失业保险等阻止后备军充分地发挥其压低工资的作用，这个过程现在就变得有几分持续性了。机械化导致生产手段的迅速增长，但由于较高的工资率为较多的失业人数所抵消，消费没有受到多大的刺激。因此，异乎常理的实际情况是，工会的行动有加剧消费不足趋势的倾向(关于人口增长率减慢的影响，更充分论述见前文第279页及其后各页)。

工会的行动没有大大地改善整个工人阶级的境遇，这个事实是驱使工人阶级采取政治行动的最重要力量之一。当工人阶级发现，资本主义在这里也给他们所能实现的利益设下了一定界限时，他们终于从经验中被迫改变自己的目标——从在资本主义结构内进行改良变为推翻资本主义和建立社会主义经济。

和小食利者，手工业者和农民”的消失时心目中所指的人。不过，在中间等级内这些没落阶层的一旁，又有一些“新的中间等级”，它们是生活水平的提高、资本的集中和垄断的发展所造成的。这些新的中间等级，包括各色各样的集团，如产业职能人员和政府官僚，推销员，广告人员，外表上独立、实际上却受雇于大资本的经纪人，自由职业者，教师，等等。在帝国主义时期，特别是由于垄断在流通机制上所造成的扩张性后果，这几帮人不但在绝对量上有所增加，而且在全人口中所占的比例也提高了。不过，新旧中间等级在人数上的重要性，不应该使我们像对待资本家和工人一样去评价他们的作用。在中间等级中，我们所看到的，不是以更紧密的组织统一性和更自觉、更有效的政治行动来表现的日益增长的休戚相关情况，而是利益和目标的极端混乱与极端分歧。除了一些弱到不起作用并经常从事庸俗打算的较小集团之外，他们缺乏客观的基础来谋求组织上的团结和自觉定向的政策。所以，在资本主义各种矛盾的成熟期中，中间等级注定要受到以垄断资本的强行掠夺为一方，以工人阶级要求改善生活条件与增进安全为另一方的夹攻；无论如何，他们大家所共有的东西，就是这么一些，也正是这些东西决定了几乎所有中间等级分子所特有的基本态度。这个态度就是，对有组织的资本和有组织的劳工都抱敌视的态度。它可以以仿佛自相矛盾的方式表现出来。一方面，各个中间等级，在不同程度上是非无产阶级的反资本思潮的源泉；另一方面，又是空想社会主义的源泉，在空想社会主义中一切有组织的阶级力量都化为乌有，而个人（即中间等级集团的自由分子）则和在已逝的简单商品生产时代一样，变成了基本的社会单位。我们在下一章中就要看到，在某种情况下，这前一种意识形态是怎样被人用法西斯主义的形式拴到了垄断资本的需要上去。

现在，让我们试行估计帝国主义的特征对各个社会阶级的影响。

就垄断资本统率下的有产阶级而论，不需要对本章和前几章所说过的东西作什么补充。垄断资本需要向海外扩张，为此，它需要国家的帮助和保护。所以，在这里我们找到了帝国主义政策及其多方面含义的根源。

工人阶级同侵略性的、扩张主义的对外政策的利害关系，就更为复杂了。只要对外贸易和资本输出能够输入廉价工资品并增大资本家阶级的利润，那么，在这个限度内，显然就有机会让工人们改善自己的生活水平而不一定会激起雇主的严重的敌视。就这个意义来说，工人们是得到好处的。不但如此，倘若没有资本输出，也没有与帝国主义政策相伴的军事开支，一个发达的资本主义国家就要吃利润率低下和消费不足的亏，这时，可以这么说，工人阶级会比在他种情况下从更高的就业水平上得到好处。但是，在相反情况下，如果军事开支超过了某一点，特别是帝国主义之间的对立酿成真刀真枪的冲突时，工人们就要蒙受实际工资的损失。从这些考虑看来，似乎只要资本家的利润有所提高，廉价工资品的进口有所增长，而且不大有和敌对国家发生冲突的危险，那么，任何国家的工人阶级，都可以从对外贸易和资本输出中得到很多的好处。这正是英国工人阶级在 19 世纪大部分时期中所处的特殊情况，这个事实充分地说明，为什么英国工人阶级运动对第一次世界大战前英国势力在海外的扩张，采取心安理得的甚至是赞同的态度。

即使在英国,这方面的情况也渐渐地发生了变化。如考茨基早在1902年所指出:

> "只要英国的工业支配了世界市场,英国的工人们就会同他们的资本家一致,把宽容相待看作是最好的政策。一旦世界市场上出现了像德国和美国这样的旗鼓相当、甚至往往是棋高一着的竞争者,那种情况便告结束。这时候,反对工会的斗争,在英国也要再度兴起。这些大的工业强国之间的竞争愈是尖锐,反对工会的斗争也就变得愈加剧烈。"①

换句话说,一旦国际间的竞争尖锐化,每个国家的资本家阶级便企图在国内压低工资和延长工作日,借以保持自己的地位而又不牺牲自己的利润。此外,还有一点不能忘记。如多布所强调,资本输出,就像资本投放在国内一样,阻止国内工资的上涨。多布甚至把这一点看作是"劳资双方的利益在这个问题上形成根本对立的理由"②。最后,随着帝国主义竞争的加剧,工人阶级就越来越清楚地看到,这个进程的结局只能是战争,在战争中,他们所得甚微而蒙受损失甚大。所以,虽然有时候工人阶级可以从帝国主义政策中得到好处,但这种时期不会久长,工人们更根本的、更持久的反对,最后一定会表面化。在这个问题上,也和在别的问题上一样,资本与劳工在利益上与政策上是根本相对立的。

关于中间等级的经济利益,很少值得概括的地方,这一点也适

① 卡尔·考茨基:《危机理论》,《新时代》,第20年集,第2卷(1901—1902年),第142页。

② 莫里斯·多布:《政治经济学与资本主义》,第196页。

用于他们与帝国主义的关系。有些集团无疑地有利可得，另一些集团无疑地要遭到损失；还有一些其他的人，其得失取决于特定的条件，或者完全未定。中间等级，由于缺乏共同的利害关系和共同的组织基础，特别地不稳定，而且容易变得迷恋于民族伟大性或种族优越性等暧昧观念。在发达的资本主义国家内，他们在有组织的资本和有组织的劳工之间所处的尴尬地位，加强了他们的这种性格。中间等级在社会中的孤立地位使他们失去等级利益的一致性，于是，民族或种族便变成了等级利益一致性的替身，同时给他们一种心理上的出路，以逃避日常生活中的挫折。所以，中间等级的广大阶层，客观上宜于参加对外扩张的事业，垄断资本了解中间等级的这些感受，而且知道如何利用它们来达到自己的目的。在这个问题上，最重要的一个事实是，垄断资本家造成大量金钱花在广告和宣传上，把一切舆论手段都置于统治阶级最上层巨头的直接影响之下。通过玩弄中间等级——次之就是工人阶级中一部分无组织的人——的感情，就可能为侵略性的帝国主义政策建立强大的群众支柱。前节分析的民族主义和种族主义意识形态，正是在这一点上有其最大的重要性。对有产者的好处，甚至比这一点所指出的还要大。既然如我们所知，工人阶级有仇视帝国主义扩张的倾向，那么，它的组织和政策，就可能被人说成仿佛是“不爱国的”和“自私自利的”。这样，中间等级对工人阶级的仇恨心——这无论如何总是有的——就可能为人所加剧。因此，帝国主义的实际结果，是把中间等级同大资本连结得更紧，而扩大中间等级和工人阶级之间的鸿沟。

四、帝国主义与国家

不言而喻，帝国主义的再起和军国主义的发展，意味着国家权力的增大和国家职能范围的扩张。在帝国主义时代，积累过程中正在成熟的各种矛盾，又为扩大了的国家活动，特别是它在经济领域中的活动，提供了新增的场地。

从资本家阶级的立场看来，要和工人阶级日益增长的势力和团结相对抗，有两个基本的办法：镇压和让步。虽然这两个办法看起来似乎是矛盾的，实际上却是相辅相成的，它们在不同的时期以不同的比例糅合在一起。两者都需要扩大国家的权力和职能。因此，我们既看到各种旨在保障国内“法治与秩序”的暴力手段的加强，同时又看到以工人补助、失业保险、养老年金等形式出现的社会立法的增设。

资本的集中和垄断的发展是迫使国家干预经济进程的另一个因素。修正主义者认为，垄断会起到调整资本主义生产无政府状态的作用，这种见解和许多修正主义理论一样，有一个明显的性质，就是与事实恰好背道而驰。实际上，垄断加剧了资本主义生产的无政府状态；[①]各种垄断的产业，都想自行其是，而不顾整个体系的要求。这样，就扩大了比例失调的现象，并使市场的均衡力量不能发挥它的影响，国家就不得不插进手来，试图以它自己的行动

① 如列宁所说，“在几个工业部门中形成的垄断，使整个资本主义生产所特有的混乱现象更加厉害，更加剧烈。”《帝国主义是资本主义的最高阶段》，《列宁选集》第2卷，第751页。

代替“供求规律”。不但如此，一些所谓天然的垄断(如铁路和公用事业)，其战略地位是那么强大，以致国家感到，必须约束其垄断权力的行使。这一点，常常被人解释为，国家是按照消费者的利益行事的。在一定程度上也的确是如此。但更重要的理由，是要保护绝大多数在电力和运输上完全仰赖于人的资本主义企业，使他们不受一小撮极有势力的垄断者所勒索。例如，美国的铁路管制史，就不是任何别的说法所能解释的。有趣的是，请注意，马克思已经看出垄断和国家干预的联系，他说，股份公司的发展，“它在一定部门中造成了垄断，因而要求国家的干涉。”①

最后，在这个问题上，我们不妨注意，积累过程的各种矛盾，以及各产业部门间发展的不平衡，带来了一种情况，即有时这个行业、有时那个行业，停止扩张，并变成了实际亏损。在竞争的资本主义时代，其结果就是许多企业消亡，许多资本家破产和毁灭。但是，当没落的产业是大垄断组合的发源地，而且在整个经济体系中都有它的支流时，它的倒闭和破产就是一桩严重得多的事情了；这就需要国家用贷予公款、给予津贴甚至在有些情况下把再也无利可图的企业收归政府所有等办法，来干预其事。这样，资本主义国家就被迫在越来越大的程度上接受“社会主义”。社会化的，几乎毫无例外地都是有关资本家的赔钱生意。列宁干脆地说：“在资本主义社会里，国家的垄断不过是提高和保证某个工业部门快要破产的百万富翁的收入的一种手段罢了。”②

① 《马克思恩格斯全集》第25卷，第496页。

② 《帝国主义是资本主义的最高阶段》，《列宁选集》第2卷，第760页。

和国家权力的增大,国家经济职能范围的扩张同时发生的,是议会制度的效能减退。用奥托·鲍威尔的话来说:"帝国主义削弱了立法机关[*Gesetzgebung*]同行政机关[*Verwaltung*]相对抗的权力。"①此中理由,十分明白。议会是在资产阶级同中央集权王朝的独断专行作斗争中兴起的,这种斗争是近代初期的特点。议会的功能,一直就是在制约和监督政府行使职权。因此,在竞争资本主义时期,当国家的职能、特别是国家在经济领域中的职能降至最低点时,议会制度便盛极一时,其威望也达到了顶点。在那个时候,可以指望,有朝一日,世界各国都会在英国式或美国式的议会政府统治之下。但是,在帝国主义时期,突变发生了。随着阶级阵线的加强和社会矛盾的日益尖锐化,议会愈来愈成为敌对政党的战场,这些政党代表着不同阶级和不同集团的利益。这时候,一方面是议会的主动能力下降,另一方面,对既有准备又有能力统治远方领土、指挥海陆军活动和解决困难而复杂的经济问题的强有力的中央集权政府,则出现了日益强烈的需要。在这种情况之下,议会就被迫把它所珍惜的特权,一个又一个地予以放弃,并眼看权力集中而无所拘束的政府当局壮大起来,而这种政府当局,是议会制在它的青春时代曾经猛烈地和出色地加以抗击的。

就帝国主义对资本主义国家的影响而论,我们看到:一方面,国家的权力和职能大肆扩张;另一方面,议会制度没落。这不是两个单独的运动,而是一个发展的两个方面,而这个发展又是同帝国主义的一般的经济、社会特点紧密相连的。

① 奥托·鲍威尔:《民族问题与社会民主党》1907 年版,第 488 页。

五、重新分割世界的战争

列宁在19世纪最后25年的著作中指出：

"世界分割完毕是这个时期的特点。所谓完毕，并不是说不可能重新分割了，——恰巧相反，重新分割是可能的、不可避免的——而是说在资本主义各国的殖民政策之下，我们这个行星上未被占据的土地都被霸占完了。世界是第一次被分割完了，所以将来只有重新分割，也就是从一个'主人'，转归另一个'主人'，而不是从无主的变为'有主的'。"①

这段话所依据的理由，在前面各页中已经充分地阐明了；但我们很可以问，为什么"重新分割"是"不可避免"的呢？为什么各个资本主义强国不在大规模争夺一结束之后，就安定下来，平静地剥削它们所占有的东西呢？答案是，资本主义按其本性是不能安定下来的，它必须一直扩张，同时，由于世界资本主义的各个部分是以极不相同的速度扩张的，因此，力量的均势，必然要以下述的方式为人所推翻，即一个或更多的国家感到既有可能，也有好处来对疆界方面的现状进行挑战。敌对民族的资产阶级，对帝国主义时期的这个基本事实，是十分熟悉的，他们对陆军、海军、战略基地和盟国等的关心，就表明了这一点。因为世界的重新分割只能用武力来加以实现，这乃是自明的道理。

① 《帝国主义是资本主义的最高阶段》，《列宁选集》第2卷，第796—797页。

从前面一章的分析中，应该看得清楚，帝国主义国家的兼并欲望，绝不限于霸占落后的、非工业化的地区。不论有关的地区是前资本主义的或是资本主义的，是落后的或是高度工业化的。把新市场和新的原料来源纳入本国的保护关税壁垒之内，这都是帝国主义政策的迫切要求。在考察最近30年的事变经过时，记住这一点是重要的，因为，任何理论，如果否认了这一点，它显然就不足以解释实际发生的事情。顺便可以提一下，在这一点上，我们碰到了罗莎·卢森堡及其信徒们所提出的帝国主义理论的显著弱点之一。还有一点也必须强调，一幅世界经济图景，如果只展示一小撮发达资本主义国家，周围都是落后的殖民地，那是过分简单化了。在现实生活中，还有一些别的因素，必须加以考虑：一方面是一些小的、比较发达的工业国，其中，有的有自己的王国，有的没有；另一方面是一些表面上独立的落后国家，它们对大的强国说来，事实上是处于半殖民地的地位。在这两种情况下，这些地区所享有的这种独立，基本上是主要帝国主义国家之间进行对抗的结果。① 在和平时期，这些国家可以说是帝国主义矛盾的焦点；当力量的均势转移，而且外交的武器让位于暴力的武器时，它们便成了重新分割世界的主要战场。

现在，让我们试根据自己的帝国主义理论，把20世纪的国际冲突作一个十分简略的概述。有这样的一个概述，比没有这样的

① 中国就是一个恰当的例子，她从19世纪中叶以来，就是帝国主义冲突的主要地区之一。最有眼力的中国史研究者之一，曾经十分正确地说过："阻止外国帝国主义彻底征服中国的，不过是各个帝国主义强国之间的对抗而已。"见欧文·拉铁摩尔：《中国的亚洲内陆疆界》(1940年)，第144页。

一个概述，应该使我们在帝国主义的极限问题上有可能获得一个更为清晰的看法。

重新分割世界的第一次战争，是在1914年开始，并且以1918年和1919年的和约告终的。从战争的双方看来，这都是一次结盟的战争，主要的对手，一方是英国，另一方是德国，它们是西欧的两个最强大、最发达的资本主义国家。虽然最直接的严重对敌地区是东南欧和近东——包括东地中海，但不能把根本的问题地方化。前资本主义的土耳其帝国，它的衰微和瓦解，在这以前已经进行了一个时期，它制造了许多国际问题的纠纷，并燃起了所有欧洲帝国主义强国的野心。斗争爆发的实际诱因，同巴尔干地区许多被压迫民族争取民族独立和争取国家地位的强烈愿望有关，但是，随着战火的蔓延，争端就扩大到包括整个重新分割世界的问题。议和条约，比燃起战火的特殊的和较小的争端，更可以清楚地表明这场战争究竟是怎么一回事。

战争一开始，所有欧洲的帝国主义国家，除意大利以外，都卷了进去。意大利是在它的政治家刚刚认为可以说出哪一方会取胜时参战的。两个主要的非欧帝国主义国家，即美国和日本，也被拉进去了。1917年，由于布尔什维克的革命，即世界上第一个社会主义国家的建立，俄国的沙皇政权垮了台，俄国退出了帝国主义的舞台。翌年，这场战争以德国和奥匈帝国的抵抗失败告终。凡尔赛条约——主要的帝国主义和约——是英国和法国所主宰的，这两个国家把德意志殖民帝国的最大部分据为己有。德国东西两方的重要原料产地，被分别送给重建的波兰和法国、比利时；德国的海军和商船队被剥夺了，它的陆军，也被裁减到据认为足以在它的新国界内维持资本主义财产关系制度的规模。奥匈帝国解体了，一连串的新国家则在东南欧和东欧建立了起来，以隔离苏联，并牵制德国，使其不可能卷土重来。从领土意义上说，美国虽然没有从战争中得到好处，但它以经济上的最强国出现于世界，成了一个债主，而在几年以前它还是欧洲资本输出国的大债户。那时候已经看得清楚，美国将在未来的帝国主义冲突中扮演关键的角色。意大利在战争结束时力量太弱了，以致拿不到别人为了拉它参加协约国而答应给它的东西。最后是日本，它在这场斗争中只挨了个边，却利用欧洲列强忙于其他事务的机会，而在远东扩张它的领土和势力范围；不过，它也还是太弱，以致不能保住它所占得的全部东西，在欧洲重建和平以后，就被美国和英国逼得吐了出来。

从世界帝国主义的结构看来，这第一场重新分割的战争，其结果可以归结如下：(1)德国的势力暂时地被击溃了，它的殖民帝国被战胜国（主要是英国和法国）所接收；(2)奥匈帝国从帝国主义舞台上被排除出去了；(3)美国作为经济上的最强国出现于世界；(4)意大利和日本虽属于战胜国一方，但它们的帝国主义野心受到了挫折；最后，(5)俄国完全撤出帝国主义对抗的舞台，并着手建设世界第一个社会主义国家。第二次分割世界战争的基本格局，在第一次战争的结果中，就已经看得出来了。

在重新分割世界的两次战争之间，有一些最重要的发展。它们将在下面一章中详细加以分析。从我们现在的观点看来，事变的经过是直截了当的。那些在初次瓜分世界时向隅，又在第一次重新分割世界的战争中受到损失或得不到好处的国家，也就是资本的国内扩张机会最小的国家，不久便着手准备第二次重新分割世界。实际的进军是从 1931 年日本侵略满洲开始的，而其继续则是通过：意大利并吞埃塞俄比亚（1935 年）、西班牙内战（1936 年）[①]、日本重新向中国进迫（1937 年）和最后德国对欧洲大陆的一系列直接侵略——起于 1938 年占领奥地利，并接连不断地继续进行到现在。但是，第二次世界大战，整个地说，和第一次世界大战不同，它不是单纯的帝国主义之间重新分割世界的斗争。它实际上是三个不相同的战争，它们只是在军事上合并在一起，而且，就是在这一方面也是合并得不彻底的。这三个战争的头一个是 1914—1918 年式的重新分割世界的战争，一方是德国、意大利和日本，一方是英国和美国；第二个是以德国为一方而以苏联为另一方的资本主义与社会主义之间的战争；第三个是中国对日本的反对帝国主义的民族独立战争。[②]

当今这场战争的特点很多，只有当人们把握住这样一个事实，即现在正在打的不是一个战争而是三个战争时，那才能理解这些特点。但我们的目的，不是要在这里进一步探究这个问题。我们只不过是要指出，这场战争的三位一体性质，把作为一种世界经济体系的帝国主义的扩张极限，乃至其继续存在的极限，都尽可能突出地暴露出来了。所以，世界性对抗的第一个时期，是纯粹帝国主义之间相互对抗的时期，而现时，反帝斗争至少是冲突形式的总体

---

① 把西班牙内战包括在内，这也许需要解释一句。佛朗哥的叛乱，实质上是德国和意大利的一种政策工具；没有法西斯国家的支持，它是会迅速地被压下去的。当时，德国和意大利对于控制西班牙的资源和加强对英法的战略地位，是感兴趣的。

② 当然，从日本的观点看来，它是征服一个半独立的落后地区的帝国主义战争。

中一个重要组成部分。这一点的理由和含义，将在下一节中加以考虑。

六、帝国主义的极限

如果我们把帝国主义制度当作一个整体来考察，而不考虑单独的帝国主义国家，那么，显而易见，这个制度给自己造成了两种类型的对立面，它的扩张也加强了它们的潜在反对力量。我们正是需要在这一点上寻找那些最后将为帝国主义规定极限并为帝国主义这种世界经济制度的没落开辟道路的种种因素。

就像我们所看到的一样，第一种反对力量是从帝国主义国家的内部发展中产生的。阶级阵线拉得越来越紧，阶级矛盾日益加剧。工人阶级终于被迫采取反对资本主义的立场，并把实现社会主义作为自己的目标。但是，在帝国主义时代，反对资本主义必然意味着同时反对帝国主义。虽然，工人阶级反对态度的根源，必须从资本主义社会的一般结构中去寻找，但是，帝国主义政策的特点助长了国内剥削和国际战争，所以，他们对工人们的反抗也起着推进的作用。说到这里，我们就可以谈一谈社会主义对帝国主义的反对。这种反对本身并不能阻止帝国主义的扩张。它的真正的重要意义，只有在重新分割世界的战争的结束阶段才显露出来，那时候，帝国主义列强的经济、社会结构被严重地削弱了，在影响最深重的地区革命的形势也成熟了。社会主义革命在这时候就有成功的可能；世界帝国主义的链条，就有在它的最薄弱环节破裂的趋向。[①] 这就是1917年在俄国发生的事情。布尔什维克的革命，在俄国建立起新的社会主义生产关系，结果，一下子就把地球上一大块地区从世界帝国主义体系中抽了出来，而为未来一个以社会主义为基础的世界经济形成了核心。看来可以有把握地预言，在现在这场国际冲突结束之前，这个过程定会重演，也许规模更大。因此，我们看到，帝国主义的第一个极限，是帝国主义的国内一面和国外一面相互起作用的结果。决定性的反对力量产生于帝国主义国家内部，但这个力量取胜的条件，则要由重新分割世界的战争来创立，而重新分割世界的战争，乃是帝国主义作为一种国际制度的反复出现的特点。这可以说是社会主义的诞生和成长的辩证法。而且，这个暗含在社会主义兴起中的帝国主义极限，归根到底又是一个越来越窄的极限。这个事实对世界经济前途的某些含义，将在本书最后一章中加以考察。

帝国主义的第二个基本极限，是从大都市和殖民地的关系中产生的。[②] 把廉价的工业制品和资本输入到殖民地经济中来，这就变革了原先存在的生活方式。手工业受到了摧残，现代化交通运输工具打倒了前资本主义生产方式所固有的地区分离主义；古老的社会关系瓦解了，本地的资产阶级兴起了，并带头提倡那种曾

① 帝国主义的崩溃，不一定首先发生在最发达的国家中，而倒是首先发生在“最薄弱的一环”，即很可能是比较落后的资本主义国家中，这个理论显然是列宁头一次提出来的。参阅斯大林《列宁主义问题》(1949年版)，第42页及其后各页。

② 这里所用的“殖民地”一词，不能作法律意义解释；它同样适用于那些在形式上虽可能是独立国，而实际上则是帝国主义经济剥削对象的落后地区。

经在当今发达资本主义国家中标志过资本主义早期发展阶段的民族主义精神。但是，殖民地经济的发展也还是很不平衡的。在帝国主义统治之下，工业化进展很慢，慢到不能吸收源源而来的手工业生产者，而这些手工业生产者的破产，则是由于受到发达地区的工厂机制产品的竞争。结果是，农民的队伍扩大了，对土地的压力加强了，一向是殖民地人口的最大组成部分的农业大众，其劳动生产率和生活水平都恶化了。帝国主义就这样在殖民地中制造出它无法解决的经济问题。改善这种状况的基本条件是：根本改变土地制度，减少靠农业为生的人数，以及提高农业的劳动生产率。所有这一切目标，都只有在较高的工业化速度下才能达到。帝国主义是不愿意改革土地制度的，因为它的统治，特别要依靠当地的和国外的殖民地地主阶级的支持；大都市中的生产者，特别是以垄断方式组织起来的生产者，他们的利益则阻挠殖民地建立保护关税壁垒，并用其他办法来制止落后地区的工业化。不可避免的结果是，殖民地的经济萎缩了，大多数居民的生活条件有愈来愈坏而不是愈来愈好的趋势。因此，除了地主和极少数实际上已成了帝国主义统治的代理人的较小集团以外，殖民地居民的各个阶级都被投入到民族独立的斗争之中。在这里我们看到，同发达国家中社会主义者的反帝并行的，还有落后国家中民族主义者的反帝。

这两种主要的反帝力量之间的关系，是一种复杂的关系，不可能在这里充分地加以分析。我们只能满足于少数的简单提示。发达国家中社会主义者的反帝和殖民地国家中民族主义者的反帝，这二者之间显然存在着一种坚实的结盟基础。但是，世界上一个独立的社会主义成分的兴起和扩大，带来了某些复杂的问题。前面已经指出，殖民地的资产阶级带头组织和提倡民族独立运动，但殖民地资产阶级的最终目的是要建立独立的资本主义国家。因此，它把帝国主义和社会主义都看作敌人。反之，殖民地的工人阶级，人数虽不多，却几乎是从一开始就采取了社会主义的目标；而被压迫的农民群众，也不是不能接受社会主义思想的，而且他们还有一个倾向，要追随那些在行动上最清楚地表明自己是打算赢得生活真正改善的人。殖民地资产阶级的立场，有愈来愈不适合于它在民族运动初期所担任的领导角色的倾向。它摇摆不定，既要接受国内外社会主义力量的支持以反对帝国主义，又要讨好帝国主义以抑制社会主义的威胁。结果来一个始终缺乏断然行动的政策，时而开倒车，接着又迟疑不定地向前动一动。因为这不是一种能够强烈地吸引农民群众的政策，又因为没有农民群众的支持，民族独立运动就虚弱无力，所以，领导权有逐渐从资产阶级分子手里滑掉，而落到同农民中比较进步阶层结成联盟的工人阶级手里的趋势。农民中比较进步的阶层，他们虽不一定坚信社会主义，但在独立实现后继续维持资本主义生产关系，这对他们也没有什么好处。所以，工人阶级总归是要领导殖民地国家中民族主义者的反帝的，就像他在发达国家社会主义者的反帝中打头阵一样。当这个阶段来到时，两大反帝力量，就不仅在他们眼前的目标上联合起来，而且团结一致，来实现他们的最后决心，即为缔造社会主义世界经济而努力，以此来摆脱帝国主义世界经济的日益增长的矛盾。殖民地资产阶级，归根到底是无法起独立的历史作用的，它必然要分裂成两个独立的派别：一派是试图通过与帝国主义的公开结盟，以保存它自己的靠不住的特权；另一派是继续忠于民族独立的事业，即使代价是接受社会主义。

因此，我们最后看到，开头的两个独立的反帝力量，后来有融合成为一个伟大运动的趋势。在世界规模上，正如在发达的资本主义国家内部一样，争端变得越来越清楚，叫做帝国主义对社会主义。因为帝国主义日益加深的矛盾导致了它自身的没落，而与此相伴随的则是社会主义的扩大。

第十八章　法西斯主义

用普通的话来说，现在存在于德国和意大利的这种法西斯主义，乃是帝国主义在重新分割世界的战争时代所采取的一种形式。本章将在前揭的帝国主义理论的基础上，专门推敲这个论题。

一、法西斯主义的条件

法西斯主义是在某些特定的历史条件下兴起的，而这些历史条件的产生，又是由于重新分割世界的帝国主义战争冲击着发达资本主义国家的经济、社会结构。按照军事和外交的习惯，在战争结束时，交战国被分成两类，即属于胜利一方的国家和属于失败一方的国家。但是，各国内部社会结构所受的破坏程度，为分类法提供了一个更有意义的根据。按照遭受破坏的程度和严重性，可以把这些国家排成一个系列，从实际上屹立无损甚至有所加强的国家起，到原有的经济、政治和社会关系结构完全被打碎的国家为止。胜利一方的国家，通常更接近于上头这一级，而失败一方的国家，则更近于底下这一级，不过这种关联绝不是分毫不差的。

要建立一些标准，借以判断一个国家因战争所受损失的程度与严重性，是不容易的。但是，某些有关的征象，肯定会被人们广泛认做是可以说明问题的标志：食物和其他生活必需品的极端缺乏；“法律和秩序”的部分破坏；军队中组织涣散、纪律松弛和靠不住；统治阶级失去信心；还有，在居民中，有很大一部分人不尊重思想上和行为上既定的习惯。这一类的条件，几乎肯定地要引起革命斗争，结果可能是反革命的决定性胜利，也可能是推翻现存的财产关系制度并建立社会主义——如像 1917 年俄国发生的事情；或者来一个暂时的相持不下的局面，在这种局面下，两大敌对力量——工人阶级和资本家阶级——谁也不能取得决定性胜利，就像 1918 年和 1919 年在德国和中欧、东欧其他地区——后者不那么明朗——所发生的情况一样。正是这最后的一种情况，在这里引起了我们的注意。

革命未能取得社会主义成就的事实，在非常真实的意义上，乃是其后种种发展的关键。这时候出现的局面，很可以称为：以资本主义财产关系为基础的过渡性的阶级均衡状态。这种阶级力量的均势，在法律上，有呈现为一种极端民主的国家形式的倾向，奥托·鲍威尔曾给这种国家形式起了一个名字，叫“国民共和国”①，国民共和国仍然让资本家控制着经济，但同时让工人阶级分享国家权力，并赋予他们为达到自己的目的而进行组织和鼓动的自由。国家机关的全体人员大体上没有变动，但国家所支配的军队是软弱的和靠不住的，这就逼着资本家奉行一种讨好的和妥协的政策。

国民共和国的民主性质，引起了各种各样的幻想。自由主义

① 《奥地利的革命》(1923 年)，特别是书中第十六章(“国民共和国”)。鲍威尔对国民共和国的稳定性或持久性不存幻想。

者从国家权力的分享和由此必然产生的妥协政策中,看到了阶级合作和社会矛盾缓和的预兆;修正主义者认为国民共和国不过是逐步实现社会主义的垫脚石。而在这种暂时的力量均势背后所存在的阶级对立加剧的现实,则常常为人们所忽视。但是,这些乐观的判断很快就为事实所推翻。国民共和国无力调和资本主义生产的矛盾。这一点就再清楚不过地证明国民共和国的不稳定性和暂时性。这些矛盾远没有消除,反而是加剧了。工会的力量大大加强,它所赢得的利益,以及在工人阶级压力下实施的社会立法,给资本主义生产带来了它不准备承担、更不愿意承担的义务。大资本用两种办法来应付这种局势。第一,加强它的垄断组织和压榨中间等级。后者已被战争和随后的经济生活混乱弄得贫困不堪,那些稍有积蓄但又没有组织保障的人,由于以通货膨胀形式出现的经济生活混乱,负担尤其沉重。因此,他们在这时候就感到,"法律和秩序"的恢复,对改善他们的绝境没有什么意义,感到他们实际上是国民共和国的孤儿。其次,资本家们开展强有力的"合理化"运动,即用机器来代替劳动力和强化劳动过程,其结果是扩大了产业后备军的队伍。诚然,恢复战争时期经济上的破坏与损失,这个工作确为经济活动的大大回升提供了基础,而这种回升,在20年代的欧洲,几乎到处是靠美国资本的输入来促进和支撑的。有一个时候,生产资料的生产,不再是依存于消费品市场,但这只是暂时而已。一旦生产结构已大体上重新建成,人们就发现,由于中间等级的贫困,又由于技术进步在工人中造成了失业,对消费品的需求降低了,这需求不足以支持经济活动的高水平了。危机,接着是生产和就业的急剧下降,便成为不可避免的事情。

从资本主义的观点看来，这样一个危机，可以用对外扩张的帝国主义常规办法来加以缓和或克服。但恰恰就是那些被先前那场战争削弱得最厉害的国家，它们最缺少机会来走这条道路。它们的殖民地被剥夺了，它们的军事力量被消耗到无法奉行侵略性的对外政策。此外，在国民共和国制度下，工人阶级的政治势力肯定是反对从事新的帝国主义冒险的。希法亭在1931年著文时，心里也想着德国新近的经验，他有感于这种事态，所以，他把帝国主义扩张几乎看作是一去不复返的事情。“民主国家中，对外交政策的更强有力的控制，”他写道，“在非常大的程度上限制了金融资本对国家权力的支配权。”①在他写这段话的时候，是十分正确的；但不幸，希法亭已不能再像以往那样，从自己的分析中引出结论了。

这一节的理论，可以简单地归纳如下：一个被一场重新分割世界的帝国主义战争弄得经济、社会结构严重瓦解的国家，由于不能取得社会主义革命的胜利，可能进入到一个以资本主义生产关系为基础的阶级均衡时期。在这样的条件下，资本主义矛盾的加剧，便引起一种不能用常规的帝国主义扩张的办法来加以“解决”的严重的内部危机。这可以说就是法西斯主义生根和发芽的土壤。

二、法西斯主义的得势

法西斯主义的根源和群众基础，都必须在中间等级中寻找。

① 鲁道夫·希法亭：《资本主义发展的特有规律性》，载贝尔恩哈尔德·哈姆斯编《资本与资本主义》(1931年)，第1卷，第35—36页。

这个等级构成垄断资本主义时期中资本主义国家人口的一个很大部分。列宁十分清楚地指出了中间等级的心理特点，这些特点在适当的条件下，培植和促进了法西斯主义运动的成长：

> “马克思主义者在理论上完全认定，并且欧洲一切革命和革命运动的经验也充分证实：小私有者，即小业主（这一类型的社会阶层在欧洲许多国家中都十分普遍地大量存在着），由于在资本主义制度下经常受到压迫，生活往往急剧地、迅速地恶化，以至于破产，所以容易转向极端的革命性，而不能表现出坚韧性、组织性、纪律性和坚定性。被资本主义摧残得‘发狂’的小资产者，也和无政府主义一样，都是一切资本主义国家所固有的一种社会现象。这种革命性动摇不定，华而不实，它的特性是很快会转为俯首听命、消沉颓丧、耽于幻想，甚至转为‘疯狂地’醉心于这种或那种资产阶级的‘时髦’思潮——这一切都是人所共知的。”①

列宁在这里所说的有关小业主的话，在不同程度上也适用于中间等级的很大一部分人。正是这几类人，他们在重新分割世界的战争失败后可能随之而来的阶级均衡的资本主义时期中，受到最惨重的影响。他们构成法西斯主义的群众支柱的核心。在这个运动一开始展开，居民中其他成员也被吸引了过来——虽然未必是出于同一个原因——这些人包括：一些无组织的工人群众，自耕农，失业大军的一部分，在社会上没有地位的以及犯罪的人（即所谓流氓无产者），还有来自各阶级的一些看不到有什么正规前途的

---

① 《共产主义运动中的“左派”幼稚病》，《列宁选集》第 4 卷，第 188—189 页。

青年人。

法西斯主义的意识形态和行动纲领，是中间等级的社会地位的反映，而且，从这方面看来，它们也不过是前面已经指出的帝国主义所特有的各种态度的转化。[①] 其主要的成分带有消极性，那就是，一方面敌视有组织的劳工，另一方面敌视垄断资本。在积极的一面，中间等级歌颂他们所属的民族与"种族"，以此来弥补他们所缺乏的共同阶级利益和坚实组织基础。对其所遭受的不幸，他们并不了解其性质，而把这种不幸归咎于外国人和少数民族。[②] 就国内的经济和社会问题来说，法西斯主义纲领是一大堆没有消化的、而且经常是互相矛盾的建议，其所以受人注意，则主要地是由于它们带有明显的煽惑性。这些建议，难得有一项是新颖的或首创的，几乎无一例外，都是在社会灾难的早期一再出现过的。使法西斯主义聚合起来和赋予它生命力的，是它对民族主义的强调，它对恢复强大的国家权力的要求，以及它对复仇战争与征服外国的呼声。正是这一点，为法西斯主义同资产阶级的和解提供了一个坚实的基础。

资本家们对法西斯主义的态度，起先是一种有保留的和怀疑的态度；他们对它特别不信任，因为它激烈地攻击金融资本。但是，当这个运动一展开并取得民众的支持时，资本家的态度就渐渐起了变化。他们的处境困难，事实上受到两方面的夹攻，一面是有组织的工人阶级的要求，一面是敌对的资本主义强国的"包围"。

① 见上文，第 387 页及其后各页。

② 这并不是想否认，中间等级所以赞成对少数民族实行歧视，也是基于眼前的经济利益。

通常,在这种情况下,资本家阶级会利用国家权力来抑制工人阶级并改善自己的国际地位,但现在,这条道路对它来说是行不通了。国家荏弱,而工人们又参与国家的统治。因此,一当法西斯主义证明资产阶级的权利必须得到认真对待时,它就会被资本家看作是它反对两个最凶恶的敌人——本国工人和外国资本家——的一支可能有价值的同盟军。因为法西斯主义对工人和外国人的仇视,是真正毋庸置疑的。资本家希望通过和法西斯主义结盟来重建强有力的国家,把工人阶级制服,并以牺牲敌对帝国主义列强的办法,来扩张它必不可少的"生存空间"。这就是何以资本家要用财政补贴来支持法西斯主义运动的原因;也许还有一点是更为重要的,即由此可以解释,资本家所控制的国家官员,在他们同法西斯主义的暴虐的、非法的做法打交道时,为什么要显示出容忍的态度。

不能认为,资本家们对法西斯主义的得势是完全感到愉快的。当然,如果可能的话,他们是宁愿以自己的方式来解决自己的问题的。但是,由于他们的无能,这就迫使他们去加强法西斯主义,并且,当情况终于变得普遍难忍而新的革命形势又隐约出现在眼前时,资本家们就会利用他们在国家权力大本营内部的地位,打开大门,让法西斯主义者的队伍开了进来。

三、法西斯的"革命"

法西斯主义一旦掌握了政权,它就开始以无情的力量打破那种使国民共和国犹豫不决和有气无力的阶级均衡。工会和工人阶级政党首先受到最沉重的打击；他们的组织被破坏，他们的领袖被杀害、监禁或放逐。接着，就是建立强有力的国家。最后，当这些必要的先行步骤都做好以后，就会倾其全力来准备一次新的再分割世界的战争。通常所谓法西斯的“革命”，就包含在这三个步骤之中。

国家权力的建立，本身就是一个复杂的过程。这个过程难免要连带地抛弃中间等级的激进纲领，而这个纲领则是法西斯主义得势的基础。这是不是法西斯领袖们的有意抉择，这个问题在这里甚至无提起之必要。法西斯主义的纲领是自相矛盾的，而且是不顾经济规律的客观性质的；它会受到资产阶级中一切强有力分子的剧烈反对。企图把这个纲领付诸实施，就会惹祸，也许还会使法西斯主义意识形态的核心，即征服外国的迷梦永远不能实现。法西斯主义不仅不能招惹资本家们的敌视，而且还需要他们的通力合作，因为他们占据了经济中的战略地位，而且有着运行经济的必要训练与经验。资本家们站在自己这一方，他们欢迎把工人阶级的有组织力量加以破坏，还热情地指望恢复对外扩张政策。因此，国家的权力，便以法西斯主义同资本——特别是最重要的重工业垄断资本——的空前密切联盟为基础而重新建立了起来。

就政治方面来说，既是建立了强有力的国家，就不免要抛弃议会民主所专有的政党装饰。但问题还不仅如此，法西斯党内的极端分子，对只要被他们认为是背叛法西斯主义社会政策纲领的东西，都是激烈反对的，于是，他们就坚持要来一个“第二次革命”。法西斯主义队伍内的这个日益扩大的危机，是用清洗反对派领袖并把私人的法西斯军队并入国家正规军的办法来求得解决的。从这个时候起，法西斯的党就失去它的独立意义，它实际上变成了国家机器的纯粹附属品。通过这些行动，法西斯主义就把它的基础最终地和不可挽回地从中间等级转移到垄断资本上去。这时候，就发生法西斯最高领袖同垄断资本统治圈人物的相互渗透，结果产生了一帮新的统治寡头，它以协调的方式，支配着经济和政治的权力。从此，国家的全部精力便用在重整军备上；所有其他有关经济、社会政策的考虑，都从属于一个凌驾一切的目标，即挑起和赢得一场新的再分割世界的帝国主义战争。

因此，法西斯主义"革命"的成就是：打破原先存在的阶级均衡，建立强有力的国家，以及举国准备一场新的再分割世界的战争。法西斯主义绝不是要推翻资本帝国主义，它实际上只是暴露了自身的垄断的、暴虐的和扩张主义的本质。

四、法西斯主义下的统治阶级

曾经有过好些有关法西斯主义的理论，把法西斯主义看作是一种新型的社会秩序，说它基本上既不是资本主义性质的，也不是社会主义性质的。因此，在这里明确地表明我们对这个问题的态度，也许是适当的。[①] 上面所指的这些理论，通常也承认，法西斯主义保存了资本主义的形式；但它们认为，这些形式仅仅构成一层帷幕，在它的掩盖下，却有一个新的统治阶级接管了实际的控制

① 以上的分析，大部分来自本书作者的《"经理革命"的幻想》一文，载《科学与社会》，1942 年冬季号。

权,并巧妙地运用这些控制权来达到自己的目的。这些目的究竟是什么,对此一般都是含糊其辞;不过,也许可以准确地说,大多数作家把它们想象成权力一类的东西。他们断言,法西斯统治阶级在追求权力时,是不顾“资本主义的比赛规则”的;因此,法西斯主义是一种新社会,它既不听命于资本主义矛盾的规律,也不受这些规律所害。当然,要充分地探究这个命题,需要对具体的法西斯社会进行一番分析,这是此地所无法尝试的。[①] 不过,根据本书所提出的资本主义理论来检验新法西斯“统治阶级”这个概念,这可能是有益的一课。

阶级关系,不是一个社会出身的问题。出生于工人阶级的人,可能变成资本家,反之也然。共同的社会出身,对一个阶级的思想和聚合性,是有重要意义的,但是它们不决定阶级的构成。阶级构成是各个个人在社会中实际上所处的地位问题,也就是他们同其他人和同整个社会的关系问题。在马克思主义看来,这首先是指各个人在经济关系结构中所处的地位,而经济关系结构则支配着全部的社会关系。我们就是沿着这个思路找到统治阶级的定义的。这个定义是:统治阶级包含那些各别地或联合地对生产资料行使控制权的人。

这是一个一般性的定义。就目前的情况来说,它是无可非议的,但重要的是,要认识这个定义的应用范围是有限的。不加批判地应用,是会把人引入歧途的。虽然,统治阶级确是由那些控制着

① 要看研究德国法西斯主义的佳作,请阅弗朗兹·纽曼的《巨兽》,1942年版。纽曼的结论,和本书大致相同。

生产资料的人所构成的，但反过来说就不一定对。对生产资料的控制和社会上一部分人受另一部分人的剥削，这二者绝不是同义语。如果没有剥削关系存在，上述统治阶级的概念就不适用；这种社会，人们称之为无阶级的社会。马克思称之为“简单商品生产”的东西，给无阶级社会提供了一个最明显的例子。在这种社会中，每个生产者都拥有自己的生产资料，并且用自己的生产资料来干活。不但如此，上述的定义，按其性质来说，是适用于一切阶级社会的一般性定义，所以，它不能暗示这些阶级社会之间的区别，因而也不能提供什么标准，以说明一个统治阶级与另一个统治阶级的不同。把问题说得粗浅一点，那就是，假定有一帮新的人取得对生产资料的控制权，这是一个新的统治阶级呢，还是仅仅是旧统治阶级换上了新的人马？一般性的定义，是无助于回答这个问题的。

这个例子，应当足以告诫我们，不能把统治阶级的问题看作是属于一般社会的抽象问题。如果我们要使这个概念成为一个有用的社会分析工具，那我们就必须有明确的历史观点，这就是说，对每一个特定的统治阶级，我们都必须仔细弄明白，它在其中占有统治地位的那个社会关系，究竟属于什么性质，它对生产资料行使统治权的形式如何。正是这些因素，而且仅仅是这些因素，决定了统治阶级的意图与目标。这样一来，我们就能够辨别各个统治阶级。简言之，我们就有了一个办法，可以把真正的社会革命（阶级统治的转变）同单纯的新人替换旧人——随便它换得多么彻底——区别开来。

现在，让我们把这些想法应用到资本主义中来。在这里，我们所看到的，除一些中间集团和以前种种社会形态的遗民之外，基本的阶级有两个，即拥有生产资料的资本家和除了自身的劳动能力之外一无所有的自由工资劳动者。对生产资料行使控制权的形式，这个问题的重要性是不论怎样强调都不为过的。这种形式就是资本的所有权，资本主义的称号，当然就是因这种所有权而得名的；与此相对应，剥削则采取剩余价值生产的形式。“资本”不单是生产资料的别名，它也是生产资料被化为均质而可以量度的价值基金。资本家所关心的，不是生产资料本身，而是资本，而且必是当作一个量来看的资本，因为资本只有一个度，就是量的大小。

我们在以前几章中已经看到，由于资本家对资本数量的关心，资本的扩张便成了他的首要的、压倒一切的目标。他的社会身份取决于、而且仅仅是取决于他所控制的资本量；不但如此，作为一个个人，即使资本家满足于“保持他的资本原封不动”，即没有增加，那他也只有采用努力扩张的办法，才能合理地追求这个目的。资本“自然而然地”有收缩的趋势——竞争和技术变革的力量统统是朝这个方向起作用的——而这个趋势只能以不断努力扩张的办法才能加以克服。剩余价值基本上就是资本的追加；资本家拿自己的一部分收入来消费，这个事实是次要的现象。

因此，扩大资本的目的，不是资本家们可以随便自由取舍的；他们必须追求这个目的，违者就要受到被排除出统治阶级的处分。这一点，对资本的实际所有人，以及现代大股份公司中所常见的那些本身虽非殷富所有者却参与资本“管理”的人，都是同样适用的。这两种人，不论从哪一个意义上来说，都不是自由行动的人。在资本主义下组成统治阶级的，是资本的职能人员，也就是那些以他们对生产资料实行控制的特定历史形式来规定自己的动机和目的的人。正是这一点，使马克思在《资本论》初版的序中说了这样的话："我的观点是：社会经济形态的发展是一种自然历史过程。不管个人在主观上怎样超脱各种关系，他在社会意义上总是这些关系的产物。同其他任何观点比起来，我的观点是更不能要个人对这些关系负责的。"

这个分析帮助我们解决了法西斯主义下的统治阶级问题。就像我们已经看到的一样，资本主义的种种形式被保存下来了：生产手段仍旧保留着资本的形式，剥削继续采取剩余价值生产的形式。因此，统治阶级仍然是资本家阶级。不过，它的人物稍有些变动。例如，犹太籍的资本家可能遭到没收，而许多法西斯领袖则利用他们的政治势力，在产业中谋取重要的职位。但是，统治阶级的这些新成员，并没有带来一套与在职资本家的见解不相同的新动机与新目的。相反，从他们最终占据的社会地位中，必然产生出一定的动机与目的，他们就把这种动机与目的快快地接受过来，当作自己的东西。他们现在对资本负有责任；就像任何一个处于这种地位的其他人一样。他们必须努力保全资本和扩大资本。但是，像所有的暴发户那样，他们同那些有训练、有传统，因而惯于完成资本职能人员所应尽义务的人相比起来，在职务上花费的精力更多而顾忌更少。

因此，法西斯主义得胜的一个重要结果，就是在资本家阶级中注入新血液。另一个同等重要的结果是，各种垄断资本的机构，越来越多地被吸收到国家机器中来。商会、雇主协会、卡特尔和其他类似的团体，都变成了强制性的组织，并且直接地披上了国家当局的外衣；它们的活动，一变而由一个以各种局、各种委员会，直至为首的政府各部所组成的等级制系统来加以协调。每一级的官员和专家，主要是从工业和金融界的有经验人员中抽调出来的，不过，也加上了许多靠本人在法西斯运动中进行政治活动而爬到显要地位的人物。资本主义在帝国主义阶段的各种固有的趋势，至此达到了顶峰。国家的日益扩大的经济职能和资本的集中，就在一个可以称为国家与垄断资本正式结婚的方式中汇合起来了。统治阶级在议会民主中借以行使经济和政治权力的各种不同途径，在法西斯主义下合而为一了。

重要的是，不要曲解这个进程的性质和意义。尤其必须强调，所发生的事情，不是所有的资本有机地联合成一个庞大的托拉斯——希法亭所谓“总卡特尔”①的东西——而政府则可以说被当成董事会。资本仍旧在组织上分成各不相同的单位，这些单位大部分保持股份公司的形式。那些控制着最大股份公司的人，构成了统治寡头，而属于较小资本单位的人，则在经济和社会等级制中占据次要地位。此外，在统治寡头内部，个人的地位，大致上同他所代表的资本额成比例，打个比方，恰似封建社会中拥有最大领地的贵族，他们的等级要高于领地较少的对手一样。因为这个缘故，各部分资本的自我扩张冲动，仍旧和以往一样强烈。扩张的方法，对较大的垄断资本单位来说，有四种是可以采用的：内部积累，并吞较小的资本，向外国扩张，以及互相倾轧。最后这一个办法，如果走到极端，就可能严重地削弱整个垄断资本，因此，它必须置于统治寡头的相当严格的控制之下；但是对前面三个办法，这一类的

① 鲁道夫·希法亭：《金融资本论》，第295页及以后各页。

抗衡就实行不起来。结果，大的股份公司和康拜恩就拿它们的利润再投资，彼此勾结起来吃掉较小的资本，并且利用国家，以各种办法来牺牲外国而扩大自己的"生存空间"。每个垄断资本，都希望巧妙地利用各种机会来提高自己的相对重要性与权力，而又不致同它的竞争对手卷入一场所费不赀、甚至可能是自杀的斗争中。所以，虽然垄断资本家迫切地需要有一个反对国内群众和反对国外世界的统一政策，但这并不妨碍他们在法西斯经济结构内部推行一个继续不断的——虽然多半是人们察觉不出来的——扩张和晋级运动。

有一个时期，我认为法西斯主义可以恰当地称之为"国家资本主义"，而我给国家资本主义所下的定义是，"一个在阶级结构方面完全是资本主义性质的，但经济权力则是高度政治集中化的社会"。[①] 这个定义本身，虽然可能缺乏确切性，但倒也正确地描绘了法西斯主义的特点。不过，考虑到其他作家，特别是马克思主义作家对"国家资本主义"这个词的用法，这就使我得出了下面的结论：把这个词应用到法西斯主义上来，好处恐怕不多，更大的可能是造成混乱。在"国家资本主义"这个词的常见理解方式中，布哈林的描述，可以看作是颇为典型的一个。布哈林是从这样一个社会谈起的，"在这个社会中，资本家阶级联合成一个单独的托拉斯，而且，我们还必须涉及一个有组织的、但同时从阶级观点看来又是对抗性的经济制度"，接着，他说了下面的话：

① 保罗·M. 斯威齐：《投资银行家的没落》，载《安提渥评论》1941 年春季号，第 66 页。

"这里有没有积累的可能呢？当然有。既然资本家的消费增加了，不变资本也增加。和新需求相对应的新生产部门总是在兴起。工人们的消费虽然有一定的局限，但它还是增加了。尽管有这种大众的"消费不足"，但没有危机发生，因为各个生产部门相互间的产品需求以及对消费品的需求……都是事先规定好的。(代替生产的"无政府状态"的，是一种从资本主义观点看来称为合理计划的东西。)如果错误发生在生产资料方面，剩余的东西就补充到库存中去，并在下一个生产时期作相应的纠正。如果错误发生在工人消费品方面，剩余的东西可以在工人中分掉或加以销毁。遇到奢侈品的生产发生错误，'出路'也是显而易见的。所以，随便什么性质的一般性生产过剩危机都不会发生。总之，生产顺利地进行着。资本家们的消费成了生产和生产计划的动机。因此，在这种情况下，生产没有特别快的发展。"①

不管这个模式对于布哈林心中那些有限的理论目的说来有什么用处，现在有一点是显而易见的，那就是，它不适合于法西斯主义的情况。而且，就此而论，它也无助于说明资本主义生产的任何实际趋势。法西斯主义不是一个"资本家阶级在其中联合成一个单独托拉斯"的社会；说"资本家们的消费成了生产和生产计划的动机"，这更是绝对错误的。相反，资本——因而也是资本家阶级——仍然在组织上分成许多各不相同的单位；在法西斯主义下，也如同在一切其他形式的资本主义社会下一样，积累仍然是高于

① 尼古拉·布哈林:《帝国主义与资本的积累》，第80—81页。

一切的生产动机。下一节中，我们将试行阐明这些紧密相关的事实的含义。

五、法西斯主义能排除资本主义的矛盾吗?

如马克思所说：资本主义的种种矛盾，产生于这个事实："资本及其自行增殖，表现为生产的起点和终点，表现为生产的动机和目的；生产只是为资本而生产，而不是相反：生产资料只是不断扩大生产者社会的生活过程的手段。"[①]这一段特性的描写，如我们所知，适用于法西斯主义，但是有一点不同：在法西斯主义下，经济制度的控制是集中化的，资本的不同部门之间的矛盾，多半是根据整个资本的利益加以压服的，而重大的风险，则是通过国家的中介，由大家一道来分担的。在这里，我们看到纳粹经济学家曾经适当地称之为"有指导的经济"(*Gesteuerte Wirtschaft*)的东西，在这种经济中，个别的资本家，必须使自己从属于统一的国家政策。问题自然而然就产生了：经济控制的彻底集中，它本身是否为消除资本主义的矛盾提供基础呢?

对这个问题作肯定回答的人，异口同声地说，他们的答案已经在实践中得到证实。照这个观点看来，资本主义的主要矛盾，在于经济停滞——即比较低的生产水平——和大量失业。资本主义无力克服这种状况，这就为法西斯主义的得势扫清了道路。但是法西斯主义一旦掌了权，它就很快地证明，它是有本事消除失业，并

---

① 《马克思恩格斯全集》第 25 卷，第 278—279 页。

使生产上升到最高水平的。所以，必须作出这样的结论；法西斯主义在摆脱资本主义的基本矛盾方面已经取得了成功。尽管这个理论在表面上可能有几分歪理，但更细致地考察，就清楚地揭露出它的荒谬性质。事实上，资本主义的矛盾，在于它无力利用生产资料来“不断扩大生产者社会的生活过程”。在某些情况之下，这一点表现为停滞和失业，这就是说，表现为一部分生产资料未加利用。但在另一些情况下，它却表现为，为进行对外扩张而利用生产资料。所以，以停滞与失业为一方，以军国主义和战争为另一方，这二者是资本主义矛盾的相互交替的——而且在很大程度上是相互排斥的——表现形式。当这个事实为人所理解时，法西斯主义的成就的真相就显露出来了。法西斯主义一向拿不出事实来证明它有本事通过物质和人力资源的利用，来扩大使用价值、造福人民大众，从而克服停滞与失业。相反，它从一开始就把所支配的全部资源统统用来准备和挑起一场重新分割世界的帝国主义战争。在法西斯主义下，强制的怠惰让位于暴虐和流血。这不是资本主义矛盾的克服，而是暴露出这些矛盾是何等的根深蒂固。

为了把分析再向前推进一步，让我们假定一个法西斯国家，在经历过战争之后，社会结构原封未动，而领土和殖民地则大大地扩张。这样，它随后会有什么样的发展呢？它有可能建立一个既能避免内部萧条、又能避免进一步向外扩张的有计划的、稳定的经济体系吗？要是可以这么假定，说在这种情况之下，生产的目的会从资本的积累转变为使用价值的扩大，那么，我们当然应该对这个问题作肯定的回答，因为，毋庸置疑，一种摆脱资本主义矛盾的计划经济，抽象地说是可能存在的。但我们现在讨论的，不是一种抽象的可能性，而是一种具体的社会形式，这种社会形式只能按照它自身的历史与结构来加以理解。从这个观点看来，就没有丝毫的理由可以预期，法西斯主义能够放弃或打算放弃以资本积累作为经济活动的首要目的，相反，有种种理由可以假定，垄断资本在国家的全力支持与保护之下，会立即动手来剥削因战争而可能得到的新领土或新殖民地，以求得它本身的自我扩张。

虽然如此，法西斯主义仍然很有可能保持高度集中化的、受国家指挥的经济。所以，我们可以把下面这一点视为当然：停滞和大量失业，无论如何都不会获准出现。但是，这不是意味着，资本主义的种种矛盾已经消除，就像压下一个病症并不意味着治好一种疾病一样。如果大众的消费受到严格的控制，而积累则得以加速地进行——这看来是可能发生的——那么，就会有一个繁荣状态的时期插了进来，其时间可能拉得相当的长。但是，消费不足的趋势，最后总要以生产能力过剩的外观——不仅是消费品工业的生产能力过剩，而且还有生产资料工业的生产能力过剩——为人们所发觉。这时候，法西斯主义势必要再度面临它在初次取得政权时所面临的那个问题。生产资料应当移用于提高大众的生活水平呢，还是应当再次动员起来，以进行一场新的征服战争？已知我们对法西斯主义的分析，再想起我们曾经假定，一次对外侵略的冒险，结果是一次成功，那就不难设想，它会有什么样的抉择了。

这还不是唯一可能的发展途径。另一条可以抉择的途径是，法西斯国家可能觉得，应当让大城市中的生活水平有所提高，并在一定程度上相应地限制积累的速度。这样的一个政策，无疑地可以暂时行得通，但如果坚持下去，肯定要引起利润率的下降。既然我们已经把危机和萧条排除在外，不把它们当作矫正获利能力下降的药物，那么，我们就必须假定，统治寡头会感到，有必要制定一些慎重的措施来扭转这个趋势。这一点，用降低工资的办法是可以做得到的。降低工资的办法，必能得到资本家们的共鸣，但它有一个不良的后果，就是复活消费不足的趋势。这副药剂治不了毛病。不过，更可能的是，这个问题会以缺乏民族的"生存空间"的形式呈现出来，因而会直接地引起又一次新的征服外国的运动。

所以，即使在最好的条件下，也没有理由假设，法西斯主义能够逃避资本主义的种种经济矛盾。但是，作这些"最好条件"的假设，实际上就是对那些相信法西斯主义的稳定性的人作无保证的让步。这就说明，为什么前面的分析，一直是小心谨慎地用条件语气来叙述的。人们会想起，这个分析是从这样一个假设开始的，即法西斯主义经过一场重新分割世界的战争之后，依然完整无损，而且领土有了大大的扩张。恰巧法西斯国家现在正处在一场大战之中，这场大战，是它们自己为了大力进行扩张和征服外国而发动起来的。不仅他们能否取胜没有保证，甚至他们能否以现在这种形式存活下去也没有保证。换句话说，法西斯主义已经以尽可能清楚的方式表明它的自我毁灭的基本特性。在这些情况下，要推测现在这场世界危机过去之后会有什么事情落到法西斯主义头上，那就容易变成列宁在一个类似场合曾经一度加以评述的事情："不是暴露资本主义最新阶段最根本的矛盾的深刻性，而是掩饰、缓和这些矛盾。"①

---

① 《帝国主义是资本主义的最高阶段》，《列宁选集》第 2 卷，第 812 页。

六、法西斯主义是不可避免的吗？

在帝国主义时期，每个资本主义国家内部，都有法西斯主义的种子。这就自然而然地产生了一个问题：这些种子的生根与结实，是不是都不可避免的呢？马克思写《资本论》的时候，他的材料大部分取自于英国的经验，但他关切地警告了自己的祖国：不要指望逃脱类似的命运——“这正是说的阁下的事情”。今天，在写到法西斯主义时，我们有没有必要对非法西斯资本主义国家的人民发出这样的警告呢？

如果我们的分析是正确的，那么，由此似乎可以推知，法西斯主义并不是资本主义发展的一个不可避免的阶段。法西斯主义只是在资本主义的结构已经受到严重破坏，但还没有被推翻的局面中产生的。紧随着这种局面而来到的近似性阶级均衡，加剧了资本主义生产的根本困难，并削弱了国家的权力。在这些情况下，法西斯主义运动便有惊人的发展，而在新的经济危机爆发时——这是势所必然的——资本家阶级便信奉法西斯主义，认为只有法西斯主义能使它摆脱非如此就无法解决的种种问题。就历史所允许的范围来判断——对这一类问题也没有别的准绳——我们认为，一场拖得很长的和“不成功的”战争，是具有灾难性后果而足以准备好这一连串事变的唯一社会现象。诚然，可以设想，一场很深重的、持久的经济危机，也可以产生大致相同的结果。但除非资本主义的统治结构已经受到严重的破坏，这似乎是不大可能发生的；因为，一个在行动上保持有相对的自由而又支配着强大军事力量的资本主义国家，它大有可能制定各种对内的、对外的或内外兼顾的措施，在经济萧条达到危险程度之前，就把它有效地煞住。

要坚持法西斯主义不可避免的说法，看来必须证明两件事：(1)每个资本主义国家的社会结构都必须在某个时候为战争所严重破坏；(2)战争过后资本主义的生产关系仍旧保留了下来，哪怕是以大大削弱了的形式保留下来。显然，这两个论点，都是经不起考验的。我们只需举出苏联和美国来证明这一点就够了。俄国由于上次大战，被弄得精疲力竭，但资本主义的生产关系并没有从这场动乱中残存下来；一个新的社会主义社会在资本主义的废墟上崛起了。反之，美国经历了上次大战以后，显得比以往任何时候更加强大，而且就人们现在所能判断的来说，也没有必要假设，它的国内资本主义结构，会由于现在这场战争而受到无法恢复的破坏。诚然，如果我们不得不预期将来有无穷的战争接连发生，那么，到了某个时候，事情几乎肯定地会发生不同的变化。但是，究竟将来是不是还有一系列的战争，这不是一个国家的问题，而是整个世界经济的性质问题。在这一方面，今天已经有一些趋势在起作用，它们可能彻底地改变国际关系的性质，并由此彻底地改变每个国家的发展道路。在最后一章中，我们将试拟一些最重要的想法；这些想法是人们在形成有关世界资本主义的可能前途的见解时所必须加以考虑的。

第十九章　未来的展望

在试拟世界资本主义大抵可能发生的前程时，我们首先必须回顾第三篇篇末所提出的一个问题。在那里，我们指出，就再生产过程的逻辑而论，国家应该有可能通过适当的税收和支出政策，调节消费和积累的速度，从而使消费不足的趋势失效。这个事实，也许就是指出一条道路，其前途可能是自由资本主义的改良吧？

一、自由资本主义改良的前景

为了达到我们的目的，无须对近年来人们所提出的各种自由资本主义的改良建议作详细考察。只要指出那些值得认真看待、或多或少是从约翰·梅纳德·凯恩斯的著作中直接引申出来的建议，并指出它们的基本观念都是对消费和投资实行社会控制，那就够了。① 一般地说，他们的逻辑严谨性，不论从他们自己的见地看

① 基本的理论著作是凯恩斯的《就业、利息和货币通论》(1936 年)。以凯恩斯为根据的文献，已经大量涌现。在约翰·斯特拉彻的《一个进步的纲领》(1940 年)一书中，可以读到良好的通俗性介绍。该书对这个理论在公共政策方面的含义有所发挥。这个学派的首要美国代言人是 A. H. 汉森；参阅他的《充分恢复，还是停滞?》(1938 年)和《财政政策与经济循环》(1941 年)。

来，或是根据马克思对再生产过程的分析说来，都是无可非议的。所以，批评凯恩斯学派的自由资本主义改良理论，不是因为它们的经济逻辑不对，而是因为它们对经济学与政治行动的关系，作了错误的假定（通常是暗含的），也许还应当这么说，是因为他们假定这二者之间没有什么关系。凯恩斯主义者把经济制度从它所处的社会联系中割裂开来，并把它看作是一部被送进修理厂，要由工程师国家来拆开检查的机器。遵照本篇的分析，应该有可能在比较简单的范围内，恰当地处理这个问题。

自由主义的改良有一个前提，那就是，在资本主义社会里，国家是——至少有可能是——属于整个社会的机关，人们可以使它按照整个社会的利益来发生作用。现在，从历史观点看来，就像我们在第八章的分析中所知道的一样，资本主义社会中的国家，向来首先是、而且主要是资本主义财产关系的保证人。照这个身份说来，它至今分明是资本家阶级统治的工具；它的人物——官僚、行政人员、立法人员——一向来自居民中那些把资本主义的价值与目的毫不怀疑地和视为当然地加以接受的阶层。再以历史的观点来说，对资本主义积累的管制，从来都未被人们看作是国家的事情；至今，经济立法的目的，毋宁说是在削弱阶级对立，以便积累——资本主义行为的正常目标——得以畅通无阻地进行下去。可以这么说，这一切有个先决的条件，就是资本的扩张机会比较不受限制。当这个条件不再具备时，国家政策的准则不是就可能改变吗？如果我们可以假设，资本的目的，会变成自我扩张以外的什么东西，那么，我们当然不能否认，国家政策有改变的可能——甚至我们还不得不这么想，在政治权力均势没有任何改动的情况下，也会有这种改变。但是,事实上,没有什么理由,可以假定资本的性质发生了这样的变化。所以,我们的问题可以归结为下面这个更明确的形式:在资本主义社会的结构内,如果国家的行动符合于整个社会的利益,它有没有可能违反资本的利益与目的呢?让我们更细密地来考察这个问题。

首先,必须强调,在这个问题上,和我们有关的,不是旨在消除积累障碍的让步问题,而是为造福生产者社会而有意限制积累与提高消费的政策问题。显然,不能指望资本家们把这一类的纲领当作自己的纲领来采用,至少是,只要有另一条出路存在,他们就不会这么干——而另一条出路始终都是同对外扩张的道路靠在一起的。就像列宁所直率地质问的一样:"除了在甜蜜的改良主义者的幻想里,哪里还有能够关怀民众的处境而不夺取殖民地的托拉斯呢?"①在这个问题没有得到满意的回答之前,我们必须继续假定,只要垄断资本有抉择的余地,那它一定会选定帝国主义的扩张,而反对国内的改良。不但如此,我们还必须假定,垄断资本和它的代表们,一定会积极地反对任何旨在实现自由主义改良纲领的运动。

那么,谁来做自由主义改良的旗手呢?他们又怎样把自己放在可以实行其建议的职位上呢?显而易见,不是现在已经占据战略地位的资本家和他们的代表们;相反,必须暗暗地削减这些人的政治权力,将其降到微不足道的地步。所需要的,显然是一个致力于改良而符合于下列规格的大众政党:(1)它必须使自己完全摆脱资本家的影响,不但是暂时地摆脱而且是永久地摆脱;(2)它必须

① 《帝国主义是资本主义的最高阶段》,《列宁选集》第2卷,第803页。

取得权力，并至少把资本家和他们的代表们从国家机器的一切关键职位上清除出去，而且，它还必须用非革命的手段来做到这一点；(3)它必须牢固地确立自己的地位，使人绝不含糊，资本家们在经济领域中的任何反抗，都是无用的。总之，必须设法使政治权力不但在外表上、而且在实质上落在这个改良主义政党的手里，而且保住它；而资本家们则必须被置于下述的境地：他们只有规规矩矩，才能保持其在经济中的地位。毋庸置疑，一个占有这种地位的政党，是用不着再费力气，就可以动手排斥资本家和实行使用价值的有计划生产制度的。不但如此，既然我们已经假定，这个政党所关心的是全体的福利，而不是照旧保护资本主义，那似乎就没有理由说，它不会沿着经济改良的道路，在事实上采取这最后的一个步骤。

前面这一段所概述的种种条件，在提倡自由主义改良的人看来，肯定地会显得过分夸张。但是，根据历史的记载来判断，我们可以有把握地说，它们一点儿也没有夸大。如果要制定和实施长远的改革纲领，国家权力显然不可以让别人来分享，而要避免国家权力的分享，头两条（摆脱资本家的影响和把资本家从国家机器的关键职位上清除出去）便是必不可少的。第三条（把资本家降到只有投票赞成才能保持经济权力的地位），作为避免资本家的经济权力同改良主义政党的政治权力相摩擦和最后摊牌的一种手段，也同样是必不可少的。任何人，只要老老实实地研究过资本主义国家的改良运动史——从百年前英国宪章运动到社会民主党与工党的政府，再到我们这个时代的人民阵线和新政——他就会觉得，要把长期胜利的条件说得比这几条还要宽，那是有困难的。如果这一点得到承认，那么，一个相当惊人的结论就随之而来，那就是，从政治观点看来，通过自由主义改良的道路来排除资本主义的矛盾，这个任务不是别的，正是渐进的社会主义的成就。事实上，我们不妨这么说，自由主义改良派和渐进社会主义这两个运动的政治内容实际上是一样的；与此相比，二者在最终目标方面所声称的差异，分明是个次要的问题。

如果说，经验显示了一个成功的改良运动所必备的种种条件，那么，经验也同样清楚地表明，这些条件是不可能得到满足的。我们所要求的这种类型的政党，它只有在属于资本而无孔不入的社会权力和政治权力已经被废除的抽象世界中，才有可能得势。在严酷的现实世界里，资本掌握着种种战略性地位。金钱、社会地位、官僚、国家的军事力量，以及公共通讯渠道——这一切都为资本所控制，而且，它们现在是、今后也仍将是尽量地被用来维持资本的地位。各种改良运动都是在这样一个社会中诞生和成长的，而这个社会在物质和意识形态上均受资本所控制。如果改良运动接受、即使（如它们所想象的）只是暂时地接受那种社会，那么，它们就必须力求和它共处，而这样一来，它们就不可避免地要为它所吞没。有抱负的领袖轻易地受到侵蚀（从他们所标榜的目标看来），而潜在的信徒则被威胁和宣传所吓倒；因此，我们就看到一种现象，那可以毫不迟疑地称为一切改良运动的突出特点，即拿原则去同威望和选票作不断的交易。结果，不是资本主义的改良，而是改良的破产。这既不是偶发事件，也不是人性缺德的象征，而是资本主义政治的一个规律。

如果资本的统治没有受到比改良——不管是自由主义的还是

社会主义方向的——更为危险的威胁，那它的确是平安无事的。但是，事实当然不是这样。资本主义的真正死敌是它本身的自相矛盾性质——“资本主义生产的真正限制是资本自身”[①]。资本在寻找出路来摆脱它自己套在头上的困难时，把世界扔进了一次又一次的危机之中，最后，它终于给自己所无法继续控制下去的各种力量松开了绳索。这前景当然是不愉快的，但在本书最后一节中，我们还想证明，对那些怕看到这种前景的人来说，它还有更有希望的一面。

二、世界资本主义的没落

如果说，从我们对帝国主义的分析中，有一件事情是应当看得清楚的，那就是，不能把资本主义历程的最后阶段，看作是一个封闭的体系或一群各自分立的个体国家的问题。每个资本主义国家都是世界体系的一部分；就每个国家来说——从而也是就整个体系来说——压倒一切的考虑，是内外部压力的相互作用问题。粗略地说就是，资本主义生产的国内基本矛盾，驱使人们去进行国外的扩张和冲突。后者接着又引起了国内的结构改革，时而在这里、时而在那里把一个新的世界体系(社会主义)的各种力量解放了出来。就任何一个单独的国家来说，没有——至少是迄今还没有——任何理由可以假定，社会主义的诞生，可以是一个渐进的或和平的进程；到现在为止，社会主义还是作为一场翻天覆地的革命

① 《马克思恩格斯全集》第25卷，第278页。

成果降临世界的，社会主义也只是在它的敌人所挑起的一场血腥的内战之后，才确立起自己的地位的。

这个不容怀疑的事实，很容易给未来可能发生的资本主义没落过程造成一种过分机械的、因而也是虚妄的景象。必须再次强调，我们现在所讨论的，是一个世界范围的进程。虽然，在一个单独的国家中，从资本主义到社会主义的转变，其决定性的阶段可能是一个突变，但是，在世界规模上，就绝不是这样。从世界的观点看来，这个转变很可能拖得很久，很可能是渐渐地转变，也可能要经历几个截然不同的阶段。在这结尾的论述中，首先引起我们兴趣的，就是这个问题。

在 1917 年俄国革命以前，马克思主义者虽没有很明确地讨论过这个问题，但一般是这样假定的：社会主义革命至少会在所有发达的欧洲资本主义国家中大体上同时发生。在战后的暴风雨岁月里，这个观点仍然占有优势；当时，看来革命很可能在中欧、特别是在德国取得成功，然后再由此扩大到欧洲大陆的其余地区。但是，在革命浪潮平静下来，而资本主义的暂时稳定则被看作是既成的事实以后——大约 1923 年末左右——这个问题就冒了出来，要求人们赶紧加以考虑。这时候，社会主义者已经可以在俄罗斯一国维持自己的政权。此时的问题是，他们能不能在俄罗斯一个国家内着手建设一个真正的社会主义社会，或者说，他们是不是一定要等到社会主义在欧洲其他地区取得胜利以后再来解决这个问题，而在这个时期到来之前则坚守堡垒，并不遗余力地加强和帮助国外的同志。

这就是著名的辩论“社会主义能否在一国胜利”的背景。这个辩论，在1924年联共党内受到极大的注意。当时有两个流派：一派以托洛茨基为杰出的发言人，它拘泥于传统的观点，认为社会主义只有在国际规模上才能胜利；另一派由斯大林领导，它的见解是，在一个国家内，即使是在俄国这样一个技术落后而又贫穷的国家内也有可能建成社会主义社会。就俄国的政策而论，这个辩论最后是在1925年年中举行的联共第十四次代表大会上，以赞成斯大林的观点而获得最后解决的。一个在以后发展成为几次五年计划和农业集体化的政策，实际上在这时候就决定了下来。

从我们现在的观点看来，重要的是对斯大林在这次辩论中所提出的各种理论作稍微细密的考察，因为它们直接关系到我们正在考虑的问题，即世界规模的资本主义没落过程的问题。1926年，斯大林回顾了这一场有关社会主义在一国胜利的辩论，他说基本的问题必须分成两个不同的部分：

> “第一个是可能用一个国家的力量建成社会主义的问题——对于这个问题应当给以肯定的回答；另一个是无产阶级专政的国家是否可以认为它无须革命在其他几个国家内获得胜利就有免除外国武装干涉、因而免除旧制度复辟的完全保障的问题——对于这个问题应当给以否定的回答。”①

简单地说，社会主义可以在一个国家内建成，但是它的永久存在，却只有当社会主义已经在国际规模上取得胜利时才有保证。人们会要看到，对这个问题作这样回答，有一个效果，那就是，它既

① 《论列宁主义的几个问题》(1926年1月25日)；《斯大林全集》第8卷，人民出版社1954年版，中文版(下同)第61页。

为俄国的社会主义规定了一个任务，而又没有减弱它对其他地区建立社会主义的兴趣。世界革命可能走的道路，仍旧是布尔什维克最为关心的问题。所以，无怪这个问题可以说做是社会主义可以在一国胜利问题的一个分支。斯大林在一篇载明1924年末写起的文章中[①]，提出了他对世界社会主义道路的看法：

首先，他认为，俄国的革命，使以往人们在这个问题上所接受的见解，有必要作一番修正。

> “世界革命的发展道路已不像从前革命在一个国家内胜利以前，发达的帝国主义……出现以前所能想象的那样简单了。因为出现了在发达的帝国主义条件下发生作用的资本主义国家发展不平衡的规律这样一个新因素，这个规律说明军事冲突不可避免，世界资本战线全线削弱，社会主义可能在个别国家内胜利。”[②]

“革命将经过社会主义成分首先在那些最发达的‘先进’国家内平衡‘成熟’的道路发展起来”[③]这个旧观念必须加以放弃。代替它的应该是：资本主义列强之间、资本主义列强和它们的殖民地之间以及最后帝国主义世界与苏联之间的种种深刻的矛盾，打开了一个新的前景：

> “最可能的是，世界革命将经过许多新国家的无产者在帝国主义国家无产阶级的援助下用革命手段使这些国家脱离帝国主义国家体系的道路发展起来……同样毫无疑问，第一个

① 《十月革命和俄国共产党人的策略》，《斯大林全集》第6卷，第311—348页。
② 同上书，第344页。
③ 同上书，第345页。

获得胜利的国家内的社会主义巩固得愈彻底，这个国家变成进一步扩展世界革命的基地，变成进一步瓦解帝国主义的杠杆愈迅速，世界革命的发展，许多新国家脱离帝国主义体系的过程就进行得愈迅速，愈彻底。”①

在这个发展以后，可能继起的进程是什么呢？照斯大林的见解，

“最可能的是，在世界革命的发展进程中，与个别资本主义国家的帝国主义策源地和这些国家的全世界体系并列，会出现个别苏维埃国家的社会主义策源地和这些策源地的全世界体系，而这两个体系间的斗争将充满世界革命发展的历史。”②

最后，他还以下列的词句来评价俄国的革命：

“十月革命的世界意义不仅在于它是一个国家在冲破帝国主义体系这一事业中的伟大创始，它是帝国主义国家汪洋大海中的第一个社会主义策源地，而且还在于它是世界革命的第一阶段，它是世界革命进一步发展的强大基地。”③

这个分析，在资本主义向社会主义过渡的大部分问题上，远远地超过了以前的马克思主义思想。在这里，我们看到的，不是单一国际革命的靠不住假定，而是另一幅图景，即各个国家内的一系列革命，一步一步地汇合成一个可以与世界资本主义相匹敌的世界性社会主义体系。这个过程最后将变成两个敌对体系之间的决

① 《十月革命和俄国共产党人的策略》，《斯大林全集》第 6 卷，第 346 页。

② 同上书，第 347 页（重点是引者加的）。

③ 同上书，第 347 页。

斗，而社会主义终将通过这个决斗占领全部的阵地。

人们可能要提出一个问题：这个理论是不是有点儿过分简单化了？就大致的轮廓来说，它和前面第十七章所得出的结论没有什么不一致的地方，那就是，社会主义是和帝国主义并排发展起来的，而且是靠牺牲帝国主义来逐渐扩大自己的范围的。但这是不是一定意味着，这两大体系之间总要有一场壁垒鲜明的、决定性的冲突呢？不能否定有这样一种可能性，但也有种种理由可以这么想，它绝不是不可避免的，让我们拿一条可能代之而起的发展途径来考察一下。

首先，必须指出，如果不是因为有帝国主义的种种对立存在，苏联绝不可能保全下来并变成世界社会主义体系的核心。这些对立，如我们所知，共有三种：国内的阶级冲突，资本主义竞争对手之间的对立，以及发达国家与落后国家或殖民地之间的对立。这三者都起过重大的作用，使苏联得以维持其独立并发展其力量。我们无须对这件事情作详细的研究，不妨只看下面几桩众所周知的事实是怎样支持这个论点的。欧洲工人阶级的反对，对挫败战后初期的外国干涉，也许是具有决定性重大意义的。中国对日本入侵的抵抗，曾经是十几年时间内阻止日本向苏联西伯利亚进攻的一个重要因素。最后，也是对目前的局势最有重要意义的一件事，就是英国和德国（次之就是法国和德国）的对立，使苏联有可能避开资本主义列强从西面来的联合袭击。总之，尽管苏联处于公认的经济、军事劣势，但由于它利用了世界帝国主义结构的裂缝，已经设法活了下来而作为社会主义的中心。当然，这不是说苏联已经免于又一次的干涉，但是，要是有这种干涉发生，那也不是因为统一的资本主义世界决心要扑灭社会主义，故而采取一种联合冒险行动，而是一个帝国主义强国认识到它既然要取得成功，就必须从自己的后方排除苏联的潜在威胁，因而拼命地孤注一掷。

这就是说，即使在社会主义还比较柔弱，还仅仅是“帝国主义汪洋大海中的一个孤岛”的时期内，资本主义列强也未能充分地纠合在一起，来把社会主义淹没掉。现在，问题来了。当这个社会主义核心已经在规模上和力量上壮大起来以后，资本主义列强是不是就可以弥合他们的国内分歧和国外分歧，以便在两个世界体系之间来一次最后的摊牌呢？这是一个关键性问题。

不妨这么说，而且当然有理由这么说，社会主义的柔弱，至今也还是它得到保护的一个原因。只要社会主义仅仅是帝国主义汪洋大海中的一个孤岛，那它就不会对帝国主义的结构发生决定性的影响。社会主义和整个帝国主义之间的对立，就依然为帝国主义之间的种种矛盾所掩盖，这样，就给社会主义造成了机会，使它得以利用这些矛盾来取得好处，而不致危及自己的生存。这些都是显而易见的。另外有一点似乎也是没有疑问的，那就是，随着社会主义在范围上和力量上的壮大，它就会对帝国主义的结构施加越来越强烈的影响。但是，到这里，见解就可能发生分歧。社会主义的壮大，其影响，总的说来，是使帝国主义联合起来呢，还是使它瓦解呢？如果是前者，那么，斯大林的预测似乎就是对的。帝国主义之间的矛盾，其重要性就会降低，而社会主义和帝国主义的冲突就会日益突出，最后导致一次争夺世界霸权的摊牌。反之，如果社会主义的壮大对帝国主义起瓦解的影响，那么事态的演变就完全不同了。在这种情况下，对社会主义扩张的障碍，就会为这个扩张进程的本身所打破；帝国主义在败退时会在这里、那里打几场殿后仗，但它绝不可能把日益萎缩的力量联合起来，进行一场最后的决战。

这两种不相容的发展中，是哪一种更有可能发生呢？这话很难说。主要是因为，有好些趋势正在同时朝两个方向起作用。一方面，社会主义只要稍有进展，帝国主义列强之间的竞争就很有可能为它所缓和；但在另一方面，国内的阶级冲突和发达国家同殖民地国家之间的对立，却将因此而加剧。这两种相反趋势在帝国主义结构内的存在，不是人们臆想出来的；在这次大战爆发以前的一段时期里，两种趋势都是可以明显地被察觉出来的。绥靖政策是一切资本主义国家的统治阶级当权派在以往所奉行的政策，这种政策的意图，基本上就是要撂开——至少是暂时地撂开——帝国主义之间的矛盾，以利于反苏的联合行动。战时和战后社会主义的进一步壮大，无疑地会增添和加强这个政策的信徒，尽管这个政策在将来所采取的形式，当然不会和战前一样。这是前景的一面。另一方面，强有力的迹象表明，苏联的存在及其一贯的反帝政策，对帝国主义整个结构的聚合性起了一种强烈的瓦解作用，这个事实，可以从民族主义和社会主义在中国和印度的迅速发展中十分清楚地看得出来，而中国和印度，可以毫不夸张地说，乃是现代殖民地剥削的枢纽。说到这里，又是很难否认，这个趋势也将为社会主义的进一步壮大所加强。要是在发达的西欧国家中有一个国家变成社会主义国家，那么，情况尤其会是这样。因为，这件事情会在所有其他西方国家的工人阶级中产生巨大的影响。

对一个有许多变数在其中起作用的进程，要打包票说出它的结果，这肯定是不可能的；不过，社会主义进一步壮大对帝国主义所起的瓦解作用，看来也不是没有可能压倒它的凝聚作用的。要是这样，那现在这场世界大战也就可能是最后一次了。这场战争的结果，可能使帝国主义受到一次致命伤，从此不会复原，不能在世界上再次燃起战火。为了辨明这不是一个完全空想的前景，很可以勾画一条可能出现的——却很难说是大概要出现的——途径，以使我们的理论具体化，由此结束这个课题。

首先，我们假定德国法西斯在军事上吃了败仗。我们还不妨这么假设，继这个愉快事件而起的，将是资本主义统治在几乎整个欧洲大陆——不仅是德国及其所占领的国家，还有法国、意大利和西班牙——垮台，而社会主义则在这些地区获得胜利。我们并不排除英、美有进行干涉的尝试，但看来他们不大可能取得成功；在这一点上，英国工人阶级的反对，也许就是决定性的因素。这时候，社会主义就会有一个从大西洋伸展到太平洋的坚固基地，其中包括美国以外的最发达的工业中心。跟着，它就会同亚洲的殖民地国家和半殖民地国家结成巩固的联盟，而日本和西方帝国主义的势力从亚洲大陆上被赶出去，则仅仅是一个时间的问题。日本资本主义格外依靠对外扩张，它在这样一个打击下很难活得下去。整个远东，包括印度、中国和日本向社会主义方向演化的进程，虽不能指望其免于严酷的内部冲突，但在这时候此种演化是可以确信无疑的了。

这时候，英国、大英帝国在亚洲以外的地区，以及美国，又是怎样呢？英国，从极其真实的意义上说，是西欧的一部分，它本身不是没有可能同西欧其他地区一起变成社会主义国家的。如果发生了这种情况，那我们以后的分析就更加站得住脚了。但是，让我们假定，资本主义还能在英国保持它的据点。即使是这样，战争的后果，以及帝国中一大片地区的丧失，将大大地削弱英国的地位，以致它没有力量再在世界事务中奉行独立的路线；英国，它的自治领，以及剩下来的殖民地，必然会处于美国的保护之下，甚至为美国所统治。看来十分清楚，社会主义的胜利，绝不可能作为这次战争的直接结果而在美国出现；资本主义在美国仍然是根深蒂固的，而社会主义的力量至今也还是无足轻重的。所以，美国会变成一个大大缩小了的帝国主义体系的中心：这个体系，根据我们的假设，包括英国和它的自治领，也许还有拉丁美洲和一部分非洲地区。

现在，问题发生了。以欧洲和俄国为基地的世界社会主义体系和以北美为基地的世界帝国主义体系，是不是必然会在争夺霸权的斗争中拼了起来呢？不能否定这种冲突的可能性；但不能断言这是不可避免的。另外还有一个可能性，它可以代替冲突，比较起来，甚至可以说有或然性。必须记住，社会主义是建立在非对抗性和非剥削性的经济基础之上的。因此，社会主义体系有可能通过使用价值的有计划生产，立即把它的精力移用于提高境内的生活水平。但即使在这样的条件下，并且还有最进步的技术可以借助，在战争结束时，存在于欧亚各国内几乎无底的未满足需求，也得有很多年才能予以满足。在这个时期里，社会主义体系就不会有什么诱因，使它把注意力转向外界——不管在发展的后期阶段情况是个什么样子。因此，可以有把握地假设，如果发生新的战争，先动手的必定是帝国主义一方。不过，有一点也是肯定的，在这种事情得以发生之前，必然要插入一个恢复元气和重新组合的时期，甚至还可以这么说，帝国主义方面是不是有可能从战争所造成的分崩离析、殖民地背叛和海外财产丧失中完全恢复过来，这都是有疑问的。资本主义生产的种种矛盾，不久又会在和平的经济中再次暴露出来。总之，稳定的过程，充其量也是漫长的和困难的。其间，社会主义在世界上偌大一个地区的胜利，以及有关地区生活水平的逐步上升，对帝国主义的社会结构会有什么影响，这不是很清楚吗？发达的工业国的工人阶级，以及仍受帝国主义体系羁绊的落后国家的人民大众，就会受到强烈的吸引，走向新的社会主义制度。居于统治地位的帝国主义寡头，要组织一支十字军来反对新的和大为扩张了的社会主义体系，不是会感到越来越困难，有时甚至是办不到吗？答案似乎是明摆着的。

我们必须作出这样的结论：由于经济基础的不同，社会主义世界会迅速地稳定下来，并向更高的生活水平推进；而资本主义世界则将挣扎在我们早已充分熟悉的种种困难之中。虽然如此，但也必须承认，这并没有最后地解决问题，因为，不能设想这二个体系会无限期地继续共存下去。看来，基本上更为强大、更为稳定的社会主义体系，像是有一种吸引力，它很可能要对帝国主义体系发生越来越大的瓦解作用，首先是使它的侵略能力瘫痪，然后，把那种使它捏成一个内聚性社会结构的粘合剂一点一点地加以削除。在这种情况下，十分似是而非的是，向社会主义和平过渡，头一次成为真正办得到的事情。如果——这看来也绝不是不可思议的——英美等国的民主形式甚至还能够经得住我们所描绘的那种大动乱而保全下来，那么，在这时候，就有可能在这种民主形式中注入社会主义的内容。一旦社会主义有机会在巨大的规模上和在相当有利的条件下显示它的优越性，那么，它不仅对工人阶级，而且对仍然生活在资本主义条件下的大多数中间等级分子，都可望发生空前强烈的影响。社会主义的信徒将飞快地增加；那些把自己的社会存在同旧秩序联结在一起的一小撮寡头，则将被削弱，并失去国际的支持，最后成为无能的东西。在世界革命的后期阶段，民主也许终能履行其诺言，而这种诺言，在一个自相矛盾的经济制度的破坏下，至今一直未兑现。

以上分析的展开，是同斯大林关于社会主义和帝国主义这两个敌对体系终须摊牌的理论背道而驰的。这不是说，两种观点互相矛盾，它们不过是指出两条可能出现的发展途径，两者是可以互相替代的。关于这一点，有意思的是，请注意斯大林本人也认识到我们所概述的这种可能性。在《列宁主义基础》中，斯大林解释为什么不能指望和平地向社会主义过渡，然后他就加上了下面的注释：

> “当然，在遥远的将来，如果无产阶级在那些最重要的资本主义国家内获得胜利，如果现在的资本主义包围被社会主义包围所代替，那么某些资本主义国家走上‘和平’发展的道路是完全可能的，这些国家的资本家由于国际环境的‘不利’，会认为最好是‘自愿地’向无产阶级做重大的让步。可是，这个假定所涉及的只是遥远的和可能的将来。对于最近的将来，这个假定是没有任何根据的，是完全没有任何根据的。”①

① 《十月革命和俄国共产党人的策略》，《斯大林全集》第6卷，第104页。

当然，这个怀疑在1924年证明是正确的，今天，也可能判明它是同样正确的。但是，如果我们有理由假定法西斯主义在当今这场战争中遭到军事上的失败，那么，较近的将来，就一定会带来前景的突然变化。昨天"极端假设性的可能"，也许就要放到明天的议事日程上来。

在那个时期到来以前——而且，除非在本章的写作到出版这一段时期内，各种条件的变化，比看起来可能发生的更加快得多——大多数的读者无疑地会感到，我们的分析，（说得委婉一点）是牵强附会的和不切实际的。根本的趋势，并不是永远露在表面的。但这个问题无需在这里争辩，我们乐于把它留给未来去裁决。

附录一　关于再生产表式问题

〔日〕都留重人

本附录所包含的，是有关马克思再生产表式的几个注解。在头两个部分中，表式是用图解表示的，以与魁奈的经济表相比较。而在最后一部分中，作为马克思再生产表式的要素，许多个总量范畴则被我们拿来同近代经济学中最广泛使用的一套总量——即和约翰·M. 凯恩斯的经济学相联系的那一套总量——作比较。

一、魁奈的经济表

在魁奈眼里，社会是由三个阶级组成的：(1)由农民构成的"生产的"阶级，只有他的劳动能生产剩余产品；(2)侵占这种剩余产品的阶级，包括地主、教会和国家；(3)由制造业者构成的"不生产的"阶级。他的经济表就是有意要在简单化的假设下，描绘在这样一个社会里，每年的总产品是怎样在这三个阶级之间流通并使每年的再生产得以进行的。为此，他就象征性地设想，交换是在一年之末以一笔总额来进行的，而这么一来，那一年所生产的物品就可以处理完毕，同时，又把所有的生产要素准备就绪，放到新的一年开始时需要它们的地方。魁奈用一些线条对这样一个社会的流通过程所作的简单表述，并不是始终都为人们所容易理解的。至少它曾使欧根·杜林怀疑魁奈是不是有点数学迷。在这里，我们给经济表拟了个图，作为一种替代的表述方法。

图一描绘交换以前的情况。生产的阶级握有自己的总产品，价值50亿元，其中五分之三是食物，五分之二是原料；另外，还有20亿元的货币仅用作交换的媒介，并且，纯粹为了说明起见而假定由这个阶级持有。地主们手里没有什么东西，但是有权对生产的阶级索取数达20亿元的地租——这笔数字等于农业中发生的净产品。不生产的阶级握有价值20亿元的制成品。

一开始，生产的阶级就以货币（20亿元）形式向地主们缴纳地租——这个行动，在图中表现为，两个箭头从实心的粗线射出，指向地主的一方。其他箭头则指出因产品流通而引起的货币周转方向。地主们用10亿元购买食物，供自己消费，从而把生产的阶级所垫付的一半钱送回原处。地租收入的另外一半，则被地主们用来向不生产的阶级购买制成品，不生产的阶级跟着又用这笔钱向生产的阶级购买食物。于是，这后一个阶级便拿这笔钱向不生产的阶级购买制成品，不生产的阶级然后又向生产的阶级购买农产品（将在下一期中用作原料），从而把另外的10亿元货币送回它的出发点。此外生产的阶级向本阶级“购买”自产的产品10亿元，用作食物；还有一笔，也是值10亿元，作为下期的原料。这些，构成了该阶级内部的交换，所以放在图内的第二层。

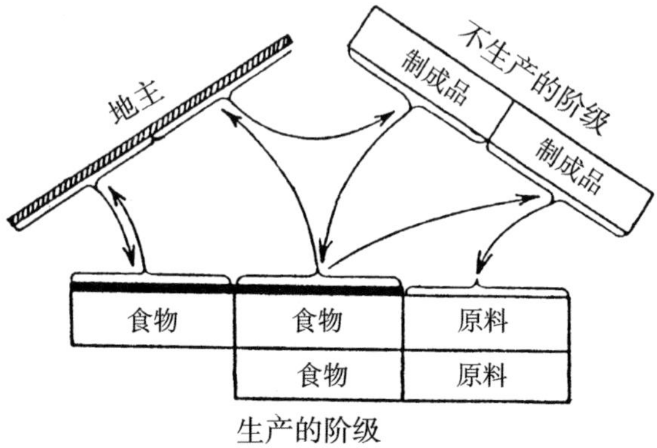

图一

图二描绘所有买卖结束以后的情况。这三个阶级,各拥有为开创一个新的生产时期所必需的物品,而当作交换媒介起作用的货币,则已经回到它的出发点。

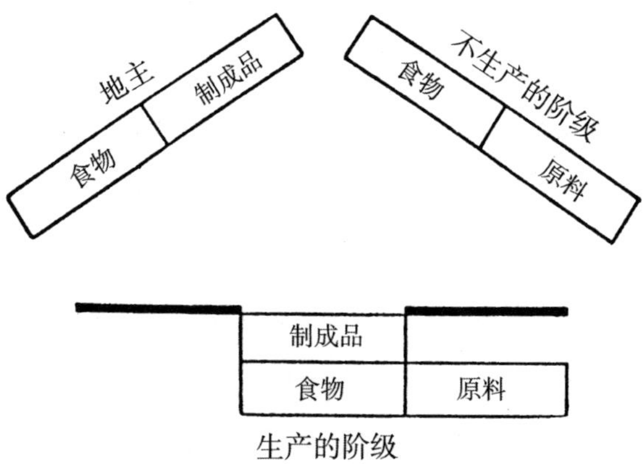

图二

二、马克思的再生产表式

马克思对魁奈的经济表给以高度的评价，并把自己所发挥的再生产表式归功于该表的帮助。他沿着这条思路所作的初次尝试，也是一个简单再生产的图形，像魁奈一样[①]使用一些线条。这个图由于被 14 条上行的线和 7 条下行的线弄得复杂化了，所以在最后发表时没有采用，而代之以现在人们所熟知的方程表形式。不过，如果我们借助于上面讲到魁奈经济表时所用的图解技术，那可能有利于对后者的理解。这两个表的相似之处和相异之处，将因是而以图表形式显现出来。

既然马克思的再生产表式的要素和原理已经在本书正文中充分地加以讨论，所以，这里只要声明一点就够了；我们将把扩大再生产的情况图示出来，图的方程式表现如下：[②]

$$C_1 + V_1 + Sc_1 + Sac_1 + Sav_1 = W_1$$

$$C_2 + V_2 + Sc_2 + Sac_2 + Sav_2 = W_2$$

图三和图四描绘这个表式中商品流通的情况，和魁奈的经济表相反，三个角落现在为三种基本商品的持有者所占据，即消费品、生产资料和劳动力。简单化的技巧，和魁奈的情况相同。那根实心粗线，仍然是指货币垫支的出发点，而箭头则显示货币的流向。不过，货币的出发点或多或少是随意设定的；不妨拟出几种不

① 见马克思致恩格斯的一封信，时间大约在 1863 年 7 月 6 日。

② 见上文第 210 页。在这里我们已经把 $Sc_1 + S\Delta c_1$ 归并在 Sc_1 之中，因为我们无意拿它同简单再生产情况相比较。

同的型式，但就我们的目的来说，其结果大致相同。三个总量，即 C_1，Sac_1 和 Sc_2，构成各相应部门内对所产物品的需求与内部交换。所以，它们放在第二层中。其他要素的交换过程清楚地显示在图三中。第一部类或生产资料部类的资本家们把钱垫支给工人，工人们则拿它向第二部类或消费品部类的资本家购买消费品。后者接着又购买生产资料，以部分地满足自己对这些物品的需求，从而把第一部类资本家最初所垫支的货币送回它的出发点。其他的交换依此类推。当所有的交易都完成时，没有商品搁着没有卖出去，一切的生产因素再次安排就绪，以适应一个新时期的需要，而全部的货币则回到出发点（见图四）。规模扩大的再生产，在图四中是通过加上一些暗部来表示的——这些暗部是对上期末每个总量的追加。

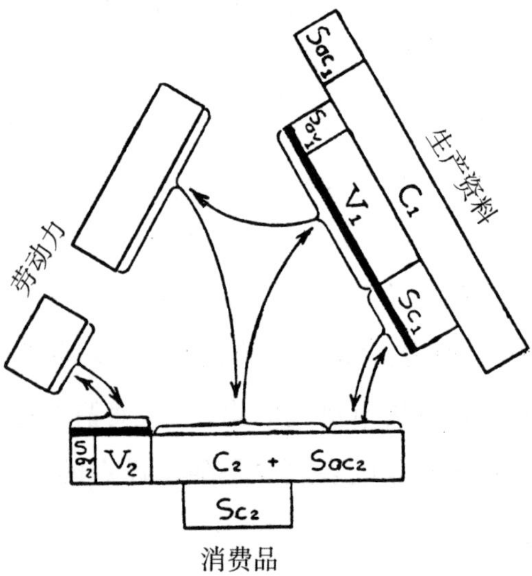

图三

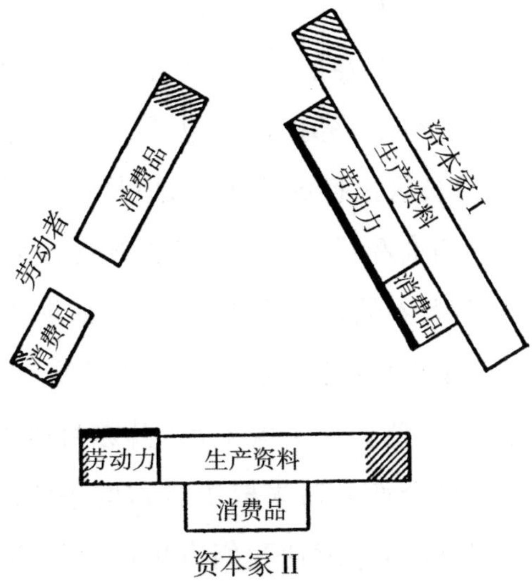

图四

现在，如果我们回到前面所引用的扩大再生产方程式，那我们就可能看到，它们是两个在逻辑上各不相同的社会流通侧面的综合产物。在一个侧面，每个方程式可以解释为是在显示**成本**结构，或者说是在显示各种要素的报酬比例。这么一来，有些关系，如不变资本与可变资本的关系、剩余价值与可变资本的关系等，就可以明白地体现在方程式之中。在另一侧面，方程式也可以解释为是在显示**需求**结构，或者说显示由各种不同要素的报酬所引起的需求的性质与量值。这么一来，以要素报酬 S_1 或第一部类的剩余价值为例，图中就显示出，它产生三种需求：Sc_1 即资本家们所需求的消费品数量；Sac_1 即同一批资本家所需求的生产资料数量；还有，Sav_1 即工人们所需求的消费品数量。

还可以进一步看到，这两个侧面之间的联系，并不是以一切总量都有同样数目的变形为特色的。例如，在第一例中，C_2 是作为消费品的一个除得尽部分存在的，人们卖掉它，换来货币，然后再去换 C_2 量的生产资料。在第一例中 V_2 也是先作为消费品中一个除得尽部分存在，然后被售出换成货币的；但是它的下一个变形则是朝一种称为劳动力的商品进行的，而劳动力接着又产生了对消费品的需求（假定劳动者不储蓄）。再进一步看，如果我们把剩余价值的支付也当作要素报酬来看待，那么还可以把 Sav_2 解释到多涉及一个变形。连接这两种侧面所需的变形，其数目所以有此种差异，是由于处理劳动力这个商品时采取了含蓄的手法。图三把劳动力这个商品的地位明确了，这就使我们有可能把流通过程清楚地勾画出来，而这个过程，在再生产表式的综合性简写方程式中，则是没有讲明的。

三、同凯恩斯主义几个总量的可比性

以上的分析，为探讨马克思再生产表式各要素同凯恩斯主义几个总量之间的可比性铺平了道路。例如，这个问题的一个方面，可以表述如下：在马克思的表式中，什么东西相当于凯恩斯所谓国民净收入呢？如果在我们之中有人硬是想不假思索地作答，说这就是可变资本加剩余价值，那么，这只有说明，对于覆盖着各种分析性解释表式的种种暗含假设，我们是多么容易倾向于把它们加以忘却。

虽然马克思的扩大再生产表式所暗指的那个社会类型非常简单，凯恩斯主义各种总量所适用的那个社会类型可能稍微复杂，但是，拿马克思的再生产表式作为我们的出发点，还是有可能把本质的东西显示出来的。后者〔译者按：马克思的再生产表式〕含有这样的意思：第一，没有固定资本存在；第二，消费不了的东西，立即就被人用于投资；第三，第一部类的资本家们不向第二部类投资，反之也然。这样，我们又看到：

$$C_1 + V_1 + Sc_1 + Sac_1 + Sav_1 = W_1$$

$$C_2 + V_2 + Sc_2 + Sac_2 + Sav_2 = W_2$$

把这两个方程式加起来，我们便得出：（$C_1 + C_2 = C$，如此等等）

$$C + V + Sc + Sac + Sav = W$$

总数 W，相当于凯恩斯所称的 A①，即向消费者销售和在企业主之间相互销售的销货总值。凯恩斯的企业主之间的交易，或 A_1，可以写成 C 和 Sac 的总和。由于他把消费解释为 A 与 A_1 的差额，所以，我们便得：

$$消费 = W - (C + Sac) = V + Sc + Sav$$

现在，再来谈投资。人们也许想得起，凯恩斯把投资解释为 G'（即期初可以从手头上保存下来的净值）和 G（即期末握有的生产资料价值）之差。用再生产表式的要素来表示，显然 G' 是由数量为 C 的生产资料和数量为 V 的劳动力②所组成的，而 G 则是由 C 和 V 再加 Sac 和 Sav 所组成的。因此我们在投资这方面，就

① J. M. 凯恩斯：《就业、利息和货币通论》，1936 年，第六章。

② 在这个问题上，我们把凯恩斯的 B' 看作是无关紧要的东西而加以忽视。B' 是一笔金额，是企业主在决定不把它用于生产产品以后，可能花在维修和改善资本设备方面的金额。

得出：

$$投资 = G - G' = (C + V + Sac + Sav) - (C + V)$$
$$= Sac + Sav$$

把劳动力算做是现有生产资料的一个部分，这可能使人们感到奇怪。但是，照严格的资本主义逻辑来说，这样一种处理方式，是完全说得通的。新增的劳动力，和——举例说——一台新的机器人一模一样，是国民净产品的一部分。诚然，凯恩斯从未把劳动力这个商品看作是投资品范畴内的东西。但是，从他的观点说来，劳动力可以看作是在制品的临界状况，因为，从劳动力可以提供劳务这个意义来说，在劳动力为企业主所购买的瞬间，后者就可以说是拥有了一种资产。

现在，其他的概念，如使用者成本、储蓄和国民收入等等，它们的同义语便可以从以上推导出来了。按凯恩斯的定义，使用者成本 U 等于 A_1 加 G' 减 G（B' 又是置而不论），或：

$$U = (C + Sac) + (C + V) - (C + V + Sac + Sav)$$
$$= C - Sav$$

至于储蓄，凯恩斯使它等于企业主间的交易（A_1）减使用者成本（U），或：

$$储蓄 = (C + Sac) - (C - Sav) = Sac + Sav$$

可见，储蓄当然等于投资。最后，凯恩斯把它的国民收入解释为等于销货总值（A）和使用者成本（U）之差，或：

$$国民收入 = W - (C - Sav)$$
$$= V + Sc + Sac + Sav + Sav$$

要注意，Sav 在国民收入中出现二次。换句话说，似乎 Sav 两

次作为国民收入记下，而与物品相交换则只有一次。但这个外观是虚假的。实际上，Sav 代表下面三种变形：①

（1）$C-M$…… 数额为 Sav 的生产资料（C）卖成钱，资本家实现了他们的剩余价值。

（2）$a.$ $M-C'$…… 资本家们购买劳动力商品（C'）。

$b.$ $C'-M$…… 或，从工人的观点看来，他们拿自己的劳动力卖钱。

（3）$M-C''$…… 工人们购买消费品（C''）。

在这一系列的交换中，货币进款两次作为收入出现，即在（1）和（2）b 中，而且每一次都是随即换成商品，即 C' 和 C''。由于（2）这个过程在再生产表式中没有明确说出，所以，同一个符号 Sav，就被用来代表两种状态，即由（1）到（2）和由（2）到（3）。在前面一节中，我们已经看到，如果我们对实际流通网络的抽象表述只限于商品领域的一部分，那么，对略去的某个商品的任何一笔交换，在涉及我们表式内明确指出的一种商品的变形里，就不会记下它的名字，而只会由量值来加以指出。

关于凯恩斯主义的总量变为马克思主义的总量的问题，上面的讨论是不完全的。若干个次要的论点，例如像住户之间（或服务性行业之间）的交易问题，凯恩斯所谓“补充成本”的问题，等等，都完全省略掉了。但这种概念转换的演习，本身没有什么积极意义，因此我们无须把这个工作推进到细微末节上

① 在这里，C 这个符号，是作为一个商品的意思来使用的，而不是作为不变资本的意思来使用的。

去。

像我们所尝试的这种概念转换工作，倒应该看作是一种方法，它使我们有可能以两种解释体系所通用的术语来理解两者之间的重大差别。

附录二　帝国主义的意识形态[①]

（金融资本的意识形态）同自由主义的意识形态完全相反；金融资本所希望的不是自由，而是统治；它不喜欢个别资本家的独立性，反而要求他组织化；它厌恶竞争的无政府状态，而希望组织起来。当然，组织起来也仅仅是为了能在更高的水平上恢复竞争。为了达到这个目的，同时为了维持和扩大它的势力，它需要通过国家保护来确保国内的市场，并以此便利对国外市场的征服。它需要一个在政治上强有力的国家，这个国家在制定它的商业政策时，无须考虑其他国家的相反利益；它需要一个强大的国家，这个国家承认金融资本在海外的利益，并利用政治势力强迫弱小的国家同它订立优惠的条约。它要求国家能在全世界发挥它的影响，以便有可能把整个世界变成它的一个投资领域。最后，金融资本需要一个强大到足以推行扩张政策和并吞新殖民地的国家。过去，自由主义者反对国家的强权政治，而希望确保自己对贵族和官僚等旧势力的统治，为此它把国家的暴力工具限制在尽可能小的范围内，现在，在这种地方，金融资本却要求无约束的强权政治；而且，

① 译自鲁道夫·希法亭《金融资本论》，1910 年版，第 426—429 页。标题是(英)译者加上的。

即使陆海军的开支没有直接地替最有势力的资本家集团确保一个有巨额垄断利润的重要市场，它也会这么做。

对扩张政策的要求，推翻了资产阶级的整个世界观。资产阶级再也不是和平的和博爱的了。老的自由贸易论者所以相信自由贸易，不但是因为他们相信这是最好的经济政策，而且认为这是和平时代的开端。金融资本则早就抛弃这样的想法。它不相信资本家利益的协调，而知道竞争性的斗争越来越接近于争夺权力的政治战。和平的理想消失了；代替博爱的理想的，则是国家的强权和势力。但是，现代国家的起源，是各民族追求统一的努力。民族的抱负，在过去是以缔造国家的民族基础为其自然极限的——因为它承认每个民族都有权拥有自己的国家形式，故而以民族的自然疆界作为国家的疆界——现在一变而为渴望一个民族对其他民族的统治。现在作为一种理想出现的，是为本民族赢得世界的霸权，这种努力，同它的本源、即资本对利润的拼命追求一样，是没有止境的。资本变成世界的征服者，并且，每征服一块新的土地，就以这块土地定下一条必须跨越的新边界。这种拼命的追求，变成一种经济上的必需，因为稍一停顿下来，金融资本的利润就要降低，它的竞争能力就要减弱，最后，还会使较小的经济地区变成较大经济地区的纯粹藩属。这种事情，既然有经济上的根据，于是就要在意识形态上通过民族观念的明显歪曲来为它辩护。民族观念被歪曲，它就再也不承认每个民族有政治上的自决权和独立权，它也不再是各民族一律平等的民主信念的一种表现。垄断的经济利益，倒是被反映成得天独厚的地位所赋予的，而这种地位又必定是受本民族所赐。后者俨然就是超越于其他民族之上的上帝选民。因为外国民族的降服，是借武力来进行的，也就是说是以十分自然的方式进行的，所以，从统治的民族看来，似乎它的统治权是出于它的特殊的自然属性，换句话说，是出于它的种族特点。因此，在种族意识中，便产生了一种有科学伪装的，为金融资本的权力欲辩护的论据，它以这种方式论证金融资本有理由也有必要从事追求权力的活动。寡头政治的统治观念，在这里便取代了民主政治的平等观念。

如果说在对外政策领域中这种理想似乎是把整个民族都算在内，那么在国内事务上，它就强调与工人阶级作对的统治观点。同时，工人们日益壮大的力量，也使资本更加致力于提高国家权力、以抗御无产阶级的要求。

帝国主义的意识形态就这样从自由主义理想的坟墓上兴了起来。它嘲笑自由主义的幼稚天真。在一个以军事优势为唯一决定因素的资本主义斗争世界中，还相信利害关系的调和，这真是一种幻想！在只有武力才能决定各民族命运的社会中，还指望将来有一个永久和平的时代并宣传国际法，这真是一种幻想！要想把一个国家内部存在的法律关系扩大到国境以外，这真是白痴！人道主义的胡说八道，它在工人中看出了问题，在国内发现社会改良，在国外还想废除包身奴隶制——这是唯一可行的合理化剥削——造成工商业的许多动乱，这是多么不负责任！永恒的正义，是一个美梦，不过自古以来，人们连造一条铁路也不是出于道德的感化。如果我们要等待竞争改邪归正(auf die Bekehrung der Konkurrenz warten wollen)，那我们怎么能征服世界呢？

但是，帝国主义所以要注入这种能使所有幻想破灭的东西，仅仅是为了唤醒一种新的和更大的幻想，以代替黯淡无光的资产阶级理想。在各个资本家的利害关系集团之间，既有争吵又有联合。帝国主义在衡量这些集团的实际冲突时，是神志清醒的。但是，在它透露自己的理想时，就变得乐而忘形和陶醉起来了。帝国主义者不为本人求得什么东西；但是，他也不是迷妄论者和梦想家，把许多种族在文明各阶段上的绝望纠纷，连同各种发展的可能性，统统融化成人类的不流血概念。他以冷酷的和明亮的目光注视着许许多多的民族，而又看出本民族高踞于各民族之上。它是正牌的，它生活在一个强有力的国家之中，它永远是越变越伟大，越变越强有力的；而它的荣耀也证明他的一切努力都是正确的。由是，便做到为成全更高的总体利益——这种利益构成每种有生命力的社会意识形态的条件——而抛弃个人的利益。同老百姓毫不相干的国家，这样一来也就和民族结合在一起；而民族观念则成了政策的推动力。为了服务于整体的利益，阶级对立被废除了。全民族团结起来为实现民族的伟大性而一致行动，以代替对有产阶级既无益又有危险的阶级斗争。

这种理想，看来是要用一条新的缰索把破碎的资产阶级社会结成一体，它必定受到更加疯狂的欢迎，因为，这些时候以来，资产阶级社会的解体，一直是在急速地进行着。

译名对照表

三　画

马尔萨斯，T. R.　Malthus，T. R.
马克思，卡尔　Marx，Karl
马歇尔，阿尔弗雷德　Marshall，Alfred
门格尔，卡尔　Menger，Karl
凡勃伦，索尔斯坦　Veblen，Thorstein

四　画

巴兰，保罗　Baran，Paul
巴登，约翰　Barton，John
比特尔曼，阿历士　Bittelman，Alex
比德里，弗朗兹　Petry，Franz
戈宾诺，J. A.　Gobineau，J. A.
瓦尔拉斯，莱昂　Walras，Leon

五　画

卢卡奇，乔治　Lukacs，Georg
卢梭，J. J.　Rousseau，J. J.
卢森堡，罗莎　Luxemburg，Rosa
布尔加柯夫，G.　Bulgakov，G.
布哈林，尼古拉　Bukharin，N. I.
兰格，奥斯卡　Lange，Oskar
尼赛尔，汉斯　Neisser，Hans
加莱，亨利　Carey，Henry
汉森，A. H.　Hansen，A. H.

六　画

西尼尔，纳索　Senior，Nassau
西斯蒙第，S.　Sismondi，S.
列宁，弗拉基米尔·伊里奇　Lenin，V. I.
达文波特，H. J.　Davenport，H. J.
多布，莫里斯　Dobb，Maurice
考茨基，卡尔　Kautsky，Karl
托洛茨基，莱昂　Trotsky，Leon

七　画

希克斯，J. R.　Hicks，J. R.
希法亭，鲁道夫　Hilferding，Rudolf
麦尔登，R. K.　Merton，R. K.
麦克库洛赫，J. R.　MacCulloch，J. R.
杜冈-巴拉诺夫斯基，M.　Tugan-Baranowsky，M.
劳尔森，斯文德　Laursen，Svend
庇古，A. C.　Pigou，A. C.
克拉克，J. B.　Clark，J. B.
库诺夫，亨利希　Cunow，Heinrich
伯恩施坦，爱德华　Bernstein，Eduard

纽曼，弗朗兹　Neumam，Franz
李嘉图，大卫　Ricardo，Dauid

八　画

罗尔，厄里希　Roll，Erich
罗伯逊，D. H.　Robertson，D. H.
罗宾逊，乔安　Robinson，Joan
罗宾斯，莱昂内尔　Robbins，Lionel
帕克斯，H. B.　Parkes，H. B.
帕森斯，塔尔各脱　Parsons，Talcott
杰文斯，W. S.　Jevons，W. S.
庞巴维克　Bŏhm-Bawerk
奈特，F. H.　Knight，F. H.
凯恩斯，J. M.　Keynes，J. M.
拉铁摩尔，欧文　Lattimore，Owen
耶鲁姆，V. J.　Jerome，V. J.

九　画

洛贝尔图斯，卡尔　Rodbertus，Karl
洛克，约翰　Locke，John
施皮特霍夫，阿瑟　Spiethoff，Arthur
施密特，康拉德　Schmidt，Conrad
娄厄，阿尔弗雷德　Lowe，Alfred
柯尔希，卡尔　Korsch，Karl
科里，路易斯　Corey，Lewis

十　画

柴田敬　Shibata，Kei
格罗斯曼，亨利克　Grossmann，Henryk
都留重人　Tsuru，Shigeto
恩格斯，弗里德里希　Engels，Friedrich
莫斯科夫斯卡，纳塔利　Moszkowska，Natalie

十一画

萨伊，J. B.　Say，J. B.
康特，伊曼努尔　Kant，Immanuel

十二画

斯大林，约瑟夫　Stalin，Joseph
斯坦伯尔格，弗里茨　Sternberg，Fritz
斯特拉彻，约翰　Strachey，John
斯威齐，A. R.　Sweezy，A. R.
斯威齐，M. Y.　Sweezy，M. Y.
斯奈德，卡尔　Snyder，Carl
斯密，亚当　Smith，Adam
博丹，让　Bodin，Jean
博尔恰特，朱利安　Borchardt，Julian
博尔特凯维奇，拉迪斯劳斯　Bortkiewicz，Ladislaus
普列奥布拉任斯基，E.　Preobrashensky，E.
普利赛尔，厄里希　Preiser，Erich
富尔，路易斯　Feuer，Lewis
富兰克林，本杰明　Franklin，Benjamin
黑格尔，G. W. F.　Hegel，G. W. F.

十三画

鲍丁，L. B.　Boudin，L. B.
鲍威尔，奥托　Bauer，Otto
魁奈，弗朗斯瓦　Quesnay，François

十四画

熊彼特，J. A.　Schumpeter，J. A.

十五画

摩尔，斯丹莱　Moore，Stanley

十 六 画

穆勒，J. S.　Mill，J. S.

穆勒，詹姆斯　Mill，James

霍布斯，托马斯　Hobbes，Thomas

图书在版编目(CIP)数据

资本主义发展论:马克思主义政治经济学原理/(美)保罗·斯威齐著;陈观烈,秦亚男译.—北京:商务印书馆,2017
(汉译世界学术名著丛书:120年纪念版:珍藏本)
ISBN 978-7-100-14152-9

Ⅰ.①资… Ⅱ.①保… ②陈… ③秦… Ⅲ.①马克思主义政治经济学 Ⅳ.①F0-0

中国版本图书馆CIP数据核字(2017)第137817号

汉译世界学术名著丛书
(120年纪念版·珍藏本)
资本主义发展论
——马克思主义政治经济学原理
〔美〕保罗·斯威齐 著
陈观烈 秦亚男 译

商务印书馆出版
(北京王府井大街36号 邮政编码100710)
商务印书馆发行
南京爱德印刷有限公司印刷
ISBN 978-7-100-14152-9

2017年12月第1版 开本710×1000 1/16
2017年12月第1次印刷 印张29½
定价:140.00元